C.c Tacitus, The Germany And Agricola And Histories Of Tacitus Complete

C. C. TACITUS.

THE

GERMANY AND AGRICOLA

AND

HISTORIES

OF

TACITUS,

COMPLETE.

WITH LATIN COMMENTARY

BY JOSEPH STOCK, M.A.,

SOMETIME FELLOW AND TUTOR OF TRINITY COLLEGE, DUBLIN.

UNIVERSITY PRESS EDITION.

DUBLIN:

WILLIAM BERNARD KELLY,

8 GRAFTON STREET.

LONDON: SIMPKIN, MARSHALL, & CO., STATIONERS' HALL COURT.

1862.

C. CORNELII
TACITI
OPERA

AD FIDEM EDITIONIS
PARISINÆ GAB. BROTIER
EXPRESSIT
SELECTIS VARIORUM
ET NOVIS ALIQUOT NOTIS
IN USUM JUVENTUTIS ACADEMICÆ
ILLUSTRAVIT

JOSEPHUS STOCK, D. D.
TRIN. COLL. DUB. OLIM SOCIUS.

TOMUS TERTIUS.

DUBLINII
JUSSU ACADEMIÆ EXCUDEBAT
JOHANNES EXSHAW.
MDCCLXXXVII.

Breviarium Libri I. Hiſtoriarum.

A. D. 69. U. C. 822.

CAP. 1. *TAciti præfatio in Hiſtorias ſuas: ejus dignitas, ætas, inſtitutum.*

2. 3. *Præſentis Hiſtoriæ ſumma capita.*

4. 5. *Status Urbis, mens exercituum, habitus provinciarum, occiſo Nerone.*

6. 7. *Galba inviſus ob ſua amicorumque vitia, inimicorum mores.*

8. *Status Hiſpaniæ, Galliæ, Germanicorum exercituum,*

9. 10. *Aliarum provinciarum. Muciani virtutes et vitia. Veſpaſianus in Judæâ.*

11. *Ægypti, Africæ, Italiæ &c. ſtatus.*

12. *Superioris Germaniæ miles deficit a Galbâ:*

13. 14. *Qui de adoptando Cæſare cogitat, magno amicorum ambitu, et ſpe Othonis: ſed Piſo eligitur, homo nobilis et ſeverus.*

15. 16. *Galbæ oratio, cauſas adoptionis, monita imperii adminiſtrandi continens.*

17. *Piſonis inter hæc moderatio.*

18. *Adoptio in caſtris nuncupata.*

19. *Legati ad defectores miſſi.*

20. *Neronis prodigæ donationes reſciſſæ.*

21. *Otho res novas molitur,*

22. *Instigantibus libertis, servis, et mathematicis;*
23. *Paratis antè militum studiis per blanditias*
24. *Et largitiones; oscitante ad ista Præfecto.*
25. 26. *Ergo jam legiones et auxilia pro Othone:*
27. *Isque consalutatus imperator,*
28. *Castris prætorianis infertur.*
29. 30. *Piso cohortem, quæ pro palatio excubabat, hortatur ad fidem.*
31. *Illa parat signa: reliquæ copiæ desciscunt.*
32. *Plebis adulatio et levitas.*
33. *Fluctuat Galba, an occurrendum.*
34. *Vanus de Othone occiso rumor.*
35. *Itaque proni omnes in Galbam.*
36. *At castra favent Othoni.*
37. 38. *Otho militum animos oratione sibi conciliat, Galbæ et Pisoni reddit infestos. Arma militi dividit.*
39. *Piso Galbam adsequitur. Agitatum de cæde Vinii.*
40. *Galba fluctuat: plebs nutat. Othoniani forum irrumpunt.*
41. *Galba desertus, dein occisus,*
42. *Cum T. Vinio.*
43. *Sempronii Densi fides. Piso cæsus.*
44. *Cædium præmia poscentes postea interfecti.*
45. *Ruunt cuncti in Othonis venerationem. Otho coercendis militum furoribus impar.*
46. *Ii vacationes remitti petunt. Cædes Laconis et Iceli.*
47. *Pisonis et T. Vinii sepultura,*
48. *Elogia, testamenta.*

49. *Galbæ ſepultura, ætas, nobilitas, mores, honores.*

50. *Pavor Urbis ob mores Othonis, Vitellii, Veſpaſiani.*

51. *Initia Vitelliani motûs ex bello Vindicis, et ſecutis inde diſcordiis inter legiones et Gallos.*

52. 53. *Vitellius ſuo ingenio ignavus, ad res novas ſtimulatur a Valente et Cæcinâ, legatis.*

54. 55. *Legiones utriuſque Germaniæ fidem in Galbam exuunt,*

56. *Per ſegnitiam Hordeonii Flacci legati.*

57. *Valens Vitellium imperatorem conſalutat, magno militum ſtudio.*

58. *Quibus poſcentibus multi cæſi:*

59. *Sed Civilis, Batavus, periculum evadit.*

60. 61. *Vitellius viribus auctus, duos exercitus in Italiam mittit.*

62. *Torpor ejus inter alacritatem militum.*

63. *Divodurenſium cædes.*

64. *Galli Vitellium ſequuntur.*

65. *Lugdunenſes Viennenſibus inimici, milites in eos ſtimulant:*

66. *Sed illi donis placantur. Avaritia et libido Valentis.*

67. 68. *Helvetii, poſt ingentem cladem a Cæcinâ illatam,*

69. *Vitellio vix reconciliantur.*

70. *In cujus partes tranſgreſſâ Italiæ parte, Cæcina Alpes ſuperat.*

71. *Otho ſe prudenter gerit: Mario Celſo ignoſcit:*

72.

72. *Tigellinum punit:*
73. *Crispinillæ cum infamiâ suâ parcit:*
74. *Conditiones Vitellio, et hic illi offert.*
75. *Insidiatores mutuò immittunt.*
76. *Provinciæ, utriusque partes secutæ.*
77. *Otho imperii munia obit: honores,*
78. *Civitatem, jura dilargitur: de celebrandâ Neronis memoriâ agitat.*
79. *Sarmatæ Rhoxolani cæduntur.*
80. *Seditio gravis in ipsâ Urbe temere orta,*
81. *Cum magno metu ac discrimine primorum civitatis,*
82. *Precibus et lacrimis Othonis componitur:*
83. 84. *Qui eâ occasione milites ad concordiam et modestiam hortatur.*
85. *Iisque ad præsens compositis, omnia tamen suspicionum plena, præcipuo patrum metu.*
86. *Prodigia Othonis cladem præsagientia.*
87. *Consilia et duces Othonis:*
88. *Qui, cum aliis nobilibus, Vitellii fratrem secum ducit.*
89. *Instante bello, varii animorum motus.*
90. *Otho proficiscitur, commendatâ patribus republicâ, curisque imperii Salvio Titiano fratri permissis.* Gesta hæc paucis mensibus,

C O S S.

{ Ser. Sulpicio Galbâ Aug. II.
{ T. Vinio Rufino.

C. COR-

C. CORNELII TACITI HISTORIARUM

LIBER I.

QUI ANNALIUM XVII.

I. INitium mihi operis Ser. Galba [1] iterum, T. Vinius consules erunt. Nam post conditam Urbem octingentos et [2] viginti prioris ævi annos multi auctores retulerunt, dum res populi Romani memorabantur pari eloquentiâ ac libertate. Postquam bellatum apud Actium, atque omnem potentiam ad unum conferri pacis interfuit, magna illa ingenia cessere. Simul veritas pluribus modis infracta: primùm inscitiâ reipublicæ, ut [3] alienæ; mox libidine assentandi, aut rursus odio adversùs dominantes. Ita neutris cura posteritatis, in-

[1] *Galba iterum*] Consul primùm U. C. 786, annis abhinc 36. Annal. 6, 15.

[2] *Et viginti*] Rotundè. Nam exactè si putas, 822 ante Galbæ imperium annos reperies.

[3] *Ut alienæ*] Alieni juris factæ: ad quam non ampliùs accedere cuivis civium licebat.

ter

ter infensos vel obnoxios [4]. Sed ambitionem scriptoris facilè [5] adverseris; obtrectatio et livor pronis auribus accipiuntur: quippe adulationi fœdum crimen servitutis, malignitati falsa species libertatis inest. Mihi Galba, Otho, Vitellius, nec beneficio nec injuriâ cogniti. Dignitatem nostram a Vespasiano inchoatam, a Tito auctam, a Domitiano longiùs provectam, non abnuerim: sed incorruptam fidem professis, nec amore quisquam, et sine odio dicendus est. Quòd si vita suppeditet, principatum divi [6] Nervæ, et imperium Trajani, uberiorem securioremque materiam senectuti sepofui: rarâ temporum felicitate, ubi sentire quæ velis, et quæ sentias dicere licet.

II. Opus aggredior opimum [7] casibus, atrox prœliis, discors seditionibus, ipsâ etiam pace sævum. Quatuor [8] principes ferro interempti.

[4] *Obnoxios*] Imperantibus addictos.

[5] *Facilè adverseris*] Adversari, h. e. adverso animo accipere et obniti contrà, cum accusativo jungitur etiam infrà Hist. 3, 84.

[6] *Divi Nervæ*] Mortuo igitur Nervâ, et inter divos relato, scriptæ Historiæ sunt, post annum Christi 98.

[7] *Opimum casibus*] Id est, fœcundum, refertum: quod verbum cur non conveniat cum quibuscunque *casibus*, sive fausti sint sive infausti, equidem non video. Crusius et Bipontini *inopinum* nobis ingerunt, locutionem non nisi poetis concessam: nam soluta oratio *inopinatum* dicit.

[8] *Quatuor principes*] Galba, Otho, Vitellius, Domitianus: nam et ad hujus exitum Historiam perduxit. Piso duntaxat Cæsar, non Princeps.

Tria [9] bella civilia, plura externa, ac plerumque [1] permixta. Prosperæ in Oriente, adversæ in Occidente res. Turbatum Illyricum; Galliæ [2] nutantes; perdomita [3] Britannia, et statim missa; coortæ in nos Sarmatarum ac Suevorum gentes; nobilitatus cladibus [4] mutuis Dacus; mota etiam prope Parthorum arma falsi [5] Neronis ludibrio. Jam verò Italia novis cladibus, vel post longam seculorum seriem repetitis, adflicta. Haustæ aut obrutæ [6] urbes fecundissimâ Campaniæ orâ. Urbs incendiis vastata, consumptis antiquissimis delubris, ipso Capitolio civium manibus incenso [7]. Pollutæ cærimoniæ; magna adulteria; plenum exsiliis mare; infecti [8] cædibus scopuli; atrociùs in Urbe sævitum. Nobilitas, opes, omissi gestique honores pro crimine; et ob virtutes certissimum exitium. Nec minùs præmia delatorum invisa, quàm scelera: cum alii sacerdotia et consulatus ut spolia adepti, procura-

9 *Tria bella civilia*] Othonis in Vitellium, hujus in Vespasianum, L. Antonii in Domitianum, de quo Suet. et Dio.

1 *Plerumque permixta*] Externa cum civilibus, ut eodem fere tempore domi ac foris turbaretur resp.

2 *Galliæ nutantes*] Bello quod movit Civilis.

3 *Perdomita B.*] Ab Agricolâ, quam mox omisit Domitianus.

4 *Cladibus mutuis*] Acceptis et illatis.

5 *Falsi Neronis*] Infrà Hist. 2, 8.

6 *Obrutæ urbes*] Herculanum, Pompeii, Vesuvio ardescente.

7 *Incenso*] Hist. 3, 67.

8 *Infecti cædibus*] Exulum, in insulas relegatorum.

tiones alii et interiorem potentiam, agerent[9] verterent cuncta odio et terrore. Corrupti in dominos servi, in patronos liberti: et quibus deerat inimicus, per amicos oppressi.

III. Non tamen adeo virtutum sterile seculum, ut non et bona exempla prodiderit. Comitatæ profugos liberos matres; secutæ maritos in exsilia conjuges; propinqui audentes; constantes generi; contumax, etiam adversus tormenta, servorum fides: supremæ clarorum virorum necessitates; ipsa[1] necessitas fortiter tolerata; et laudatis antiquorum mortibus pares exitus. Præter multiplices rerum humanarum casus, cœlo terrâque prodigia, et fulminum monitus, et futurorum præsagia, læta, tristia, ambigua, manifesta. Nec enim unquam atrocioribus populi Romani cladibus, magisve justis[2] indiciis approbatum est, non esse curæ deis securitatem[3] nostram, esse ultionem.

IV.

9 *Agerent, verterent*] Rhenan. *agerent ferrent*, quæ forma loquendi frequens T. Livio est, sed Mss. h. l. non nititur. Sequentia verba *odio et terrore* malè conjungunt quidam cum *corrupti*, tamquam servos aut libertos in patronos armasset odium solummodo aut pœnarum metus, cum ratio dictet etiam præmiorum pollicitationibus id facilitatum, uti rectè monet Ryckius. *Odio et terrore* susque deque habuere cuncta delatores, ob præmia *invisi*, ob potentiam *formidati*.

1 *Ipsa necessitas*] Ipse actus moriendi. Suprà 15, 61. mortem *necessitatem ultimam* dicit.

2 *Justis indiciis*] Absolutis et evidentibus argumentis.

3 *Securitatem nostram*] Quæritur dicatne hæc Tacitus, quà homo, an quà Romanus: velitne intelligi, non esse curæ deis securitatem

IV. Ceterum antequam destinata componam, repetendum videtur, qualis status Urbis, quæ mens exercituum, quis habitus provinciarum, quid in toto terrarum orbe validum, quid ægrum fuerit: ut non modò casus eventusque rerum, qui plerumque [4] fortuiti sunt, sed ratio etiam caussæque noscantur.

FINIS Neronis, ut lætus primo gaudentium impetu fuerat, ita varios motus animorum, non modò in Urbe apud patres, aut populum, aut urbanum militem, sed omnes legiones ducesque conciverat, evulgato imperii arcano, posse principem alibi quàm Romæ fieri. Sed patres læti, usurpatâ statim libertate, licentiùs, ut erga principem novum et absentem: primores equitum proximi gaudio patrum; pars populi integra [5], et magnis domibus adnexa, clientes libertique damnatorum et exsulum, in spem erecti: plebs sordida, et circo ac theatris sueta, simul deterrimi servorum, aut qui, adesis bo-

tatem hominum; an verò, non esse ultrà curæ deis securitatem pop. Romani. Si illud voluit, impiè locutus est: si hoc, ambiguè. Et certè potuit ambiguitatem vitare dicendo, *securitatem illius*; quod rectè notat Ryckius. Confer Ann. 14, 12. 16, 33. Nec absimilia habet Lucanus, 4, 107. *Felix Roma quidem, civesque habitura beatos, Si libertatis superis tam cura placeret, Quàm vindicta placet.*

4 *Plerumque fortuiti*] Bene additur *plerumque*: nam si *omnes* rerum eventus fortuna regat, frustra remittimur ad causas: sin mixta omnia humana sint, et partim fortuita, partim a consilio pendeant, is prudentiâ ceteros antecellet, qui rationes causasque rerum gestarum optimè norit.

5 *Integra*] Honestior et incorrupta.

 nis,

nis, per dedecus Neronis alebantur, mœsti et rumorum avidi.

V. Miles urbanus, longo Cæsarum sacramento imbutus, et ad destituendum Neronem arte [5] magis et impulsu, quàm suo ingenio traductus; postquam neque dari donativum sub nomine Galbæ promissum [6], neque magnis meritis ac præmiis eumdem in pace quem in bello locum, præventamque gratiam, intelligit, apud principem a legionibus factum; pronus ad novas res, scelere insuper Nymphidii Sabini præfecti, imperium sibi molientis, agitatur. Et Nymphidius quidem in ipso conatu oppressus [7]. Sed quamvis capite defectionis ablato, manebat plerisque militum conscientia: nec deerant sermones, senium atque avaritiam Galbæ increpantium. Laudata olim, et militari [8] famâ celebrata

5 *Arte magis*] Nymphidii fraude, qui prætorianis suis persuasit, Neronem, relictâ patriâ, in Ægyptum se recepisse. Plut. in Galbâ.

6 *Promissum*] Ab eodem Nymphidio promissum fuit prætorianis singulis tricies sestertiûm, 242l. 3s. 9d. legionariis quinquies, 40l. 7s. 3d. ½. Plut. ib.

7 *Oppressus*] Amissâ spe præcipuum in Galbæ aulâ locum obtinendi, rapere sibi imperium Nymphidius attentaverat. Restitit conatui Honoratus tribunus, oratione apud milites habitâ, fecitque ut Galbæ partes prævalerent. Quo nuncio accepto, accurrit in castra, adpetente nocte, præfectus, ibique tumultu facto, telo confossus periit. Plut. ib.

8 *Militari*] Suet. Galb. 6. *A C. Cæsare* [Caligulâ] *Gætulico substitutus*, [Galba] *postridie quàm ad legiones venit, solemni forte spectaculo plaudentes inhibuit, datâ tesserâ, ut manus pænulis continerent. Statim per castra jactatum est, Disce miles militare: Galba est, non Gætulicus.*

celebrata. severitas ejus, angebat adspernantes veterem disciplinam, atque ita quatuordecim annis a Nerone adsuefactos, ut haud minùs vitia principum amarent, quàm olim virtutes verebantur. Accessit Galbæ vox, pro republicâ honesta, ipsi [9] anceps, 'legi a se militem, 'non emi.' Nec enim ad hanc formam cetera erant.

VI. Invalidum senem T. Vinius et Cornelius Laco, alter deterrimus mortalium, alter ignavissimus, odio flagitiorum oneratum, contemptu inertiæ destruebant. Tardum [1] Galbæ iter et cruentum, interfectis Cingonio Varrone consule designato, et Petronio Turpiliano consulari: ille ut Nymphidii socius, hic ut dux Neronis, inauditi atque indefensi, tamquam innocentes perierant. Introitus in Urbem, trucidatis tot millibus inermium militum, infaustus omine, atque ipsis etiam qui occiderant formidolosus. Inductâ legione Hispanâ, remanente eâ quam e classe Nero conscripserat, plena Urbs exercitu insolito. Multi ad

9 *Ipsi anceps*] Periculosa: eóque magis, quòd neque cetera ejus huic severitati responderent. Eadem habet Suet. Galb. 16.

1 *Tardum iter*] Duorum mensium, ut videtur illustr. Hen. Savilio, qui subductâ temporum ratione monstrat, iniisse principatum Galbam in Hispaniâ circa Julii mensis principium, Romam autem venisse mense demum Septembri. Atqui, si Plutarcho fides, hoc idem iter confecerat Galbæ libertus Icelus, Neronianæ mortis nuncius, intra dies septem; quod est spatium ad minimum 1600 milliarium.

hoc

hoc numeri [2] e Germaniâ ac Britanniâ et Illyrico, quos idem Nero electos, præmissosque ad claustra [3] Caspiarum, et bellum quod in Albanos parabat, opprimendis Vindicis cœptis revocaverat: ingens novis rebus materia, ut non in unum aliquem prono favore, ita audenti parata.

VII. Fortè congruerat, ut Clodii Macri et Fonteii Capitonis cædes nunciarentur. Macrum in Africâ haud dubiè turbantem, Trebonius Garucianus procurator, jussu Galbæ; Capitonem in Germaniâ, cum similia cœptaret, Cornelius Aquinus et Fabius Valens, legati legionum, interfecerant, antequam juberentur. Fuere qui crederent, Capitonem, ut avaritiâ et libidine fœdum ac maculosum, ita cogitatione rerum novarum abstinuisse: sed a legatis bellum suadentibus, postquam impellere nequiverint, crimen ac dolum compositum ultro: et Galbam mobilitate ingenii, an ne altiùs scrutaretur, quoquo modo acta, quia mutari non poterant, comprobasse. Ceterum utraque cædes sinistre accepta: et inviso semel principe, seu bene seu malè facta premunt [4]. Jam adferebant venalia

2 *Numeri*] Sunt manus militares in ordines descriptæ, cum contrà tirones sint qui nondum in numeros relati, definiente Ulpiano, de testam. militis. Utitur voce Noster iterum in Agric. 18. *sparsi per provinciam numeri.* Suet. Vesp. 6. *Et tunc quidem compressa res est, revocatis ad officium numeris parumper.*

3 *Claustra Caspiarum*] Nunc *Teflis*, in Georgiâ.

4 *Premunt*] Supple, *eum.* Ita Ann. 4, 19. *Precante reo brevem moram—adversatus*

nalia cuncta præpotentes liberti. Servorum manus subitis avidæ, et tamquam apud senem festinantes. Eademque novæ [5] aulæ mala, æquè gravia, non æquè excusata. Ipsa ætas [6] Galbæ et irrisui ac fastidio erat, adsuetis juventæ Neronis, et imperatores formâ ac decore corporis (ut est mos vulgi) comparantibus.

VIII. Et hic quidem Romæ, tamquam [7] in tantâ multitudine, habitus animorum fuit. E provinciis, Hispaniæ [8] præerat Cluvius Rufus, vir [9] facundus, et pacis [1] artibus, bellis inexpertus. Galliæ, super memoriam Vindicis, obligatæ recenti dono Romanæ civitatis, et in posterum tributi [2] levamento. Proximæ tamen Germanis exercitibus Galliarum [3] civitates, non eodem honore habitæ, quædam etiam finibus ademptis, pari dolore commoda aliena ac suas injurias metiebantur. Germanici exercitus, quod periculosissimum in tantis viribus, solliciti et irati, superbiâ recentis victoriæ [4], et metu,

versatus est Cæsar: pro *precanti*. Ibid. 49. *Qui te invito perrumpunt* &c. pro *ad te*.

5 *Novæ aulæ*] Ac prioris, Neronianæ.

6 *Ætas Galbæ*] Tres et septuaginta annos nati.

7 *Tamquam in tantâ m.*] Multi ac varii habitus, pro multitudine hominum.

8 *Hispaniæ*] Citeriori, seu Tarraconensi. Infrà 4, 39.

9 *Vir facundus*] Historias scripsit. Suprà Ann. 14, 2. Plin. Epist. 9, 19.

1 *Pacis artibus*] Supple, *expertus*; quod latet in verbo *inexpertus*. Vel intellige *instructus*, *abundans*, quemadmodum sæpe tali ablativo absolutè posito utitur Tacitus.

2 *Tributi levamento*] Quartâ tributorum parte, ut dicetur mox, c. 51.

3 *Galliæ civitates*] Infrà c. 33.

4 *Victoriæ*] Superato Vindice.

tamquam

tamquam alias partes fovissent. Tardè a Nerone desciverant: nec statim pro Galbâ Verginius. An imperare voluisset, dubium: delatum ei a milite imperium, conveniebat. Fonteium Capitonem occisum, etiam qui [5] queri non poterant, tamen indignabantur. Dux deerat, abducto Verginio per simulationem amicitiæ: quem non remitti, atque etiàm reum [6] esse, tamquam suum crimen accipiebant.

IX. Superior exercitus legatum Hordeonium Flaccum spernebat, senectâ ac debilitate pedum invalidum, sine constantiâ, sine auctoritate. Ne quieto quidem milite, regimen [7]: adeò furentes infirmitate retinentis ultro accendebantur. Inferioris Germaniæ legiones diutiùs sine consulari fuere: donec, missu Galbæ, A. Vitellius aderat, censoris Vitellii ac ter consulis filius. Id [8] satis videbatur. In Britannico exercitu nihil irarum. Non sanè aliæ legiones, per omnes civilium bellorum motus, innocentiùs egerunt: seu quia procul, et oceano divisæ; seu crebris expeditionibus doctæ hostem potiùs odisse. Quies et Illyri-

5 *Qui queri*] Queri non poterant, qui in necem ejus ipsi consenserant: indignabantur tamen, quia Capitone occiso, abducto Verginio, dux iis deerat.

6 *Reum esse*] Cunctationis reum fecerat Verginium Fabius Valens, infrà c. 32. Obvium igitur eum Narbone, modico honore excepit Galba, et in Italiam secum abduxit.

7 *Regimen*] Supple, *fuisset*. *Adeò furentes*, h. e. multò magis.

8 *Id satis videbatur*] Ad continendos milites satis visum Galbæ mittere consulis filium, non, ut antea, consularem.

co:

co: quamquam excitæ a [9] Nerone legiones, dum in Italiâ cunctantur, Verginium legationibus adiſſent. Sed longis ſpatiis diſcreti exercitus, quod ſaluberrimum eſt ad continendam militarem fidem, nec vitiis nec viribus miſcebantur.

X. Oriens adhuc immotus. Syriam et quatuor legiones obtinebat Licinius Mucianus, vir ſecundis adverſiſque juxtà famoſus. Inſignes amicitias juvenis ambitioſè coluerat. Mox attritis opibus, lubrico ſtatu, ſuſpectâ etiam Claudii iracundiâ, in ſecretum Aſiæ repoſitus, tam [1] prope ab exſule fuit, quàm poſtea a principe. Luxuriâ, induſtriâ, comitate, arrogantiâ, malis boniſque artibus mixtus. Nimiæ voluptates, cum vacaret: quotiens [2] expedierat, magnæ virtutes. Palam laudares: ſecreta malè audiebant. Sed apud ſubjectos, apud proximos, apud collegas, variis inlecebris potens: et cui expeditius [3] fuerit tradere imperium, quàm obtinere. Bellum Judaicum Flavius Veſpaſianus (ducem eum Nero delegerat)

9 *A Nerone legiones*] Illyricæ, ut in Albanos, deinde in Vindicem ducerentur.

1 *Tam prope*] Ferme exſul: poſt ferme princeps.

2 *Quotiens expedierat*] Id eſt, quotiens opus erat, quotiens ipſi e re viſum erat; ut rectè vertunt interpretes Italus, Hiſpanus, Anglus. Ferrettus, et poſt eum Editt. plerique, *expedierat* h. l. *in expeditionem iverat* ſignificare contendunt, adversùs genium linguæ, ut arbitror: quippe poſt *vacaret*, ſi ἐναντίωσιν in animo habuiſſet Noſter, utique ſcripſiſſet, *quotiens expediret*.

3 *Expeditius*] Facilius.

tribus [4] legionibus administrabat. Nec Vespasiano adversus Galbam votum, aut animus: quippe Titum filium ad venerationem cultumque ejus miserat, ut [5] suo loco memorabimus. Occultâ lege fati, et ostentis ac responsis destinatum Vespasiano liberisque ejus imperium, post fortunam credidimus.

XI. Ægyptum, copiasque quibus coerceretur, jam inde a divo Augusto, equites [6] Romani obtinent loco regum. Ita visum expedire, provinciam aditu difficilem, annonæ fecundam, superstitione ac lasciviâ discordem et mobilem, insciam legum, ignaram magistratuum, domi retinere. Regebat tum Tiberius Alexander, ejusdem nationis. Africa, ac legiones in eâ, interfecto Clodio Macro, contentæ qualicumque principe, post experimentum domini [7] minoris. Duæ [8] Mauretaniæ, Rhætia, Noricum, Thracia, et quæ aliæ procuratoribus cohibentur, ut cuique exercitui vicinæ, ita in favorem aut odium contactu valentiorum agebantur. Inermes provinciæ, atque ipsa in primis Italia, cuicumque servitio exposita, in pretium belli cessuræ erant. Hic fuit rerum Romanarum status, cum Ser. Galba

4 *Tribus legionibus*] Quatuor recenset Josephus Bell. Jud. 3, 9.

5 *Suo loco*] Infrà 2, 1. De *ostentis et responsis* ib. 78.

6 *Equites Rom.*] Vid. Ann. 2, 59.

7 *Domini minoris*] Macer enim qualicumque principe sævior ac rapacior fuerat.

8 *Duæ Mauretaniæ*] Tingitana et Cæsareensis, ita a Caligulâ divisæ.

iterum,

iterum, Titus Vinius consules, inchoavere annum sibi ultimum, reipublicæ prope supremum.

XII. Paucis post Kalend. Januarias diebus, Pompeii Propinqui procuratoris e Belgicâ litteræ afferuntur, 'superioris Germaniæ legiones, ruptâ sacramenti reverentiâ, imperatorem alium flagitare, et senatui ac populo Romano arbitrium eligendi permittere,' quò seditio molliùs acciperetur. Maturavit ea res consilium Galbæ, jam pridem de adoptione secum et cum proximis agitantis. Non sanè crebrior totâ civitate sermo per illos menses fuerat; primùm licentiâ ac libidine talia loquendi, dein fessâ jam ætate Galbæ. Paucis judicium, aut reipublicæ amor: multi occultâ spe, prout quis amicus vel cliens, hunc vel illum ambitiosis rumoribus destinabant, etiam[9] in T. Vinii odium; qui in dies quantò potentior, eodem [1] actu invisior erat. Quippe hiantes in magnâ fortunâ amicorum cupiditates, ipsa Galbæ facilitas intendebat; cum apud infirmum et credulum, minore metu, et majore præmio peccaretur.

XIII. Potentia principatûs divisa in T. Vinium consulem, et Cornelium Laconem præ-

9 *Etiam in T. V. odium*] Multi successorem destinabant ex suâ spe, quidam ex odio Vinii.

1 *Eodem actu*] Sermo parum Latinus. Emendat Lectius, *eodem auctu invisior*, i. e. incremento, ut infrà 86, *Tiberis, qui immenso auctu*, etc. Minùs feliciter Lipsius, *eo dein fastu*.

torii præfectum. Nec minor gratia Icelo Galbæ liberto, quem annulis donatum, equestri nomine Martianum vocitabant. Hi discordes, et rebus minoribus sibi quisque tendentes, circa consilium eligendi successoris in duas factiones scindebantur. Vinius pro M. Othone: Laco atque Icelus consensu non tam unum aliquem fovebant, quàm [2] alium. Neque erat Galbæ ignota Othonis ac T. Vinii amicitia; et rumoribus nihil silentio transmittentium (quia Vinio vidua filia, cælebs Otho) gener ac socer destinabantur. Credo et reipublicæ curam subisse [3], frustra a Nerone translatæ, si apud Othonem relinqueretur. Namque Otho pueritiam incuriosè, adolescentiam petulanter egerat, gratus Neroni æmulatione luxûs: eóque jam Poppæam Sabinam, principale scortum, ut apud conscium libidinum deposuerat [4], donec Octaviam uxorem amoliretur: mox suspectum in eâdem Poppæâ, in provinciam Lusitaniam specie legationis sepostuit. Otho, comiter administratâ provinciâ, primus in [5] partes transgressus, nec segnis, et donec bellum fuit, inter [6] præsentes splendidissimus, spem adoptionis, statim conceptam, acriùs in dies rapiebat: faventibus plerisque militum; pronâ in eum aulâ Neronis, ut similem.

2 *Quàm alium*] Ab Othone.

3 *Subisse*] Animum Galbæ.

4 *Deposuerat*] Ann. 13, 45.

5 *In partes transgressus*] Galbæ scilicet, nondum sublato Nerone.

6 *Inter præsentes*] Qui Galbæ comites aderant.

XIV.

XIV. Sed Galba, post nuncios Germanicæ seditionis, quamquam nihil adhuc de Vitellio certum, anxius quónam exercituum vis erumperet, ne urbano quidem militi confisus, quod remedium unicum rebatur, comitia imperii transigit. Adhibitoque, super Vinium ac Laconem, Mario Celso consule designato, ac Ducennio Gemino præfecto Urbis, pauca præfatus de suâ senectute, Pisonem Licinianum arcessi [7] jubet: seu propriâ electione, sive, ut quidam crediderunt, Lacone instante, cui apud Rubellium Plautum exercita cum Pisone amicitia: sed callidè ut ignotum fovebat, et prospera de Pisone fama consilio ejus fidem addiderat. Piso M. Crasso et Scriboniâ genitus, nobilis utrimque, vultu habituque moris antiqui, et æstimatione rectâ severus, deteriùs interpretantibus tristior habebatur. Ea pars morum ejus, quò suspectior solicitis, adoptanti placebat.

XV. Igitur Galba, apprehensâ Pisonis manu, in hunc modum locutus fertur: 'Si te 'privatus, lege curiatâ, apud pontifices, ut

7 *Arcessi jubet*] Suet. Galb. 17. *Despectui esse non tam senectam suam quàm orbitatem ratus* [Galba] *Pisonem Frugi Licinianum, nobilem egregiumque juvenem, ac sibi olim probatissimum, testamentoque semper in bona et nomen adscitum, repentè e mediâ salutantium turbâ apprehendit; filiumque appellans, perduxit in castra, ac pro concione adoptavit.* Porro Piso iste ex paternâ stirpe quintus erat a M. Crasso, triumviro; ex matre Scriboniâ, Cn. Pompeii erat soboles, ut mox dicetur, et innuitur suprà Ann. 2, 27.

'moris

'moris est, adoptarem; et mihi egregium erat 'Cn. Pompeii et M. Crassi subolem in pe'nates meos adsciscere, et tibi insigne, Sul'piciæ ac Lutatiæ [8] decora nobilitati tuæ ad'jecisse. Nunc me, deorum hominumque con'sensu ad imperium vocatum, præclara indoles 'tua, et amor patriæ impulit, ut principatum, 'de quo majores nostri armis certabant, bello 'adeptus, quiescenti offeram; exemplo divi 'Augusti, qui sororis filium Marcellum, dein 'generum Agrippam, mox nepotes suos, pos'tremò Tiberium Neronem privignum, in 'proximo sibì fastigio collocavit. Sed Augustus 'in domo successorem quæsivit: ego, in re'publicâ. Non, quia propinquos aut socios 'belli non habeam: sed neque ipse imperium 'ambitione accepi, et judicii mei documentum 'sint, non meæ tantùm necessitudines, quas 'tibi postposui, sed et tuæ. Est [9] tibi frater 'pari nobilitate, natu major, dignus hac for'tunâ, nisi tu potior esses. Ea ætas tua, quæ 'cupiditates adolescentiæ jam effugerit: ea vi'ta, in qua nihil præteritum excusandum ha'beas. Fortunam adhuc tantùm adversam [1] 'tulisti. Secundæ res acrioribus stimulis ani'mos explorant: quia miseriæ tolerantur, fe-

[8] *Lutatiæ*] Supple, *nobilitatis*, quod mox sequitur. Ex matre Mummiâ Achaicâ pronepos erat Galba Lutatii Catuli Capitolini, abnepos verò Mummii Achaici, qui Corinthum excidit. Suet. Galb. 3.

[9] *Est tibi frater*] Scribonianus, de quo infrà c. 47.

[1] *Adversam*] Vid. infrà c. 48.

'licitate

'licitate corrumpimur. Fidem, libertatem, 'amicitiam, præcipua humani animi bona, tu 'quidem eâdem constantiâ retinebis: sed alii 'per obsequium imminuent. Inrumpet adula'tio, blanditiæ; pessimum [2] veri affectûs vene'num, sua cuique utilitas. Etiam ego ac tu 'simplicissimè inter nos hodie loquimur: ceteri 'libentiùs cum fortunâ nostrâ, quàm nobis'cum. Nam suadere principi quod oporteat, 'multi laboris: assentatio erga principem quem'cumque sine affectu peragitur.

'XVI. Si immensum imperii corpus stare 'ac librari sine rectore posset, dignus eram, a 'a quo respublica inciperet. Nunc eò necessi'tatis jampridem ventum est, ut nec mea se'nectus conferre plus populo Romano possit, 'quàm bonum [3] successorem; nec tua plus ju'venta, quàm bonum principem. Sub Tibe'rio, et Caio, et Claudio, unius familiæ quasi 'hereditas fuimus: loco libertatis erit, quòd 'eligi cœpimus. Et finitâ Juliorum Claudi'orumque domo, optimum quemque adoptio 'inveniet. Nam generari et nasci a principi-

2 *Pessimum v. a. venenum*] Hæc conjunge cum seqq. *sua cuique utilitas*, non, ut alii, cum iis quæ præcedunt, *adulatio*, *blanditiæ*. Sic enim res naturâ comparantur: tollit quidem verum affectum propria cujusque utilitas, quem jam sublatum esse supponunt adulatio ac blanditiæ.

3 *Bonum successorem*] Grata hæc fuerint auribus Trajani, quem similes ob causas, sed longè melioribus auspiciis, adoptavit, successoremque sibi Nerva princeps elegit.

'bus

'bus, fortuitum, nec ultrà æstimatur: adop-
'tandi judicium integrum; et, si velis eligere,
'consensu [4] monstratur. Sit ante oculos Nero,
'quem longâ Cæsarum serie tumentem, non
'Vindex cum inermi [5] provinciâ, aut ego cum [6]
'unâ legione, sed sua immanitas, sua luxuria,
'cervicibus publicis depulere: neque erat adhuc
'damnati principis exemplum. Nos bello, et
'ab [7] æstimantibus adsciti, cum invidiâ, quam-
'vis egregii, erimus. Ne tamen territus fue-
'ris, si duæ [8] legiones, in hoc concussi orbis
'motu, nondum quiescunt. Ne ipse quidem
'ad securas res accessi: et auditâ adoptione,
'desinam videri senex, quod nunc mihi u-
'num objicitur. Nero a pessimo quoque sem-
'per desiderabitur: mihi ac tibi providendum
'est, ne etiam a bonis desideretur. Monere
'diutius, neque temporis hujus; et impletum
'est omne consilium, si te bene elegi. Utilis-
'simusque idem ac brevissimus bonarum ma-
'larumque rerum delectus est, cogitare quid
'aut volueris sub alio principe, aut nolueris.
'Neque enim hîc, ut in ceteris gentibus, quæ
'regnantur, certa dominorum domus, et ce-

4 *Consensu monstratur*] Is, qui debet eligi.

5 *Inermi provinciâ*] Quia Gallia inter provincias pop. Romani, non Cæsaris, atque adeò sine legionibus erat.

6 *Cum unâ legione*] Sextâ. Infrà 5, 16.

7 *Ab æstimantibus*] Nos, qui non conditione nascendi, sed armis et judicio publico ad hoc fastigium pervenimus, invidiam effugere non possumus.

8 *Duæ legiones*] Germaniæ superioris.

'teri

'teri servi: sed imperaturus es hominibus, 'qui nec totam servitutem pati possunt, nec 'totam libertatem.' Et Galba quidem hæc ac talia, tamquam [9] principem faceret; ceteri tamquam cum facto loquebantur.

XVII. Pisonem ferunt statim intuentibus, et mox conjectis in eum omnium oculis, nullum turbati aut exsultantis animi motum prodidisse. Sermo erga patrem imperatoremque reverens, de se moderatus; nihil in vultu habituque mutatum: quasi imperare posset magis, quàm vellet. Consultatum inde, pro rostris, an in senatu, an in castris adoptio nuncuparetur. Iri in castra placuit: 'honorificum 'id militibus fore, quorum favorem, ut largitio'ne et ambitu malè adquiri, ita per bonas artes 'haud spernendum.' Circumsteterat interim palatium publica exspectatio, magni secreti impatiens, et malè coercitam famam supprimentes [1] augebant.

XVIII. Quartum [2] Idus Januarias, fœdum imbribus diem, tonitrua et fulgura et cœlestes minæ ultra solitum turbaverant. Observatum id antiquitus comitiis dirimendis [3], non terruit Galbam quominus in castra pergeret, con-

9 *Tamquam p. faceret*] Graviter et sincerè Galba, reliqui cum adulatione.

1 *Supprimentes augebant*] Famam enim, ni penitus supprimas, auges.

2 *Quartum Idus*] Die decimâ Januarii.

3 *Dirimendis*] Cic. Divinat. 2, 18. *In nostris commentariis scriptum habemus: Jove tonante, fulgurante, comitia populi habere nefas.*

temptorem talium, ut fortuitorum; ſeu quæ fato manent, quamvis ſignificata, non vitantur. Apud frequentem militum concionem, imperatoriâ brevitate, 'adoptari a ſe Piſonem, 'more divi Auguſti, et exemplo militari, quo 'vir[4] virum legeret,' pronunciat. Ac ne diſſimulata ſeditio in majus crederetur, ultro adſeverat, 'quartam et duoetviceſimam legiones, pau'cis ſeditionis auctoribus, non ultra verba ac 'voces erraſſe, et brevì in officio fore.' Nec ullum orationi aut lenocinium addit, aut pretium. Tribuni tamen centurioneſque, et proximi militum, grata auditu reſpondent: per ceteros mœſtitia ac ſilentium, tamquam uſurpatam etiam in pace donativi neceſſitatem, bello perdidiſſent. Conſtat potuiſſe conciliari animos quantulâcumque parci ſenis liberalitate. Nocuit antiquus rigor, et nimia ſeveritas, cui jam pares non ſumus.

XIX. Inde apud ſenatum non comptior Galbæ, non longior, quàm apud militem ſermo: Piſonis comis oratio. Et patrum favor aderat: multi voluntate; effuſiùs, qui noluerant; medii, ac plurimi, obvio obſequio privatas ſpes agitantes, ſine publicâ curâ. Nec aliud ſequenti quatriduo[5], quod medium inter

4 *Vir virum legeret*] Defenſorem ſui ultoremve, more ab ultimis temporibus recepto. Liv. 9, 39. *Ad Vadimonis lacum Etruſci, lege ſacratâ coacto exercitu, cum vir virum legiſſet, quantis nunquam aliàs antè, ſimul copiis, ſimul animis dimicarunt.*

5 *Quatriduo*] Quatriduum dicit, non numeratis adoptionis et cædis diebus. Infrà c. 29. ipſe habet, *ſextus dies agitur.*

adop-

adoptionem et cædem fuit, dictum a Pisone in publico, factumve. Crebrioribus in dies Germanicæ defectionis nunciis, et facili civitate ad accipienda credendaque omnia nova, cum tristia sunt, censuerant patres, mittendos ad Germanicum exercitum legatos. Agitatum secretò, num et Piso proficisceretur; majore [6] prætextu, illi auctoritatem senatûs, hic dignationem Cæsaris laturus. Placebat et Laconem, prætorii præfectum, simul mitti. Is consilio [7] intercessit. Legati quoque (nam senatus electionem Galbæ permiserat) fœdâ inconstantiâ nominati, excusati, substituti, ambitu remanendi aut eundi, ut quemque metus vel spes impulerat.

XX. Proxima pecuniæ cura: et cuncta scrutantibus justissimum visum est, inde repeti, ubi inopiæ caussa erat. Bis [8] et vicies millies sestertiûm donationibus Nero effuderat. Appellari singulos jussit, decumâ parte liberalitatis apud quemque eorum relictâ. At illis vix decumæ [9] super portiones erant, iisdem erga [1] aliena sumptibus, quibus sua prodegerant; cùm

6 *Majore prætextu*] Quò speciem legationi majorem circumdarent; cum illi (h. e. senatorii legati) senatûs auctoritatem secum ferrent, Piso &c.

7 *Consilio intercessit*] Obstitit, opposuit se consilio; fortè ne absenti potentia minueretur.

8 *Bis et vicies millies*] 17,760,416l. 10s. 4d.

9 *Decumæ super portiones erant*] Hoc est, *decumæ portiones supererant*. Sic Virg. *Jamque adeò super unus eram*.

1 *Erga aliena*] Eâdem prodigentiâ aliena, sibi donata, et sua effuderant. Mox *fenus* est pecunia in fenore posita.

rapacissimo cuique ac perditissimo, non agri, aut fenus, sed sola instrumenta vitiorum manerent. Exactioni triginta [2] equites Romani præpositi, novum officii genus, et ambitu ac numero onerosum: ubique hasta, et sector, et inquieta Urbs auctionibus. Attamen grande gaudium, quòd tam pauperes forent, quibus donasset Nero, quàm quibus abstulisset. Exauctorati per eos dies tribuni, e prætorio, Antonius Taurus et Antonius Naso; ex urbanis cohortibus, Æmilius Pacensis; e vigiliis, Julius Fronto. Nec remedium in ceteros fuit, sed metûs initium: tamquam per artem et formidinem singuli pellerentur, omnibus [3] suspectis.

XXI. Interea Othonem, cui compositis rebus nulla spes, omne in turbido consilium, multa simul exstimulabant: luxuria, etiam principi onerosa; inopia [4], vix privato toleranda; in Galbam ira, in Pisonem invidia. Fingebat et metum, quò magis concupisceret. 'Prægravem se Neroni fuisse: nec Lusitaniam rursus, 'et alterius exsilii honorem exspectandum: 'suspectum semper invisumque dominantibus,

[2] *Triginta equites*] Quinquaginta, apud Suet. Galb. 15.

[3] *Omnibus suspectis*] Cum omnes essent suspecti, et ubi tempora ferrent, puniendi.

[4] *Inopia*] Bis mille sestertiûm (1,614,583l.) eo tempore debuisse Othonem scribit in Galb. Plutarchus: adeò ut non dissimularet (Suetonii verba sunt, Oth. 5.) *nisi principem, se stare non posse; nihilque referre, ab hoste in acie, an in foro sub creditoribus* caderet.

'qui

'qui proximus destinaretur. Nocuisse id sibi 'apud senem principem: magis nociturum a-'pud juvenem, ingenio trucem, et longo ex-'silio efferatum. Occidi Othonem posse: 'proinde agendum audendumque, dum Galbæ 'auctoritas fluxa, Pisonis nondum [5] coaluisset. 'Opportunos magnis conatibus transitus [6] re-'rum: nec cunctatione opus, ubi perniciosior 'sit quies, quàm temeritas. Mortem omnibus 'ex naturâ æqualem, oblivione apud posteros, 'vel gloriâ distingui. Ac si nocentem inno-'centemque idem exitus maneat, acrioris viri 'esse, meritò perire.'

XXII. Non erat Othonis mollis, et corpori similis animus. Et intimi libertorum servorumque, corruptiùs quàm in privatâ domo habiti, aulam Neronis et luxus, adulteria, matrimonia, ceterasque regnorum libidines, avido talium, si auderet, ut sua ostentantes; quiescenti, ut aliena exprobrabant: urgentibus etiam mathematicis, dum novos motus, et clarum Othoni annum, observatione siderum adfirmant: genus hominum potentibus [7] infidum, sperantibus fallax, quod in civitate nostrâ et vetabitur semper, et retinebitur. Multos secreta [8] Poppææ mathematicos, pessimum prin-

5 *Nondum coaluisset*] Nondum confirmata esset.

6 *Transitus rerum*] Commutationes imperii. Sic c. 29. *res translatæ*.

7 *Potentibus infidum*] Quòd turbidos, et rerum novarum cupidos, in conjurationes impellant mathematici.

8 *Secreta Poppææ*] Cubicula, arcani recessus Poppææ.

cipalis

cipalis [9] matrimonii instrumentum, habuerant: e quibus Ptolemæus [1] Othoni in Hispaniâ comes, cum superfuturum eum Neroni promisisset, postquam ex eventu fides, conjecturâ jam et rumore, senium Galbæ et juventam Othonis computantium, persuaserat fore, ut in imperium adsciscеretur. Sed Otho, tamquam peritiâ et monitu fatorum prædicta, accipiebat, cupidine ingenii humani libentiùs obscura credendi. Nec deerat Ptolemæus, jam et sceleris instinctor, ad quod facillimè ab ejusmodi voto transitur.

XXIII. Sed sceleris cogitatio incertum an repens: studia militum jampridem spe successionis, aut paratu facinoris adfectaverat: in itinere, in agmine, in stationibus, vetustissimum quemque militum nomine vocans, ac memoriâ Neroniani comitatûs, 'contubernales' appellando: alios agnoscere, quosdam requirere, et pecuniâ aut gratiâ juvare: inserendo sæpius querelas, et ambiguos de Galbâ sermones, quæque alia turbamenta vulgi. Labores itinerum, inopia commeatuum, duritia imperii, atrociùs accipiebantur, cum Campaniæ lacus et Achaiæ urbes classibus adire [2] soliti, Pirenæ-

9 *Principalis matrimonii*] Pessimum instrumentum, quo uti posset imperatoria conjux. *Matrimonium* pro *matronâ* dicitur, ut suprà Ann. 12, 65. *conjugium* pro *conjuge*: vid. Ann. 2, 13. 11, 13.

1 *Ptolemæus*] Quem et Seleucum vocat Suet. Oth. 4.

2 *Adire soliti*] Nerone principe. *P.* & *Alpes*, cum Galbam ex Hispaniâ deducerent.

um,

um, et Alpes, et immensa viarum spatia, ægre sub armis eniterentur.

XXIV. Flagrantibus jam militum animis, velut faces addiderat Mævius Pudens, e proximis Tigellini. Is mobilissimum quemque ingenio, aut pecuniæ indigum, et in novas cupiditates præcipitem alliciendo, eò paullatim progressus est, ut per [3] speciem convivii, quotiens Galba apud Othonem epularetur, cohorti excubias agenti viritim centenos nummos divideret: quam, velut publicam largitionem, Otho secretioribus apud singulos præmiis intendebat: adeò animosus corruptor, ut Cocceio Proculo speculatori [4], de parte finium cum vicino ambigenti, universum vicini agrum suâ pecuniâ emptum dono dederit; per socordiam præfecti [5], quem nota pariter et occulta fallebant.

XXV. Sed tum e libertis Onomastum futuro sceleri præfecit, a quo Barbium Proculum tesserarium [6] speculatorum, et Veturium optionem [7] eorumdem, perductos, postquam vario sermone

3 *Per speciem convivii*] Sportularum loco nummos dabat Otho; singulis militibus centum sestertios, seu aureum, qui valet 16s. $1\frac{3}{4}$d. Eadem habet Suet. Oth. 4. Constabat hæc cohors ex mille militibus.

4 *Speculatori*] Speculatores corpus principis custodiebant, clypeo et lanceâ armati.

5 *Præfecti*] Laconis, *ignari militarium animorum*, ut mox dicetur c. 26.

6 *Tesserarium*] Qui tesseram seu signum, a tribuno acceptum, per militum contubernia nunciabat.

7 *Optionem eorumdem*] *Optiones* Romana militia vocat, quos noster usus *adjutants*. Veget. 2, 7. *Optiones*

ſermone callidos audaceſque cognovit, pretio et promiſſis onerat, datâ pecuniâ ad pertentandos plurium animos. Suſcepere duo [8] manipulares imperium populi Romani transferendum, et tranſtulerunt. In conſcientiam facinoris pauci adſciti, ſuſpenſos ceterorum animos diverſis artibus ſtimulant: primores militum per [9] beneficia Nymphidii, ut ſuſpectos; vulgus et ceteros, irâ et deſperatione dilati totiens donativi. Erant quos memoria Neronis, ac deſiderium prioris licentiæ accenderet. In commune omnes metu [1] mutandæ militiæ terrebantur.

XXVI. Infecit ea tabes legionum quoque et auxiliorum motas jam mentes, poſtquam vulgatum erat labare Germanici exercitûs fidem. Adeóque parata apud malos ſeditio, etiam apud integros diſſimulatio fuit, ut poſtero [2] Iduum die, rede-

tiones ab optando vocati, quòd antecedentibus (i. e. dignioribus, et cum gradu militibus) *ægritudine præpeditis, hi, tamquam adoptati eorum atque vicarii, ſolent univerſa curare.*

8 *Duo manipulares*] Proculus et Veturius.

9 *Per beneficia N.*] Milites, qui promoti erant per Nymphidium, irritant, ut Galbæ ſuſpectos. Suet. Tib. 12. *per quoſdam beneficii ſui centuriones*, id eſt, ſuo beneficio factos.

1 *Metu mutandæ*] Ut dictum ſuprà c. 23.

2 *Poſtero Iduum die*] Ita omnes ferme libri ſcripti editique; et rectè, ut ex Suetonio colligo, qui Oth. 6. *medium tempus* ait, *inter adoptionem Piſonis cædemque Galbæ, religionem et Seleucum exemiſſe.* Adoptatur Piſo quartum Idus, ſeu decimo die Januarii: occiſus eſt cum patre 18 Kal. Feb. ſeu 15° Januarii. Intercedunt (ut videre licet apud Roſin. Antiq. Rom. 4, 4.) tres feriæ, Carmentalia, Compitalia, et Idus, unuſque dies ater, ſcilicet poſtridie Idus, quibus

redeuntem a cœnâ Othonem rapturi fuerint, nisi incerta noctis, et totâ Urbe sparsa militum castra, nec facilem inter temulentos consensum timuissent: non reipublicæ curâ, quam fœdare principis sui sanguine sobrii parabant; sed ne per tenebras, ut quisque Pannonici vel Germanici exercitûs militibus oblatus esset, ignorantibus plerisque, pro Othone destinaretur. Multa erumpentis seditionis indicia per conscios oppressa: quædam apud Galbæ aures præfectus Laco elusit, ignarus militarium animorum, consiliique quamvis egregii, quod non ipse adferret, inimicus, et adversùs peritos pervicax.

XXVII. XVIII Kalend. Febr. sacrificanti pro æde Apollinis Galbæ, haruspex Umbricius 'tristia exta, et instantes insidias, ac domesticum hostem' prædicit: audiente Othone (nam proximus adstiterat) idque, ut lætum e contrario, et suis cogitationibus prosperum interpretante. Nec multò pòst libertus Onomastus nunciat, 'expectari eum ab architecto et redemptoribus:' quæ significatio coeuntium jam militum, et paratæ conjurationis convenerat. Otho, caussam digressûs requirentibus, cum 'emi sibi prædia vetustate suspecta, eóque priùs exploranda' finxisset, innixus liberto, per Tiberianam [3] domum in Velabrum, inde ad Milliarium

bus omnibus diebus rem aliquam novam exordiri veterum superstitio vetabat. Dilati quidem facinoris alias rationes affert Tacitus: verùm potuit nonnihil moræ injicere et Seleuci religio.

3 *Tiberianam domum*] Quam Augusti domui Tiberius

rium [4] aureum, sub ædem Saturni pergit. Ibi tres et viginti speculatores consalutatum Imperatorem, ac paucitate salutantium trepidum, et sellæ festinanter impositum, strictis mucronibus rapiunt. Totidem ferme milites in itinere aggregantur, alii conscientiâ, plerique miraculo; pars clamore et [5] gladiis, pars silentio, animum ex eventu sumpturi.

XXVIII. Stationem in castris agebat Julius Martialis tribunus. Is magnitudine subiti sceleris, an corrupta latiùs castra, ac si contrà tenderet, exitium metuens, præbuit plerisque suspicionem conscientiæ. Antepofuere ceteri quoque tribuni centurionesque præsentia dubiis et honestis. Isque habitus animorum fuit, ut pessimum facinus auderent pauci, plures vellent, omnes paterentur.

XXIX. Ignarus interim Galba, et sacris intentus, fatigabat [6] alieni jam imperii deos: cum adfertur rumor, rapi in castra, incertum quem senatorem, mox Othonem esse qui raperetur. Simul ex totâ Urbe, ut quisque obvius fuerat, alii formidinem augentes, quidam minora vero,

berius adjecerat, *posticâ parte palatii*, ut ait Suet. Oth. 6. Velabrum, locus Romæ in quo vela oleariis aliisque venditoribus obtendebantur, inter montes Palatinum et Aventinum.

4 *Milliarium aureum*] Erat in capite fori Romani, erectum ab Augusto, ut in ipsum viæ omnes ex Italiâ desinerent. Plut. in Galbâ.

5 *Et gladiis*] Strictis nempe.

6 *Fatigabat*] Importunè et incassum: quippe jam imperium aliò dii transtulerant.

ne

ne tum quidem obliti adulationis. Igitur consultantibus placuit pertentari animum cohortis, quæ in palatio stationem agebat; nec per ipsum Galbam, cujus integra auctoritas majoribus remediis servabatur. Piso pro gradibus domûs [7] vocatos, in hunc modum adlocutus est: 'Sextus dies agitur, commilitones, ex 'quo ignarus futuri, et sive optandum hoc 'nomen sive timendum erat, Cæsar adscitus 'sum: quo domûs nostræ aut reipublicæ fato, 'in vestrâ manu positum est. Non quia, meó 'nomine, tristiorem casum paveam, ut qui ad-'versas res expertus, cum maximè discam, ne 'secundas quidem minus discriminis habere; 'patris [8], et senatûs, et ipsius imperii vicem 'doleo, si nobis aut perire hodie necesse est, 'aut, quod æquè apud bonos miserum est, oc-'cidere. Solatium proximi [9] motûs habeba-'mus, incruentam Urbem, et res sine discordiâ 'translatas. Provisum adoptione videbatur, ut 'ne post Galbam quidem bello locus esset.

XXX. 'Nihil arrogabo mihi nobilitatis aut 'modestiæ: neque enim relatu virtutum, in 'comparatione Othonis, opus est. Vitia, qui-'bus solis gloriatur, evertêre imperium, etiam 'cum amicum [1] imperatoris ageret. Habitune 'et incessu, an illo muliebri [2] ornatu, mereretur

7 *Domûs*] Augustæ, seu palatii.

8 *Patris*] Galbæ.

9 *Proximi motûs*] Quo Nero sublatus.

1 *Amicum imperatoris*] Neronis.

2 *Muliebri ornatu*] Quem describit Suet. Oth. 12. *Vulso corpore, galericulo capiti*

'tur imperium? Falluntur, quibus luxuria 'specie liberalitatis imponit. Perdere iste sci-'et, donare nesciet. Stupra nunc, et comis-'sationes, et feminarum cœtus, volvit animo. 'Hæc principatûs præmia putat; quorum li-'bido ac voluptas penes ipsum sit, rubor ac 'dedecus penes omnes. Nemo enim unquam 'imperium flagitio quæsitum, bonis artibus ex-'ercuit. Galbam consensus generis humani; 'me Galba, consentientibus vobis, Cæsarem 'dixit. Si respublica, et senatus, et populus, 'vacua nomina sunt; vestrâ, commilitones, 'interest, ne imperatorem pessimi faciant. Le-'gionum seditio adversùm duces suos audita 'est aliquando: vestra [3] fides famaque inlæsa 'ad hunc diem mansit. Et Nero quoque vos 'destituit, non vos Neronem. Minùs triginta 'transfugæ et desertores, quos centurionem 'aut tribunum sibi eligentes nemo ferret, im-'perium assignabunt? Admittitis exemplum? et 'quiescendo commune crimen facitis? Tran-'scendet hæc licentia in provincias: et ad nos 'scelerum exitus, bellorum ad vos pertinebunt. 'Nec [4] est plus quod pro cæde principis, quàm 'quod innocentibus datur: sed perinde a no-

capiti propter raritatem capillorum annexo: faciem pane madido linire quotidie, ne barbatus unquam esset &c. Vid. Juv. Sat. 2, 99.

3 *Vestra fides*] Prætoriani.

4 *Nec est plus*] Nec majus donativum dabunt illi pro cæde imperatoris vestri, quàm a nobis dabitur ut innocentiam conservetis.

'bis

'bis donativum ob fidem, quàm ab aliis pro 'facinore accipietis.'

XXXI. Dilapſis [5] ſpeculatoribus, cetera cohors non adſpernata concionantem, ut turbidis rebus evenit, fortè magis, et nullo adhuc conſilio, parat [6] ſigna, quàm (quod poſtea creditum eſt) inſidiis et ſimulatione. Miſſus et Celſus Marius ad electos [7] Illyrici exercitûs, Vipſaniâ [8] in porticu tendentes. Præceptum Amulio Sereno et Domitio Sabino primipilaribus, ut Germanicos milites e Libertatis [9] atrio arceſſerent. Legioni claſſicæ diffidebatur, infeſtæ ob cædem commilitonum, quos primo ſtatim introitu trucidaverat Galba. Pergunt etiam in caſtra prætorianorum tribuni Cetrius Severus, Subrius Dexter, Pompeius Longinus; ſi incipiens adhuc, et necdum adulta ſeditio, melioribus conſiliis flecteretur. Tribunorum Subrium et Cetrium milites adorti minis, Longinum manibus coercent, exarmantque; quia non [1] ordine militiæ, ſed e Galbæ amicis, fidus principi

5 *Dilapſis ſpeculatoribus*] Quos antea corruperat Otho.

6 *Parat ſigna*] Vexilla expediunt prætoriani, tamquam prælium jamjam commiſſuri.

7 *Electos Illyrici*] De quibus ſuprà c. 6. Iis notus eſſe potuit M. Celſus, qui in Pannoniâ militaverat, ut dictum Ann. 15, 25.

8 *Vipſaniâ*] Seu porticu Agrippæ, in Campo Martio, de quo Horat. 1 Epiſt. 6, 26.

9 *Libertatis atrio*] In monte Aventino.

1 *Non ordine militiæ*] Intelligunt plerique, *tribunus factus erat*, ſed gratiâ Galbæ. Videndum autem an non rectiùs ſuppleamus, Non ordine militiæ *miſſus erat* Longinus ad eos

principi ſuo, et deſciſcentibus ſuſpectior erat. Legio claſſica, nihil cunctata, prætorianis adjungitur. Illyrici exercitûs electi Celſum infeſtis pilis proturbant. Germanica vexilla diu[3] nutavere; invalidis adhuc corporibus, et placatis animis, quòd eos a Nerone Alexandriam præmiſſos, atque inde rurſus longâ navigatione ægros, impenſiore curâ Galba refovebat.

XXXII. Univerſa jam plebs palatium implebat, mixtis ſervitiis, et diſſono clamore, cædem Othonis et conjuratorum exitium poſcentium, ut ſi in circo ac theatro ludicrum aliquod poſtularent. Neque illis judicium, aut veritas; quippe eodem die diverſa pari certamine poſtulaturis: ſed tradito more quemcunque principem adulandi, licentiâ acclamationum, et ſtudiis inanibus. Interim Galbam duæ ſententiæ diſtinebant. Titus Vinius 'manendum 'intra domum, opponenda ſervitia, firmandos 'aditus, non eundum ad iratos' cenſebat: 'daret malorum pœnitentiæ, daret bonorum 'conſenſui ſpatium: ſcelera impetu, bona con- 'ſilia morâ valeſcere. Denique eundi ultro ſi 'ratio ſit, eamdem mox facultatem: regreſſus, 'ſi pœniteat, in alienâ poteſtate.'

eos quorum non erat tribunus, ſed eò delectus videbatur, quòd e Galbæ amicis erat. Ordo militiæ, curſus uſitatus muniorum militarium, quem Galli vocant *la routine*.

3 *Diu nutavere*] In auxilium Galbæ advolavere, teſte Suet. Galb. 20. *ſed ſeriùs, itinere devio, per ignorantiam locorum retardati.*

XXXIII.

XXXIII. 'Festinandum' ceteris videbatur, 'antequam cresceret invalida adhuc conjuratio 'paucorum. Trepidaturum etiam Othonem, 'qui furtim digressus, ad ignaros illatus, cunc-'tatione nunc et segnitiâ terentium tempus, 'imitari principem discat. Num exspectandum, 'ut compositis castris, forum invadat, et pro-'spectante Galbâ, Capitolium adeat; dum e-'gregius imperator, cum fortibus amicis, ja-'nuâ ac limine tenus domum cludit, obsidio-'nem nimirum toleraturus? Et præclarum in 'servis auxilium, si consensus tantæ multitu-'dinis, et quæ plurimùm valet, prima indig-'natio languescat. Proinde intuta, quæ in-'decora: vel si cadere necesse sit, occurrendum 'discrimini. Id Othoni invidiosius, et ipsis 'honestum.' Repugnantem huic sententiæ Vinium, Laco minaciter invasit, stimulante Icelo, privati [3] odii pertinaciâ, in publicum exitium.

XXXIV. Nec diutiùs Galba cunctatus, speciosiora suadentibus accessit. Præmissus tamen in castra Piso, ut juvenis magno nomine, recenti favore, et infensus T. Vinio; seu quia erat, seu quia irati ita volebant: et [4] faciliùs de odio creditur. Vix dum egresso Pisone, occisum in castris Othonem, vagus primùm et incertus rumor, mox ut in magnis mendaciis, interfuisse se quidam, et vidisse adfirma-

3 *Privati odii*] In Vinium.

4 *Et faciliùs*] Estque similius veri, impulsum odio fuisse.

bant,

bant, credulâ famâ, inter gaudentes et incuriosos. Multi arbitrabantur compositum auctumque rumorem, mixtis jam Othonianis, qui ad evocandum Galbam, læta falsò vulgaverint.

XXXV. Tum verò non populus tantùm et imperita plebs in plausus et immodica studia, sed equitum plerique ac senatorum, posito metu incauti, refractis palatii foribus, ruere intus, ac se Galbæ ostentare, præreptam sibi ultionem querentes. Ignavissimus quisque, et (ut res docuit) in periculo non ausurus, nimii verbiis, linguæ feroces: nemo scire, et omnes adfirmare: donec inopiâ veri, et consensu errantium victus, sumpto [5] thorace Galba, irruenti turbæ neque ætate neque corpore sistens [6], sellâ levaretur. Obvius in palatio Julius Atticus speculator, cruentum gladium ostentans, 'occisum a se Othonem' exclamavit: et Galba, 'Commilito,' inquit, 'quis jussit?' insigni animo ad coercendam militarem licentiam, minantibus intrepidus, adversùs blandientes incorruptus.

XXXVI. Haud dubiæ jam in castris omnium mentes; tantùsque ardor, ut non contenti agmine et corporibus, in suggestu, in

5 *Sumpto thorace*] Suet. Galb. 19. *Loricam induit linteam, quanquam haud dissimulans, parum adversùs tot mucrones profuturam.*

6 *Sistens*] Pro *consistens*, h. e. stans. Cic. Verr. 3, 96. *qui remp. sistere negat posse, ni ad equestrem ordinem judicia referantur.*

quo

quo paullo antè aurea Galbæ [7] ſtatua fuerat, medium inter ſigna Othonem vexillis circumdarent. Nec tribunis aut centurionibus adeundi locus: gregarius miles caveri inſuper præpoſitos jubebat. Strepere cuncta clamoribus, et tumultu, et exhortatione mutuâ, non tamquam in populo ac plebe, variis ſegni adulatione vocibus, ſed ut quemque adfluentium militum aſpexerant, prenſare manibus, complecti armis, collocare juxtà, præire ſacramentum, modò imperatorem militibus, modò imperatori milites commendare. Nec deerat Otho: protendens manus, adorare [8] vulgum, jacere oſcula, et omnia ſerviliter pro dominatione. Poſtquam univerſa claſſicorum legio ſacramentum ejus accepit, fidens viribus, et quos adhuc ſingulos exſtimulaverat, accendendos in commune ratus, pro vallo caſtrorum ita cœpit:

XXXVII. 'Quis ad vos proceſſerim, commilitones, dicere non poſſum: quia nec privatum me vocare ſuſtineo, princeps a vobis nominatus; nec principem, alio imperante. Veſtrum quoque nomen in incerto erit, donec dubitabitur imperatorem populi Romani in caſtris, an hoſtem habeatis. Auditiſne, ut pœna mea et ſupplicium veſtrum ſimul poſtulentur? adeò manifeſtum eſt, neque perire nos, neque ſalvos eſſe, niſi unà, poſſe. Et, cujus lenitatis eſt Galba, jam fortaſſe pro-

7 *Galbæ ſtatua*] De hoc uſu Ann. 15, 29.

8 *Adorare, jacere*] Int. *cœpit*. Non pendent hæc a verbo *deerat*.

‘ miſit: ut qui, nullo expoſcente, tot millia
‘ innocentiſſimorum militum trucidaverit. Hor-
‘ ror animum ſubit, quotiens recordor feralem
‘ introitum, et hanc ſolam Galbæ victoriam,
‘ cum in oculis Urbis decumari deditos jube-
‘ ret, quos deprecantes in fidem acceperat. His
‘ auſpiciis Urbem ingreſſus, quam gloriam ad
‘ principatum attulit, niſi occiſi Obultronii
‘ Sabini et Cornelii Marcelli in Hiſpaniâ, Be-
‘ tui Chilonis in Galliâ, Fonteii Capitonis in
‘ Germaniâ, Clodii Macri in Africâ, Cingonii
‘ in viâ, Turpiliani in Urbe, Nymphidii in
‘ caſtris? Quæ uſquam provincia, quæ caſtra
‘ ſunt, niſi cruenta et maculata? aut, ut ipſe
‘ prædicat, emendata et correcta? Nam quæ
‘ alii ſcelera, hic remedia vocat: dum falſis
‘ nominibus, ſeveritatem pro ſævitiâ, parcimo-
‘ niam pro avaritiâ, ſupplicia et contumelias
‘ veſtras diſciplinam appellat. Septem a Ne-
‘ ronis fine menſes ſunt, et jam plus rapuit
‘ Icelus, quàm quod Polycleti, et Vatinii, et
‘ Helii paraverunt. Minore avaritiâ ac licen-
‘ tiâ graſſatus eſſet T. Vinius, ſi ipſe imperaſ-
‘ ſet: nunc et ſubjectos nos habuit, tamquam
‘ ſuos; et viles, ut alienos. Una [8] illa domus
‘ ſufficit donativo, quod vobis numquam datur,
‘ et cotidie [9] exprobratur.’

[8] *Una illa domus*] T. Vinii ſatis opulenta eſt, ut exſolvat donativum Galbæ nomine promiſſum.

[9] *Exprobratur*] A Galbâ tamquam peſſimum corruptæ diſciplinæ exemplum objectatur, qui legi e ſe militem, non emi, prædicat.

XXXVIII.

XXXVIII. Ac ne qua ſaltem in ſucceſſore 'Galbæ ſpes eſſet, arceſſit ab exſilio, quem 'triſtitiâ et avaritiâ ſui ſimillimum judicabat. 'Vidiſtis, commilitones, notabili tempeſtate, 'etiam deos infauſtam adoptionem adverſantes. 'Idem ſenatûs, idem populi Romani animus 'eſt. Veſtra virtus exſpectatur, apud quos 'omne honeſtis conſiliis robur, et ſine quibus, 'quamvis egregia, invalida ſunt. Non ad bel'lum vos, nec ad periculum voco: omnium 'militum arma nobiſcum ſunt. Nec una co'hors [1] togata defendit nunc Galbam, ſed de'tinet. Cum vos adſpexerit, cum ſignum me'um acceperit, hoc ſolum erit certamen, quis 'mihi plurimum [2] imputet. Nullus cuncta'tioni locus eſt in eo conſilio, quod non poteſt 'laudari, niſi peractum.' Aperire deinde armamentarium juſſit. Rapta ſtatim arma, ſine more et ordine militiæ, ut prætorianus aut legionarius inſignibus ſuis diſtingueretur: miſcentur auxiliaribus, galeis ſcutiſque. Nullo tribunorum centurionumve adhortante, ſibi quiſque dux et inſtigator: et præcipuum peſſimorum incitamentum, quòd boni mœrebant.

XXXIX. Jam exterritus Piſo fremitu crebreſcentis ſeditionis, et vocibus in Urbem uſ-

[1] *Cohors togata*] Ita appellat, velut elevans et infirmans, cohortem cuſtodum, de qua ſuprà c. 29. quia togis induti erant, ut urbani, non ſagis.

[2] *Plurimum imputet*] Quis me plurimùm demereatur: quis pro me acriùs contendendo efficiat, ut ei plus debeam. Infrà c. 55. *neque enim erat adhuc, cui imputaretur.*

que resonantibus, egressum interim Galbam, et foro appropinquantem, adsecutus erat; jam Marius Celsus haud læta retulerat: cum alii in palatium redire, alii Capitolium petere, plerique rostra occupanda censerent; plures tantùm sententiis aliorum contradicerent; utque evenit in consiliis infelicibus, optima viderentur, quorum tempus effugerat. Agitasse Laco, ignarò Galbâ, de occidendo T. Vinio dicitur, sive ut pœnâ ejus animos militum mulceret, seu conscium Othonis credebat, ad postremum vel odio. Hæsitationem attulit tempus ac locus, quia initio cædis orto, difficilis modus: et turbavere consilium trepidi nuncii, ac proximorum diffugia, languentibus omnium studiis, qui primò alacres fidem atque animum ostentaverant.

XL. Agebatur huc illuc Galba vario turbæ fluctuantis impulsu, completis undique basilicis [3] ac templis, lugubri prospectu. Neque populi aut plebis ulla vox, sed attoniti vultus, et conversæ ad omnia aures. Non tumultus, non quies: quale magni metûs, et magnæ iræ silentium est. Othoni tamen armari plebem nunciabatur. 'Ire præcipites, et occupare [4] pericula' jubet. Igitur milites Romani, quasi Vologesem aut Pacorum avito Arsacida-

[3] *Basilicis*] Basilica vocabatur locus amplus exercendis judiciis. Senec. de Ir. l. 3. *Fremitu judiciorum basilicæ resonant.*

[4] *Occupare*] Pericula ultro prævertere. Otho interea se castris continuit. Suet. Oth. 6.

rum

rum ſolio depulſuri, ac non imperatorem ſuum inermem et ſenem trucidare pergerent, disjectâ plebe, proculcato ſenatu, truces armis, rapidis equis, forum inrumpunt. Nec illos Capitolii adſpectus, et imminentium templorum religio, et priores et futuri principes terruere, quominus facerent ſcelus, cujus ultor eſt quiſquis ſucceſſit.

XLI. Viſo cominus armatorum agmine, vexillarius comitatæ Galbam cohortis (Atilium Vergilionem fuiſſe tradunt) dereptam Galbæ [5] imaginem ſolo adflixit. Eo ſigno manifeſta in Othonem omnium militum ſtudia, deſertum fugâ populi forum, deſtricta adversùs dubitantes tela. Juxta Curtii lacum, trepidatione ferentium Galba projectus e ſellâ, ac provolutus eſt. Extremam ejus vocem, ut cuique odium aut admiratio fuit, variè prodidere. Alii, ſuppliciter interrogaſſe, 'quid mali meruiſſet?' 'paucos dies exſolvendo donativo' deprecatum: plures, obtuliſſe ultro percuſſoribus jugulum, 'agerent ac ferirent, ſi ita e republicâ videre-'tur.' Non interfuit occidentium, quid diceret. De percuſſore non ſatis conſtat. Quidam Terentium evocatum [6], alii Lecanium, crebrior fama tradidit Camurium quintædeci-

5 *Galbæ imaginem*] Vexillo affixam.

6 *Evocatum*] Evocatos Galba ſibi olim addixerat. Suet. Galb. 10. *Delegit et equeſtris ordinis juvenes, qui, manente annulorum aureorum uſu, Evocati appellarentur, excubiaſque circa cubiculum ſuum vice militum agerent.*

mæ

mæ legionis militem, impresso gladio, jugulum ejus hausisse. Ceteri crura brachiaque (nam pectus [7] tegebatur) fœdè laniavere: pleraque vulnera, feritate et sævitiâ, trunco jam corpori adjecta.

XLII. Titum inde Vinium invasere. De quo et ipso ambigitur, consumpseritne vocem ejus instans metus, an proclamaverit, 'non 'esse ab Othone mandatum, ut occideretur.' Quod seu finxit formidine, seu conscientiâ conjurationis confessus est: huc potiùs ejus vita famaque inclinat, ut conscius sceleris fuerit, cujus [8] caussa erat. Ante ædem [9] divi Julii jacuit, primo ictu in poplitem, mox ab Julio Caro legionario milite in utrumque latus transverberatus.

XLIII. Insignem illâ die virum Sempronium Densum ætas nostra vidit. Centurio is prætoriæ cohortis, a Galbâ custodiæ Pisonis additus, stricto pugione occurrens armatis, et scelus exprobrans, ac modò manu, modò voce, vertendo in se percussores, quamquam vulnerato Pisoni effugium dedit. Piso in ædem Vestæ pervasit, exceptusque misericordiâ publici servi, et contubernio ejus abditus, non religione, nec cærimoniis, sed latebrâ imminens exitium differebat: cum advenere, missu Othonis, nominatim in cædem ejus ardentes, Sulpicius

7 *Pectus tegebatur*] Thorace: suprà c. 35.

8 *Cujus caussa erat*] Quia Galbam *odio flagitiorum oneravit*: suprà c. 6.

9 *Ædem divi Julii*] In foro Romano. Huic erat vicina ædes Vestæ.

Florus e Britannicis cohortibus, nuper a Galbâ civitate donatus, et Statius Murcus ſpeculator: a quibus protractus Piſo, in foribus templi trucidatur.

XLIV. Nullam cædem Otho majore lætitiâ excepiſſe, nullum caput tam inſatiabilibus oculis perluſtraſſe dicitur: ſeu tum primùm levata omni ſolicitudine mens, vacare gaudio cœperat; ſeu recordatio majeſtatis in Galbâ, amicitiæ in T. Vinio, quamvis immitem animum imagine triſti confuderat: Piſonis, ut inimici et æmuli, cæde lætari, jus faſque credebat. Præfixa contis capita geſtabantur, inter ſigna cohortium, juxta aquilam legionis: certatim oſtentantibus cruentas manus, qui occiderant, qui interfuerant, qui verè, qui falsò, ut pulchrum et memorabile facinus, jactabant. Plures quàm centum et viginti libellos præmia expoſcentium, ob aliquam notabilem illâ die operam, Vitellius poſtea invenit; omneſque conquiri et interfici juſſit: non honore Galbæ, ſed tradito principibus more, munimentum [1] ad præſens, in poſterum ultionem.

XLV. Alium crederes ſenatum, alium populum. Ruere cuncti in caſtra, anteire proxi-

[1] *Munimentum ad præſens*] Pendent hæc duo *munimentum*, *ultionem*, a ſuperioribus *conq. et interf. juſſit*; et ſenſus eſt: tradito principibus more, juſſit interfici interfectores principis, ut tali animadverſione et ſe ipſe in præſens tutiorem præſtaret, et ſucceſſori exemplum relinqueret ultionis. Jam antè dixerat c. 49. *ſcelus, cujus ultor eſt quiſquis ſucceſſit.*

mos,

mos, certare cum præcurrentibus, increpare Galbam, laudare militum judicium, exoſculari Othonis manum: quantóque magis falſa erant quæ fiebant, tantò plura facere. Nec aſpernabatur ſingulos Otho, avidum et minacem militum animum voce vultuque temperans. Marium Celſum, conſulem deſignatum, et Galbæ uſque in extremas res amicum fidumque, ad ſupplicium expoſtulabant; induſtriæ ejus innocentiæque, quaſi malis artibus, infenſi. Cædis et prædarum initium, et optimo cuique perniciem quæri apparebat. Sed Othoni nondum auctoritas inerat ad prohibendum ſcelus: jubere [2] jam poterat. Ita ſimulatione iræ, vinciri juſſum, et majores pœnas daturum adfirmans, præſenti exitio ſubtraxit.

XLVI. Omnia deinde arbitrio militum acta. Prætorii præfectos ſibi ipſi legêre; Plotium Firmum, e manipularibus quondam, tum vigilibus præpoſitum, et incolumi adhuc Galbâ, partes Othonis ſecutum: adjungitur Licinius Proculus, intimâ familiaritate Othonis, ſuſpectus conſilia ejus foviſſe. Urbi Flavium Sabinum præfecere, judicium Neronis ſecuti, ſub quo eamdem curam obtinuerat; pleriſque Veſpaſianum fratrem in eo reſpicientibus. Flagitatum, ut vacationes [3], præſtari centurionibus ſolitæ, remitterentur. Namque gregarius miles,

[2] *Jubere jam poterat*] Imperare ſcelus poterat, juſſo vinciri innocentem.

[3] *Vacationes*] Pretia vacationum a muneribus militaribus. De iis ſuprà Ann. I, 17. 35.

ut

ut tributum annuum pendebat. Quarta [4] pars manipuli ſparſa per commeatus, aut in ipſis caſtris vaga, dum mercedem centurioni exſolveret: neque modum oneris quiſquam, neque genus quæſtûs penſi habebat: per latrocinia et raptus, aut ſervilibus miniſteriis, militare otium redimebant. Tum locupletiſſimus quiſque miles labore ac ſævitiâ fatigari, donec vacationem emeret. Ubi ſumptibus exhauſtus, ſocordiâ inſuper elanguerat, inops pro locuplete, et iners pro ſtrenuo, in manipulum redibat: ac rurſus alius atque alius, eâdem egeſtate ac licentiâ corrupti, ad ſeditionem et diſcordias, et ad extremum, bella civilia ruebant. Sed Otho, ne vulgi [5] largitione centurionum animos averteret, fiſcum ſuum vacationes annuas exſoluturum promiſit: rem haud dubiè utilem, et a bonis poſtea principibus perpetuitate diſciplinæ firmatam. Laco præfectus, tamquam in inſulam ſeponeretur, ab evocato, quem ad cædem ejus Otho præmiſerat, confoſſus. In

4 *Quarta pars*] Uſque eò proceſſit avaritia centurionum, ut quartam partem manipuli vel otio vacare, vel a caſtris diſcedere, uno tempore permiſerit. Bipontinis placet lectio, quam meritò improbarunt viri docti Lips. Freinſh. Ern. *pendebat quartam. Pars manipuli &c.* Violentior æquo videtur ellipſis, *quartam*, h. e. *partem ſtipendii ſui.*

5 *Vulgi largitione*] Militibus largitus eſt, quod pretio redimere ſolebant: at ne hac largitione centuriones irritaret, pretia vacationum ex fiſco ſuo iiſdem numerare promiſit.

Martianum Icelum, ut in [6] libertum, palam animadversum.

XLVII. Exacto per scelera die, novissimum malorum fuit laetitia. Vocat senatum praetor [7] urbanus: certant adulationibus ceteri magistratus. Accurrunt patres: decernitur Othoni 'tribunicia potestas, et nomen Augusti, et 'omnes principum honores,' adnitentibus cunctis abolere convicia ac probra, quae promiscuè jacta haesisse animo ejus nemo sensit: omisisset offensas, an distulisset, brevitate imperii in incerto fuit. Otho, cruento adhuc foro, per stragem jacentium, in Capitolium, atque inde in palatium vectus, concedi corpora sepulturae, cremarique permisit. Pisonem Verania [8] uxor ac frater Scribonianus, T. Vinium Crispina filia composuere, quaesitis redemptisque [9] capitibus, quae venalia interfectores servaverant.

XLVIII. Piso unum et tricesimum aetatis annum explebat, famâ meliore quàm fortunâ. Fratres ejus, Magnum Claudius, Crassum Ne-

6 *In libertum*] Servili supplicio in crucem actus est Icelus, quemadmodum mox Asiaticus, Hist. 4, 11. Malè correxit Cl. Ern. *libertinum*.

7 *Praetor urbanus*] Ad quem, interfectis coss. Galbâ et Vinio, reip. administratio devenit. Cic. Ep. 10, 12. *Placuit nobis, ut statim ad Cornutum praetorem urbanum litteras deferremus: qui, quòd consules aberant, consulare munus sustinebat more majorum.*

8 *Verania*] De cujus morte quaedam lectu digna habet Plin. Ep. 2, 20.

9 *Redemptisque capitibus*] Redemptum Vinii caput scribit Plutarch. Galb. decem millibus sestertiûm, 80l. 14s. 7d.

ro interfecerant. Ipse diu exsul, quatriduo Cæsar, properatâ adoptione ad hoc tantùm majori fratri prælatus est, ut prior occideretur. T. Vinius quinquaginta septem annos variis moribus egit. Pater illi e prætoriâ familiâ, maternus avus e proscriptis. Primâ militiâ infamis, legatum Calvisium Sabinum habuerat: cujus uxor, malâ cupidine visendi situm castrorum, per noctem militari habitu ingressa, cum vigilias et cetera militiæ munia eâdem lasciviâ temerasset, in ipsis [1] principiis stuprum ausa, et criminis hujus reus T. Vinius arguebatur. Igitur jussu C. Cæsaris oneratus catenis: mox mutatione [2] temporum dimissus, cursu honorum inoffenso, legioni post præturam præpositus, probatusque. Servili deinceps probro respersus est, tamquam scyphum aureum in convivio Claudii furatus: et Claudius, posterâ die, soli omnium Vinio fictilibus ministrari jussit. Sed Vinius proconsulatu Galliam Narbonensem severè integréque rexit. Mox Galbæ amicitiâ in abruptum tractus: audax, callidus, promptus, et prout animum intendisset, pravus aut industrius, eâdem vi. Testamentum T. Vinii magnitudine opum irritum: Pisonis supremam voluntatem paupertas firmavit.

XLIX. Galbæ corpus diu neglectum, et licentiâ tenebrarum plurimis ludibriis vexatum,

[1] *Ipsis principiis*] Quæ sacra, ob aquilas et signa, castrorum numina.

[2] *Mutatione temporum*] Occiso Caligulâ.

dispensator Argius, e [3] prioribus servis, humili sepulturâ in privatis ejus hortis contexit. Caput per lixas calonesque suffixum laceratumque, ante Patrobii tumulum (libertus is Neronis punitus a Galbâ fuerat) posterâ demum die repertum, et cremato jam corpori admixtum est. Hunc exitum habuit Ser. Galba, tribus et septuaginta annis, quinque principes prosperâ fortunâ emensus, et alieno imperio felicior quàm suo. Vetus in familiâ nobilitas, magnæ opes. Ipsi medium ingenium, magis extra vitia quàm cum virtutibus. Famæ nec incuriosus, nec venditator. Pecuniæ alienæ non appetens, suæ parcus, publicæ avarus. Amicorum libertorumque, ubi in bonos incidisset, sine reprehensione patiens: si mali forent, usque ad culpam ignarus. Sed claritas natalium et metus temporum obtentui [4], ut quod segnitia erat, sapientia vocaretur. Dum vigebat ætas, militari laude apud Germanias floruit. Proconsul Africam moderatè; jam senior, citeriorem Hispaniam pari justitiâ continuit: major privato visus, dum privatus fuit, et omnium consensu capax imperii, nisi imperasset.

L. Trepidam Urbem, ac simul atrocitatem recentis sceleris, simul veteres Othonis mores paventem, novus insuper de Vitellio nuncius exterruit, ante cædem Galbæ suppressus, ut

3 *E prioribus servis*] Quos ante principatum Galba habuerat.

4 *Obtentui*] Prætextui erat.

tantùm

tantùm ſuperioris Germaniæ exercitum deſciviſſe crederetur. Tum 'duos omnium mortalium impudicitiâ, ignaviâ, luxuriâ deterrimos, 'velut ad perdendum imperium fataliter electos,' non ſenatus modò et eques, quîs aliqua pars et cura reipublicæ, ſed vulgus quoque palam mœrere. Nec jam recentia ſævæ pacis exempla, ſed repetitâ bellorum civilium memoriâ, 'captam totiens ſuis exercitibus Urbem, vaſtitatem Italiæ, direptiones provinciarum, Pharſaliam, Philippos, et Peruſiam ac Mutinam,' nota publicarum cladium nomina, loquebantur. 'Prope everſum orbem, etiam cum de principatu inter bonos certaretur: ſed manſiſſe C. 'Julio, manſiſſe Cæſare Auguſto victore, imperium; manſuram fuiſſe, ſub Pompeio Brutoque, rempublicam. Nunc pro Othone, an 'pro Vitellio, in templa ituros? Utraſque impias preces, utraque deteſtanda vota, inter 'duos, quorum bello ſolum id ſcires, deteriorem fore qui viciſſet.' Erant, qui Veſpaſianum et arma Orientis augurarentur: et, ut potior utroque Veſpaſianus, ita bellum aliud, atque alias clades horrebant. Et ambigua de Veſpaſiano fama: ſoluſque omnium ante ſe principum in melius mutatus eſt.

LI. Nunc initia cauſſâſque motûs Vitelliani expediam. Cæſo cum omnibus copiis Julio Vindice, ferox prædâ gloriâque exercitus, ut cui, ſine labore ac periculo, ditiſſimi belli victoria eveniſſet, expeditionem et [5] aciem, præ-

[5] *Et aciem*] Pugnas, et ex pugnis præmia.

mia

mia quàm ſtipendia malebat: diuque infructuoſam et aſperam militiam toleraverat, ingenio loci [6] cœlique, et ſeveritate diſciplinæ, quam in pace inexorabilem diſcordiæ civium reſolvunt, paratis utrimque corruptoribus, et perfidiâ impunitâ. Viri, arma, equi, ad uſum et ad decus, ſupererant. Sed ante bellum, centurias [7] tantùm ſuas turmaſque noverant: exercitus finibus provinciarum [8] diſcernebantur. Tum adversùs Vindicem contractæ legiones, ſeque et Gallias expertæ, quærere rurſus arma, novaſque diſcordias: nec [9] *ſocios*, ut olim, ſed *hoſtes* et *victos* vocabant. Nec deerat pars Galliarum quæ Rhenum accolit, eaſdem [1] partes ſecuta, ac tum acerrima inſtigatrix adversùs *Galbianos:* hoc enim nomen, faſtidito Vindice, indiderant. Igitur Sequanis Æduiſque, ac deinde, prout opulentia civitatibus erat, infenſi, expugnationes urbium, populationes agrorum, raptus penatium hauſerunt [2] animo: ſuper avaritiam et arrogantiam, præcipua validiorum vitia, contumaciâ Gallorum irritati, qui remiſſam ſibi a Galbâ quartam tributorum partem, et publicè [3] donatos, in ignominiam

6 *Loci cœlique*] Germaniæ.

7 *Centurias, turmaſque*] Peditatum equitatumque.

8 *Provinciarum*] Inferioris et ſuperioris Germaniæ.

9 *Nec ſocios*] Vocabant Gallos.

1 *Eaſdem partes*] Legionum et Verginii.

2 *Hauſerunt animo*] Avidè anticiparunt.

3 *Publicè donatos*] Nempe civitate Romanâ, ut dictum ſuprà c. 9. Et memorantur mox c. 54. *civitatum vicinarum præmia.*

nominiam [4] exercitûs, jactabant. Accessit callidè vulgatum, temere creditum, decumari legiones, et promptissimum quemque centurionum dimitti. Undique atroces nuncii: sinistra ex Urbe fama: infensa Lugdunensis colonia, et pertinaci pro [5] Nerone fide, fecunda rumoribus. Sed plurima ad fingendum credendumque materies in ipsis castris, odio, metu, et ubi vires suas respexerant, securitate.

LII. Sub ipsas superioris anni Kalendas Decembres, Aulus Vitellius inferiorem Germaniam ingressus, hiberna legionum cum curâ adierat. Redditi plerisque ordines, remissa ignominia, adlevatæ [6] notæ: plura ambitione, quædam judicio: in quibus sordem et avaritiam Fonteii Capitonis, adimendis assignandisve militiæ ordinibus, integrè mutaverat. Nec consularis [7] legati mensurâ, sed in majus omnia accipiebantur. Et Vitellius apud [8] severos humilis.

mia. Ceterum cum *publicè donatos* ait Noster, vult dicere omnibus Gallis concessam civitatem, quam antea primores solummodo assecutos fuisse scribit Annal. 11, 23.

4 *In ignominiam exercitûs*] Qui Vindicem debellaverat, ejusque partes secutos Gallos nunc donari a Galbâ indignatur. Hujusmodi querelas et Plutarchus memorat, loc. cit.

5 *Pro Nerone fide*] Ob recens ejus in Lugdunenses beneficium, Ann. 16, 13.

6 *Adlevatæ notæ*] Ignominiosis, in tabulis censualibus, appositæ. Suet. Vitell. 8.

7 *Consularis legati*] Nec ut consularis legati facta, sed in majus omnia, ut principalis animi indicia, accipiebantur.

8 *Apud severos*] Æstimatione hominum gravium, et disciplinæ studiosorum, nimis se demittebat. *Id* (sic enim scribo, monente

humilis. Id comitatem bonitatemque faventes vocabant, quòd sine modo, sine judicio, donaret sua, largiretur aliena: simul aviditate [9] imperandi, ipsa vitia pro virtutibus interpretabantur. Multi in utroque exercitu sicut modesti quietique, ita mali et strenui: sed profusâ cupidine, et insigni temeritate, legati legionum, Alienus Cæcina et Fabius Valens: e quibus Valens infensus Galbæ, tamquam detectam a se Verginii cunctationem [1], oppressa Capitonis consilia, ingratè tulisset, instigare Vitellium, ardorem militum ostentans. ' Ipsum celebri ' ubique famâ: nullam in [2] Flacco Hordeonio ' moram: adfore Britanniam: secutura Ger-

monente Grotio, pro vulg. *ita comitatem*) *id* animi vitium *comitatem* fautores ejus vocabant, quemadmodum etiam *bonitatem* appellabant, *quòd sine modo, sine judicio donaret sua* &c. Suet. Vitell. 7. *Totâ viâ caligatorum quoque militum obvios exosculans* [Vitellius] *perque stabula ac diversoria mulionibus et viatoribus præter modum comis, ut manè singulos, jamne jentassent, sciscitaretur, seque fecisse ructu quoque ostenderet.*

9 *Aviditate imperandi*] Cupiditate imperii Vitelliani, aviditate ut imperarentur a Vitellio. Sic enim gerundia etiam passivè usurparunt antiqui scriptores. Sallust. Jug. 66. *Igitur Jugurtha, armis &c. spoliatus, cum ipse ad imperandum Tisidium vocaretur*, h. e. ut ei imperaretur, ut jussa consulis acciperet. Et Cic. Ep. 9, 25. *Nunc ades ad imperandum*, id est, ut tibi imperetur. Novâ h. l. interpunctione Bipont. Vitellio assignant *aviditatem imperandi*, præter rem mentemque Taciti, qui mox *cupidum* potiùs imperandi, quàm *avidum*, describit segne Vitellii ingenium.

1 *Cunctationem*] Suprà c. 8. *nec statim pro Galbâ Verginius.*

2 *In Flacco H. moram*] Senectâ et debilitate pedum invalido, suprà c. 9.

manorum

'manorum auxilia: malè fidas provincias: 'precarium ſeni imperium, et brevì tranſiturum. Panderet modò ſinum, et venienti fortunæ occurreret. Meritò dubitaſſe Verginium, equeſtri familiâ, ignoto patre: imparem, ſi recepiſſet imperium; tutum, ſi recuſaſſet. Vitellio tres patris conſulatus, cenſuram, collegium [3] Cæſaris, et imponere jampridem imperatoris dignationem, et auferre privati ſecuritatem.' Quatiebatur his ſegne ingenium, ut concupiſceret magis, quàm ut ſperaret.

LIII. At in ſuperiore Germaniâ, Cæcina decorâ juventâ, corpore ingens, animi immodicus, ſcito ſermone, erecto inceſſu, ſtudia militum inlexerat. Hunc juvenem Galba, quæſtorem in Bæticâ, impigre in partes ſuas tranſgreſſum, legioni præpoſuit: mox compertum publicam pecuniam avertiſſe, ut peculatorem flagitari juſſit. Cæcina ægre paſſus, miſcere cuncta, et privata vulnera reipublicæ malis operire ſtatuit. Nec deerant in exercitu ſemina diſcordiæ: quòd et bello adversùs Vindicem univerſus adfuerat, nec niſi occiſo Nerone tranſlatus in Galbam, atque in eo ipſo ſacramento vexillis [4] inferioris Germaniæ præ-

[3] *Collegium Cæſaris*] Claudii, cum quo *duos ordinarios conſulatus cenſuramque geſſit L. Vitellius, imperatoris pater.* Suet. Vit. 2.

[4] *Vexillis*] Id eſt, copiis: ſed cur hoc verbo uſus ſit Noſter, non ſatis liquet. Fortè diſperſus eo tempore per præſidia inferioris Germaniæ exercitus, nec ſimul ſacramento adactus, ſed per cohortes et vexilla, prout erant in diverſis locis.

 ventus

ventus erat. Et Treveri ac Lingones, quasque alias civitates atrocibus edictis aut damno finium Galba perculerat, hibernis legionum propiùs [5] miscentur. Unde seditiosa colloquia, et inter [6] paganos corruptior miles, et in [7] Verginium favor, cuicumque alii profuturus.

LIV. Miserat civitas [8] Lingonum, vetere instituto, dona legionibus, dextras [9], hospitii insigne. Legati eorum in squalorem mœstitiamque compositi, per principia, per contubernia, modò suas injurias, modò civitatum [1] vicinarum præmia, et ubi pronis militum auribus accipiebantur, ipsius exercitûs pericula et contumelias conquerentes, accendebant animos. Nec procul seditione aberant, cum Hordeonius Flaccus abire legatos, utque occultior digressus esset, nocte castris excedere jubet. Inde atrox rumor, adfirmantibus plerisque in-

5 *Propiùs miscentur*] Ob vicinitatem.

6 *Inter paganos*] Pagani dicuntur ii, qui milites non sunt: quod vocabulum postea Ecclesia Christi ad eos transtulit, qui Deo non militant. Digest. 35. tit. 2. *Miles, si, dum paganus erat, fecerit testamentum &c.*

7 *In Verginium favor*] Quem principem fecissent, ni ipse restitisset.

8 *Civitas Lingonum*] Nunc *Langres en Champagne.*

9 *Dextras, hospitii insigne*] Infrà 2, 8. *dextras, concordiæ insignia.* Videtur fuisse signum aliquod ex argento (cum *argentea* pleraque signa militaria fuerint) duas dextras simul junctas referens, cujus et imaginem toties conspicere licet in nummis cusis cum inscriptione, *Fides exercituum, Concordia exercituum, Consensus exercituum.*

1 *Civitatum vicinarum*] Quæ cum Vindice steterant.

terfectos;

terfectos; ac nisi ipsi consulerent, fore ut acerrimi militum, et præsentia conquesti, per tenebras et inscitiam ceterorum occiderentur. Obstringuntur inter se tacito fœdere legiones. Adsciscitur auxiliorum miles, primò suspectus, tamquam circumdatis cohortibus alisque, impetus in legiones pararetur; mox eadem acriùs volvens: faciliore inter malos consensu ad bellum, quàm in pace ad concordiam.

LV. Inferioris tamen Germaniæ legiones solemni Kalendarum Januariarum sacramento pro Galbâ adactæ, multâ cunctatione, et raris primorum ordinum vocibus; ceteri silentio, proximi cujusque audaciam exspectantes: insitâ mortalibus naturâ properè sequi, quæ piget inchoare. Sed ipsis legionibus inerat diversitas animorum. Primani quintanique turbidi adeò, ut quidam saxa in Galbæ imagines jecerint: quintadecima ac sextadecima legiones, nihil ultra fremitum et minas ausæ, initium erumpendi circumspectabant. At in superiori exercitu, quarta ac duoetvicesima legiones, iisdem hibernis tendentes, ipso Kalend. Januariarum die dirumpunt imagines Galbæ; quarta legio promptiùs, duoetvicesima cunctanter, mox consensu. Ac ne reverentiam imperii exuere viderentur, S. P. Q. Romani oblitterata jam nomina sacramento advocabant: nullo legatorum tribunorumve pro Galbâ nitente; quibusdam, ut in tumultu, notabiliùs turbantibus. Non tamen quisquam in modum con-

 cionis,

cionis, aut ſuggeſtu locutus: neque enim erat adhuc, cui [2] imputaretur.

LVI. Spectator flagitii Hordeonius Flaccus, conſularis legatus, aderat, non compeſcere ruentes, non retinere dubios, non cohortari bonos auſus; ſed ſegnis, pavidus, et ſocordiâ innocens. Quatuor centuriones duoetviceſimæ legionis, Nonius Receptus, Donatius Valens, Romilius Marcellus, Calpurnius Repentinus, cum protegerent Galbæ imagines, impetu militum abrepti, vinctique. Nec cuiquam ultrà fides, aut memoria prioris ſacramenti: ſed, quod in ſeditionibus accidit, unde plures erant, omnes fuere. Nocte quæ Kalendas Januarias ſecuta eſt, in coloniam [3] Agrippinenſem aquilifer quartæ legionis epulanti Vitellio nunciat, quartam et duoetviceſimam legiones, projectis Galbæ imaginibus, in ſenatûs et populi Romani verba juraſſe. Id ſacramentum inane viſum. Occupari nutantem fortunam, et offerri principem placuit. Miſſi a Vitellio ad legiones legatoſque, qui deſciviſſe a Galbâ ſuperiorem exercitum nunciarent: 'proinde aut bellandum adversùs deſciſcentes, 'aut ſi concordia et pax placeat, faciendum 'imperatorem: et minore diſcrimine ſumi prin-'pem, quàm quæri.'

[2] *Cui imputaretur*] Beneficii loco: nondum princeps factus erat, cui ſe hac ratione venditarent.

[3] *Coloniam A.*] Nunc *Cologne*, cujus originem vidimus Ann. 12, 27.

LVII.

LVII. Proxima legionis primæ hiberna [4] erant, et promptiſſimus e legatis Fabius Valens. Is die poſtero coloniam Agrippinenſem cum equitibus legionis auxiliariorumque ingreſſus, Imperatorem Vitellium conſalutavit. Secutæ ingenti certamine ejuſdem provinciæ legiones: et ſuperior exercitus, ſpecioſis ſenatûs populique Romani nominibus relictis, tertium [5] Nonas Januarias Vitellio acceſſit. Scires illum priore biduo non [6] penes rempublicam fuiſſe. Ardorem exercituum Agrippinenſes, Treveri, Lingones æquabant, auxilia, equos, arma, pecunias offerentes, ut quiſque corpore, opibus, ingenio validus. Nec principes modò coloniarum aut caſtrorum, quibus præſentia ex [7] affluenti, et partâ victoriâ magnæ ſpes; ſed manipuli [8] quoque et gregarius miles viatica ſua, et balteos phaleraſque, inſignia armorum argento decora, loco pecuniæ tradebant; inſtinctu [9], et impetu, et avaritiâ.

LVIII. Igitur laudatâ militum alacritate, Vitellius miniſteria principatûs, per libertos

4 *Hiberna erant*] Bonnæ, nunc *Bonn.*

5 *Tertium nonas*] Die tertio Januarii.

6 *Non penes remp.*] Non S P Q R. oblitterata nomina, ſed ſuas utilitates ſectatum fuiſſe.

7 *Ex affluenti*] Græca locutio pro *affluenter*. Qui in præſens copioſi erant.

8 *Manipuli*] Hoc eſt, manipulares, qui gregarium militem dignitate anteibant: ſuprà enim c. 25. duo *manipulares* vocantur, qui gradum in militiâ obtinebant, teſſerarii unus, alter optionis.

9 *Inſtinctu*] *Inſtinctu* aliorum, *impetu* proprio, *avaritiâ*, ſpe plura quàm donaſſent recipiendi.

agi

agi solita, in equites Romanos disponit: vacationes centurionibus ex fisco numerat: sævitiam militum plerosque ad pœnam exposcentium sæpius approbat, partim simulatione vinculorum frustratur. Pompeius Propinquus, procurator Belgicæ, statim interfectus. Julium Burdonem, Germanicæ classis præfectum, astu subtraxit. Exarserat in eum iracundia exercitûs, tamquam crimen, ac mox insidias, Fonteio Capitoni struxisset. Grata erat memoria Capitonis: et apud sævientes occidere palam, ignoscere non nisi fallendo licebat. Ita in custodiâ habitus: et post victoriam demum, stratis jam militum odiis, dimissus est. Interim, ut piaculum, objicitur centurio Crispinus, qui se sanguine Capitonis cruentaverat: eóque et postulantibus manifestior, et punienti vilior fuit.

LIX. Julius [1] deinde Civilis periculo exemptus, præpotens inter Batavos, ne supplicio ejus ferox gens alienaretur. Et erant in civitate Lingonum octo Batavorum cohortes, quartædecimæ legionis auxilia, tum discordiâ temporum a legione digressæ; prout inclinassent, grande [2] momentum, sociæ aut adversæ. Nonium, Donatium, Romilium, Calpurnium, centuriones, de quibus suprà retulimus, occidi jussit, damnatos fidei crimine, gravissimo in-

[1] *Julius Civilis*] Idem qui infrà 4, 13. Claudius Civilis dicitur.

[2] *Grande momentum*] Lucan. 4, 179. *Momentumque fuit, mutatus Curio, rerum.*

ter descíscentes. Accessere partibus Valerius Asiaticus, Belgicæ provinciæ legatus, quem mox Vitellius generum adscivit: et Junius Blæsus, Lugdunensis Galliæ rector, cum Italicâ legione et alâ Taurinâ, Lugduni tendentibus. Nec in Ræticis copiis mora, quominus statim adjungerentur.

LX. Ne in Britanniâ quidem dubitatum. Præerat Trebellius [3] Maximus, per avaritiam ac sordes contemptus exercitui invisusque. Accendebat odium ejus Roscius Cælius, legatus vicesimæ legionis, olim discors; sed occasione civilium armorum atrociùs proruperat. Trebellius seditionem et confusum ordinem disciplinæ Cælio, spoliatas et inopes legiones Cælius Trebellio objectabat: cum interim fœdis legatorum certaminibus modestia exercitûs corrupta, eóque discordiæ ventum, ut auxiliarium quoque militum convitiis proturbatus, et aggregantibus se Cælio cohortibus alisque, desertus Trebellius ad Vitellium perfugerit. Quies provinciæ, quamquam remoto consulari, mansit. Rexere legati legionum, pares jure, Cælius audendo potentior.

LXI. Adjuncto Britannico exercitu, ingens viribus opibusque Vitellius, duos duces, duo itinera bello destinavit. Fabius Valens allicere, vel si abnuerent, vastare Gallias, et Cottianis Alpibus Italiam [4] inrumpere; Cæcina propiore

3 *Trebellius*] De quo in V. Agric. 16.

4 *Italiam inrumpere*] Jussus est Valens per Cottianas

propiore tranſitu, Peninis jugis degredi juſſus, Valenti inferioris exercitûs electi, cum aquilâ quintæ legionis, et cohortibus aliſque, ad quadraginta millia armatorum data: triginta millia Cæcina e ſuperiore Germaniâ ducebat, quorum robur legio una, primaetviceſima, fuit. Addita utrique Germanorum auxilia, e quibus Vitellius ſuas quoque copias ſupplevit, totâ mole belli ſecuturus.

LXII. Mira inter exercitum imperatoremque diverſitas. Inſtare miles, arma poſcere, 'dum Galliæ trepident, dum Hiſpaniæ cunctentur: non obſtare hiemem, neque ignavæ pacis moras: invadendam Italiam, occupandam Urbem: nihil in diſcordiis civilibus feſtinatione tutius, ubi facto magis quàm conſulto opus eſſet.' Torpebat Vitellius, et fortunam principatûs inerti luxu ac prodigis epulis præſumebat, medio diei temulentus, et ſaginâ [5] gravis; cum tamen ardor et vis militum ultro ducis munia implebat, ut ſi adeſſet imperator, et ſtrenuis vel ignavis ſpem metumque adderet. Inſtructi intentique ſignum profectionis expoſcunt. Nomen Germanici Vitellio ſtatim additum: Cæſarem ſe appellari etiam victor prohibuit. Lætum augurium Fabio Valenti

tianas Alpes, viâ quæ nunc a *Briançon* ad *Suſam* ducit, Cæcina autem per Penina juga, *le grand Saint Bernard*, Italiam invadere.

5 *Saginâ gravis*] Suet. Vit. 17. *Erat in* Vitellio *enormis proceritas, facies rubida plerumque ex vinolentiâ, venter obeſus.*

exerci-

exercituique, quem in bellum agebat, ipso profectionis die, aquila leni meatu, prout agmen incederet, velut dux viæ prævolavit: longumque per spatium, is gaudentium militum clamor, ea quies interritæ alitis fuit, ut haud dubium magnæ et prosperæ rei omen acciperetur.

LXIII. Et Treveros quidem, ut socios, securi adiere. Divoduri [6] (Mediomatricorum id oppidum est) quamquam omni comitate exceptos, subitus pavor exterruit, raptis repentè armis, ad cædem innoxiæ civitatis; non ob prædam, aut spoliandi cupidine; sed furore et rabie, et caussis incertis, eóque difficilioribus remediis: donec precibus ducis mitigati, ab excidio civitatis temperavere. Cæsa tamen ad quatuor millia hominum. Isque terror Gallias invasit, ut venienti mox agmini universæ civitates, cum magistratibus et precibus, occurrerent, stratis per vias pueris feminisque; quæque alia placamenta hostilis iræ, non quidem in bello, sed pro pace tendebantur.

LXIV. Nuncium de cæde Galbæ, et imperio Othonis, Fabius Valens in civitate Leucorum [7] accepit. Nec militum animus in gaudium aut formidinem permotus: bellum volvebat. Gallis cunctatio exempta: et in Othonem ac Vitellium odium par, ex Vitellio et metus. Proxima Lingonum civitas erat, fida

6 *Divoduri*] Hodie *Metz*.

7 *Leucorum*] Populi episcopatûs *Toul* in Lotharingiâ.

partibus: benigne excepti, modestia certavere. Sed brevis lætitia fuit, cohortium intemperie, quas a legione quartadecima, ut supra memoravimus, digressas, exercitui suo Fabius Valens adjunxerat. Jurgia primum: mox rixa inter Batavos et legionarios. Dum his aut illis studia militum adgregantur, prope in prœlium exarsere; ni Valens, animadversione paucorum, oblitos jam Batavos imperii admonuisset. Frustra adversus Æduos quæsita belli caussa. Jussi pecuniam atque arma deferre, gratuitos insuper commeatus præbuere: quod Ædui formidine, Lugdunenses [8] gaudio fecere. Sed legio Italica et ala Taurina abductæ. Cohortem duodevicesimam Lugduni, solitis sibi hibernis, relinqui placuit. Manlius Valens, legatus Italicæ legionis, quamquam bene de partibus meritus, nullo apud Vitellium honore fuit. Secretis eum criminationibus infamaverat Fabius, ignarum, et quò incautior deciperetur, palam laudatum.

LXV. Veterem inter Lugdunenses Viennensesque discordiam proximum bellum accenderat. Multæ invicem clades, crebriùs infestiùsque, quàm ut tantùm propter Neronem Galbamque pugnaretur. Et Galba reditus Lugdunensium, occasione [9] iræ, in fiscum verterat. Multus contrà in Viennenses honor: unde æmulatio, et invidia, et uno [1] amne dis-

[8] *Lugdunenses gaudio*] Quia Vindici et Galbæ infesti fuerant.

[9] *Occasione iræ*] In Gallos Vindici adversatos.

[1] *Uno amne*] Rhodano.

cretis

cretis connexum odium. Igitur Lugdunenses exstimulare singulos militum, et in eversionem Viennensium impellere, obsessam ab illis coloniam suam, adjutos Vindicis conatus, conscriptas nuper legiones in præsidium Galbæ, referendo; et ubi caussas odiorum prætenderant, magnitudinem prædæ ostendebant. Nec jam secreta exhortatio, sed publicæ preces; 'Irent ultores, exscinderent sedem Gallici [2] 'belli: cuncta illic externa et hostilia: se coloniam [3] Romanam, et partem exercitûs, et 'prosperarum adversarumque rerum socios: si 'fortuna contrà daret, iratis ne relinquerentur.'

LXVI. His, et pluribus in eumdem modum, perpulerant, ut ne legati quidem ac duces partium restingui posse iracundiam exercitûs arbitrarentur; cum haud ignari discriminis sui Viennenses, velamenta et infulas præferentes, ubi agmen incesserat, arma, genua, vestigia prensando, flexere militum animos. Addidit Valens trecenos [4] singulis militibus sestertios. Tum vetustas dignitasque coloniæ valuit; et verba Fabii, salutem incolumitatemque Viennensium commendantis, æquis auribus accepta. Publicè tamen armis mulctati, priva-

2 *Gallici belli*] Pro Vindice gesti.

3 *Coloniam Romanam*] Coloniam Romani juris, non Italici, sicut Vienna, quæ et ipsa colonia dicitur cap. proximo. Lugdunum, coloniam in qua ipse natus est, imp. Claudius omni jure Quiritium honoraverat.

4 *Trecenos singulis*] Tres aureos singulis, 2l. 8s. 5d$\frac{1}{4}$.

tis et promiſcuis [5] copiis juvere militem. Sed fama conſtans fuit, ipſum Valentem magnâ pecuniâ emptum. Is diu ſordidus, repentè dives, mutationem fortunæ malè tegebat, accenſis egeſtate longâ cupidinibus immoderatus, et inopi juventâ, ſenex prodigus. Lento deinde agmine, per fines Allobrogum [6] et Vocontiorum ductus exercitus; ipſa itinerum ſpatia et ſtativorum mutationes venditante duce, foedis pactionibus adversùs poſſeſſores agrorum et magiſtratus civitatum, adeò minaciter, ut Luco [7] (municipium id Vocontiorum eſt) faces admoverit, donec pecuniâ mitigaretur: quotiens pecuniæ materia deeſſet, ſtupris et adulteriis exorabatur. Sic ad Alpes perventum.

LXVII. Plus prædæ ac ſanguinis Cæcina hauſit. Inritaverant turbidum ingenium Helvetii, Gallica gens, olim armis viriſque, mox memoriâ nominis clara, de cæde Galbæ ignari, et Vitellii imperium abnuentes. Initium bello fuit avaritia ac feſtinatio unaetvicefimæ legionis. Rapuerant pecuniam miſſam in ſtipendium caſtelli, quod olim Helvetii ſuis militibus ac ſtipendiis tuebantur. Ægre id paſſi Helvetii, interceptis epiſtolis, quæ nomine Germanici exercitûs ad Pannonicas legiones ferebantur, centurionem et quoſdam militum

5 *Promiſcuis*] Publicis.

6 *Allobrogum*] *Savoie & Dauphiné.* Vocontii, epiſcopatus *Vaiſon en Dauphiné.*

7 *Luco*] Qui *Lucus Augusti*, Plin. 3, 5. nunc *Luc.* Ejus tamen pars maxima aquis tegitur.

in

in custodiâ retinebant. Cæcina, belli avidus, proximam quamque culpam, antequam pœniteret, ultum ibat. Mota properè castra: vastati agri: direptus, longâ pace in modum municipii exstructus locus, amœno salubrium [8] aquarum usu frequens: missi ad Rætica auxilia nuncii, ut versos [9] in legionem Helvetios a tergo adgrederentur.

LXVIII. Illi, ante discrimen feroces, in periculo pavidi, quamquam primo tumultu Claudium Severum ducem legerant, non arma noscere, non ordines sequi, non in unum consulere. Exitiosum adversus veteranos prœlium, intuta obsidio, dilapsis vetustate mœnibus: hinc Cæcina cum valido exercitu, inde Ræticæ alæ cohortesque, et ipsorum Rætorum juventus sueta armis, et more [1] militiæ exercita: undique populatio et cædes: ipsi in medio vagi, abjectis armis, magna pars saucii aut palantes, in montem Vocetium [2] perfugere. Ac statim immissâ cohorte Thracum depulsi, et consectantibus Germanis Rætisque, per silvas atque in ipsis latebris trucidati. Multa hominum millia cæsa, multa sub coronâ venumdata. Cùmque dirutis omnibus, Aventicum [3] gentis caput justo agmine peteretur, missi qui

[8] *Salubrium aquarum*] Nunc *Baden en Suisse.*

[9] *Versos in legionem*] Qui arma verterant in legionem Romanam.

[1] *More militiæ*] Romanæ.

[2] *Vocetium*] Hod. *Boetzberg*: pars est Juræ montis.

[3] *Aventicum*] *Avenches en Berne.*

dederent

dederent civitatem, et deditio accepta. In Julium Alpinum e principibus, ut concitorem belli, Cæcina animadvertit: ceteros veniæ vel sævitiæ Vitellii reliquit.

LXIX. Haud facile dictu est, legati Helvetiorum minùs placabilem imperatorem, an militem invenerint. Civitatis excidium poscunt, tela ac manus in ora legatorum intentant. Ne Vitellius quidem minis ac verbis temperabat: cum Claudius Cossus, unus ex legatis, notæ facundiæ, sed dicendi artem aptâ trepidatione occultans, atque eò validior, militis animum mitigavit; ut [4] est mos vulgo, mutabili subitis, et tam prono in misericordiam, quàm immodicum sævitiâ fuerat. Effusis lacrimis, et meliora constantiùs postulando, impunitatem salutemque civitati impetravere [5].

LXX. Cæcina paucos in Helvetiis moratus dies, dum sententiæ Vitellii certior fieret, simul transitum Alpium parans, lætum ex Italiâ nuncium accipit, alam Syllanam circa Padum agentem, sacramento Vitellii accessisse. Proconsulem Vitellium Syllani in [6] Africâ habuerant: mox a Nerone, ut in Ægyptum præmitterentur, exciti, et ob bellum Vindicis revocati, ac tum in Italiâ manentes, instinctu decurionum, qui Othonis ignari, Vitellio ob-

4 *Ut est mos vulgo*] Rhenanum sequor. Ryck. ex cod. suo dedit, *ut est mox vulgus mutabile—pronum*: atenim sic *mox* redundat.

5. *Impetravere*] Legati scilicet.

6 *In Africâ*] Quam provinciam singulari innocentiâ rexit, teste Suet. Vit. 5.

strícti,

stricti, robur adventantium legionum et famam Germanici exercitûs attollebant, transiere in partes: et, ut donum aliquod novo principi, firmissima Transpadanæ regionis municipia, Mediolanum ac Novariam, et Eporediam [7] ac Vercellas, adjunxere. Id Cæcinæ per ipsos compertum. Et quia præsidio alæ unius latissima pars Italiæ defendi nequibat, præmissis Gallorum, Lusitanorum, Britannorumque cohortibus, et Germanorum vexillis, cum alâ Petrinâ, ipse paullulum cunctatus, num Ræticis [8] jugis in Noricum flecteret, adversus Petronium ibi procuratorem, qui concitis auxiliis, et interruptis fluminum pontibus, fidus Othoni putabatur. Sed metu ne amitteret præmissas jam cohortes alasque, simul reputans, plus gloriæ retentâ Italiâ, et ubicumque certatum foret, Noricos in cetera victoriæ præmia cessuros, Penino subsignanum [9] militem itinere, et grave legionum agmen, hibernis [1] adhuc Alpibus traduxit.

LXXI. Otho interim, contra spem omnium, non deliciis, neque desidiâ torpescere: Dilatæ voluptates, dissimulata luxuria, et

7 *Eporediam*] *Ivrea*, in Pedemontio.

8 *Ræticis jugis*] In regione Grisonum.

9 *Subsignanum militem*] Infra 2, 14. distinguitur *vetus loci auxilium* a Pannoniis qui *nondum sub signis*, seu qui tirones erant. Et Hist. 4, 34. lecti e legionibus *subsignani* vocantur. Apparet igitur subsignanum militem esse eum, qui in ordines descriptus sub signis militabat, sive signa illa vexilla erant, sive aquilæ.

1 *Hibernis adhuc*] Hiemantibus.

cuncta

cuncta ad decorum imperii composita. Eóque plus formidinis adferebant falsæ virtutes, et vitia reditura. Marium Celsum consulem designatum, per speciem vinculorum, sævitiæ militum subtractum, acciri in Capitolium jubet. Clementiæ titulus, e viro claro et partibus inviso, petebatur. Celsus constanter servatæ erga Galbam fidei crimen confessus, exemplum ultro [2] imputavit. Nec Otho quasi ignosceret, sed [3] ne hostibus metum reconciliationis adhiberet, statim inter intimos amicos habuit, et mox bello inter duces delegit; mansitque Celso, velut [4] fataliter, etiam pro Othone fides integra et infelix. Læta primoribus civitatis, celebrata in vulgus Celsi salus, ne militibus quidem ingrata fuit, eamdem virtutem admirantibus [5], cui irascebantur.

LXXII. Par inde exsultatio disparibus caussis consecuta, impetrato Tigellini exitio.

2 *Ultro imputavit*] Adeò non iram Othonis metuit, ut contrà gratiam se apud eum meruisse diceret, quippe cujus interesset fidos habere amicos.

3 *Sed ne hostibus*] Ita corrigendum puto vulg. *ne hostis*. Sensus, ni fallor, hic est. Nec Otho Celsum recepit, ut inimicum cui ignosceret in vero magnoque crimine, sed ne hostibus redeundi secum in gratiam (tamquam rei malè fidæ et periculosæ) metum adhiberet (injiceret) statim accepit hominem inter intimos amicos.

4 *Velut fataliter*] Velut fatis iniquis coactus est iterum transire ad amici hostem: quia et a Vitellio veniam accepit, et consulatum retinuit, ut dicetur infrà 2, 60.

5 *Admirantibus*] Liv. 5, 26. de Camillo: *Magna militum ira: sed severitate imperii victi, eamdem virtutem et oderant et mirabantur.*

Sopho-

Sophonius Tigellinus obſcuris parentibus, fœdâ pueritiâ, impudicâ ſenectâ, præfecturam vigilum et prætorii, et alia præmia virtutum, quia [6] velocius erat, vitiis adeptus, crudelitatem mox, deinde avaritiam, et virilia ſcelera exercuit: corrupto ad omne facinus Nerone, quædam ignaro auſus, ac poſtremò ejuſdem deſertor ac proditor. Unde non alium pertinaciùs ad pœnam flagitavere, diverſo affectu, quibus odium Neronis inerat, et quibus deſiderium. Apud Galbam T. Vinii potentiâ defenſus, prætexentis ſervatam ab eo filiam. Et haud dubiè ſervaverat, non clementiâ (quippe tot interfectis) ſed effugio in futurum: quia peſſimus quiſque, diffidentiâ præſentium mutationem pavens, adversùs publicum odium privatam gratiam præparat: unde nulla innocentiæ cura, ſed [7] vices impunitatis. Eò infenſior populus, additâ ad vetus Tigellini odium recenti T. Vinii invidiâ, concurrere e totâ Urbe in palatium ac fora; et, ubi plurima vulgi licentia, in circum ac theatra effuſi, ſeditioſis vocibus obſtrepere: donec Tigellinus, accepto apud Sinueſſanas [8] aquas ſupremæ neceſſitatis nuncio, inter ſtupra concubinarum, et oſcula, et deformes moras, ſectis novaculâ

6 *Quia velocius erat*] Quia brevius iter erat per vitia ad honores. Mox *virilia ſcelera*, ut cædes et ſimilia, opponuntur mollibus *fœdæ pueritiæ* vitiis.

7 *Sed vices impunitatis*] Tantummodo quæruntur.

8 *Sinueſſanas aquas*] Suprà Ann. 12, 66.

faucibus, infamem vitam fœdavit etiam exitu sero et inhonesto.

LXXIII. Per idem tempus expostulata ad supplicium Calvia Crispinilla, variis frustrationibus, et adversâ dissimulantis principis famâ, periculo exempta est. Magistra libidinum Neronis, transgressa in Africam ad instigandum in arma Clodium Macrum, famem populo Romano haud obscurè molita, totius postea civitatis gratiam obtinuit, consulari matrimonio subnixa, et apud Galbam, Othonem, Vitellium inlæsa: mox potens pecuniâ, et orbitate, quæ bonis malisque temporibus juxtà valent.

LXXIV. Crebræ interim, et muliebribus blandimentis infectæ, ab Othone ad Vitellium epistolæ, offerebant pecuniam et gratiam, et quemcumque quietis locum prodigæ vitæ legisset. Paria Vitellius ostentabat, primò mollius, stultâ utrimque et indecorâ simulatione: mox, quasi rixantes, stupra et flagitia invicem objectavere; neuter falsò. Otho, revocatis quos Galba [9] miserat legatis, rursus alios ad utrumque Germanicum exercitum, et ad legionem Italicam, easque quæ Lugduni agebant copias, specie senatûs misit. Legati apud Vitellium remansere, promptiùs quàm ut retenti viderentur. Prætoriani, quos per simulationem officii legatis Otho adjunxerat, remissi, antequam legionibus [1] miscerentur. Addidit epistolas

[9] *Galba miserat*] Suprà c. 19.

[1] *Legionibus miscerentur*] Vitellianis.

Fabius

Fabius Valens, nomine Germanici exercitûs, ad prætorias et urbanas cohortes, de viribus partium magnificas, et concordiam offerentes. Increpabat ultro, quòd tantò [2] antè traditum Vitellio imperium, ad Othonem vertissent. Ita promissis simul ac minis tentabantur, ut bello impares, in pace nihil amissuri. Neque ideo prætorianorum fides mutata.

LXXV. Sed insidiatores ab Othone in Germaniam, a Vitellio in Urbem missi. Utrisque frustra fuit: Vitellianis impunè, per tantam hominum multitudinem, mutuâ ignorantiâ fallentibus: Othoniani novitate vultûs, omnibus invicem [3] gnaris, prodebantur. Vitellius litteras ad Titianum fratrem Othonis composuit, exitium ipsi filioque ejus minitans, ni incolumes sibi mater ac liberi servarentur. Et stetit domus utraque: sub Othone, incertum an metu; Vitellius victor clementiæ gloriam tulit.

LXXVI. Primus Othoni fiduciam addidit ex Illyrico nuncius, jurasse in eum Dalmatiæ, ac Pannoniæ, et Mœsiæ legiones. Idem ex Hispaniâ allatum; laudatusque per edictum Cluvius Rufus: et statim cognitum est, conversam ad Vitellium Hispaniam. Ne Aqui-

2 *Tanto antè*] Traditum Vitellio imperium die secundâ Januarii, Othoni die quintadecimâ. Suprà c. 57. et 27.

3 *Invicem gnaris*] Ita codicum lectionem *ignaris* rectè emendavit Rhenanus. Insidiatores, in urbe immensâ, civibus ignoti latuerunt: in castris, ubi omnes se invicem noscerent milites, novi vultus diu fallere non potuerunt.

tania quidem, quamquam a Julio Cordo in verba Othonis obſtricta, diu manſit. Nuſquam fides aut amor: metu ac neceſſitate huc illuc mutabantur. Eadem formido provinciam Narbonenſem ad Vitellium vertit, facili tranſitu ad proximos et validiores. Longinquæ provinciæ, et quidquid armorum mari dirimitur, penes Othonem manebant; non partium ſtudio: ſed erat grande momentum in nomine Urbis, ac prætextu ſenatûs; et occupaverat animos prior auditus. Judaicum exercitum Veſpaſianus, Syriæ legiones Mucianus ſacramento Othonis adegere. Simul Ægyptus, omneſque verſæ in Orientem provinciæ, nomine ejus tenebantur. Idem Africæ obſequium, initio a Carthagine orto. Neque exſpectatâ Vipſtani Aproniani proconſulis auctoritate, Creſcens Neronis libertus (nam et hi malis temporibus partem ſe reipublicæ faciunt) epulum plebi, ob lætitiam recentis imperii, obtulerat: et populus pleraque ſine modo feſtinavit. Carthaginem ceteræ civitates ſecutæ. Sic diſtractis exercitibus ac provinciis, Vitellio quidem ad capeſſendam principatûs fortunam bello opus erat.

LXXVII. Otho, ut in multâ pace, munia imperii obibat: quædam ex dignitate reipublicæ, pleraque contra decus, ex præſenti uſu, properando. Conſul [4] cum Titiano fratre in

[4] *Conſul cum Titiano*] Qui hoc anno, poſt Galbam et Vinium, conſules fuerint, dicetur in Breviario proximi libri.

Kalendas

Kalendas Martias ipse: proximos menses Verginio destinat, ut aliquod exercitui Germanico delinimentum. Jungitur Verginio Poppæus Vopiscus, prætextu veteris amicitiæ: plerique Viennensium honori datum interpretabantur. Ceteri consulatus ex destinatione Neronis aut Galbæ mansere, Cælio ac Flavio Sabinis, in Julias; Arrio Antonino et Mario Celso, in Septembres: quorum honori ne Vitellius quidem victor intercessit. Sed Otho pontificatus auguratusque, honoratis jam senibus, cumulum [5] dignitatis addidit; et recens ab exsilio reversos nobiles adolescentulos, avitis ac paternis sacerdotiis in solatium recoluit. Redditus Cadio Ruso, Pedio Blæso, Sevino Pomptino senatorius locus, qui repetundarum criminibus sub Claudio ac Nerone ceciderant. Placuit ignoscentibus, verso [6] nomine, quod avaritia fuerat, videri majestatem; cujus tum odio etiam bonæ leges peribant.

LXXVIII. Eadem largitione civitatum quoque ac provinciarum animos aggressus, Hispaliensibus [7] et Emeritensibus familiarum [8] adjec-

[5] *Cumulum dignitatis*] Senibus, qui summis honoribus perfuncti fuerant, addidit pontificatus auguratusque, tamquam cumulum dignitatis.

[6] *Verso nomine*] In gratiam eorum, quibus ignoscebant, invertere nomina criminum; ut peculatûs damnati, lege majestatis cecidisse dicerentur: cujus tum legis tanta erat invidia, ut ejus nomine etiam bonæ leges, puta repetundarum, irritæ fierent.

[7] *Hispaliensibus*] Hispalis, Emerita, Hispaniæ urbes, nunc *Seville* et *Merida*.

[8] *Familiarum*] Ita solent

adjectiones, Lingonibus [9] universis civitatem Romanam, provinciæ Bæticæ Maurorum civitates dono [1] dedit. Nova jura Cappadociæ, nova Africæ, ostentui magis quàm mansura. Inter quæ, necessitate [2] præsentium rerum et instantibus curis excusata, ne tum quidem immemor amorum, statuas Poppææ per senatusconsultum reposuit. Creditus est etiam de celebrandâ Neronis memoriâ agitavisse, spe vulgum [3] alliciendi. Et fuere, qui imagines Neronis proponerent. Atque etiam Othoni quibusdam diebus populus et miles, tamquam nobilitatem ac decus adstruerent, NERONI OTHONI acclamavit. Ipse in suspenso tenuit, vetandi metu, vel agnoscendi pudore.

lent Romani coloniarum infrequentiæ subvenire, novâ familiarum aliquot adjectione. Liv. 43, 17. *Postulantibus Aquileiensium legatis, ut colonorum numerum augeret, mille et quingentæ familiæ ex SCto scriptæ.*

9 *Lingonibus*] Hi autem Galliæ, non Hispaniæ populi erant, Othonis hostes, et Vitellio addicti. Unde meritò suspectum nomen *Lingonibus*, et mutandum foret, si reperi posset in Hispaniâ veteri gens, cui nomen huic vicinum.

1 *Dono dedit*] Ut a Bæticâ provinciâ jura peterent, ejusque conventus juridicos adirent.

2 *Necessitate—excusata*] Largitiones necessitate excusavit: at Poppææ imaginum restitutionem amori dedit. Prorutas Poppææ effigies cum Neroneis fuisse verisimile est.

3 *Vulgum alliciendi*] Apud quem diu mansit amor Neronis. Suet. Ner. 57. *Non defuerunt, qui per longum tempus vernis æstivisque floribus tumulum ejus ornarent; ac modò imagines prætextatas in Rostris proferrent* (hoc est, quod Noster mox *proponerent* dicit) *modò edicta, quasi viventis, et brevì magno inimicorum malo reversuri.*

LXXIX. Conversis ad civile bellum animis, externa sine curâ habebantur. Eò audentiùs Rhoxolani [4], Sarmatica gens, priore hieme cæsis duabus cohortibus, magnâ spe ad Mœsiam inruperant: novem millia equitum, ferociora successu, et prædæ magis quàm pugnæ intenta. Igitur vagos et incuriosos tertia [5] legio, adjunctis auxiliis, repentè invasit. Apud Romanos omnia prœlio apta: Sarmatæ, dispersi cupidine prædæ, aut graves onere sarcinarum, et lubrico itinerum ademptâ equorum pernicitate, velut vincti cædebantur. Namque mirum dictu, ut sit omnis Sarmatarum virtus velut extra [6] ipsos. Nihil ad pedestrem pugnam tam ignavum: ubi per turmas advenere, vix ulla acies obstiterit. Sed tum humido die, et soluto gelu, neque conti, neque gladii, quos prælongos utrâque manu regunt, usui, lapsantibus equis, et cataphractarum pondere: id principibus et nobilissimo cuique tegmen, ferreis laminis, aut præduro corio consertum; ut adversùs ictus impenetrabile, ita impetu hostium provolutis inhabile ad resurgendum. Simul altitudine et mollitiâ nivis hauriebantur. Romanus miles facili loricâ, et missili pilo aut lanceis adsultans, ubi res posceret, levi gladio inermem Sarmatam (neque

4 *Rhoxolani*] Habitabant inter Borysthenim et Tanaim, *Dnieper* & *Don* fluvios. Mœsia *Bulgariam* et *Serviam* continebat.

5 *Tertia legio*] Infrà 2, 74.

6 *Extra ipsos*] In equis sita.

enim

enim defendi ſcuto mos eſt) cominus fodiebat; donec pauci, qui prœlio ſuperfuerant, paludibus abderentur: ibi ſævitiâ hiemis et vi vulnerum abſumpti. Poſtquam id Romæ compertum, M. Aponius Mœſiam obtinens, triumphali ſtatuâ, Fulvius Aurelius, et Julianus Tertius, ac Numiſius Lupus, legati [7] legionum, conſularibus ornamentis donantur: læto Othone, et gloriam in ſe trahente, tamquam et ipſe felix bello, et ſuis ducibus ſuiſque exercitibus rempublicam auxiſſet.

LXXX. Parvo interim initio, unde nihil timebatur, orta ſeditio, prope Urbi excidio fuit. Septimamdecimam [8] cohortem e coloniâ Oſtienſi in Urbem acciri Otho juſſerat: armandæ ejus cura Vario Criſpino, tribuno e prætorianis, data. Is, quò magis vacuus, quietis [9] caſtris, juſſa exſequeretur, vehicula cohortis incipiente nocte onerari, aperto armamentario, jubet. Tempus in ſuſpicionem, cauſſa in crimen, affectatio quietis in tumultum evaluit: et viſa inter temulentos arma, cupidinem ſuî movêre. Fremit miles, et tribunos centurioneſque proditionis arguit, tamquam familiæ [1] ſenatorum ad perniciem Otho-

7 *Legati legionum*] Vulgò duæ tantùm legiones in Mœſiâ, Ann. 4, 5. at tunc aderat tertia legio, Hiſt. 2, 74. Inde tres legionum legati.

8 *Septimamdecimam c.*] Claſſiariorum, ut patet ex Suet. Oth. 8. Oſtiæ eam *ad arcendos incendiorum caſus* Claudius collocaverat. Suet. Claud. 25.

9 *Quietis caſtris*] Cum omnes in contuberniis eſſent, exceptis Vigilibus.

1 *Familiæ*] Servitia.

nis

nis armarentur. Pars ignari, et vino graves; pessimus quisque in occasionem prædarum; vulgus, ut mos est, cujuscumque motûs novi cupidum: et obsequia meliorum nox abstulerat. Resistentem seditioni tribunum, et severissimos [2] centurionum obtruncant. Rapta arma, nudati gladii, insidentes equis Urbem ac palatium petunt.

LXXXI. Erat Othoni celebre convivium, primoribus feminis virisque: qui trepidi, fortuitusne militum furor, an dolus imperatoris, manere ac deprehendi, an fugere et dispergi, periculosius foret; modò constantiam simulare, modò formidine detegi, simul Othonis vultum intueri: utque evenit, inclinatis ad suspicionem mentibus, cum timeret Otho, timebatur. Sed haud secus discrimine senatûs quàm suo territus, et præfectos prætorii ad mitigandas militum iras statim miserat, et abire properè omnes e convivio jussit. Tum verò passim magistratus, projectis insignibus, vitatâ comitum et servorum frequentiâ, senes feminæque, per tenebras, diversa Urbis itinera, rari domos, plurimi amicorum tecta, et ut cuique humillimus cliens, incertas latebras petivere.

LXXXII. Militum impetus ne foribus quidem palatii coercitus, quominus convivium inrumperent, ostendi sibi Othonem expostulantes; vulnerato Julio Martiale tribuno [3], et Vitellio

[2] *Severissimum centurionum*] Duos centuriones interfectos memorat Plutarch. Oth.

[3] *Tribuno*] Prætorianorum. *Præfectus legionis* absentis

Vitellio Saturnino præfecto legionis, dum ruentibus obſiſtunt. Undique arma et minæ, modò in centuriones tribunoſque, modò in ſenatum univerſum; lymphatis cæco pavore animis, et quia neminem unum deſtinare iræ poterant, licentiam in omnes poſcentibus: donec Otho, contra decus imperii, thoro inſiſtens, precibus et lacrimis ægre cohibuit; redieruntque in caſtra inviti, neque innocentes. Poſterâ die, velut captâ Urbe, clauſæ domus; rarus per vias populus; mœſta plebs; dejecti in terram militum vultus, ac plus triſtitiæ quàm pœnitentiæ. Manipulatim [4] adlocuti ſunt Licinius Proculus et Plotius Firmus, præfecti, ex ſuo quiſque ingenio, mitiùs aut horridiùs. Finis ſermonis in eo, ut quina [5] millia nummûm ſingulis militibus numerarentur. Tum Otho ingredi caſtra auſus. Atque illum tribuni centurioneſque circumſiſtunt, abjectis militiæ inſignibus, 'otium et ſalutem' flagitantes. Senſit invidiam miles, et compoſitus in obſequium, auctores ſeditionis ad ſupplicium ultro poſtulabat.

LXXXIII. Otho, quamquam turbidis rebus, et diverſis militum animis, cum optimus quiſque remedium præſentis licentiæ poſceret, vulgus et plures, ſeditionibus et ambitioſo [6] im-

abſentis legati vicem gerebat, dignitate ei proximus. Veget. 2, 9.

4 *Manipulatim*] Singulos prætorianorum manipulos.

5 *Quina millia*] 40l. 7s. 3½d.

6 *Ambitioſo*] Per ambitum quæſito et retento.

perio

perio læti, per turbas et raptus faciliùs ad civile bellum impellerentur; simul reputans non posse principatum, scelere quæsitum, subitâ modestiâ et priscâ gravitate retineri; sed [7] discrimine Urbis et periculo senatûs anxius, postremò ita disseruit: ‘ Neque ut affectus vestros ‘ in amorem meî accenderem, commilitones, ‘ neque ut animum ad virtutem cohortarer, ‘ (utraque enim egregiè supersunt) sed veni ‘ postulaturus a vobis temperamentum vestræ ‘ fortitudinis, et erga me modum caritatis. ‘ Tumultûs proximi initium, non cupiditate ‘ vel odio, quæ multos exercitus in discordiam ‘ egêre, ac ne detrectatione quidem aut formi‘ dine periculorum, nimia pietas vestra acriùs ‘ quàm consideratiùs excitavit. Nam sæpe ho‘ nestas rerum caussas, ni judicium adhibeas, ‘ perniciosi exitus consequuntur. Imus ad bel‘ lum: num omnes nuncios palam audiri, om‘ nia consilia cunctis præsentibus tractari, ratio ‘ rerum aut occasionum velocitas patitur? Tam ‘ nescire quædam milites, quàm scire oportet. ‘ Ita se ducum auctoritas, sic rigor disciplinæ ‘ habet, ut multa etiam centuriones tribunos‘ que tantùm juberi expediat. Si, ubi jube‘ antur, quærere singulis liceat; pereunte ob‘ sequio, etiam imperium intercidit. An [8] et

[7] *Sed discrimine*] Quamquam turbidis rebus periculosum esset milites oratione perstringere; quamquam reputaret, in tali principatu non posse priscam severitatem subitò revocari: *sed* (tamen) *anxius discrimine urbis*, ita disseruit.

[8] *An et illic*] Cum ad hostem venimus,

'illic nocte intempestâ rapientur arma? unus 'alterve perditus ac temulentus (neque enim 'plures consternatione proximâ insanisse credi- 'derim) centurionis ac tribuni sanguine manus 'imbuet? imperatoris sui tentorium inrum- 'pet?

LXXXIV. 'Vos quidem istud pro [9] me: sed 'in discursu ac tenebris, et rerum omnium 'confusione, patefieri occasio etiam adversùs 'me potest. Si Vitellio et satellitibus ejus 'eligendi facultas detur, quem nobis animum, 'quas mentes imprecentur? quid aliud quàm 'seditionem et discordiam optabunt: ne miles 'centurioni, ne centurio tribuno obsequatur: 'hinc confusi, pedites equitesque, in exitium 'ruamus? Parendo potiùs, commilitones, 'quàm imperia ducum sciscitando, res mili- 'tares continentur: et fortissimus in ipso dis- 'crimine exercitus est, qui ante discrimen 'quietissimus. Vobis arma et animus sit: 'mihi consilium et virtutis vestræ regimen 'relinquite. Paucorum culpa fuit: duorum 'pœna erit. Ceteri abolete memoriam fœ- 'dissimæ noctis: nec illas adversùs senatum 'voces ullus unquam exercitus audiat. Caput 'imperii, et decora omnium provinciarum, ad 'pœnam vocare, non hercle illi, quos cum 'maximè Vitellius in nos ciet, Germani au- 'deant. Ulline Italiæ alumni, et Romana 'verè juventus, ad sanguinem et cædem de-

9 *Pro me*] Fecistis.

'poscerent

'poſcerent ordinem, cujus ſplendore et gloriâ 'ſordes et obſcuritatem Vitellianarum partium 'perſtringimus? Nationes aliquas occupavit 'Vitellius, imaginem quamdam exercitûs ha-'bet: ſenatus nobiſcum eſt. Sic fit, ut hinc 'reſpublica, inde hoſtes reipublicæ conſtite-'rint. Quid? vos pulcherrimam hanc Ur-'bem domibus et tectis, et congeſtu lapidum, 'ſtare creditis? Muta iſta et inanima interci-'dere ac reparari promiſcua [1] ſunt: æternitas 'rerum, et pax gentium, et mea cum veſtrâ 'ſalus, incolumitate ſenatûs firmatur. Hunc 'auſpicatò a parente et conditore Urbis noſtræ 'inſtitutum, et a regibus uſque ad principes 'continuum et immortalem, ſicut a majoribus 'accepimus, ſic poſteris tradamus. Nam ut 'ex vobis ſenatores, ita ex ſenatoribus prin-'cipes naſcuntur.'

LXXXV. Et oratio ad perſtringendos mulcendoſque militum animos, et ſeveritatis modus (neque enim in plures, quàm in duos animadverti juſſerat) gratè accepta: compoſitique ad præſens, qui coerceri non poterant. Non tamen quies Urbi redierat. Strepitus telorum, et facies belli erat: militibus, ut nihil in commune turbantibus, ita ſparſis per domos, occulto [2] habitu, et malignâ curâ in omnes, quos nobilitas, aut opes, aut aliqua inſignis claritudo rumoribus objecerat. Vitellianos quoque

[1] *Promiſcua ſunt*] Facilè poſſunt.

[2] *Occulto habitu*] Plebeio, non militari. *Malignâ curâ*, pravâ curioſitate.

milit🅂

milites venisse in Urbem, ad studia partium noscenda, plerique credebant. Unde plena omnia suspicionum, et vix secreta domuum sine formidine. Sed plurimum trepidationis in publico. Ut quemque nuncium fama attulisset, animum vultumque conversi, ne diffidere dubiis, ac parum gaudere prosperis viderentur. Coacto verò in curiam senatu, arduus rerum omnium modus, ne contumax silentium, ne suspecta libertas: et privato Othoni nuper, atque eadem dicenti, nota adulatio. Igitur versare sententias, et huc atque illuc torquere, hostem et parricidam Vitellium vocantes: providentissimus quisque vulgaribus [3] conviciis; quidam vera probra jacere, in clamore tamen, et ubi plurimæ voces, aut tumultu verborum sibi ipsi obstrepentes.

LXXXVI. Prodigia insuper terrebant, diversis auctoribus vulgata. In vestibulo Capitolii omissas habenas bigæ, cui Victoria institerat: erupisse cellâ Junonis majorem humanâ speciem: statuam divi Julii, in insulâ Tiberini amnis, sereno et immoto die, ab Occidente in Orientem conversam: prolocutum in Etruriâ bovem: insolitos animalium partus: et plura alia, rudibus seculis etiam in pace observata, quæ nunc tantùm in metu audiuntur. Sed præcipuus, et cum præsenti exitio, etiam fu-

[3] *Vulgaribus conviciis*] Vulgaribus et excusandis conviciis utebantur: alii vera probra jaciebant, sed quæ tumultu verborum occultari sperabant.

turi

turi pavor, subitâ [4] inundatione Tiberis: qui immenso auctu, proruto ponte Sublicio, ac strage obstantis molis refusus, non modò jacentia et plana Urbis loca, sed secura hujusmodi casuum implevit. Rapti e publico plerique, plures in tabernis et cubilibus intercepti. Fames in vulgus, inopiâ quæstûs, et penuriâ alimentorum. Corrupta stagnantibus aquis insularum fundamenta, dein remeante flumine dilapsa. Utque primùm vacuus a periculo animus fuit, id ipsum, quòd paranti expeditionem Othoni, campus Martius et via Flaminia, iter belli esset obstructum, a fortuitis vel naturalibus caussis, in prodigium et omen imminentium cladium vertebatur.

LXXXVII. Otho, lustratâ Urbe, et expensis belli consiliis, quando Peninæ Cottiæque Alpes, et ceteri Galliarum aditus Vitellianis exercitibus claudebantur, Narbonensem Galliam adgredi statuit, classe validâ, et partibus fidâ, quòd reliquos cæsorum ad pontem Milvium, et sævitiâ Galbæ in custodiam habitos, in numeros [5] legionis composuerat:

4 *Subitâ inundatione*] Præcipuus pavor exortus est ex subitâ &c.

5 *In numeros legionis*] In ordines legionariorum redegerat: v. suprà c. 6. Suet. Galb. 12. *Classiarios, quos Nero ex remigibus* justos milites *fecerat, redire ad pristinum statum* Galba coegit. Ea nunc gratia ab Othone revocatur. Lips. dedit, *numerum*, quomodo legitur suprà Ann. 2, 80, quasi in justæ legionis speciem redacti fuerint classiarii: verùm nimis erant paucæ reliquiæ illæ, quàm ut integram legionem conficerent.

facta

facta et ceteris spes honoratioris in posterum militiæ. Addidit classi urbanas cohortes, et plerosque e prætorianis, vires et robur exercitûs; atque ipsis ducibus consilium et custodes [6]. Summa expeditionis Antonio Novello, Suedio Clementi primipilaribus, Æmilio Pacensi, cui ademptum a Galbâ tribunatum reddiderat, permissa. Curam navium Oscus libertus retinebat, ad observandam honestiorum fidem invitatus [7]. Peditum equitumque copiis Suetonius Paullinus, Marius Celsus, Annius Gallus, rectores destinati. Sed plurima fides Licinio Proculo, prætorii præfecto. Is urbanæ militiæ impiger, bellorum insolens, auctoritatem Paullini, vigorem Celsi, maturitatem Galli, ut cuique erat, criminando, quod facillimum factu est, pravus et callidus, bonos et modestos anteibat.

LXXXVIII. Sepositus per eos dies Cornelius [8] Dolabella in coloniam Aquinatem [9], neque artâ custodiâ, neque obscurâ: nullum ob crimen, sed vetusto nomine, et propinquitate

6 *Custodes*] Ne duces ab Othone descisceret. Sic prætoriani legatis additi suprà c. 74. et hîc Oscus *honestioribus*, seu nobilioribus.

7 *Invitatus*] Dictio ista vix convenit liberto, etiam præpotenti: unde variè emendant viri docti. Gronov. *comitatus*: Ernest. *impositus*; ad sensum aptiùs, qui immissum classi Oscum indicat. Ryck. e codice suo, *incitatus*. Malim, *inditus*.

8 *Corn. Dolabella*] Idem videtur, quem Suet. Galb. 12. Cneium Dolabellam appellat, quique imperio destinabatur, teste Plut. in Galbâ.

9 *Aquinatem*] *Aquino* in *Terra di lavoro*.

Galbæ

Galbæ monſtratus. Multos e magiſtratibus, magnam conſularium partem, Otho, non participes aut miniſtros bello, ſed comitum ſpecie, ſecum expedire [1] jubet: in quîs et L. Vitellium, eodem quo ceteros cultu, nec [2] ut imperatoris fratrem, nec ut hoſtis. Igitur mota [3] Urbis cura; nullus ordo metu aut periculo vacuus: primores ſenatûs ætate invalidi, et longâ pace deſides; ſegnis et oblita bellorum nobilitas; ignarus militiæ eques: quantò magis occultare et abdere pavorem nitebantur, manifeſtiùs pavidi. Nec deerant e contrario, qui ambitione ſtolidâ, conſpicua arma, inſignes equos, quidam luxurioſos apparatus conviviorum et irritamenta libidinum, ut inſtrumenta belli, mercarentur. Sapientibus quietis et reipublicæ cura: leviſſimus quiſque, et futuri improvidus, ſpe vanâ tumens: multi adflictâ fide in pace, ac turbatis rebus alacres, et per incerta tutiſſimi.

LXXXIX. Sed vulgus, et magnitudine nimiâ communium curarum expers populus, ſentire paullatim belli mala, conversâ in militum uſum omni pecuniâ, intentis alimentorum pretiis; quæ motu Vindicis haud perinde plebem attriverant, ſecurâ tum Urbe, et provinciali bello, quod inter legiones Galliaſque ve-

[1] *Expedire*] Expeditionem facere.

[2] *Nec ut imperatoris*] Nec obſervantiâ, ut imperatoris, nec irâ, ut hoſtis fratrem.

[3] *Mota Urbis cura*] Movit civium curam hic belli apparatus.

lut externum fuit. Nam ex quo divus Augustus res Cæsarum composuit, procul, et in unius [4] solicitudinem aut decus, populus Romanus bellaverat. Sub Tiberio et Caio, tantùm pacis adversa pertimuere. Scriboniani [5] contra Claudium incœpta simul audita et coercita. Nero nunciis magis et rumoribus, quàm armis depulsus. Tum legiones classesque, et quod raro aliàs, prætorianus urbanusque miles, in aciem deducti: Oriens Occidensque, et quidquid utrimque virium est, a [6] tergo: si ducibus aliis bellatum foret, longo bello materia. Fuere, qui proficiscenti Othoni moras religionemque nondum conditorum ancilium [7] adferrent. Aspernatus est omnem cunctationem, ut Neroni quoque exitiosam: et Cæcina, jam Alpes transgressus, exstimulabat.

XC. Pridie [8] Idus Martias, commendatâ pa-

4 *Unius*] Principis Romani.

5 *Scriboniani*] Camilli, de quo suprà Ann. 12, 52.

6 *A tergo*] A tergo Othonis Oriens, Vitellii Occidens.

7 *Ancilium*] Ancilia, scuta Marti sacra, publicè circumferebant Salii per magnam partem mensis Martii, reliquo anni tempore in templo Martis condita. Priusquam conderentur, ominosum erat nubere, expeditionem suscipere &c. ut patet ex Ovid. Fast. 3. Liv. l. 37. Suet. Oth. 8. *Expeditionem autem impigre, atque etiam præpoperè inchoavit: nullâ ne religionum quidem curâ, sed et motis, necdum conditis ancilibus, quod antiquitus infaustum haberetur; et die, quo cultores Deûm Matris lamentari et plangere incipiunt.* Dies ille, qui *sanguinis dies* dicebatur, erat IX Kal. April. seu 24 Martii. Vide Trebell. Pollionem in Claud. 4.

8 *Pridie Id. Martias*] Die 14 Martii.

tribus

tribus republicâ, reliquias Neronianarum ſectionum [9], nondum in fiſcum converſas, revocatis ab exſilio conceſſit: juſtiſſimum donum, et in ſpeciem magnificum, ſed feſtinatâ jam pridem exactione, uſu ſterile. Mox vocatâ concione, majeſtatem Urbis, et conſenſum populi ac ſenatûs pro ſe attollens, adversùm Vitellianas partes modeſtè diſſeruit, inſcitiam potiùs legionum quàm audaciam increpans, nullâ Vitellii mentione: ſive ipſius ea moderatio; ſeu ſcriptor orationis, ſibi metuens, contumeliis in Vitellium abſtinuit: quando, ut in conſiliis militiæ Suetonio Paullino et Mario Celſo, ita in rebus urbanis Galerii [1] Trachali ingenio Othonem uti credebatur: et erant qui genus ipſum orandi noſcerent, crebro fori uſu celebre, et ad implendas populi [2] aures, latum [3] et ſonans.

9 *Sectionum*] Revocatis ab exilio conceſſit reliquias bonorum ſuorum, quæ proſcripta, necdum in fiſcum converſa fuerant: donum ſpecie magnificum, ſed ob feſtinatam exactionem eorum qui fiſco præerant, uſu ſterile.

1 *Galerii Trachali*] Qui conſul ſuperiore anno fuit cum Silio Italico, poetâ.

2 *Populi aures*] Perperam delerunt editt. τὸ *populi*, quod in ſcriptis fere omnibus reperitur, nec uſu ſuo caret. Genus orationis, populi magis auribus quàm rectè æſtimantium judicio accommodatum, periti talium adnotabant: quod idem antè fecerant in Nerone, cùm Senecæ ingenio uteretur, Ann. 13, 3.

3 *Latum et ſonans*] Quintil. 12, 5. *Habuit oratores ætas noſtra copioſiores: ſed cum diceret, eminere inter æquales Trachalus videbatur. Ea corporis ſublimitas erat, is ardor oculorum, frontis autoritas, geſtûs præſtantia, vox quidem non, ut Cicero deſiderat, pæne tragœdorum, ſed ſuper omnes, quos ego quidem audierim, tragœdos.*

M 2

ſonans. Clamor voceſque vulgi, ex more adulandi, nimiæ et falſæ. Quaſi dictatorem Cæſarem, aut imperatorem Auguſtum proſequerentur, ita ſtudiis votiſque certabant: nec metu aut amore, ſed ex libidine ſervitii, ut[4] in familiis; privata cuique ſtimulatio, et vile jam decus publicum. Profectus Otho, quietem Urbis curaſque imperii Salvio Titiano fratri permiſit.

gædos. Certè, cum in baſilicâ Juliâ diceret primo tribunali, quatuor autem judicia, ut moris eſt, cogerentur, atque omnia clamoribus fremerent, et auditum eum, et intellectum, et (quod agentibus ceteris contumelioſum fuit) laudatum quoque ex quatuor tribunalibus, memini.

[4] *Ut in familiis*] Ut inter ſervulos fieri conſuevit.

Breviarium

Breviarium Libri II. Hiſtoriarum.

A. D. 69. U. C. 822.

CAP. 1. 2. *TITUS, ad Galbam iturus, nuncio mortis ejus accepto, regreditur.*

3. *Paphiæ Veneris deſcriptio.*

4. *Oraculum Tito redditum. Veſpaſiani geſta et virtutes.*

5. *Muciani mores: qui cum Veſpaſiano in gratiam redit.*

6. 7. *Unde initium rerum novarum, volente milite.*

8. 9. *Pſeudo-Neronis ludibrium, ab Aſprenate compreſſum.*

10. *Annius Fauſtus delator accuſatur.*

11. *Othonis copiæ, expeditio, et læta illi belli principia.*

12. *Cæſi ab Othonianis Alpini.*

13. *Feminæ Liguris egregium exemplum.*

14. 15. *Prælia Vitellianis improſpera.*

16. *Corſi procuratorem ſuum, res ad Vitellium trahentem, interficiunt.*

17. *Res ſecundæ Vitellianorum.*

18. 19. *Spurinna Placentiam munit contra Vitellianos,*

20. *Quæ oppugnatur a Cæcinâ,*

21. *Ubi amphitheatrum conflagrat.*

22. *Cæcina, irrito conatu, obsidionem solvit, Cremonamque petit.*

23. *Prospera ibi Othonianis pugna: qui duces suos criminantur Othoni.*

24. 25. 26. *Cæcina ab Othonianis ducibus malè acceptus, Suetonii Paullini cunctatione servatur.*

27. 28. *Batavorum in exercitu Fabii Valentis seditio,*

29. *Cum ipsius ducis evidenti periculo. Qua per consilium Vari compositâ,*

30. *Cæcinæ Valens conjungitur. Eorum,*

31. *Othonisque et Vitellii comparatio. Otho consultat de ratione belli.*

32. *Suetonius Paullinus moram suadet.*

33. *Sed deteriora consilia prævalent.*

34. *Vitelliani transitum Padi tentant.*

35. 36. *Quem prohibentes Othoniani cæduntur.*

37. 38. *Auctorum relatio de Paullino, deque exercitibus pacem cupientibus, refellitur.*

39. 40. *Otho Brixelli absens, ducibus suis denunciat, ut pugnam conserant.*

41. *Illius initium.*

42. *Othonianorum confusio.*

43. *Prælium unæetvicesimæ et primæ legionum.*

44. *Othonianorum fuga, et adversùs duces suos ira. Prætorianorum ferocia.*

45. *Induciæ. Victi victoresque congressi civilia bella detestantur.*

46. *Othonis destinatio: quem consolantur sui milites et Plotius Firmus.*

47. *At ille in consilio sumendæ mortis perseverans, multa laude digna dicit,*
48. *Facitque:*
49. *Dein mortem sibi ipse consciscit.*
50. *Idque nonnulli imitantur. Othonis ætas, origo: de exitu ejus præsagium.*
51. *Novata luctu ac dolore militum seditio.*
52. 53. 54. *Senatûs, eventum pugnæ ignorantis, perplexitas et consternatio.*
55. *Romæ adulationes in Vitellium.*
56. *Ejus milites ducesque Italiæ graves.*
57. *Vitellius nuncium de morte Othonis accipit,*
58. *Simul de Mauris in partes suas transgressis.*
59. *Vitellius Blæsi officia odiis rependit:*
60. *Othonianorum centuriones quosdam interficit, duces absolvit.*
61. *Marici, e plebe Boiorum, vesania et supplicium.*
62. *Vitellii gula. Edicta ejus.*
63. 64. *Dolabellæ cædes. Triariæ licentia. Modestia conjugis et matris Vitellii.*
65. *Cluvius Rufus absolvitur: Trebellius removetur.*
66. *Quartadecimanorum et Batavorum discordia.*
67. *Prætoriani exarmantur. Sparguntur legiones.*
68. *Tumultus Ticini alio tumultu sedatus. Verginii periculum.*
69. *Auxilia in Germaniam et Galliam remissa. Vitellii exercitus minuitur.*
70. *Vitellius campos Bedriacenses avidè spectat, nullâ in cives occisos commiseratione:*

71. *Consulatus largitur.*

72. *Pseudo-Scribonianus punitur.*

73. *Vitellii superbia socordiaque, post adactum in verba ejus Orientem.*

74. *At Vespasianus bellum armaque parat:*

75. *Cunctantem dubitantemque,*

76. 77. *Mucianus oratione firmat; belli administrationem ipse sibi deposcit.*

78. *Vatum quoque responsis et ominibus confirmatus,*

79. 80. *Vespasianus imperator salutatur, Muciani artibus incenso militum et provinciæ studio.*

81. *Accedit ad partes ejus omnis Oriens.*

82. *Ergo totis viribus ad bellum sese comparat:*

83. *Mucianum cum exercitu præmittit,*

84. *Qui pecuniam undique conquirit.*

85. 86. *Mœsiæ, Pannoniæ, Dalmatiæ legiones Vespasianum sequuntur, cum Antonio Primo et Cornelio Fusco.*

87. *Vitellius gravi ac luxuriante agmine Romæ propinquat.*

88. 89. *Post militum plebisque cædes, Urbem ut captam ingreditur.*

90. *Magnificam de se orationem habet.*

91. *Pleraque imperitè, quædam comiter facit.*

92. *Valentis et Cæcinæ emulatio.*

93. *Militis in Urbe licentia et morbi. Cohortium conscriptio.*

94. *Vitellii inopia simul ac prodigentia.*

95. *Vitellii natalis, inferiæ Neroni celebrantur.*

Asiatici

Asiatici liberti opes. Miseria urbis Romæ.

96. 97. 98. *Vitellius contra defectores segniter auxilia parat.*

99. *Interim irrumpentibus hostibus, Cæcinam ad bellum præmittit;*

100. 101. *A quo proditur deseriturque, ut et a Lucilio Basso et classibus Italiæ.* Gesta eodem anno, coss. suffectis:

In Kal. Martias	M. Salvio Othone Aug. L. Salvio Othone Titiano.
Ex Kal. Martiis	L. Verginio Rufo II. Poppæo Vopisco.
Ex Kal. Majis	Cælio Sabino, T. Flavio Sabino.
Ex Kal. Juliis	T. Arrio Antonino, P. Mario Celso.

Reliquos hujus anni coss. in Breviario proximi libri reperies.

C. CORNELII

TACITI

HISTORIARUM

LIBER II.

QUI ANNALIUM XVIII.

I. STruebat jam fortuna, in diversâ parte terrarum, initia caussasque imperio, quod variâ sorte, lætum reipublicæ aut atrox, ipsis [1] principibus prosperum aut exitio fuit. Titus Vespasianus e Judæâ, incolumi adhuc Galbâ, missus a patre, caussam profectionis, officium erga principem, et maturam petendis honoribus juventam ferebat. Sed vulgus fingendi avidum, disperserat, accitum in adoptionem. Materia sermonibus, senium et orbitas principis [2], et intemperantia civitatis, donec unus eligatur, multos destinandi. Augebat famam ipsius Titi ingenium, quantæcumque fortunæ capax, decor oris cum quadam majestate, prosperæ Vespasiani

[1] *Ipsis principibus*] Vespasiano et Tito prosperum, Domitiano exitiosum.

[2] *Principis*] Galbæ.

pasiani res, præsaga [3] responsa, et inclinatis ad credendum animis, loco [4] ominum etiam fortuita. Ubi Corinthi, Achaiæ urbe, certos nuncios accepit de interitu Galbæ, et aderant qui arma Vitellii bellumque adfirmarent, anxius animo, paucis amicorum adhibitis, cuncta utrimque perlustrat. 'Si pergeret in Urbem, 'nullam officii gratiam, in alterius honorem 'suscepti: ac se Vitellio, sive Othoni, obsidem 'fore. Sin rediret, offensam haud dubiam victoris: sed incertâ adhuc victoriâ, et concedente 'in partes patre, filium excusatum. Sin Vespasianus rempublicam susciperet, obliviscendum 'offensarum, de bello agitantibus.'

II. His ac talibus inter spem metumque jactatum, spes vicit. Fuere, qui accensum desiderio Berenices [5] reginæ, vertisse iter crederent. Neque abhorrebat a Berenice juvenilis animus: sed gerendis rebus nullum ex eo impedimentum: lætam voluptatibus adolescentiam egit, suo quàm patris imperio modestior.

3 *Præsaga*] Suet. Tit. 2. *Educatus in aulâ cum Britannico simul, ac paribus disciplinis, et apud eosdem magistros institutus. Quo quidem tempore aiunt metoscopum, a Narcisso Claudii liberto adhibitum ut Britannicum inspiceret, constantissimè affirmasse, illum quidem nullo modo, ceterum Titum, qui tunc propè adstabat, utique imperaturum.*

4 *Loco ominum*] Supple *erant*, etiam quæ fortè et solo casu contingebant.

5 *Berenices*] Quæ soror Agrippæ II, neptisque fuit Herodis Magni. Nupsit primùm patruo suo Herodi Chalcidis regi, dein Polemoni regi Ciliciæ.

Igitur oram Achaiæ, et Asiæ, ac læva [6] maris prævectus, Rhodum et Cyprum insulas, inde Syriam audentioribus [7] spatiis petebat. Atque illum cupido incessit, adeundi visendique templum Paphiæ [8] Veneris, inclytum per indigenas advenasque. Haud fuerit longum initia religionis, templi situm, formam deæ, (neque enim alibi sic habetur) paucis disserere.

III. Conditorem templi regem Aeriam vetus memoria, quidam ipsius deæ nomen [9] id perhibent. Fama recentior tradit, a Cinyrâ sacratum templum, deamque ipsam, conceptam mari, huc appulsam: sed scientiam artemque haruspicum accitam; et Cilicem Tamiram intulisse: atque ita pactum, ut familiæ utriusque posteri cærimoniis præsiderent. Mox ne honore nullo regium genus peregrinam stirpem antecelleret, ipsâ quam intulerant scientiâ hospites cessère: tantùm Cinyrades sacerdos consulitur. Hostiæ, ut quisque vovit; sed mares deliguntur. Certissima fides hædorum fibris. Sanguinem aræ obfundere vetitum: precibus et igne puro altaria adolentur, nec ullis imbribus, quamquam in aperto, madescunt [1].

6 *Læva maris*] Supple, *litora*. Læva sunt ex Corintho Syriam petentibus.

7 *Audentioribus spatiis*] Alto mari, nec jam oram legens.

8 *Paphiæ Veneris*] Suprà Ann. 3, 62.

9 *Nomen id*] Ipsi deæ Aerian nomen fuisse perhibent. Pausanias 1, 14. eam vocat Οὐρανίαν.

1 *Madescunt*] Plin. 2, 96. *Celebre fanum habet Veneris Paphos, in cujus quamdam aram non impluit.*

Simula-

Simulacrum deæ non effigie humanâ, continuus [2] orbis latiore initio tenuem in ambitum, metæ modo, exsurgens: et ratio [3] in obscuro.

IV. Titus, spectatâ opulentiâ donisque regum, quæque alia lætum antiquitatibus Græcorum genus incertæ vetustati adfingit, de navigatione primùm consuluit. Postquam pandi viam, et mare prosperum accepit, de se per [4] ambages interrogat, cæsis compluribus hostiis. Sostratus (sacerdotis id nomen erat) ubi læta et congruentia exta, magnisque consultis annuere deam videt, pauca in præsens et solita respondens, petito secreto, futura aperit. Titus, aucto animo ad patrem pervectus, suspensis provinciarum et exercituum mentibus, ingens [5] rerum fiducia accessit. Profligaverat [6]

[2] *Continuus orbis*] Continuâ diminutione, spiræ modo, assurgens, ut conum efficiat. Tyrius Max. Differt. 38. *Venus a Paphiis colitur, cujus simulacrum nulli rei magis assimile, quàm albæ pyramidi.*

[3] *Ratio in obscuro*] Eam tradit Clem. Alex. Protrept. ubi et de aliis talibus Deûm Dearumque formis reperies. Nempe tales figuræ sunt indicia vetustatis ultimæ, quæ nondum exprimere didicerat ligno aut saxo formas hominum aut animalium.

[4] *Ambages*] Non planè, ne imperium affectare videretur.

[5] *Ingens rerum fiducia*] Non leve suspensis animis momentum, et fiduciæ causa, Titus accessit. Malè quidam *fiducia* in sexto casu accipiunt: sic enim ineptè bis idem dixisset, *aucto animo—ingens fiduciâ.*

[6] *Profligaverat*] Pene confecerat. Eodem sensu usus erat verbo isto Augustus in Monumento Ancyrano, Chishull, Antiq. Asiatic. p. 174. *Cœpta, profligataque opera a Patre meo perfeci.* Et Flor. 2, 13. de bello *commisso, profligato, confecto* loquitur.

belluin

bellum Judaicum Vespasianus, oppugnatione Hierosolymorum reliquâ [7]; duro magis et arduo opere ob ingenium [8] montis et pervicaciam superstitionis, quàm quò satis virium obsessis ad tolerandas necessitates superesset. Tres, ut suprà [9] memoravimus, ipsi Vespasiano legiones erant, exercitæ bello: quatuor Mucianus obtinebat in pace. Sed æmulatio et proximi exercitûs gloria repulerat segnitiam [1]: quantumque illis roboris discrimina et labor, tantum his vigoris addiderat integra quies, et inexpertus belli labor. Auxilia utrique cohortium alarumque, et classes regesque, ac [2] nomen dispari famâ celebre.

V. Vespasianus, acer militiæ, anteire agmen, locum castris capere, noctu diuque consilio, ac si res posceret, manu hostibus obniti, cibo fortuito, veste habituque vix a gregario milite discrepans; prorsus, si avaritia abesset, antiquis ducibus par. Mucianum e contrario magnificentia et opes, et cuncta privatum modum supergressa, extollebant: aptior [3] sermone,

7 *Reliquâ*] Duntaxat relictâ.

8 *Ingenium montis*] Naturam montis Sion.

9 *Suprà memoravimus*] Hist. 1, 10.

1 *Segnitiam*] Exercitûs Muciani.

2 *At nomen*] Utrique imperatori celebre, ob diversas, quas recenset, caussas.

3 *Aptior sermone*] Ita scribo cum vulg. non *sermoni*, quod volunt Bipontini. Omnes homines, qui non sunt muti, apti sunt *sermoni*, sed non æquè omnes apti (h. e. prompti) *sermone*. Sic et Thucydidem *aptum verbis pressumque*, sexto casu, dicit Cic. Orat. 2, 13. Ceterum non esse inter *dispositu provisuque*

mone, dispositu provisuque civilium rerum peritus. Egregium principatûs temperamentum [4], si demptis utriusque vitiis, solæ virtutes miscerentur. Ceterum hic Syriæ, ille Judææ præpositus, vicinis provinciarum administrationibus, invidiâ discordes, exitu demum Neronis, positis odiis, in medium consuluere; primùm per amicos: dein præcipua concordiæ fides Titus, prava certamina communi utilitate aboleverat, naturâ atque arte compositus adliciendis etiam Muciani moribus. Tribuni centurionesque, et vulgus militum, industriâ, licentiâ, per virtutes, per voluptates, ut cuique ingenium, adsciscebantur.

VI. Antequam Titus adventaret, sacramentum Othonis acceperat uterque exercitus, præcipitibus, ut adsolet, nunciis, et tardâ mole civilis belli, quod longâ concordiâ quietus Oriens tunc primùm parabat. Namque olim validissima inter se civium arma, in Italiâ Gelliâve, viribus Occidentis cœpta. Et Pompeio, Cassio, Bruto, Antonio, quos omnes trans mare secutum est civile bellum, haud prosperi exitus fuerant. Auditique sæpius in Syriâ Judæâque Cæsares, quàm inspecti. Nulla seditio legionum: tantùm adversùs Parthos minæ, va-

suque et *civilium rerum* interpungendum, Savillio et Bipontinis assentior: nam si de omnium quæ ageret dispositione esset sermo, negaret Suetonius quemquam esse hac in re Vespasiano anteferendum, quem summo ordine negotia sua disposuisse atque obiisse scribit, Vesp. 21.

4 *Temperamentum*] Supple, *extitisset*.

rio

rio eventu. Et proximo civili bello, turbatis aliis, inconcussa ibi pax; dein fides erga Galbam. Mox ut Othonem ac Vitellium scelestis armis res Romanas raptum ire, vulgatum est; ne penes ceteros imperii præmia, penes ipsos tantum servitii necessitas esset, fremere miles, et vires suas circumspicere. Septem legiones statim, et cum ingentibus auxiliis Syria Judæaque: inde continua Ægyptus, duæque legiones: hinc Cappadocia Pontusque, et quidquid castrorum Armeniis prætenditur: Asia, et ceteræ provinciæ, nec virorum inopes, et pecuniæ opulentæ: quantum[5] insularum mari cingitur: et parando interim bello secundum tutumque ipsum mare.

VII. Non fallebat duces impetus militum. Sed bellantibus aliis placuit exspectari[6] bellum:

[5] *Quantum insularum*]. Pro iis erant insulæ omnes, quas mare ambiendo protegit, pro iis mare ipsum &c.

[6] *Expectari bellum*] Nec moveri arma, sed in occa-*sionem differri*: ut statim dicitur. Expectant bellum etiam ii, qui id inferre in animo habent: unde nil opus emendatione Pichenæ *expectare belli exitum*, quæ pluribus verbis idem significat. Mss. et veteres editiones, *expectari bellum, cum in victores victosque nunquam solida fides coalesceret.* Flor. *solidâ fide coalescere*, quæ lectio placuit Pichenæ, quia respondent sibi invicem *coalescere*, ac seqq. verba *referre* et *insolescere*. Verum amat Tacitus modorum atque temporumque permistionem: neque erant silendæ voces *cum in.* Simili fere translatione, similique verborum structurâ rem eandem declarat et Miltonus noster, Par. Am. 4, 97. *For never can true reconcilement grow, Where wounds of deadly hate have pierced so deep.*

cum

'cum inter victores victosque numquam solida 'fides coalesceret : nec referre, Vitellium an 'Othonem superstitem fortuna faceret. Rebus 'secundis etiam egregios duces insolescere: 'discordiam [7] his, ignaviam, luxuriem: et 'suismet vitiis alterum bello, alterum victoriâ 'periturum.' Igitur arma in occasionem distulere, Vespasianus Mucianusque nuper, ceteri olim mixtis [8] consiliis; optimus quisque amore reipublicæ: multos dulcedo prædarum stimulabat; alios ambiguæ domi res. Ita boni malique, caussis diversis, studio pari, bellum omnes cupiebant.

VIII. Sub idem tempus Achaia atque Asia falsò exterritæ, velut Nero adventaret: vario super [9] exitu ejus rumore, eóque pluribus vivere eum fingentibus, credentibusque. Ceterorum casus conatusque in [1] contextu operis dicemus. Tunc servus e Ponto, sive, ut alii tradidere, libertinus ex Italiâ, citharæ et cantûs peritus (unde illi, super similitudinem oris, propior ad fallendum fides) adjunctis desertoribus, quos inopiâ vagos ingentibus promissis corruperat, mare ingreditur: ac vi tempestatum Cythnum [2] insulam detrusus, et militum quos-

7 *Discordiam his*] Vitellio et Othoni hærere.

8 *Mixtis consiliis*] Miscuerant consilia nuper V. M. que (c. 5.) ceteri olim id fecerant, nempe communes eorum amici. Optimus quisque amore reip. arma in occasionem parabat.

9 *Super exitu ejus*] Vid. suprà c. 2. not.

1 *In contextu operis*] In parte deperditâ.

2 *Cythnum*] Cycladum una est, nunc *Thermia*.

dam ex Oriente commeantium adſcivit, vel abnuentes interfici juſſit, et ſpoliatis negotiatoribus, mancipiorum valentiſſimum quemque armavit. Centurionemque Siſennam, dextras [3], concordiæ inſignia, Syriaci exercitûs nomine ad prætorianos ferentem, variis artibus adgreſſus eſt: donec Siſenna, clam relictâ inſulâ, trepidus et vim metuens aufugeret. Inde latè terror, multis ad celebritatem nominis erectis, rerum novarum cupidine, et odio præſentium.

IX. Gliſcentem in dies famam fors diſcuſſit. Galatiam ac Pamphyliam provincias [4], Calpurnio Aſprenati regendas Galba permiſerat: datæ e claſſe [5] Miſenenſi duæ triremes ad proſequendum, cum quibus Cythnum inſulam tenuit. Nec defuere, qui trierarchos nomine Neronis accirent. Is in mœſtitiam compoſitus, et fidem ſuorum quondam militum invocans, ut eum in Syriâ aut Ægypto ſiſterent [6], orabat. Trierarchi nutantes, ſeu dolo, 'adloquendos ſibi milites, et paratis omnium animis reverſuros,' firmaverunt. Sed Aſprenati cuncta ex fide nunciata: cujus cohortatione expugnata navis, et interfectus quiſquis ille erat. Corpus inſigne oculis comâque et torvitate vultûs, in Aſiam, atque inde Romam pervectum eſt.

3 *Dextras*] Suprà Hiſt. 1, 54. not.

4 *Provincias*] Ponto vicinas.

5 *Claſſe Miſenenſi*] Annal. 4, 5.

6 *Siſterent*] Deponerent. Neroni ultimum conſilium erat, Syriam aut Ægyptum fugâ petere.

X. In

X. In civitate diſcordi, et ob crebras principum mutationes inter libertatem ac licentiam incertâ, parvæ quoque res magnis motibus agebantur. Vibius Criſpus, pecuniâ, potentiâ, ingenio inter claros magis quàm inter bonos, Annium Fauſtum equeſtris ordinis, qui temporibus Neronis delationes factitaverat, ad cognitionem ſenatûs vocabat. Nam recèns, Galbæ principatu, cenſuerant patres, ut accuſatorum cauſſæ noſcerentur. Id ſenatuſconſultum variè jactatum, et prout potens vel inops reus ciderat, infirmum aut validum, retinebatur. Ad hoc terroris, [7] et propriâ vi Criſpus incubuerat delatorem fratris [8] ſui pervertere: traxeratque magnam ſenatûs partem, ut indefenſum et inauditum dedi ad exitium poſtularent. Contrà apud alios nihil æquè reo proderat, quàm nimia potentia accuſatoris: 'dari [9] tempus, edi crimina, quamvis inviſum ac nocentem, more tamen audiendum' cenſebant. Et valuere primò, dilataque in paucos dies cognitio: mox damnatus eſt Fauſtus, nequaquam eo adſenſu civitatis, quem peſſimis moribus meruerat:

7 *Ad hoc terroris*] Super hunc terrorem ſenatuſconſulti, etiam propriâ vi eloquentiæ et gratiæ Criſpus annitebatur. Expreſſi lectionem Cod. Bodl. quam confirmant tres mſs. *ad hæc terroris*. Vulg. *ad hæc terrore*.

8 *Fratris ſui*] Vibii Secundi, repetundarum damnati, Annal. 14, 28.

9 *Dari tempus*] Act. Apoſt. 25, 16. οὐκ ἔςιν ἔθος Ῥωμαίοις χαρίζεσθαί τινα ἄνθρωπον εἰς ἀπώλειαν, πρὶν ἢ ὁ κατηγορούμενος κατὰ πρόσωπον ἔχοι τοὺς κατηγόρους, τόπον τε ἀπολογίας λάβοι περὶ τοῦ ἐγκλήματος.

quippe ipſum Criſpum eaſdem accuſationes cum præmio exercuiſſe meminerant: nec pœna criminis, ſed ultor diſplicebat.

XI. Læta interim Othoni principia belli, motis ad imperium ejus e Dalmatiâ Pannoniâque exercitibus. Fuere quatuor legiones: (e quibus bina millia præmiſſa; ipſæ modicis intervallis ſequebantur) ſeptima, a Galbâ conſcripta; veteranæ, undecima ac tertiadecima, et præcipuâ famâ quartadecumani, rebellione [1] Britanniæ compreſſâ. Addiderat gloriam Nero, eligendo ut potiſſimos: unde longa illis erga Neronem fides, et erecta in Othonem ſtudia. Sed quò plus virium ac roboris, e fiduciâ tarditas inerat. Agmen legionum alæ cohorteſque præveniebant. Ex ipſâ Urbe haud ſpernenda manus, quinque prætoriæ cohortes, et equitum vexilla cum legione primâ: ac deforme inſuper auxilium, duo millia gladiatorum, ſed per civilia arma etiam ſeveris ducibus uſurpatum. His copiis rector additus Annius Gallus, cum Veſtricio [2] Spurinnâ ad occupandas Padi ripas præmiſſus: quoniam prima conſiliorum fruſtra ceciderant, tranſgreſſo jam Alpes Cæcinâ, quem ſiſti [3] intra Gallias poſſe ſperaverat. Ipſum Othonem comitabantur ſpeculatorum lecta cor-

1 *Rebellione B.*] De qua ſuprà An. 14, 29. Suet. Ner. 39.

2 *Veſtricio Spurinnâ*] Cujus vim poeticam celebrat Plin. Ep. 3, 1. *Scribit enim* Spurinna, *et quidem utrâque linguâ, lyrica doctiſſimè.*

3 *Siſti intra G.*] Ita ut Italiâ arceatur.

pora,

pora, cum ceteris prætoriis cohortibus, veterani e prætorio, classicorum ingens numerus. Nec illi segne, aut corruptum luxu iter: sed loricâ ferreâ usus est, et ante signa pedester, horridus, incomptus, famæque dissimilis.

XII. Blandiebatur cœptis fortuna, possessâ per mare et naves majore Italiæ parte, penitus usque ad initium maritimarum[4] Alpium: quibus tentandis, adgrediendæque provinciæ Narbonensi, Suedium Clementem, Antonium Novellum, Æmilium Pacensem duces[5] dederat. Sed Pacensis per licentiam militum vinctus: Antonio Novello nulla auctoritas: Suedius Clemens ambitioso imperio regebat, ut adversus modestiam disciplinæ corruptus, ita prœliorum avidus. Non Italia adiri, nec loca sedesque patriæ videbantur: tamquam externa litora, et urbes hostium, urere, vastare, rapere; eò atrociùs, quòd nihil usquam provisum adversùm metus: pleni agri, apertæ domus: occursantes domini juxta conjuges et liberos, securitate pacis, et belli malo circumveniebantur. Maritimas tum Alpes tenebat procurator Marius Maturus. Is concitâ gente (nec deest juventus) arcere provinciæ finibus Othonianos intendit. Sed primo impetu cæsi disjectique montani, ut quibus temere collectis, non castra, non ducem noscitantibus, neque in victoriâ decus esset, neque in fugâ flagitium.

4 *Maritimarum*] Annal. 15, 32.

5 *Duces dederat*] Hist. 1, 87.

XIII. In-

XIII. Inritatus eo prœlio Othonis miles, vertit iras in municipium Albium Intemelium[6]. Quippe in acie nihil prædæ: inopes agrestes, et vilia arma: nec capi poterant, pernix genus, et gnari locorum; sed calamitatibus insontium expleta avaritia. Auxit invidiam præclaro exemplo femina Ligus, quæ filio abdito, cum simul pecuniam occultari milites credidissent, eóque per cruciatus interrogarent, ubi filium occuleret? uterum ostendens, 'latere' respondit. Nec ullis deinde terroribus, aut morte, constantiam vocis egregiæ mutavit.

XIV. Imminere provinciæ Narbonensi, in verba Vitellii adactæ, classem Othonis, Fabio Valenti trepidi nuncii attulere. Aderant legati coloniarum, auxilium orantes. Duas Tungrorum[7] cohortes, quatuor equitum turmas, universam Treverorum alam, cum Julio Classico præfecto misit: e quibus pars in coloniâ Forojuliensi[8] retenta, ne omnibus copiis in terrestre iter versis, vacuo[9] mari classis adceleraret. Duodecim equitum turmæ, et lecti e cohortibus, adversùs hostem iere: quibus adjuncta Ligurum cohors, vetus loci auxilium, et quingenti Pannonii nondum sub signis. Nec mora prœlio: sed acie ita instructâ, ut pars classicorum, mixtis paganis, in colles mari propinquos exsurge-

6 *Intemelium*] Urbs oræ Genuensis, hod. *Vintimiglia.*

7 *Tungrorum*] Quorum urbs primaria *Tongres* in episcop. *Liege.*

8 *Forojuliensi*] *Fréjus en Provence.* Annal. 4, 5.

9 *Vacuo mari*] Præsidiis destituto.

ret;

ret; quantum inter colles ac litus æqui loci, prætorianus miles expleret; in ipſo mari ut adnexa claſſis, et pugnæ parata, converſâ [1] et minaci fronte prætenderetur. Vitelliani, quibus minor peditum vis, in equite robur, Alpinos proximis jugis, cohortes denſis ordinibus poſt equitem locant. Treverorum turmæ obtulere ſe hoſti incautè, cum exciperet contrà veteranus miles, ſimul a latere ſaxis urgeret apta ad jaciendum etiam paganorum manus; qui ſparſi inter milites, ſtrenui ignavique, in victoriâ idem audebant. Additus perculſis [2] terror, invectâ in terga pugnantium claſſe. Ita undique clauſi: deletæque omnes copiæ forent, ni victorem exercitum attinuiſſet obſcurum noctis, obtentui [3] fugientibus.

XV. Nec Vitelliani, quamquam victi, quievere: accitis auxiliis, ſecurum hoſtem, ac ſucceſſu rerum ſocordiùs agentem invadunt. Cæſi vigiles, perrupta caſtra, trepidatum apud naves: donec ſidente paullatim metu, occupato juxtà colle defenſi, mox irrupere. Atrox ibi cædes, et Tungrarum cohortium præfecti, ſuſtentatâ diu acie, telis obruuntur. Ne Othonianis quidem incruenta victoria fuit, quorum improvidè ſecutos, converſi equites circumvenerunt. Ac velut pactis induciis, ne hinc claſſis, inde eques

[1] *Converſâ*] Non puppibus, ut in pace, ſed proris roſtriſque litori minaciter obverſis.

[2] *Perculſis*] Vitellianis.

[3] *Obtentui*] Nox quaſi velum obtenta fugientibus.

ſubitam

ſubitam formidinem inferrent, Vitelliani retro Antipolim [4], Narbonenſis Galliæ municipium, Othoniani Albingaunum, interioris Liguriæ, revertêre.

XVI. Corſicam ac Sardiniam, ceteráſque proximi maris inſulas, fama victricis claſſis in partibus Othonis tenuit. Sed Corſicam prope adflixit Decumi Pacarii procuratoris temeritas; tantâ mole belli nihil in ſummam [5] profutura, ipſi exitioſa. Namque, Othonis odio, juvare Vitellium Corſorum viribus ſtatuit; inani auxilio, etiamſi [6] proveniſſet. Vocatis principibus inſulæ, conſilium aperit: et contradicere auſos, Claudium Phirricum trierarchum liburnicarum ibi navium, Quinctium Certum equitem Romanum, interfici jubet: quorum morte exterriti qui aderant, ſimul ignara et alieni metûs ſocia imperitorum turba, in verba Vitellii juravere. Sed ubi delectum agere Pacarius, et inconditos homines fatigare militiæ muneribus cœpit, laborem inſolitum peroſi, infirmitatem ſuam reputabant: 'inſulam eſſe quam incolerent, et longè Germaniam vireſque legionum: direptos vaſtatoſque claſſe [7], etiam quos cohortes alæque protegerent.' Et averſi repentè animi: nec tamen apertâ vi; aptum tem-

4 *Antipolim*] *Antibe*, Provinciæ: Albingaunum, *Albenga*, Genuenſium urbs.

5 *In ſummam*] Sic Ann. 13, 38. *nihil in ſummam pacis proficiebatur.*

6 *Etiamſi proveniſſet*] Etiamſi ſucceſſiſſet ei conatus. Quid enim inſulares miſelli ad tantam molem belli?

7 *Claſſe*] Othonis.

pus

pus insidiis legêre. Digressis qui Pacarium frequentabant, nudus et auxilii inops, balneis interficitur: trucidati et comites. Capita, ut hostium, ipsi interfectores ad Othonem tulere: neque eos aut Otho præmio adfecit, aut punivit Vitellius, in multâ colluvie rerum majoribus [8] flagitiis permixtos.

XVII. Aperuerat jam Italiam, bellumque transmiserat, ut suprà memoravimus, ala Syllana, nullo apud quemquam Othonis favore, nec quia Vitellium mallent; sed longa pax ad omne servitium fregerat, faciles occupantibus, et melioribus [9] incuriosos. Florentissimum Italiæ latus, quantum inter Padum Alpesque camporum et urbium, armis Vitellii (namque et præmissæ a Cæcinâ cohortes advenerant) tenebatur. Capta Pannoniorum cohors apud Cremonam. Intercepti centum equites, ac mille classici, inter Placentiam Ticinumque [1]: quo successu, Vitellianus miles non jam flumine aut ripis arcebatur. Irritabat [2] quin etiam Batavos Transrhenanosque Padus ipse: quem repentè contra Placentiam transgressi, raptis quibusdam exploratoribus, ita ceteros terruere, ut adesse

8 *Majoribus flagitiis*] Cumulo eorum, qui majora deliquerant. Sic suprà Ann. 16, 8. multi *Neronem, circa summa scelera distentum, quasi minores evasere.*

9 *Melioribus incuriosos*] Parum solicitos, cujus caussa justior esset. Ann. 14, 17. *ferendis frugibus incuriosos.*

1 *Ticinumque*] Hod. *Pavia.*

2 *Irritabat*] Suetos insultare aquis, artemque nandi ostentare. Annal. 2, 8.

omnem Cæcinæ exercitum trepidi ac falſi nunciarent.

XVIII. Certum erat Spurinnæ (is enim Placentiam obtinebat) necdum veniſſe Cæcinam, et ſi propinquaret, coercere intra munimenta militem, nec trîs prætorias cohortes et mille vexillarios, cum paucis equitibus, veterano exercitui objicere. Sed indomitus miles, et belli ignarus, correptis ſignis vexilliſque, ruere, et retinenti duci tela intentare, ſpretis centurionibus tribuniſque [3]: quin 'proditionem,' et 'accitum Cæcinam' clamitabant. Fit temeritatis alienæ comes Spurinna, primò coactus, mox velle ſimulans, quò plus auctoritatis ineſſet conſiliis, ſi ſeditio miteſceret.

XIX. Poſtquam in conſpectu Padus, et nox appetebat, vallari caſtra placuit. Is labor urbano militi inſolitus, contudit animos. Tum vetuſtiſſimus [4] quiſque caſtigare credulitatem ſuam, metum ac diſcrimen oſtendere, ſi cum exercitu Cæcina, patentibus campis, tam paucas cohortes circumfudiſſet. Jamque totis caſtris modeſti ſermones, et inſerentibus ſe centurionibus

3 *Tribuniſque*] Mſs. novum h. l. produnt exemplum verborum quæ in textum e margine influxerunt, cum poſt *tribuniſque* inſerant, *providentiam ducis laudantibus*, ex cap. proximo arceſſita, apertiùs quàm ut ſánum quemquam fallerent. Pro ſeq. *quin proditionem* al. *qui proditionem*, incautè: Plutarchus enim in Othone disertè affirmat, militum ea convicia fuiſſe, non centurionum aut tribunorum.

4 *Vetuſtiſſimus quiſque*] Experientiâ doctus, prior ad mentem redit.

nibus tribunisque, laudari providentia ducis, 'quòd coloniam, virium et opum validam, robur 'ac sedem bello legisset.' Ipse postremò Spurinna, non tam culpam exprobrans, quàm ratione ostendens, relictis exploratoribus, ceteros Placentiam reduxit, minùs turbidos, et imperia accipientes. Solidati muri, propugnacula addita, auctæ turres, provisa parataque non arma modò, sed obsequium et parendi amor; quod solum illis partibus defuit, cum virtutis [5] haud pœniteret.

XX. At Cæcina, velut relictâ post Alpes sævitiâ ac licentiâ, modesto agmine per Italiam incessit. Ornatum ipsius municipia et coloniæ in superbiam trahebant; quòd versicolore [6] sagulo, braccas, tegmen barbarum, indutus, togatos adloqueretur. Uxorem quoque ejus Saloninam, quamquam in nullius injuriam insignis equo ostroque veheretur, tamquam læsi gravabantur: insitâ mortalibus naturâ, recentem aliorum felicitatem ægris oculis introspicere, modumque fortunæ a nullis magis exigere, quàm quos in æquo vidêre. Cæcina, Padum transgressus, tentatâ Othonianorum fide per colloquium et promissa, iisdem petitus, postquam pax et concordia speciosis et inritis nominibus jactata sunt, consilia curasque in oppugnationem Placentiæ magno terrore vertit:

5 *Virtutis haud pœniteret*] Cum timoris eos nemo argueret.

6 *Versicolore sagulo*] Ita Gallos veteres describit Virg. Æn. 8, *Virgatis lucent sagulis*. Humeros sagula, femora tegebant braccæ.

gnarus, ut initia belli provenissent, famam in cetera fore.

XXI. Sed primus dies impetu magis, quàm veterani exercitûs artibus, transactus: aperti incautique muros subiere, cibo vinoque prægraves. In eo certamine, pulcherrimum amphitheatri opus, situm extra muros, conflagravit: sive ab oppugnatoribus incensum, dum faces et glandes ac missilem ignem in obsessos jaculantur; sive ab obsessis, dum regerunt. Municipale vulgus, pronum ad suspiciones, fraude illata ignis alimenta credidit a quibusdam e vicinis coloniis, invidiâ et æmulatione, quòd nulla in Italiâ moles tam capax foret. Quocumque casu accidit, dum atrociora metuebantur, in levi habitum: redditâ securitate, tamquam nihil gravius pati potuissent, mœrebant. Ceterum multo suorum cruore pulsus Cæcina: et nox parandis operibus adsumpta[7]. Vitelliani pluteos cratesque et vineas suffodiendis muris, protegendisque oppugnatoribus; Othoniani sudes et immensas lapidum ac plumbi ærisque moles, perfringendis obruendisque hostibus, expediunt. Utrimque pudor, utrimque gloria, et diversæ exhortationes, hinc legionum et Germanici exercitûs robur, inde Urbanæ militiæ et prætoriarum cohortium decus attollentium. Illi ut segnem ac desidem, et circo ac theatris corruptum militem; hi pere-

7 *Adsumpta*] Diurno labori oppugnationis nocturnum adjiciunt parandorum operum.

grinum

grinum et externum increpabant. Simul Othonem, ac Vitellium, celebrantes culpantesve, uberioribus inter se probris, quàm laudibus stimulabantur.

XXII. Vixdum orto die, plena propugnatoribus mœnia, fulgentes armis virisque campi. Densum legionum agmen, sparsa auxiliorum manus, altiora murorum sagittis aut saxis incessere, neglecta aut ævo fluxa cominus adgredi. Ingerunt desuper Othoniani pila, librato magis et certo ictu, adversùs temere subeuntes cohortes Germanorum, cantu truci, et more patrio, nudis corporibus, super humeros scuta quatientium. Legionarius pluteis et cratibus tectus, subruit muros, instruit aggerem, molitur portas. Contrà prætoriani dispositos ad id ipsum molares, ingenti pondere ac fragore, provolvunt. Pars subeuntium obruti: pars confixi, et exsangues aut laceri, cum augeret stragem trepidatio, eóque acriùs e mœnibus vulnerarentur, rediere, infractâ partium famâ. Et Cæcina, pudore cœptæ temere oppugnationis, ne inrisus ac vanus iisdem castris adsideret, trajecto rursus Pado, Cremonam petere intendit. Tradidere sese abeunti Turullius Cerialis, cum compluribus classicis, et Julius Briganticus, cum paucis equitum: hic præfectus alæ, in Batavis genitus; ille primipilaris, et Cæcinæ haud alienus, quòd ordines in Germaniâ duxerat.

XXIII. Spurinna, comperto itinere hostium, defensam Placentiam, quæque acta, et quid

quid Cæcina pararet, Annium Gallum per litteras docet. Gallus legionem primam in auxilium Placentiæ ducebat, diffisus paucitate cohortium, ne longius obsidium et vim Germanici exercitûs parum tolerarent: ubi pulsum Cæcinam pergere Cremonam accepit, ægre coercitam legionem, et pugnandi ardore usque ad seditionem progressam, Bedriaci [7] sistit. Inter Veronam Cremonamque situs est vicus, duabus [8] jam Romanis cladibus notus, infaustusque. Iisdem diebus, a Martio Macro haud procul Cremonâ prospere pugnatum. Namque promptus animi Martius, transvectos navibus gladiatores, in adversam Padi ripam repentè effudit. Turbata ibi Vitellianorum auxilia, et ceteris Cremonam fugientibus, cæsi qui restiterant. Sed repressus vincentium impetus, ne novis subsidiis firmati hostes, fortunam prœlii mutarent. Suspectum id Othonianis fuit, omnia ducum facta pravè æstimantibus. Certatim, ut quisque animo ignavus, procax ore, Annium Gallum, et Suetonium Paullinum, et Marium Celsum (nam eos Otho quoque præfecerat) variis criminibus incessebant. Acerrima seditionum ac discordiæ incitamenta, interfectores Galbæ: scelere et metu vecordes, miscere

7 *Bedriaci*] Vet. Scholiast. Juvenal. *Bedriacum vicus est a Cremonâ vicesimo lapide.* Cluver. Ant. Ital. 1, 26. censet pagum esse nunc dictum *Caneto*: aliis est locus, qui nunc *Bina*, quasi a *binis* istis prœliis, vocatur.

8 *Duabus*] Hac, et est quam descriptam habes infrà 3, 20.

cuncta,

cuncta, modò palam turbidis vocibus, modò occultis ad Othonem litteris: qui humillimo cuique credulus, bonos metuens, trepidabat; rebus prosperis incertus, et inter adversa melior. Igitur Titianum fratrem [9] accitum, bello præposuit. Interea, Paullini et Celsi ductu, res egregiæ gestæ.

XXIV. Angebant Cæcinam nequidquam omnia cœpta, et senescens exercitûs sui fama. Pulsus Placentiâ, cæsis nuper auxiliis, etiam [1] per concursum exploratorum, crebra magis quàm digna memoratu prœlia inferior, propinquante Fabio Valente, ne omne belli decus illuc concederet, reciperare gloriam, avidiùs quàm consultiùs, properabat. Ad duodecimum a Cremonâ (locus Castorum [2] vocatur) ferocissimos auxiliarium, imminentibus viæ lucis occultos, componit. Equites procedere longiùs jussi, et inritato prœlio sponte refugi, festinationem sequentium elicere, donec insidiæ coorirentur. Proditum id Othonianis ducibus: et curam peditum Paullinus, equitum Celsus,

9 *Fratrem accitum*] Ab urbe. Hist. 1, 90.

1 *Etiam per concursum*] Etiam prœliis inferior, quæ inter concurrentes utrimque exploratores commissa sunt.

2 *Castorum*] Ita emendant editt. vitiosam codicum lectionem *castrorum*, ducibus Suet. Oth. 9. et Oros. 7, 8. qui pugnatum aiunt *circa locum quem Castoris vocant*. Ambos autem fratres Castores appellari non legimus: unde verior correctio forsan fuerit *Castoreum*, id est, Castoris templum; ut Ηραῖον, Αθήναιον, Ηράκλειον, scil. ἱερὸν, Græci dicunt.

sumpsere.

ſumpſere. Tertiædecimæ legionis vexillum, quatuor auxiliorum cohortes, et quingenti equites in ſiniſtro locantur: aggerem [3] viæ tres prætoriæ cohortes altis ordinibus obtinuere: dextrâ fronte prima legio inceſſit, cum duabus auxiliaribus cohortibus, et quingentis equitibus. Super hos, e prætorio auxiliiſque mille equites, cumulus proſperis, aut ſubſidium laborantibus, ducebantur.

XXV. Antequam miſcerentur acies, terga vertentibus Vitellianis, Celſus doli prudens, repreſſit ſuos. Vitelliani temere exſurgentes, cedente ſenſim Celſo, longiùs ſecuti, ultro in inſidias præcipitantur: nam a lateribus cohortes, legionum adverſâ fronte, et ſubito diſcurſu terga cinxerant equites. Signum pugnæ non ſtatim a Suetonio Paullino pediti datum: cunctator naturâ, et cui cauta potiùs conſilia cum

3 *Aggerem viæ*] Id eſt, medium viæ, ex ſaxis quadratis conſtructum et aggeratum, cui aggeri utrimque adjacebat via minùs dura, calculo et arenâ conſtrata; (*limes viæ* dicitûr infrà 3, 22. 25.) quomodo etiam hodie fieri videmus vias regias Galliæ. Itaque hoc ordine diſpoſita fuit acies Othonianorum: *in ſiniſtro* cornu tertiadecimani locantur, cum auxiliis et equitibus; *aggerem viæ*, et proinde medium agmen, tres prætoriæ cohortes altis ordinibus (h. e. in longum porrectis, ob aggeris anguſtiam) obtinuere; *dextrâ fronte*, ſeu dextro cornu, a fronte, primani inceſſerunt, cum auxiliis itidem et equitibus; poſt quos erat acies ſubſidiaria. *Dextrâ fronte* pro dextro cornu rectè dici, Claudianus monſtrat, in Rufin. 2, 174. *Armeniis frons læva datur*, &c. Via autem, cujus hîc mentio fit, Poſtumia eſt, ut patet ex Hiſt. 3, 21.

ratione,

ratione, quàm prospera ex casu placerent, compleri[4] fossas, aperiri campum, pandi aciem jubebat; 'satis citò incipi victoriam, ubi provi-'sum foret ne vincerentur.' Eâ cunctatione, spatium Vitellianis datum, in vineas nexu[5] traducum impeditas refugiendi. Et modica silva adhærebat, unde rursus ausi, promptissimos prætorianorum equitum interfecere. Vulneratur rex[6] Epiphanes, impigre pro Othone pugnam ciens.

XXVI. Tum Othonianus pedes erupit. Protritâ hostium acie, versi in fugam etiam qui subveniebant. Nam Cæcina non simul cohortes, sed singulas acciverat; quæ res in prœlio trepidationem auxit, cum dispersos, nec usquam validos, pavor fugientium abriperet. Orta et in castris seditio, quòd non universi ducerentur. Vinctus præfectus castrorum Julius Gratus, tamquam fratri apud Othonem militanti proditionem ageret; cum fratrem ejus, Julium Frontonem tribunum, Othoniani sub eodem crimine vinxissent. Ceterum ea ubique formido fuit, apud fugientes, occursantes, in acie, pro vallo, ut deleri cum

4 *Compleri fossas*] Quæ viam utrimque claudebant, recipiendis aquis factæ.

5 *Nexu traducum*] Traduces sunt vites ex arboribus in arbores traductæ, quo ritu vineæ fieri solent in Italiâ.

6 *Rex Epiphanes*] Filius Antiochi regis Commageni, de quo infrà 81. et Joseph. B. J. 7, 27. ipse non propriè rex, sed veterum more sic appellatus, quia regis filius. Forsan missus fuerat a patre, ut Titus a Vespasiano, ad salutandum Galbam; quo occiso, a partibus stetit Othonis, uti et totus Oriens.

universo exercitu Cæcinam potuisse, ni Suetonius Paullinus receptui cecinisset, utrisque in partibus percrebuerit. Timuisse se, Paullinus ferebat, tantum insuper laboris atque itineris; ne Vitellianus miles, recens e castris, fessos adgrederetur, et perculsis nullum retro subsidium foret. Apud paucos ea ducis ratio probata, in vulgus adverso rumore fuit.

XXVII. Haud perinde id damnum Vitellianos in metum compulit, quàm ad modestiam composuit. Nec solùm apud Cæcinam, qui culpam in militem conferebat, seditioni magis quàm prœlio paratum; sed Fabii quoque Valentis copiæ (jam enim Ticinum venerat) posito hostium contemptu, et recuperandi decoris cupidine, reverentiùs et æqualiùs [7] duci parebant. Gravis alioquin seditio exarserat, quam altiore initio (neque enim rerum a Cæcinâ gestarum ordinem interrumpi oportuerat) repetam. Cohortes Batavorum, quas bello Neronis a quartadecimâ legione digressas, cum Britanniam peterent; audito Vitellii motu, in civitate Lingonum Fabio Valenti adjunctas retulimus [8], superbè agebant; ut cujusque legionis tentoria accessissent, coercitos a se quartadecimanos, ablatam Neroni Italiam, atque omnem belli fortunam in ipsorum manu sitam, jactantes. Contumeliosum id militibus, acerbum duci: corrupta jurgiis aut rixis disciplina. Ad postre-

[7] *Æqualiùs*] Pro æquabiliùs.

[8] *Retulimus*] Hist. 1, 59, 64.

mum

mum Valens, e petulantiâ [9], etiam perfidiam suspectabat.

XXVIII. Igitur nuncio allato, pulsam [1] Treverorum alam Tungrosque a classe Othonis, et Narbonensem Galliam circumiri; simul curâ socios tuendi, et militari astu, cohortes turbidas, ac si unà forent, prævalidas dispergendi, partem Batavorum ire in subsidium jubet. Quod ubi auditum vulgatumque, mœrere socii, fremere legiones, 'orbari se fortissimorum virorum auxilio. Veteres illos, 'et tot bellorum victores, postquam in conspectu sit hostis, velut ex acie abduci. Si 'provincia [2] Urbe et salute imperii potior sit, 'omnes illuc sequerentur: sin victoriæ sanitas, sustentaculum, columen in Italiâ verteretur, non abrumpendos, ut corpori, validissimos artus.'

XXIX. Hæc ferociter jactando, postquam, immissis lictoribus, Valens coercere seditionem cœptabat, ipsum invadunt, saxa jaciunt, fugientem sequuntur. 'Spolia Galliarum, et 'Viennensium [3] aurum, et pretia laborum suorum occultare' clamitantes, direptis sarcinis, tabernacula ducis, ipsamque humum pilis et lanceis rimabantur: nam Valens, servili veste, apud decurionem equitum tegebatur. Tum

9 *E petulantiâ*] Batavorum.

1 *Pulsam*] Suprà c. 14.

2 *Si provincia*] Narbonensis Gallia.

3 *Viennensium aurum*] Hist. 1, 66.

Alphenus Varus præfectus castrorum, deflagrante paullatim seditione, addit consilium, vetitis obire vigilias centurionibus, omisso tubæ sono, quo miles ad belli munia cietur. Igitur torpere cuncti, circumspectare inter se attoniti: et id ipsum quòd nemo regeret paventes, silentio, patientiâ, postremò precibus ac lacrimis veniam quærebant. Ut verò deformis et flens, et præter spem incolumis, Valens processit, gaudium, miseratio, favor: versi in lætitiam (ut est vulgus utroque immodicum) laudantes gratantesque, circumdatum aquilis signisque, in tribunal ferunt. Ille, utili moderatione, non supplicium cujusquam poposcit: ac ne dissimulans suspectior foret, paucos incusavit; gnarus civilibus bellis plus militibus, quàm ducibus, licere.

XXX. Munientibus castra apud Ticinum, de adversâ Cæcinæ pugnâ allatum, et prope renovata seditio, tamquam fraude et cunctationibus Valentis prœlio defuissent. Nolle requiem, non exspectare ducem, anteire signa, urgere signiferos: rapido agmine Cæcinæ junguntur. Improspera Valentis fama apud exercitum Cæcinæ erat: expositos se tantò pauciores integris hostium viribus querebantur, simul in suam excusationem, et adventantium robur per adulationem attollentes, ne ut victi et ignavi despectarentur. Et quamquam plus virium, prope duplicatus legionum auxiliorumque numerus erat Valenti, studia tamen

militum

militum in Cæcinam inclinabant; ſuper benignitatem animi, qua promptior habebatur, etiam vigore ætatis, proceritate corporis, et quodam[4] inani favore. Hinc æmulatio ducibus. Cæcina, ut fœdum[5] et maculoſum; ille, ut vanum ac tumidum, inridebant. Sed condito odio, eamdem utilitatem fovere; crebris epiſtolis, ſine reſpectu veniæ, probra Othoni objectantes; cum duces partium Othonis quamvis uberrimâ conviciorum in Vitellium materiâ abſtinerent.

XXXI. Sanè ante utriuſque exitum, quo egregiam Otho famam, Vitellius flagitioſiſſimam meruere, minùs Vitellii ignavæ voluptates, quàm Othonis flagrantiſſimæ libidines timebantur. Addiderat huic terrorem atque odium cædes Galbæ: contrà illi initium belli nemo imputabat. Vitellius ventre et gulâ ſibi ipſi hoſtis: Otho luxu, ſævitiâ, audaciâ, reipublicæ exitioſior ducebatur. Conjunctis Cæcinæ ac Valentis copiis, nulla ultrà penes Vitellianos mora, quin totis viribus certarent. Otho conſultavit, trahi bellum, an fortunam experiri placeret. Tum Suetonius Paullinus dignum famâ ſuâ ratus, qua nemo illâ tempeſtate militaris rei callidior habebatur, de toto genere belli cenſere, 'feſtinationem hoſtibus, 'moram ipſis utilem' diſſeruit:

4 *Quodam inani favore*] Qui per inania captatur. Sic Ann. 13, 8. Corbulo *etiam ſpecie inanium validus* dicitur.

5 *Fœdum*] Valens avaritiâ fœdus, libidine maculoſus, Hiſt. 1, 66.

XXXII.

XXXII. 'Exercitum Vitellii universum 'advenisse. Nec multum virium a tergo; 'quoniam Galliæ [6] tumeant, et deserere Rheni 'ripam, irrupturis tam [7] infestis nationibus, 'non conducat. Britannicum militem hoste 'et mari distineri. Hispanias armis non ita 'redundare. Provinciam Narbonensem incursu 'classis et adverso prœlio contremuisse. Clau-'sam Alpibus, et nullo maris subsidio, trans-'padanam Italiam, atque ipso transitu exerci-'tûs vastam. Non frumentum usquam exer-'citui: nec exercitum sine [8] copiis retineri pos-'se. Jam Germanos, quod genus militum apud 'hostes atrocissimum sit, tracto in æstatem bel-'lo, fluxis corporibus, mutationem soli cœli-'que haud toleraturos. Multa bella, impetu 'valida, per tædia et moras evanuisse. Contrà 'ipsis omnia opulenta et fida: Pannoniam, 'Mœsiam, Dalmatiam, Orientem, cum inte-'gris exercitibus; Italiam, et caput rerum Ur-'bem; senatumque et populum, numquam ob-'scura nomina, etsi aliquando obumbrentur; 'publicas privatasque opes, et immensam pecu-'niam, inter civiles discordias ferro validiorem; 'corpora militum aut Italiæ sueta, aut æstibus. 'Objacere flumen Padum, tutas viris murisque 'urbes; e quibus nullam hosti cessuram, Placen-

6 *Galliæ tumeant*] Tumere eleganti metaphorâ dicuntur, quæ eruptura videntur.

7 *Tam infestis*] Germanorum nationibus.

8 *Sine copiis*] Cibariis.

tiæ

'tiæ defenſione exploratum. Proinde duceret 'bellum. Paucis diebus quartamdecimam [9] le-'gionem, magnâ ipſam famâ, cum Mœſiacis 'copiis adfore. Tum rurſus deliberaturum: et 'ſi prœlium placuiſſet, auctis viribus certa-'turos.'

XXXIII. Accedebat ſententiæ Paullini Marius Celſus: idem placere Annio Gallo, paucos ante dies lapſu equi adflicto, miſſi qui conſilium ejus ſciſcitarentur, retulerant. Otho pronus ad decertandum: frater ejus Titianus, et præfectus prætorii Proculus, imperitiâ properantes, 'fortunam, et deos, et numen O-'thonis adeſſe conſiliis, adfore conatibus' teſtabantur. Neu [1] quis obviam ire ſententiæ auderet, in adulationem conceſſerant. Poſtquam pugnari placitum, intereſſe pugnæ imperatorem, an ſeponi melius foret, dubitavere. Paullino et Celſo jam non adverſantibus, ne principem objectare periculis viderentur, iidem illi deterioris conſilii auctores perpulere, ut Brixellum [2] concederet, ac dubiis prœliorum exemptus, ſummæ rerum et imperii ſe ipſum reſervaret. Is primus dies Othonianas partes adflixit. Namque et cum ipſo prætoriarum cohortium et ſpeculatorum equitumque valida manus diſceſſit, et remanentium fractus animus: quando ſuſpecti duces; et Otho, cui

9 *Quartamdecimam*] De qua, c. 11.

1 *Neu quis*] Et ne quis.

2 *Brixellum*] Hod. *Breſello*: paret duci Modenæ.

uni

uni apud militem fides, dum et ipse non nisi militibus credit, imperia ducum in [3] incerto reliquerat.

XXXIV. Nihil eorum Vitellianos fallebat; crebris ut in civili bello transfugiis; et exploratores, curâ diversa [4] sciscitandi, sua non occultabant. Quieti intentique Cæcina ac Valens, quando hostis imprudentiâ rueret, quod loco sapientiæ est, alienam stultitiam opperiebantur, inchoato ponte transitum Padi simulantes, adversùs oppositam gladiatorum [5] manum, ac ne ipsorum miles segne otium tereret. Naves, pari inter se spatio, validis utrimque trabibus connexæ, adversum in flumen dirigebantur jactis [6] super anchoris, quæ firmitatem pontis continerent. Sed anchorarum funes non extenti fluitabant, ut augescente flumine, inoffensus ordo navium adtolleretur. Claudebat pontem imposita turris, et in extremam navem educta: unde tormentis ac machinis hostes propulsarentur.

XXXV. Othoniani in ripâ turrim struxerant, saxaque et faces jaculabantur. Et erat insula amne medio, in quam gladiatores navibus molientes, Germani nando prælabebantur.

3 *In incerto*] Imminuerat Otho auctoritatem ducum, dum plus credit militi.

4 *Diversa sciscitandi*] Ea quæ apud hostes agerentur.

5 *Gladiatorum manum*] Deforme auxilium, de quo c. 11.

6 *Jactis super anchoris*] *Super* pro *insuper*. Præter validas trabes, et anchoris continebantur.

bantur.

bantur[7]. Ac fortè plures transgressos, completis liburnicis, per promptissimos gladiatorum Macer adgreditur. Sed neque ea constantia gladiatoribus ad prœlia, quæ militibus; nec perinde nutantes e navibus, quàm stabili gradu e ripâ, vulnera dirigebant. Et cùm variis trepidantium inclinationibus mixti remiges propugnatoresque turbarentur, desilire in vada ultro Germani, retentare puppes, scandere[8] foros, aut cominus mergere. Quæ cuncta in oculis utriusque exercitûs, quantò lætiora Vitellianis, tantò acriùs Othoniani caussam auctoremque[9] cladis detestabantur.

XXXVI. Et prœlium quidem, abruptis[1] quæ supererant navibus, fugâ diremptum: Macer ad exitium poscebatur. Jamque vulneratum eminus lanceâ, strictis gladiis invaserant, cùm intercursu tribunorum centurionumque protegitur. Nec multò pòst, Vestricius Spurinna, jussu Othonis, relicto Placentiæ modico præsidio, cum cohortibus subvenit.

7 *Prælabebantur*] Præverterunt naves Germani nando, inque insulam priores transgressi sunt. Tarditatem navigiorum bene exprimit vox *molientes*.

8 *Scandere foros*] Tabulata navium scandere, aut naves ipsas vi manuum submergere.

9 *Auctoremque*] Macrum.

1 *Abruptis*] Divulsis a litore, eque manibus retentantium, navibus suis quæ prœlio superstites erant, fugâ sibi consulunt Othoniani. Non placet Cl. Ernesto vulgata, quia *abrumpere* est extrinsecus agentis. Cur igitur *abrumpere se* dixit Cic. Phil. 14, 12. *hæc* [legio Martia] *se prima latrocinio abrupit Antonii?*

Dein Flavium [2] Sabinum, consulem designatum, Otho rectorem copiis misit, quibus Macer præfuerat; læto milite ad mutationem ducum, et ducibus, ob crebras seditiones, tam infestam militiam adspernantibus.

XXXVII. Invenio apud quosdam auctores, pavore belli, seu fastidio utriusque principis, quorum flagitia ac dedecus apertiore in dies famâ noscebantur, dubitasse exercitus, num posito certamine, vel ipsi in medium consultarent, vel senatui permitterent legere imperatorem: atque eò duces Othonianos spatium ac moras suasisse; præcipuè [3] Paullinum, quòd vetustissimus consularium, et militiâ clarus, gloriam nomenque Britannicis expeditionibus meruisset. Ego ut concesserim, apud paucos tacito voto quietem pro discordiâ, bonum et innocentem principem pro pessimis ac flagitiosissimis expetitum: ita neque Paullinum, qua prudentiâ fuit, sperasse, corruptissimo seculo, tantam vulgi moderationem reor, ut qui pacem belli amore turbaverant, bellum pacis ca-

2 *Flavium Sabinum*] Designatum ab Othone consulem cum Cælio Sabino in Kal. Julias, Hist. 1, 77. Diversus hic a Sabino Vespasiani fratre, qui præfectus urbis Româ non excedebat, præsertim absente principe.

3 *Præcipuè Paullinum*] Intellige, *spe præsumentem imperium*, quòd is ætate et gloriâ belli ceteros consulares antestaret. Flor. *præcipuas Paullini:* unde J.F.Gronov. fecit *præcipuè Suetonium Paullinum*; ingeniosè autem et feliciter Bipontini, *præcipuâ spe Paullini*. Nec tamen, adversùs codicum consensum, immutaverim, quod tam facile sit cum sequentibus conciliare.

ritate

ritate deponerent; neque aut exercitus linguis moribusque dissonos in hunc consensum potuisse coalescere, aut legatos ac duces, magnâ ex parte luxûs, egestatis, scelerum sibi conscios, nisi pollutum obstrictumque meritis suis principem passuros.

XXXVIII. Vetus, ac jam pridem insita mortalibus potentiæ cupido, cum imperii magnitudine adolevit, erupitque. Nam rebus modicis, æqualitas facilè habebatur. Sed ubi subacto orbe, et æmulis urbibus regibusve excisis, securas opes concupiscere vacuum[4] fuit, prima inter patres plebemque certamina exarsere. Modò turbulenti tribuni, modò consules prævalidi; et in Urbe ac foro tentamenta civilium bellorum. Mox e plebe infimâ C. Marius, et nobilium sævissimus L. Sulla, victam armis libertatem in dominationem verterunt. Post quos Cn. Pompeius occultior, non melior. Et numquam postea, nisi de principatu, quæsitum. Non discessere ab armis in Pharsaliâ ac Philippis civium legiones; nedum Othonis ac Vitellii exercitus sponte posituri bellum fuerint. Eadem illos deûm ira, eadem hominum rabies, eædem scelerum caussæ in discordiam egêre. Quòd singulis velut ictibus transacta sunt bella, ignaviâ principum factum

4 *Vacuum fuit*] Sallust. Fragm. Hist. 1, 3. *Postquam, remoto metu Punico, simultates exercere vacuum fuit, plurimæ turbæ, seditiones, et ad postremum bella civilia orta sunt.*

 est.

eſt. Sed me veterum novorumque morum reputatio longiùs tulit: nunc ad rerum ordinem venio.

XXXIX. Profecto Brixellum Othone, honor imperii penes Titianum fratrem, vis ac poteſtas penes Proculum præfectum. Celſus et Paullinus, cùm prudentiâ eorum nemo uteretur, inani nomine ducum, alienæ culpæ prætendebantur. Tribuni centurionesque ambigui [5], quòd ſpretis melioribus deterrimi valebant. Miles alacer, qui tamen juſſa ducum interpretari quàm exſequi mallet. Promoveri ad [6] quartum a Bedriaco caſtra placuit; adeò imperitè, ut quamquam verno tempore anni, et tot circùm amnibus, penuriâ aquæ fatigarentur. Ibi de prœlio dubitatum; Othone per litteras flagitante, ut maturarent; militibus, ut imperator pugnæ adeſſet, poſcentibus: plerique copias trans Padum agentes acciri poſtulabant. Nec perinde dijudicari poteſt, quid optimum factu fuerit, quàm peſſimum fuiſſe quod factum eſt.

XL. Non ut ad pugnam, ſed ad [7] bellandum

5 *Ambigui*] Quid agerent: ſuprà c. 33.

6 *Ad quartum*] Prope locum, qui nunc dicitur *Tor Anzolini*, inter amnes *Ollio* et *Dermona*.

7 *Ad bellandum*] Id eſt, ad debellandum: quaſi finem impoſituri bello unâ victoriâ. *Bellare* pro *debellare* dixit Livius, 6, 31. *ne quis, quoad bellatum eſſet, tributum daret:* dixit et Noſter. Hiſt. 1, initio, *poſtquam bellatum apud Actium.*

dum profecti, confluentes[8] Padi et Adduæ fluminum, sedecim inde millium spatio distantes, petebant: Celso et Paullino abnuentibus, 'militem itinere fessum, sarcinis gravem, objicere hosti, non[9] admissuro, quominus expeditus, et vix quatuor millia passuum progressus, aut incompositos in agmine, aut dispersos, et vallum molientes adgrederetur.' Titianus et Proculus, ubi consiliis vincerentur, ad jus imperii transibant. Aderat sanè citus[1] equo Numida, cum atrocibus mandatis, quibus Otho, increpitâ ducum segnitiâ, rem in discrimen mitti jubebat; æger morâ, et spei impatiens.

XLI. Eâdem die, ad Cæcinam, operi pontis intentum, duo prætoriarum cohortium tribuni, colloquium ejus postulantes, venerant. Audire conditiones ac reddere parabat, cum præcipites exploratores adesse hostem nunciavere.

8 *Confluentes P. et A.*] Nunc *Bocca d'Adda*, prope *Castel. nuovo*. Plutarchus non ultra 100 stadia (12 mill.) exercitum processisse scribit, fortè quod citra ipsos confluentes substitit.

9 *Non admissuro*] Eam in bello culpam, ut etc. Discrimen inter *admittere* et *committere* Cicero docet, Ep. Fam. 3, 10. *Si quid a me prætermissum erit, commissum facinus et admissum dedecus confitebor.*

1 *Citus equo Numida*] In more positum lautioribus Romanis fuit, ut eos Afri aut Numidæ equites in itinere præcurrerent. Senec. Ep. 123. *Omnes jam sic peregrinantur, ut illos Numidarum præcurrat equitatus, ut agmen cursorum antecedat: turpe est, nullos esse, qui occurrentes viâ dejiciant, qui honestum hominem venire magno pulvere ostendant.* Vid. et Epist. 87.

vere. Interruptus tribunorum ſermo: eóque incertum fuit, inſidias, an proditionem, vel aliquod honeſtum conſilium cœptaverint. Cæcina, dimiſſis tribunis, revectus in caſtra, datum juſſu Fabii Valentis pugnæ ſignum, et militem in armis invenit. Dum legiones de ordine agminis ſortiuntur, equites prorupere; et mirum dictu, a paucioribus Othonianis, quominus in vallum impingerentur, Italicæ[2] legionis virtute deterriti ſunt: ea ſtrictis mucronibus, redire pulſos, et pugnam reſumere coegit. Diſpoſita Vitellianarum legionum acies, ſine trepidatione: etenim quamquam vicino hoſte, adſpectus armorum denſis arbuſtis prohibebatur. Apud Othonianos, pavidi duces, miles ducibus infenſus, mixta vehicula et lixæ, et præruptis[3] utrimque foſſis, via quieto quoque agmini anguſta. Circumſiſtere alii ſigna ſua, quærere alii: incertus undique clamor adcurrentium, vocitantium: et ut cuique audacia vel formido, in primam poſtremamve aciem prorumpebant, vel relabebantur[4].

XLII. Attonitas ſubito terrore mentes, falſum gaudium in languorem vertit, repertis qui 'deſciviſſe a Vitellio exercitum' ementirentur.

2 *Italicæ legionis*] Legio prima Italica memoratur Hiſt. 1, 59.

3 *Præruptis*] Præcipites foſſæ viam utrimque coercebant.

4 *Relabebantur*] Sic Flor. et metaphora ducta a mari tumultuoſo mox prorumpente, mox eodem impetu relabente, notantibus Bipontinis. Vulg. languidiùs, *revehebantur*.

Is

Is rumor ab exploratoribus Vitellii dispersus, an in ipsâ Othonis parte, seu dolo, seu fortè surrexerit, parum compertum. Omisso pugnæ ardore, Othoniani ultro salutavere; et hostili murmure excepti, plerisque [5] suorum ignaris quæ caussa salutandi, metum proditionis fecere. Tum incubuit hostium acies, integris ordinibus, robore et numero præstantior. Othoniani, quamquam dispersi, pauciores, fessi, prœlium tamen acriter sumpsere. Et per locos arboribus ac vineis impeditos, non una pugnæ facies. Cominus eminusque, catervis et cuneis concurrebant. In aggere [6] viæ collato gradu, corporibus et umbonibus niti; omisso pilorum jactu, gladiis et securibus galeas loricasque perrumpere: noscentes inter se, ceteris conspicui, in [7] eventum totius belli certabant.

XLIII. Fortè inter Padum viamque, patenti campo, duæ legiones congressæ sunt: pro Vitellio unaetvicesima, cui cognomen Rapaci, vetere gloriâ insignis; e parte Othonis, prima Adjutrix, non antè in aciem deducta, sed ferox, et novi decoris avida. Primani, stratis [8]

5 *Plerisque suorum*] Othonianorum. Timuere ii, qui ignorarunt salutandi causam, ne a salutantibus suis proderentur.

6 *Aggere viæ*] Gallis, *le pavé*. Suprà c. 24.

7 *In eventum*] Quasi ab ipsis totius belli eventus penderet.

8 *Stratis principiis*] Stratis militibus, qui in secundâ acie consistebant, *principes* vocati, et post quos erat aquila, ut in tutissimo loco posita: unde proverbium, *post principia esse*.

una-

unaetvicesimanorum principiis, aquilam abstulere: quo dolore accensa legio, et impulit rursus primanos, interfecto Orphidio Benigno legato, et plurima signa vexillaque ex hostibus rapuit. A parte aliâ, propulsa quintanorum[9] impetu tertiadecima legio: circumventi plurium adcursu quartadecimani. Et ducibus Othonis jam pridem profugis, Cæcina ac Valens subsidiis suos firmabant. Accessit recens auxilium Varus Alphenus cum Batavis, fusâ gladiatorum manu, quam navibus transvectam, oppositæ cohortes in ipso flumine trucidaverant. Ita victores latus hostium invecti.

XLIV. Et mediâ acie perruptâ, fugere passim Othoniani, Bedriacum petentes. Immensum id spatium: obstructæ strage corporum viæ: quò plus cædis fuit; neque enim civilibus bellis, capti in prædam vertuntur. Suetonius Paullinus et Licinius Proculus, diversis itineribus, castra vitavere. Vedium Aquilam, tertiædecimæ legionis legatum, iræ militum inconsultus[1] pavor obtulit. Multo adhuc die vallum ingressus, clamore seditiosorum et fugacium circumstrepitur: non probris, non manibus abstinent, desertorem proditoremque increpant; nullo proprio crimine ejus,

9 *Quintanorum*] Quinta legio pro Vitellio: xiii. et xiv. pro Othone.

1 *Inconsultus pavor*] Quo perculsus nec vitavit castra, ut Paullinus Proculusque, neque, ut Titianus et Celsus, noctem expectavit, sed multo adhuc die iræ militum se obtulit.

sed

ſed more vulgi, ſuum quiſque flagitium aliis objectantes. Titianum et Celſum nox juvit, diſpoſitis jam excubiis, compreſſiſque militibus, quos Annius Gallus precibus, conſilio, auctoritate flexerat; 'ne ſuper cladem adverſæ 'pugnæ, ſuiſmet ipſi cædibus ſævirent: ſive 'finis bello veniſſet, ſeu reſumere arma mal- 'lent, unicum victis in conſenſu levamentum.' Ceteris fractus animus. Prætorianus miles 'non virtute ſe, ſed proditione victum' fremebat: 'ne Vitellianis quidem incruentam fu- 'iſſe victoriam, pulſo equite, raptâ legionis 'aquilâ: ſupereſſe cum ipſo Othone militum 'quod trans Padum fuerit; venire Mœſicas 'legiones; magnam exercitûs partem Bedriaci 'remanſiſſe: hos certè nondum victos: et ſi 'ita ferret, honeſtiùs in acie perituros.' His cogitationibus truces aut pavidi, extremâ deſperatione ad iram ſæpius, quàm in formidinem ſtimulabantur.

XLV. At Vitellianus exercitus ad quintum a Bedriaco lapidem conſedit, non auſis ducibus eâdem die oppugnationem caſtrorum: ſimul voluntaria deditio ſperabatur. Sed expeditis, et tantùm ad prœlium egreſſis, munimentum fuere arma et victoria. Poſterâ die, haud ambiguâ Othoniani exercitûs voluntate, et qui ferociores fuerant, ad pœnitentiam inclinantibus, miſſa legatio: nec apud duces Vitellianos dubitatum, quominus pacem concederent. Legati paullſper retenti: ea res hæſitationem attulit, ignaris adhuc an impetrassent. Mox remissâ legatione, patuit vallum. Tum victi victoresque in lacrimas effusi, sortem civilium armorum miserâ lætitiâ detestantes. Iisdem tentoriis, alii fratrum, alii propinquorum vulnera fovebant. Spes et præmia in ambiguo: certa, funera et luctus. Nec quisquam adeò mali expers, ut non aliquam mortem mœreret. Requisitum Orphidii legati corpus, honore solito crematur. Paucos necessarii ipsorum sepelivere: ceterum vulgus super humum relictum.

XLVI. Opperiebatur Otho nuncium pugnæ, nequaquam trepidus, et consilii certus. Mœsta primùm fama, dein profugi e prœlio perditas res patefaciunt. Non exspectavit militum ardor vocem imperatoris: 'bonum habere animum' jubebant: 'superesse adhuc novas vires, et ipsos extrema passuros, ausurosque.' Neque erat adulatio. Ire in aciem, excitare partium fortunam, furore quodam et instinctu flagrabant. Qui procul adstiterant, tendere manus, et proximi prensare genua; promptissimo Plotio Firmo. Is prætorii præfectus, identidem orabat, 'ne fidissimum exercitum, 'ne optimè meritos milites desereret: majore 'animo tolerari adversa, quàm relinqui: fortes et strenuos etiam contra fortunam insistere[2] spei; timidos et ignavos ad desperatio-

[2] *Insistere spei*] Flor. 4, 8. *Magnæ indolis signum est, sperare semper.*

'nem

'nem formidine properare.' Quas inter voces, ut flexerat vultum, aut induraverat Otho, clamor et gemitus. Nec prætoriani tantùm, proprius Othonis miles, sed præmissi e Mœsiâ, eamdem obstinationem adventantis exercitûs, legiones[3] Aquileiam ingressas, nunciabant. Ut nemo dubitet potuisse renovari bellum atrox, lugubre, incertum victis et victoribus.

XLVII. Ipse aversus[4] a consiliis belli, 'Hunc,' inquit, 'animum, hanc virtutem vestram ultrà periculis objicere, nimis grande 'vitæ meæ pretium puto. Quantò plus spei 'ostenditis, si vivere placeret, tantò pulchrior 'mors erit. Experti invicem sumus, ego ac 'fortuna: nec[5] tempus computaveritis: dif'ficilius est temperare felicitati, quâ te non[6] 'putes diu usurum. Civile bellum a Vitellio 'cœpit; et ut de principatu certaremus armis, 'initium illic fuit: ne plusquam semel certe-

3 *Legiones A. ingressas*] Tres erant, ut videbimus infrà c. 85.

4 *Aversus*] Suet. Oth. 10. *Interfuit huic bello pater meus Suetonius Lenis, tertiædecimæ legionis tribunus angusticlavius. Is mox referre solebat, Othonem etiam privatum usque adeò detestatum civilia arma, ut memorante quodam inter epulas de Cassii Brutique exitu, cohorruerit: nec concursurum cum Galbâ fuisse, nisi confideret, sine bello rem transigi posse.*

5 *Nec tempus computaveritis*] Nec me victoriam de fortunâ ideo reportasse dicat aliquis, quòd breve tantùm ejus experimentum feci.

6 *Non diu usurum*] Cur non putaret (quærit Pichena) septem et triginta annos natus? Quia sc. ab initio belli Vitelliani, robur Germanici exercitûs viderat Otho, et certus erat uno ictu rem transigere.

 'mus,

'mus, penes me exemplum erit. Hinc Othonem posteritas aestimet. Fruetur Vitellius fratre, conjuge, liberis: mihi non ultione, neque solatiis opus est. Alii diutiùs imperium tenuerint: nemo tam fortiter reliquerit. An ego tantum Romanae pubis, tot egregios exercitus, sterni rursus, et reipublicae eripi patiar? Eat [7] hic mecum animus, tamquam perituri pro me fueritis. Sed este superstites: nec diu moremur, ego incolumitatem vestram, vos constantiam meam. Plura de extremis loqui, pars ignaviae est. Praecipuum destinationis meae documentum habete, quòd de nemine queror: nam incusare deos vel homines, ejus est, qui vivere velit.'

XLVIII. Talia locutus, ut cuique aetas aut dignitas, comiter appellatos, 'irent propere, neu remanendo iram victoris asperarent,' juvenes auctoritate, senes precibus movebat: placidus ore, intrepidus verbis, intempestivas suorum lacrimas coercens. Dari naves ac vehicula abeuntibus jubet. Libellos epistolasque, studio erga se, aut in Vitellium contumeliis, insignes abolet: pecunias distribuit, parcè, nec ut [8] periturus. Mox Salvi-

7 *Eat hic mecum animus*] Eat haec mecum persuasio, inesse vobis vel pereundi pro me voluntatem: sed absit ut affectu illo ego abutar.

8 *Ut periturus*] Ut certus mortis, et reip. incuriosus.

um Cocceianum fratris filium, primâ juventâ, trepidum et moerentem, ultro solatus est, laudando pietatem ejus, castigando formidinem: 'an Vitellium tam immitis animi fore, ut pro 'incolumi totâ domo, ne hanc quidem sibi 'gratiam redderet? mereri se festinato exitu 'clementiam victoris. Non enim ultimâ de-'speratione, sed poscente proelium exercitu, 'remisisse reipub. novissimum casum. Satis 'sibi nominis, satis posteris suis nobilitatis 'quaesitum. Post Julios, Claudios, Servios, 'se primum in familiam novam imperium in-'tulisse. Proinde erecto animo capesseret vi-'tam, neu patruum sibi Othonem fuisse, aut 'oblivisceretur unquam, aut nimium meminis-'set.'

XLIX. Post quae, dimotis omnibus, paullum requievit. Atque illum supremas jam curas animo volutantem, repens tumultus avertit, nunciatâ consternatione ac licentiâ militum. Namque abeuntibus exitium minitabantur, atrocissimâ in Verginium vi, quem clausâ domo obsidebant. Increpitis seditionis auctoribus regressus, vacavit abeuntium alloquiis, donec omnes inviolati digrederentur. Vesperascente die, sitim haustu gelidae aquae sedavit. Tum adlatis pugionibus duobus, cum utrumque pertentasset, alterum capiti subdidit. Et explorato[9], jam profectos amicos, noctem

9 *Explorato*] Comperto.

quie-

quietam, utque adfirmatur, non[1] insomnem egit. Luce primâ, in ferrum pectore incubuit. Ad gemitum morientis, ingressi liberti servique, et Plotius Firmus prætorii præfectus, unum vulnus invenere. Funus maturatum. Ambitiosis[2] id precibus petierat, ne amputaretur caput, ludibrio[3] futurum. Tulere corpus prætoriæ cohortes, cum laudibus et lacrimis, vulnus manusque ejus exosculantes. Quidam militum juxta rogum interfecere se, non[4] noxâ, neque ob metum; sed æmulatione decoris, et caritate principis. Ac postea promiscuè Bedriaci, Placentiæ, aliisque in castris, celebratum id genus mortis. Othoni sepulcrum exstructum est, modicum, et[5] mansurum.

L. Hunc vitæ finem habuit, septimo et tricesimo ætatis anno. Origo illi é municipio Ferentino[6]. Pater consularis; avus prætorius: ma-

1 *Non insomnem*] Amplificat rem Suet. Oth. 11. *Foribus adopertis, arctissimo somno quievit; et circa lucem demum expergefactus, uno se trajecit ictu infra lævam papillam: irrumpentibusque ad primum gemitum, modò celans, modò detegens plagam, exanimatus est.*

2 *Ambitiosis*] Enixis.

3 *Ludibrio futurum*] Neque enim reddi sibi voluit exemplum suum in Galbam et Pisonem.

4 *Non noxâ*] Non aut meriti pœnam, aut metuentes.

5 *Et mansurum*] Nullâ invidiæ causâ. Modicum ejus monumentum Brixelli invisit Plutarchus, cum inscriptione, M. S. MARCI OTHONIS. Pari modestiâ insculptum, nec tamen mansurum erat monumentum infelicis Caroli I. REX CAROLUS, MDCXLVIII.

6 *Ferentino*] Nunc *Frenti*. Suet. Oth. 1. *Majores Othonis orti sunt oppido Ferentino,*

maternum[7] genus impar, nec tamen indecorum. Pueritiâ ac juventâ, qualem monstravimus. Duobus[8] facinoribus, altero flagitiosissimo, altero egregio, tantumdem apud posteros meruit bonæ famæ, quantùm malæ. Ut conquirere fabulosa, et fictis oblectare legentium animos, procul gravitate cœpti operis crediderim; ita vulgatis traditisque demere fidem non ausim. Die quo Bedriaci certabatur, avem invisitatâ[9] specie, apud Regium Lepidum celebri[1] vico consedisse, incolæ memorant, nec deinde cœtu hominum, aut circumvolitantium alitum, territam pulsamve, donec Otho se ipse interficeret: tum ablatam ex oculis: et tempora reputantibus, initium finemque miraculi cum Othonis exitu competisse.

LI. In funere ejus, novata luctu ac dolore militum seditio: nec erat, qui coerceret. Ad Verginium versi, modò ut reciperet imperium,

Ferentino, familiâ vetere et honoratâ, atque ex principibus Etruriæ.

7 *Maternum g. impar*] Familiâ equestri. Mater ejus Albia Terentia *splendida femina* dicitur Suetonio: idque non aliud quàm ordinem equestrem propriè notat.

8 *Duobus facinoribus*] Quo imperium cepit, et quo reliquit.

9 *Invisitatâ*] Non antè visâ. Liv. 27, 39. *Invisitati namque antea alienigenis.* Adde Suet. Aug. 43.

1 *Celebri vico*] Tacitis consedit celebris vici in urbe Regio Lepido: nam in urbe ipsâ id factum sequentia monstrant, *nec deinde cœtu hominum pulsam.* Frustra igitur pro *vico* corrigunt alii *luco*, alii *loco*. Urbs ista, hod. *Reggio* in statu Mutinensi, a Brixello 13 mill. circiter distat.

nunc

nunc ut legatione apud Cæcinam ac Valentem fungeretur, minitantes[2] orabant. Verginius per aversam domûs partem furtim degressus, irrumpentes frustratus est. Earum, quæ Brixelli egerant, cohortium preces Rubrius Gallus tulit. Et venia statim impetrata, concedentibus ad victorem, per[3] Flavium Sabinum, iis copiis quibus præfuerat.

LII. Posito ubique bello, magna pars senatûs extremum discrimen adiit, profecta cum Othone ab Urbe, dein Mutinæ relicta. Illuc adverso de prœlio adlatum. Sed milites, ut falsum rumorem adspernantes, quòd infensum Othoni senatum arbitrabantur, custodire sermones, vultum habitumque trahere in deterius; conviciis postremò ac probris caussam et initium cædis quærebant: cum alius insuper metus senatoribus instaret, ne prævalidis jam Vitellii partibus, cunctanter excepisse victoriam crederentur. Ita trepidi, et utrimque anxii coeunt; nemo privatim expedito consilio, inter[4] multos societate culpæ tutior. Onerabat paventium curas ordo[5] Mutinensis, arma et

2 *Minitantes orabant*] Utrumque infra Verginii dignitatem. Spreverat antè imperium: nec decebat eum legatione apud Cæcinam et Valentem fungi.

3 *Per Flavium S.*] De quo suprà c. 36.

4 *Inter multos*] Supple, *quisque*. Sic Horat. 1 Ep. 1. *nemo contentus vivat— laudet diversa sequentes*.

5 *Ordo Mutinensis*] Senatus municipalis, ut suprà Ann. 13, 48.

pecu-

pecuniam offerendo, appellabatque Patres Conſcriptos, intempeſtivo honore.

LIII. Notabile inde jurgium fuit, quo Licinius Cæcina Marcellum Eprium, ut ambigua differentem, invaſit. Nec ceteri ſententias aperiebant: ſed inviſum memoriâ[6] delationum, expoſitumque ad invidiam Marcelli nomen, inritaverat Cæcinam, ut novus adhuc, et in ſenatum nuper adſcitus, magnis inimicitiis clareſceret. Moderatione meliorum dirempti. Et rediere omnes Bononiam[7], rurſus conſiliaturi: ſimul, medio temporis, plures nuncii ſperabantur. Bononiæ, diviſis per itinera qui recentiſſimum quemque percunctarentur, interrogatus Othonis libertus cauſſam digreſſûs, 'habere ſe ſuprema ejus mandata' reſpondit: 'ipſum viventem quidem relictum, ſed ſolâ poſteritatis curâ, et abruptis vitæ blandimentis.' Hinc admiratio, et plura interrogandi pudor: atque omnium animi in Vitellium inclinavere.

LIV. Intererat conſiliis frater ejus L. Vitellius, ſeque jam adulantibus offerebat, cum repentè Cœnus, libertus Neronis, atroci mendacio univerſos perculit, adfirmans 'ſuperventu quartædecimæ legionis, junctis a Brixello viribus, cæſos victores, verſam partium fortunam.'

6 *Memoriâ delationum*] Plurimos, ac maximè Thraſeam accuſaverat. Annal. 16, 22.

7 *Bononiam*] *Bologna.* Huc rediere ſenatores a Mutinâ, *Modena.*

'tunam.' Caussa fingendi fuit, ut diplomata [8] Othonis, quæ negligebantur, lætiore nuncio revalescerent. Et Cœnus quidem rapidè in Urbem vectus, paucos post dies, jussu Vitellii pœnas luit. Senatorum periculum auctum, credentibus Othonianis militibus vera esse quæ adferebantur. Intendebat formidinem, quòd publici consilii facie, discessum Mutinâ, desertæque partes forent. Nec ultrà in commune congressi, sibi quisque consuluere: donec missæ a Fabio Valente epistolæ, demerent metum. Et mors Othonis, quò laudabilior, eò velociùs audita.

LV. At Romæ nihil trepidationis: Cereales [9] ludi ex more spectabantur. Ut cessisse vitâ Othonem, et a Flavio Sabino præfecto Urbis, quod erat in Urbe militum sacramento Vitellii adactum, certi auctores in theatrum attulerunt, Vitellio plausere: populus, cum lauru ac floribus, Galbæ imagines circum templa tulit, congestis in modum tumuli coronis, juxta lacum Curtii, quem locum Galba moriens sanguine infecerat. In senatu, cuncta longis aliorum principatibus composita, statim decernuntur. Additæ erga Germanicos exer-

[8] *Diplomata*] Edicta sunt principis nomine signata, ac viatoribus publicis concessa, quibus instructi, a magistratibus civitatum equos et vehicula accipiebant, per intervalla locorum disposita. Cœnus, renovatâ diplomatis quod perferebat fide, rapidè in Urbem vehitur.

[9] *Cereales ludi*] In circo spectabantur die 19 Aprilis. Vid. Ann. 15, 53. Imperavit Otho 95 dies, a 15° Januarii.

citus

citus laudes grates que; et missa legatio, quæ gaudio fungeretur. Recitatæ Fabii Valentis epistolæ, ad consules scriptæ haud immoderatè: gratior [1] Cæcinæ modestia fuit, quòd non scripsisset.

LVI. Ceterum Italia graviùs atque atrociùs, quàm bello, adflictabatur. Dispersi per municipia et colonias Vitelliani, spoliare, rapere, vi et stupris polluere: in omne fas nefasque avidi, aut venales, non sacro, non profano abstinebant. Et fuere, qui inimicos suos specie militum interficerent. Ipsique milites regionum gnari, refertos agros, dites dominos, in prædam, aut si repugnatum foret, ad excidium destinabant; obnoxiis [2] ducibus, et prohibere non ausis. Minus avaritiæ in Cæcinâ, plus ambitionis: Valens ob lucra et quæstus infamis, eóque alienæ etiam culpæ dissimulator. Jam pridem attritis Italiæ rebus, tantum [3] peditum equitumque, vis, damnaque et injuriæ, ægre tolerabantur.

LVII. Interim Vitellius, victoriæ suæ nescius, ut ad integrum bellum, reliquas Germanici exercitûs vires trahebat. Pauci veterum

[1] *Gratior Cæcinæ modestia*] Quia id jam moris erat, ut solus imperator publicè, i. e. ad coss. aut ad senatum scriberet. Infrà Hist. 4, 4. *si privatus esset, cur publicè loqueretur?*

[2] *Obnoxiis ducibus*] Indulgebant duces militibus, suorum scelerum conscii, eóque aliena dissimulantes.

[3] *Tantum peditum*] Tantus numerus: ut infrà c. 81.

militum in hibernis relicti, festinatis per Gallias delectibus, ut remanentium legionum nomina supplerentur. Cura[4] ripæ Hordeonio Flacco permissa. Ipse e Britannico delectu octo millia sibi adjunxit: et paucorum dierum iter progressus, prosperas apud Bedriacum res, ac morte Othonis concidisse bellum accepit. Vocatâ concione, virtutem militum laudibus cumulat. Postulante exercitu, ut libertum suum Asiaticum equestri dignitate donaret, inhonestam adulationem compescit. Dein mobilitate ingenii, quod palam abnuerat, inter secreta convivii largitur; honoravitque Asiaticum annulis[5], fœdum mancipium, et malis artibus ambitiosum.

LVIII. Iisdem diebus, accessisse partibus utramque Mauretaniam, interfecto procuratore Albino, nuncii venere. Luceius Albinus, a Nerone Mauretaniæ Cæsariensi[6] præpositus, additâ per Galbam Tingitanæ provinciæ administratione, haud spernendis viribus agebat. XIX cohortes, quinque alæ, ingens Maurorum numerus aderat, per latrocinia et raptus apta bello manus. Cæso Galbâ, in Othonem pronus, nec Africâ contentus, Hispaniæ angusto freto diremptæ imminebat. Inde Clu-

4 *Cura ripæ*] Rheni, ne Germani transirent.

5 *Annulis*] Equestris dignitatis insignibus.

6 *Cæsariensi*] Mauretania Cæsariensis nunc *Algiers*: Tingitana *Fez* et *Marocco*.

vio [7] Rufo metus: et decimam legionem propinquare litori, ut transmissurus, jussit. Praemissi centuriones, qui Maurorum animos Vitellio conciliarent: neque arduum fuit, magnâ per provincias Germanici exercitûs famâ. Spargebatur insuper, spreto procuratoris vocabulo, Albinum insigne regis, et Jubae nomen usurpare.

LIX. Ita mutatis animis, Asinius Pollio alae praefectus, e fidissimis Albino, et Festus ac Scipio cohortium praefecti, opprimuntur. Ipse Albinus, dum e Tingitanâ provinciâ Caesariensem Mauretaniam petit, adpulsus litori, trucidatur. Uxor ejus, cum se percussoribus obtulisset, simul interfecta est; nihil eorum quae fierent Vitellio anquirente: brevi auditu quamvis magna transibat, impar curis gravioribus. Exercitum itinere terrestri pergere jubet: ipse Arare [8] flumine devehitur, nullo principali paratu, sed vetere [9] egestate conspicuus; donec Junius [1] Blaesus, Lugdunensis Galliae rector, genere inlustri, largus animo, et par opibus, circumdaret principis ministeria, co-

7 *Cluvio Rufo*] De quo Hist. 1, 8. 76.

8 *Arare*] *La Saône.*

9 *Vetere egestate*] Suet. Vit. 7. *Satis constat* Vitellio in Germaniam *exituro viaticum defuisse, tantâ egestate rei familiaris, ut uxore et liberis, quos Romae relinquebat, meritorio caenaculo abditis, domum in reliquam partem anni ablocarit; utque ex aure matris detractum unionem pigneraverit ad itineris impensas.*

1 *Junius Blaesus*] Cujus fata videbimus Hist. 3, 38.

mitaretur

mitaretur liberaliter, eo ipso ingratus, quamvis odium Vitellius vernilibus blanditiis velaret. Præstò fuere Lugduni victricium victarumque partium duces. Valentem et Cæcinam, pro concione laudatos, curuli suæ circumposuit. Mox universum exercitum occurrere infanti[1] filio jubet: perlatumque, et paludamento opertum, sinu retinens, Germanicum appellavit, cinxitque cunctis fortunæ principalis insignibus. Nimius honos inter secunda, rebus[3] adversis in solatium cessit.

LX. Tum interfecti centuriones promptissimi Othonianorum: unde præcipua in Vitellium alienatio, per Illyricos exercitus. Simul ceteræ legiones contactu[4], et adversùs Germanicos milites invidiâ, bellum meditabantur. Suetonium Paullinum, ac Licinium Proculum, tristi morâ squalidos tenuit: donec auditi, necessariis magis defensionibus, quàm honestis uterentur. Proditionem[5] ultro imputabant; spatium longi ante prœlium itineris, fatigationem Othonianorum, permixtum vehiculis agmen, ac pleraque fortuita, fraudi suæ adsignantes: et Vitellius credidit de perfidiâ, et

[1] *Infanti filio*] Quem *titubantiâ oris prope mutum et elinguem* fuisse scribit Suet. Vit. 6.

[3] *Rebus adversis*] Anno proximo interfectus est a Muciano, Hist. 4, 80.

[4] *Contactu*] Contagione.

[5] *Proditionem ultro imputabant*] Ob proditum a se Othonem gratiam sibi haberi a Vitellio postulabant.

fidem

fidem [6] absolvit. Salvius Titianus, Othonis frater, nullum discrimen adiit, pietate [7] et ignaviâ excusatus. Mario Celso consulatus servatur. Sed creditum famâ, objectumque mox in senatu Cæcilio Simplici, quòd eum honorem pecuniâ mercari, nec sine exitio Celsi voluisset. Restitit Vitellius, deditque [8] postea consulatum Simplici, innoxium et inemptum. Trachalum adversùs criminantes Galeria [9] uxor Vitellii protexit.

LXI. Inter magnorum virorum discrimina (pudendum dictu) Mariccus quidam, e plebe Boiorum [1], inserere sese fortunæ, et provocare arma Romana, simulatione numinum ausus est. Jamque assertor Galliarum, et Deus (nomen id sibi indiderat) concitis octo millibus hominum, proximos Æduorum pagos trahebat; cùm gravissima civitas, electâ juventute, adjectis a Vitellio cohortibus, fanaticam multitudinem disjecit. Captus in eo prœlio Mariccus, ac mox feris [2] objectus, quia non laniabatur, stolidum vulgus inviolabilem credebat, donec spectante Vitellio interfectus est.

LXII. Nec ultrà in defectores, aut bona cujusquam, sævitum. Rata fuere eorum, qui

6 *Fidem absolvit*] Fidei in Othonem quasi crimine eos absolvit.

7 *Pietate*] Affectu fraterno.

8 *Deditque*] Hist. 3, 68.

9 *Galeria*] Fortè affinis Galerio Trachalo, cujus mentio suprà Hist. 1, 90.

1 *Boiorum*] Boii, nunc le Bourbonnois.

2 *Feris objectus*] Seditiosorum pœna. Paulus Digest. 48. de pœnis.

acie

acie Othonianâ ceciderant, teſtamenta, aut lex inteſtatis. Prorſus, ſi luxuriæ temperaret, avaritiam non timeres. Epularum fœda et inexplebilis libido. Ex Urbe atque Italiâ inritamenta gulæ geſtabantur, ſtrepentibus ab utroque mari itineribus: exhauſti [3] conviviorum apparatibus principes civitatum: vaſtabantur ipſæ civitates: degenerabat a labore ac virtute miles, adſuetudine voluptatum, et contemptu ducis. Præmiſit in Urbem edictum, quo vocabulum Auguſti differret, Cæſaris non reciperet, cum de poteſtate nihil detraheret. Pulſi Italiâ mathematici. Cautum ſeverè, ne equites Romani ludo et arenâ polluerentur. Priores id principes pecuniâ, et ſæpius vi perpulerant: ac pleraque municipia et coloniæ æmulabantur [4] corruptiſſimum quemque adoleſcentium pretio inlicere.

LXIII. Sed Vitellius, adventu fratris, et inrepentibus dominationis magiſtris, ſuperbior et atrocior, occidi Dolabellam juſſit, quem in coloniam Aquinatem ſepoſitum ab Othone retulimus. Dolabella, auditâ morte Othonis, Urbem introierat. Id ei Plancius Varus præ-

[3] *Exhauſti*] Suet. Vit. 13. *Epulas triſariam ſemper, interdum quadriſariam diſpertiebat, in jentacula, et prandia, et cœnas, comiſſationeſque; facile omnibus ſufficiens, vomitandi conſuetudine. Indicebat autem aliud alii eâdem die: nec cuiquam minus ſinguli apparatus quadringenis millibus nummûm conſtiterunt*, i. e. 3229*l.* 3*s.* 4*d.*

[4] *Æmulabantur*] Exemplo ducti certabant.

turâ

turâ functus, ex intimis Dolabellæ amicis, apud Flavium Sabinum præfectum Urbis objecit, tamquam ruptâ custodiâ, ducem se victis partibus ostentasset: addidit tentatam cohortem, quæ Ostiæ ageret. Nec [5] ullis tantorum criminum probationibus, in pœnitentiam versus, seram veniam post scelus quærebat. Cunctantem super tantâ re Flavium Sabinum, Triaria L. Vitellii uxor, ultra feminam ferox, terruit 'ne periculo principis famam clementiæ 'adfectaret.' Sabinus, suopte ingenio mitis, ubi formido incessisset, facilis mutatu, et in alieno discrimine sibi pavens, ne adlevasse videretur, impulit ruentem.

LXIV. Igitur Vitellius, metu et odio, quòd Petroniam [6] uxorem ejus mox Dolabella in matrimonium accepisset, vocatum per epistolas, vitatâ Flaminiæ viæ celebritate, devertere Interamnium [7], atque ibi interfici jussit. Longum interfectori visum: in itinere ac tabernâ, projectum humi jugulavit; magnâ cum invidiâ novi principatûs, cujus hoc primum

5 *Nec ullis*] Et cum nullæ tantorum criminum probationes essent, in pœnitentiam versus Plancius, innocentiam amici testatur, veniâ sceleris petitâ; serò tamen petitâ, quia jam erat scelus illud cum ruinâ Dolabellæ conjunctum.

6 *Petroniam*] Priorem ejus conjugem, consularis viri filiam, cui nuncium remisit, filiumque ex eo susceptum Petronianum interemisse creditur, Suet. Vit. 6.

7 *Interamnium*] Taciti patriam, nunc *Terni* in Umbriâ.

ſpecimen noſcebatur. Et Triariæ licentiam modeſtum e proximo exemplum onerabat, Galeria imperatoris uxor, non immixta[8] triſtibus: et pari probitate, mater Vitelliorum Sextilia, antiqui moris. Dixiſſe quin etiam ad primas filii ſui epiſtolas ferebatur, 'non Germanicum a ſe, ſed Vitellium genitum.' Nec ullis poſtea fortunæ inlecebris, aut ambitu civitatis, in gaudium evicta[9], domûs ſuæ tantùm adverſa ſenſit.

LXV. Digreſſum a Lugduno Vitellium, M. Cluvius Rufus adſequitur, omiſſâ Hiſpania; lætitiam et gratulationem vultu ferens, animo anxius, et petitum ſe criminationibus gnarus. Hilarius Cæſaris libertus detulerat, tamquam audito Vitellii et Othonis principatu, propriam ipſe potentiam, et poſſeſſionem Hiſpaniarum tentaſſet; eóque diplomatibus[1] nullum Principem præſcripſiſſet. Interpretabatur quædam ex orationibus ejus, contumelioſa in Vitellium, et pro ſe ipſo popularia. Auctoritas Cluvii prævaluit, ut puniri ultro libertum ſuum Vitellius juberet. Cluvius comitatui principis adjectus, non ademptâ Hiſpaniâ, quam rexit

8 *Non immixta triſtibus*] Non particeps ullius crudelis conſilii.

9 *Evicta*] Quaſi coacta ut lætetur.

1 *Diplomatibus*] Edictis ſuis nullius principis nomen, ut debuit, præſcripſerat. Objectum mox Helvidio ſcribit Suet. Veſp. 15. *quòd in præturâ omnibus edictis, ſine honore ac mentione ullâ*, Veſpaſianum *tranſmiſerat*.

abſens,

abſens, exemplo L. Arruntii[2]: eum Tiberius Cæſar ob metum, Vitellius Cluvium nullâ formidine retinebat. Non idem Trebellio[3] Maximo honos: profugerat Britanniâ ob iracundiam militum: miſſus eſt in locum ejus Vettius Bolanus, e præſentibus[4].

LXVI. Angebat Vitellium victarum legionum haudquaquam fractus animus. Sparſæ per Italiam, et victoribus permixtæ, hoſtilia loquebantur: præcipuâ quartadecimanorum ferociâ, qui ſe victos abnuebant; 'quippe Bedriacenſi acie, vexillariis[5] tantùm pulſis, vires legionis non adfuiſſe.' Remitti eos in Britanniam, unde a Nerone exciti[6] erant, placuit; atque interim Batavorum cohortes unà tendere, ob veterem adversùs quartadecimanos diſcordiam[7]. Nec diu, in tantis armatorum odiis, quies fuit. Auguſtæ[8] Taurinorum, dum opificem quemdam Batavus, ut fraudatorem inſectatur, legionarius ut hoſpitem tuetur, ſui cuique commilitones aggregati, a conviciis ad cædem tranſiere. Et prœlium atrox arſiſſet, ni duæ prætoriæ cohortes, cauſſam quartadecimanorum ſecutæ, his fiduciam, et metum

[2] *L. Arruntii*] Suprà Ann. 6, 7. 27.

[3] *Trebellio M.*] Hiſt. 1, 60. De Vettio Bolano Vit. Agric. 8. & 16.

[4] *E præſentibus*] E comitatu principis.

[5] *Vexillariis pulſis*] Ann. 1, 38. not. 1.

[6] *Exciti*] Suprà c. 11.

[7] *Diſcordiam*] Unde non videbantur inter ſe conſpiraturi in Vitellium.

[8] *Auguſtæ Taurinorum*] *Turin.*

Batavis fecissent. Quos Vitellius agmini suo jungi, ut fidos; legionem, Graiis[9] Alpibus traductam, eo flexu itineris ire jubet, quo Viennam vitarent: namque et Viennenses[1] timebantur. Nocte qua proficiscebatur legio, relictis passim ignibus, pars Taurinæ coloniæ ambusta: quod damnum, ut pleraque belli mala, majoribus aliarum urbium cladibus oblitteratum. Quartadecimani, postquam Alpibus degressi sunt, seditiosissimus quisque signa Viennam ferebant: consensu meliorum compressi, et legio in Britanniam transvecta.

LXVII. Proximus Vitellio e prætoriis cohortibus metus erat. Separati primùm, deinde addito honestæ missionis lenimento, arma ad tribunos suos deferebant[2], donec motum a Vespasiano bellum crebresceret: tum resumptâ militiâ, robur Flavianarum partium fuere. Prima classicorum legio in Hispaniam missa, ut pace et otio mitesceret: undecima ac septima suis[3] hibernis redditæ: tertiadecimani struere amphitheatra jussi. Nam Cæcina Cremonæ, Valens Bononiæ, spectaculum gladiatorum e-

9 *Graiis Alpibus*] *Le petit Saint Bernard.*

1 *Viennenses timebantur*] Irati Vitellio ob injurias suprà Hist. 1, 66. memoratas: itaque ad eos se recipere conantur, post transitum Alpium, seditiosi quartadecimani.

2 *Deferebant*] Cœperant deferre: quæ propria est vis temporis imperfecti. Ita Annal. 3, 14. *divellebant*, incipiebant divellere.

3 *Suis hibernis*] Quæ erant in Dalmatiâ et Pannoniâ. Hist. 2, 11. 3, 50.

dere

dere parabant: numquam ita ad curas intento Vitellio, ut voluptatum oblivisceretur.

LXVIII. Et quidem partes[4] modestè distraxerat: at apud victores orta seditio, ludicro initio, nisi numerus cæsorum invidiam[5] bello auxisset. Discubuerat Vitellius Ticini, adhibito ad epulas Verginio. Legati tribunique, ex moribus imperatorum, severitatem æmulantur, vel tempestivis[6] conviviis gaudent: perinde miles intentus, aut licenter agit. Apud Vitellium omnia indisposita, temulenta, pervigiliis ac Bacchanalibus, quàm disciplinæ et castris propiora. Igitur duobus militibus, altero legionis quintæ, altero e Gallis auxiliaribus, per lasciviam ad certamen luctandi accensis, postquam legionarius prociderat, insultante Gallo, et iis qui ad spectandum convenerant in studia diductis, erupere legionarii in perniciem auxiliorum, ac duæ cohortes interfectæ. Remedium tumultûs fuit alius tumultus. Pulvis procul et arma adspiciebantur: conclamatum repentè, 'quartamdecimam legionem, verso[7] 'itinere, ad prœlium venire.' Sed erant ag-

4 *Partes modestè distraxerat*] Legiones, sibi nupero bello adversatas, prudenter sanè sparserat. Mox ante *apud* inserui, cum Bipontinis, *at*, quod ob prioris verbi parem finem intercideret.

5 *Invidiam bello*] Quia seditio, quamvis ex re ludicrâ orta, veram tamen causam habuit ex licentiâ armorum civilium.

6 *Tempestivis*] Ante solitam horam instructis, protrahendæ luxuriæ. Vid. Ann. 11, 37.

7 *Verso itinere*] Cap. 66.

minis

minis [8] coactores: agniti, dempſere ſolicitudinem. Interim Verginii ſervus fortè obvius, ut percuſſor Vitellii inſimulatur: et ruebat ad convivium miles, mortem Verginii expoſcens. Ne Vitellius quidem, quamquam ad omnes ſuſpiciones pavidus, de innocentiâ ejus dubitavit. Ægre tamen cohibiti, qui exitium viri conſularis, et quondam ducis ſui, flagitabant. Nec quemquam ſæpius, quàm Verginium, omnis ſeditio infeſtavit: manebat [9] admiratio viri, et fama; ſed oderant, ut faſtiditi.

LXIX. Poſtero die, Vitellius ſenatûs legatione, quam ibi opperiri juſſerat, auditâ tranſgreſſus in caſtra, ultro pietatem militum collaudavit: frementibus auxiliis, tantum impunitatis atque arrogantiæ legionariis acceſſiſſe. Cohortes Batavorum, ne quid truculentiùs auderent, in Germaniam remiſſæ, principium in-

[8] *Agminis*] Extremi agminis ſui.

[9] *Manebat admiratio*] Manſit deinde uſque ad mortem fama viri, quem *maximum et clariſſimum civem* appellat Plinius, Epiſt. 1, 2. *et perinde felicem. Triginta annis gloriæ ſuæ ſupervixit. Legit ſcripta de ſe carmina, legit hiſtorias, et poſteritati ſuæ interfuit. Perfunctus eſt tertio conſulatu, ut ſummum faſtigium privati hominis impleret, cum principis noluiſſet. Cæſares, quibus ſuſpectus, atque etiam inviſus virtutibus erat, evaſit. Reliquit incolumem optimum atque amiciſſimum* [Trajanum.] *Annum tertium et octogeſimum exceſſit in altiſſimâ tranquillitate, pari veneratione... Hujus viri exequiæ magnum ornamentum principi, magnum ſeculo, magnum etiam foro et roſtris attulerunt. Laudatus eſt a conſule Cornelio Tacito: nam hic ſupremus felicitati ejus cumulus acceſſit, laudator eloquentiſſimus.*

terno ſimul externoque[1] bello parantibus fatis. Reddita civitatibus Gallorum auxilia, ingens numerus, et primâ ſtatim defectione, inter inania[2] belli adſumptus. Ceterum, ut largitionibus adfectæ jam imperii opes ſufficerent, amputari[3] legionum auxiliorumque numeros jubet, vetitis ſupplementis: et promiſcuæ miſſiones offerebantur. Exitiabile id reipublicæ, ingratum militi, cui eadem munia inter paucos, periculaque ac labor crebriùs redibant. Et[4] vires luxu corrumpebantur, contra veterem diſciplinam, et inſtituta majorum, apud quos virtute quàm pecuniâ res Romana meliùs ſtetit.

LXX. Inde Vitellius Cremonam flexit, et ſpectato munere Cæcinæ, inſiſtere Bedriacenſibus campis, ac veſtigia recentis victoriæ luſtrare oculis concupivit. Fœdum atque atrox ſpectaculum, intra[5] quadrageſimum pugnæ diem: lacera corpora, trunci artus, putres virorum equorumque formæ, infecta tabo humus, portritis arboribus ac frugibus, dira vaſtitas.

[1] *Externoque bello*] Interno Flavianorum, externo Civilis ſeu Batavorum bello.

[2] *Inania belli*] Aſſumpti a Vitellio imbelles Galli, ut ſpeciem magni exercitûs facerent.

[3] *Amputari numeros*] Non ut pauciores eſſent *numeri* ſeu cohortes, ſed ut paucioribus militibus conſtarent, *vetitis ſupplementis*.

[4] *Et vires*] Dum crevit labor, vires decreverant, incumbente luxu.

[5] *Intra q. p. diem*] Quadrageſimus pugnæ dies (24 Maii) nondum tranſierat; itaque nec ſpectaculi odoriſque fœditas.

Nec

Nec minùs inhumana[6] pars viæ, quam Cremonenſes lauro roſiſque conſtraverant, exſtructis altaribus, cæſiſque victimis, regium[7] in morem: quæ læta in præſens, mox[8] perniciem ipſis fecere. Aderant Valens et Cæcina, monſtrabantque pugnæ locos: 'hinc inrupiſſe 'legionum agmen, hinc equites coortos; inde 'circumfuſas auxiliorum manus.' Jam tribuni præfectique, ſua quiſque facta extollentes, falſa, vera, aut majora vero miſcebant. Vulgus quoque militum, clamore et gaudio, deflectere viâ, ſpatia certaminum recognoſcere, aggerem armorum, ſtrues corporum intueri, mirari. Et erant, quos varia fors rerum, lacrimæque, et miſericordia ſubiret. At non Vitellius flexit oculos, nec tot millia inſepultorum civium exhorruit[9]. Lætus ultro, et tam propinquæ ſortis ignarus, inſtaurabat ſacrum diis loci.

LXXI. Exin Bononiæ, a Fabio Valente gladiatorum ſpectaculum editur, advecto ex

6 *Inhumana pars viæ*] Inſolens apparatu, et tyrannicâ ſpecie.

7 *Regium in morem*] Ritu quo barbari primùm, dein Græci Latinique principum adventum celebrarunt; nempe *aris flagrantibus*, *ſacrificiis et odoribus accenſis numini* ipſorum: quod ait Panegyriſt. ad Maximianum.

8 *Mox perniciem*] Quaſi pronioris in Vitellium animi indicium, flammas intulit Cremonæ, infrà H. 4, 30. 33.

9 *Exhorruit*] Immo in efferam vocem erupit. Suet. Vit. 10. *Ut campos, in quibus pugnatum eſt, adiit, abhorrentes quoſdam cadaverum tabem, deteſtabili voce confirmare auſus eſt, optimè olere occiſum hoſtem, et meliùs civem. Nec eò ſeciùs, ad leniendam gravitatem odoris, plurimum meri propalam hauſit, paſſimque diviſit.*

Urbe cultu. Quantóque magis propinquabat, tantò corruptius iter, immixtis histrionibus et spadonum gregibus, et cetero Neronianæ aulæ ingenio. Namque et Neronem[1] ipsum Vitellius admiratione celebrabat, sectari cantantem solitus, non necessitate, qua honestissimus quisque, sed luxu[2] et saginæ mancipatus emptusque. Ut Valenti et Cæcinæ vacuos[3] honoris menses aperiret, coartati aliorum consulatus; dissimulatus Martii Macri[4], tamquam Othonianarum partium ducis: et Valerium Marinum, destinatum a Galbâ consulem, distulit; nullâ offensâ, sed mitem, et injuriam segniter laturum. Pedanius Costa omittitur, ingratus principi, ut adversùs Neronem ausus, et Verginii[5] exstimulator. Sed alias protulit caussas: actæque insuper Vitellio gratiæ, consuetudine[6] servitii.

LXXII. Non ultra paucos dies, quamquam

1 *Neronem ipsum*] Suet. Vit. 11. *Ne cui dubium foret, quod exemplar regendæ reip. eligeret, medio Martio campo, adhibitâ publicorum sacerdotum frequentiâ, inferias Neroni dedit: ac solemni convivio citharœdum placentem palam admonuit, ut et aliquid de Domitio diceret; inchoantique Neroniana carmina, primus exultans etiam plausit.* Ipse olim Neroni adulatione acceptissimus, ibid. 4.

2 *Luxu*] Pro *luxui*, ut sæpe.

3 *Vacuos honoris menses*] Octobrem, reliquosque anni hujus menses.

4 *Macri*] De quo suprà 23 et 36.

5 *Verginii exstimulator*] Ad accipiendum imperium.

6 *Consuetudine*] Noster in Agric. 42. *Agi sibi gratias passus est, nec erubuit beneficii invidiâ.*

acribus initiis coeptum, mendacium[7] valuit. Extiterat quidam, Scribonianum se Camerinum[8] ferens, Neronianorum temporum metu in Istriâ occultatum, quòd illic clientelæ et agri veterum[9] Crassorum, ac nominis favor manebat. Igitur deterrimo quoque in[1] argumentum fabulæ adsumpto, vulgus credulum, et quidam militum, errore veri, seu turbarum studio, certatim aggregabantur; cum pertractus ad Vitellium, interrogatusque quisnam mortalium esset, postquam nulla dictis fides, et a domino noscebatur, conditione fugitivus, nomine Geta, sumptum de eo supplicium[2] servilem in modum.

LXXIII. Vix credibile memoratu est, quantum superbiæ socordiæque Vitellio adoleverit, postquam speculatores e Syriâ Judæâque adactum in verba ejus Orientem nunciavere. Nam etsi vagis adhuc et incertis auctoribus, erat tamen in ore famâque Vespasianus, ac plerumque ad nomen ejus Vitellius excitabatur. Tum ipse exercitusque, ut nullo æmulo, sævitiâ, libidine, raptu, in externos[3] mores proruperant.

7 *Mendacium*] Quod narraturus sum.

8 *Camerinum*] Sulpicium Camerinum ejusque filium sustulisse Neronem Dio scribit, l. 63. quòd traditum sibi a majoribus Pythici cognomen retinerent, in Pythicas Neronis victorias impii.

9 *Veterum Crassorum*] A quibus ortus Piso, Hist. 1, 14. et frater ejus Scribonianus Crassus, Hist. 4, 39.

1 *In argumentum*] Ad fidem mendacio faciendam.

2 *Supplicium*] Crucis.

3 *Externos mores*] Barbarorum, præcipuè Orientis.

LXXIV.

LXXIV. At Vespasianus bellum armaque, et procul vel juxtà sitas vires, circumspectabat. Miles ipsi adeò paratus, ut, præeuntem sacramentum, et fausta Vitellio omnia precantem, per [4] silentium audierint. Muciani animus nec Vespasiano alienus, et in Titum pronior. Præfectus Ægypti Alexander [5] consilia sociaverat. Tertiam legionem, quòd e Syriâ in Mœsiam transiisset, suam numerabat. Ceteræ Illyrici legiones secuturæ sperabantur. Namque omnes exercitus flammaverat arrogantia venientium a Vitellio militum, quòd truces corpore, horridi sermone, ceteros ut impares inridebant. Sed in tantâ mole belli plerumque cunctatio; et Vespasianus modò in spem erectus, aliquando adversa reputabat: 'Quis ille dies foret, quo 'sexaginta [6] ætatis annos, et duos filios juvenes 'bello permitteret? Esse privatis cogitationibus 'regressum; et prout velint, plus minusve sumi ex fortunâ: imperium cupientibus, nihil 'medium inter summa et præcipitia.'

LXXV. Versabatur ante oculos Germanici exercitûs robur, notum [7] viro militari; 'Suas 'legiones civili bello inexpertas; Vitellii,

4 *Per silentium*] Verba sacramenti precesque non, uti moris erat, iterantes, non *subeuntes*, ut dictum suprà Ann. 11, 27.

5 *Alexander*] De eo, deque Muciano, Hist. 1, 11. De tertiâ legione ib. 79.

6 *Sexaginta annos*] Natus est Vespasianus U. C. 762. quinquennio antequam Augustus excederet. Suet. Vesp. 2.

7 *Notum v. m.*] Suet. Vesp. 4. *Claudio principe, Narcissi gratiâ legatus in Germaniam missus est, inde in Britanniam translatus.*

 'victrices:

'victrices: et apud [8] victos, plus querimonia-
'rum quàm virium. Fluxam per discordias mi-
'litum fidem, et periculum ex singulis. Quid
'enim profuturas cohortes alasque, si unus al-
'terque præsenti [9] facinore paratum ex diverso
'præmium petat? Sic Scribonianum [1] sub
'Claudio interfectum: sic percussorem ejus,
'Volaginium, e gregario ad summa militiæ
'provectum. Faciliùs universos impelli [2], quàm
'singulos vitari.'

LXXVI. His pavoribus nutantem, et alii legati amicique firmabant, et Mucianus, post multos secretosque sermones, jam et coràm ita locutus: 'Omnes [3] qui magnarum rerum con-
'silia suscipiunt, æstimare debent, an quod in-
'choatur, reipublicæ utile, ipsis gloriosum,
'aut promptum effectu, aut certè non arduum
'sit. Simul ipse qui suadet considerandus est;
'adjiciatne [4] consilio periculum suum; et, si
'fortuna cœptis adfuerit, cui summum decus
'adquiratur. Ego te, Vespasiane, ad impe-

8 *Apud victos*] Othonianos.

9 *Præsenti facinore*] Vespasiani cæde.

1 *Scribonianum*] Annal. 12, 32.

2 *Impelli*] Ad seditionem, quàm singulorum insidias vitari.

3 *Omnes qui*] Sallust. Fragm. Hist. 4. 2. epistolâ Mithridatis ad Arsacem: *Omnes, qui secundis rebus suis ad belli societatem orantur, considerare debent, liceatne tum pacem agere: dein quod quæritur, satisne pium, tutum, gloriosum, an indecorum sit.*

4 *Adjiciatne consilio*] An periculi, cum consilio conjuncti, particeps futurus sit ipse consultor: et, si fortuna cœptis annuerit, utri tandem consilium illud plus sit utilitatis allaturum.

'rium

'rium voco, tam salutare reipublicæ quàm tibi 'magnificum: juxta deos, in tua manu positum est. Nec speciem adulantis expaveris: 'a contumeliâ[5] quàm a laude propius fuerit, 'post Vitellium eligi. Non adversùs divi Augusti acerrimam mentem, nec adversùs cautissimam Tiberii senectutem; ne contra Caii 'quidem, aut Claudii, vel Neronis, fundatam 'longo imperio domum exsurgimus: cessisti 'etiam Galbæ imaginibus[6]. Torpere ultrà, 'et polluendam perdendamque rempublicam relinquere, sopor et ignavia videretur, etiam 'si tibi, quàm inhonesta, tam tuta servitus esset. Abiit[7] jam et transvectum est tempus, 'quo posses videri concupisse: confugiendum 'est ad imperium. An[8] excidit trucidatus 'Corbulo? splendidior origine[9] quàm nos sumus, fateor: sed et Nero nobilitate natalium 'Vitellium anteibat. Satis clarus est apud timentem, quisquis timetur. Et posse ab exercitu principem fieri, sibi ipse Vitellius documento, nullis stipendiis, nullâ militari fa-

5 *A contumeliâ*] Ad contumeliam propiùs quàm ad laudem accedit, post talem principem eligi.

6 *Imaginibus*] Nobilitati.

7 *Abiit*] Abiit tempus, quo posses videri tantùm concupisse imperium: jam constat; et si salvus esse velis, confugiendum est ad imperium.

8 *An excidit*] An oblitus es Corbulonis, quem ob virtutes suspectum Nero sustulit? E Syriâ redux Corbulo, et Cenchreas prope Corinthum accitus, supremæ necessitatis nuncium accepit. Commerui, inquit: suoque se gladio interfecit. Dio 63.

9 *Origine*] Corbulo erat.

'mâ,

'mâ, Galbæ odio provectus. Ne[9] Othonem 'quidem ducis arte, aut exercitûs vi, sed præ-'properâ ipsius desperatione victum, jam desi-'derabilem et magnum principem fecit. Cum 'interim spargit legiones, exarmat cohortes, 'nova quotidie bello semina ministrat. Si quid 'ardoris ac ferociæ miles habuit, popinis, et 'comissationibus, et principis imitatione dete-'ritur. Tibi e Judæâ et Syriâ et Ægypto no-'vem legiones integræ, nullâ acie exhaustæ, 'non discordiâ corruptæ, sed firmatus usu mi-'les, et belli domitor externi[1]; classium, ala-'rum, cohortium robora; et fidissimi[2] reges, 'et tua ante omnes experientia.'

LXXVII. 'Nobis nihil ultrà arrogabo, 'quàm ne post Valentem ac Cæcinam nume-'remur. Ne tamen Mucianum socium spre-'veris, quia æmulum non experiris: me Vi-'tellio antepono, te mihi. Tuæ domui tri-'umphale[3] nomen, duo juvenes, capax jam 'imperii alter, et primis militiæ annis apud 'Germanicos[4] quoque exercitus clarus. Ab-

9 *Ne Othonem*] Othonem quoque (qui et ipse neque arte Vitellii, neque exercitûs Vitelliani robore concidit, sed suâ desperatione victus est) jam desiderabilem fecit Vitellius.

1 *Externi*] Judaici.

2 *Fidissimi reges*] De quibus infrà 81.

3 *Triumphale*] Ob res in Britanniâ egregiè gestas, triumphalia ornamenta a Claudio acceperat. Suet. Vesp. 4.

4 *Germanicos*] Tribunus militum et in Germaniâ et in Britanniâ meruerat Titus, *summâ industriæ, nec minore modestiæ famâ*. Suet. Tit. 4.

'surdum

'ſurdum fuerit, non cedere imperio ei, cujus 'filium adoptaturus eſſem, ſi ipſe imperarem. 'Ceterum inter nos non idem proſperarum ad-'verſarumque rerum ordo erit. Nam ſi vinci-'mus, honorem, quem dederis, habebo; diſ-'crimen ac pericula ex æquo partiemur[5]. 'Immo, ut melius eſt, tu hos exercitus rege; 'mihi bellum et prœliorum incerta trade. 'Acriore hodie diſciplinâ victi, quàm victores 'agunt: hos[6] ira, odium, ultionis cupiditas 'ad virtutem accendit; illi per faſtidium et 'contumaciam hebeſcunt. Aperiet et recludet 'contecta et tumeſcentia[7] victricium partium 'vulnera bellum ipſum. Nec mihi major in 'tuâ vigilantiâ, parcimoniâ, ſapientiâ, fiducia 'eſt, quàm in Vitellii torpore, inſcitiâ, ſævi-'tiâ. Sed et meliorem in bello cauſſam, quàm 'in pace habemus: nam qui deliberant, deſci-'verunt[8].'

LXXVIII. Poſt Muciani orationem ceteri audentiùs circumſiſtere, hortari, reſponſa vatum et ſiderum motus referre. Nec erat intactus tali ſuperſtitione, ut qui mox rerum dominus, Seleucum quemdam, mathematicum, rectorem et præſcium palam habuerit. Recurſa-

5 *Partiemur*] Al. *patiemur*, minùs aptè ad ſeqq. *immo* non partiamur. *Diſcrimen* h. l. ad ſummam belli refertur, *pericula* ad prœliorum incerta.

6 *Hos ira*] *Hos* victos intellige Othonianos, ut quos magis ſpectat dictum de acriori diſciplinâ. *Illi* Vitelliani.

7 *Tumeſcentia*] Demoſth. Phil. 1. εὑρήσει τὰ σαθρὰ τῶν ἐκείνου πραγμάτων αὐτὸς ὁ πόλεμος. Eodemque ſimili utitur in Olynthiacâ.

8 *Deſciverunt*] Pro defectoribus jam habentur.

bant

bant animo vetera omina. Cupressus arbor in agris ejus, conspicuâ altitudine, repentè prociderat; ac posterâ die, eodem vestigio resurgens, procera et latior virebat. Grande id prosperumque, consensu haruspicum: et summa claritudo juveni admodum Vespasiano promissa. Sed primò triumphalia, et consulatus, et Judaicæ victoriæ decus, implesse fidem ominis videbantur: ut hæc adeptus est, portendi sibi imperium credebat. Est Judæam inter Syriamque Carmelus [9]; ita vocant montem, deumque: nec simulacrum deo, aut templum (sic tradidere majores:) ara tantùm et reverentia. Illic sacrificanti Vespasiano, cum spes occultas versaret animo, Basilides sacerdos, inspectis identidem extis, 'Quidquid est,' inquit, 'Vespasiane, quod paras, seu domum exstruere, 'seu prolatare agros, sive ampliare servitia; 'datur tibi magna sedes, ingentes termini, 'multum hominum.' Has ambages et statim exceperat fama, et tunc aperiebat; nec quidquam magis in ore vulgi: crebriores apud ipsum sermones, quantò sperantibus plura dicuntur.

LXXIX. Haud dubiâ destinatione discessere, Mucianus Antiochiam, Vespasianus Cæsaream: illa Syriæ, hæc Judææ caput est. Initium ferendi ad Vespasianum imperii Alexandriæ cœptum, festinante Tiberio Alexandro,

9 *Carmelus*] Mons in orâ maritimâ Galilææ inferioris.

qui

qui Kalendis Juliis ſacramento ejus legiones adegit. Iſque primus principatûs dies in poſterum celebratus, quamvis Judaicus exercitus quinto [1] Nonas Julias apud ipſum juraſſet, eo ardore, ut ne Titus quidem filius exſpectaretur, Syriâ remeans, et conſiliorum inter Mucianum ac patrem nuncius. Cuncta impetu militum acta, non [2] paratâ concione, non conjunctis legionibus.

LXXX. Dum quæritur tempus locuſque, quodque in re tali difficillimum eſt, prima vox; dum animo ſpes, timor, ratio, caſus obverſantur; egreſſum cubiculo Veſpaſianum pauci milites, ſolito adſiſtentes ordine, ut legatum ſalutaturi, Imperatorem ſalutavere. Tum ceteri adcurrere, Cæſarem, et Auguſtum, et omnia principatûs vocabula cumulare. Mens a metu ad fortunam tranſierat. In ipſo nihil tumidum, arrogans, aut in rebus novis novum fuit. Ut primùm tantæ [3] mutationis obfuſam oculis caliginem diſjecit, militariter locutus, læta omnia et adfluentia excepit [4]. Namque id ipſum opperiens

[1] *Quinto nonas*] Die tertiâ Julii.

[2] *Non paratâ concione*] Quod in tali re ſolenne: ſuprà Hiſt. 1, 36. Suet. Galb. 10. Itaque mox *militariter*, inconditâ nec meditatâ oratione, exercitum alloquitur Veſpaſianus. Vulg. malè *cognitione*.

[3] *Tantæ mutationis*] Sequor Gronovium. Vulgatam *tantæ multitudinis* vel ipſa Taciti verba refellunt, *non conjunctis legionibus*. Et quis credat Veſpaſianum non crebrò commiſiſſe oculos frequentiori turbæ quàm erat Cæſareæ?

[4] *Excepit*] Læta omnia et affluentia precantes ſibi audivit.

opperiens Mucianus, alacrem militem in verba Vespasiani adegit. Tum Antiochensium theatrum[5] ingressus, ubi illis consultare mos est, concurrentes et in adulationem effusos adloquitur; satis decorus etiam Græcâ facundiâ, omniumque quæ diceret atque ageret, arte quadam ostentator[6]. Nihil æquè provinciam exercitumque accendit, quàm quòd adseverabat Mucianus, 'statuisse Vitellium, ut Germanicas legiones in Syriam, ad militiam opulentam quietamque transferret; contrà Syriacis legionibus Germanica hiberna, cœlo ac laboribus dura, mutarentur.' Quippe et provinciales sueto militum contubernio gaudebant; plerique necessitudinibus et propinquitatibus mixti; et militibus vetustate stipendiorum nota et familiaria castra, in modum penatium diligebantur.

LXXXI. Ante Idus Julias Syria omnis in eodem sacramento fuit. Accessere cum regno, Sohemus[7] haud spernendis viribus, Antiochus

audivit. Suprà 3. 74. *fausta omnia Vitellio precantem.*

5 *Theatrum ingressus*] Mucianus. *Ubi illis consultare m. e.* nempe Græciâ oriundis. Frontin. Strat. 3, 2. *Alcibiades in theatro disseruit, ubi ex more Græcorum locus consultationi præbebatur.* Vid. Act. Apost. 19, 29.

6 *Ostentator*] Fortè imitatus est Livium, 26, 19. *Fuit enim Scipio non veris tantùm virtutibus mirabilis, sed arte quoque quadam ab juventâ in ostentationem earum compositus.*

7 *Sohemus*] Suprà Ann. 13, 7. De Antiocho ibid. et Ann. 12, 55. De Agrippâ quoque Ann. 13, 7.

vetustis

vetustis opibus ingens, et inservientium regum ditissimus. Mox per occultos suorum nuncios excitus ab Urbe Agrippa, ignaro adhuc Vitellio, celeri navigatione properaverat. Nec minore animo regina Berenice partes juvabat, florens ætate formâque, et seni[8] quoque Vespasiano magnificentiâ munerum grata. Quidquid provinciarum adluitur mari, Asiâ atque Achaiâ tenus, quantumque introrsus in Pontum et Armenios patescit, juravere. Sed inermes legati regebant, nondum[9] additis Cappadociæ legionibus. Consilium de summâ rerum Beryti[1] habitum. Illuc Mucianus, cum legatis tribunisque, et splendidissimo quoque centurionum ac militum, venit: et e Judaico exercitu lecta decora. Tantum simul peditum equitumque, et æmulantium inter se regum paratus, speciem fortunæ principalis effecerant.

LXXXII. Prima belli cura, agere delectus, revocare veteranos. Destinantur validæ civitates exercendis armorum officinis[2]: apud Antiochenses aurum argentumque signatur: eaque cuncta per idoneos ministros, suis quæque locis, festinabantur. Ipse Vespasianus adire, hortari, bonos laude, segnes exemplo, incitare

8 *Seni quoque*] Non Tito solùm grata.

9 *Nondum additis*] Suet. Vesp. 8. *Cappadociæ propter assiduos barbarorum incursus legiones addidit* [Vesp.] *consularemque rectorem imposuit, pro equite Romano.*

1 *Beryti*] Hod. *Barut*, in Phœnicia.

2 *Officinis*] Cudendis armis.

ſæpius quàm coercere; vitia magis amicorum, quàm virtutes diſſimulans. Multos præfecturis et procurationibus, pleroſque ſenatorii ordinis honore percoluit, egregios viros, et mox ſumma adeptos: quibuſdam fortuna pro virtutibus fuit. Donativum militi neque Mucianus primâ concione, niſi modicè, oſtenderat; ne Veſpaſianus quidem plus civili bello obtulit, quàm alii in pace; egregiè firmus adversùs militarem largitionem, eóque exercitu meliore. Miſſi ad Parthum [3] Armeniumque legati; proviſumque, ne verſis ad civile bellum legionibus, terga nudarentur. Titum inſtare Judææ, Veſpaſianum obtinere clauſtra [4] Ægypti placuit. Sufficere videbantur adversùs Vitellium pars copiarum, et dux Mucianus, et Veſpaſiani nomen, ac nihil arduum fatis. Ad omnes exercitus legatoſque ſcriptæ epiſtolæ, præceptumque, ut prætorianos [5], Vitellio infenſos, reciperandæ militiæ præmio invitarent.

LXXXIII. Mucianus cum expeditâ manu, ſocium magis imperii quàm miniſtrum agens, non lento itinere, ne cunctari videretur, neque tamen properans, gliſcere famam ipſo ſpatio ſinebat: gnarus modicas vires ſibi, et majora credi de abſentibus. Sed legio ſexta, et tredecim vexillariorum millia, ingenti agmine

3 *Parthum Armeniumque*] Reges Vologeſem et Tiridatem.

4 *Clauſtra Ægypti*] Vid. Ann. 2, 59.

5 *Prætorianos*] Dimiſſos a Vitellio, c. 67. 76.

ſeque-

ſequebantur. Claſſem e Ponto Byzantium adigi juſſerat; ambiguus conſilii, num omiſsâ Mœſiâ, Dyrrhachium pedite atque equite, ſimul longis navibus verſum in Italiam mare clauderet, tutâ pone tergum Achaiâ Aſiâque: quas inermes exponi Vitellio, ni præſidiis firmarentur; atque ipſum Vitellium in incerto fore, quam partem Italiæ protegeret, ſi ſibi Brundiſium Tarentumque, et Lucaniæ Calabriæque litora, infeſtis claſſibus peterentur.

LXXXIV. Igitur navium, militum, armorum paratu ſtrepere provinciæ. Sed nihil æquè fatigabat, quàm pecuniarum conquiſitio: 'eos 'eſſe belli civilis nervos' dictitans Mucianus, non jus aut verum in cognitionibus, ſed ſolam magnitudinem opum ſpectabat. Paſſim delationes, et locupletiſſimus quiſque in prædam correpti. Quæ gravia atque intoleranda, ſed neceſſitate armorum excuſata, etiam in pace manſere: ipſo Veſpaſiano, inter initia imperii, ad obtinendas iniquitates haud [6] perinde obſtinante; donec indulgentiâ fortunæ, et pravis magiſtris, didicit, auſuſque [7] eſt. Propriis quoque opibus Mucianus bellum juvit, largus privatim, quò avidiùs de republicâ ſumeret. Ceteri conferendarum pecuniarum exemplum

6 *Haud perinde obſtinante*] Non admodum pertinaci ad iniqua lucra obtinenda. *Obtinere mendacium, obtinere injuriam,* Cicero dixit.

7 *Auſuſque eſt*] Suet. Veſp. 16. *Sola eſt, in qua meritò culpetur, pecuniæ cupiditas.*

secuti; rarissimus quisque eamdem [8] in reciperando licentiam habuerunt.

LXXXV. Adcelerata interim Vespasiani cœpta, Illyrici exercitûs studio, transgressi in partes. Tertia legio exemplum ceteris Mœsiæ legionibus præbuit. Octava erat ac septima Claudiana, imbutæ favore Othonis, quamvis prœlio non interfuissent. Aquileiam progressæ, proturbatis qui de Othone nunciabant, laceratisque vexillis nomen Vitellii præferentibus, raptâ [9] postremò pecuniâ, et inter se divisâ, hostiliter egerant. Unde metus, et ex metu consilium, posse imputari [1] Vespasiano, quæ apud Vitellium excusanda erant. Ita tres Mœsicæ legiones per epistolas adliciebant Pannonicum exercitum, aut abnuenti vim parabant. In eo motu Aponius [2] Saturninus, Mœsiæ rector, pessimum facinus audet, misso centurione ad interficiendum Tertium Julianum, septimæ legionis legatum, ob simultates, quibus caussam partium prætendebat. Julianus, comperto discrimine, et gnaris locorum adscitis, per avia Mœsiæ ultra montem Hæmum profugit: nec deinde civili bello interfuit, per varias moras susceptum ad Vespasia-

8 *Eamdem in r.*] Paucis licuit eâdem fortunâ sua recuperare.

9 *Raptâ p. pecuniâ*] Militari et fiscis, de quibus dictum Ann. 1, 37.

1 *Imputari*] Meriti loco tribui.

2 *Aponius S.*] Hist, 1, 79. ubi et de Tertio Juliano.

num

num iter trahens, et ex nunciis cunctabundus, aut properans.

LXXXVI. At in Pannoniâ tertiadecima legio, ac septima Galbiana, dolorem iramque Bedriacensis pugnæ retinentes, haud cunctanter Vespasiano accessere, vi præcipuâ Primi Antonii. Is legibus nocens, et tempore Neronis falsi [3] damnatus, inter alia belli mala, senatorium ordinem reciperaverat. Præpositus a Galbâ septimæ legioni, scriptitasse Othoni credebatur, ducem se partibus offerens; a quo neglectus, in nullo Othoniani belli usu fuit. Labantibus Vitellii rebus Vespasianum secutus, grande momentum addidit, strenuus manu, sermone promptus, serendæ in alios invidiæ artifex, discordiis et seditionibus potens, raptor, largitor, pace [4] pessimus, bello non spernendus. Juncti inde Mœsici ac Pannonici exercitus, Dalmaticum militem traxere, quamquam consularibus legatis nihil turbantibus. Titus Ampius Flavianus Pannoniam, Poppæus Silvanus Dalmatiam tenebant, divites senes. Sed procurator aderat Cornelius Fuscus, vigens ætate, claris natalibus. Primâ juventâ, quietis [5] cupidine, senatorium ordinem exue-

nat:

3 *Falsi damnatus*] Annal. 14, 40.

4 *Pace pessimus*] Hunc tamen solitâ poetis adulatione cumulavit Martialis, Epig. 9, 101. 10, 23. 32.

5 *Quietis cupidine*] Malebat Grotius *quæstûs*, exemplo eorum quæ Ann. 16, 7. de Melâ dicuntur: non enim quieti Fuscum ingenii fuisse, sequentia ostendunt.

rat: idem pro Galbâ dux coloniæ ſuæ, eâque operâ procurationem adeptus, ſuſceptis Veſpaſiani partibus, acerrimam bello facem prætulit; non tam præmiis periculorum, quàm ipſis periculis lætus, pro certis et olim partis, nova, ambigua, ancipitia malebat. Igitur movere et quatere quidquid uſquam ægrum foret, adgrediuntur. Scriptæ in Britanniam ad quartadecimanos, in Hiſpaniam ad primanos epiſtolæ; quòd utraque legio pro Othone, adverſa Vitellio fuerat: ſparguntur per Gallias litteræ. Momentoque temporis flagrabat ingens bellum, Illyricis exercitibus palam deſciſcentibus, ceteris fortunam ſecuturis.

LXXXVII. Dum hæc per provincias a Veſpaſiano ducibuſque partium geruntur, Vitellius contemptior in dies ſegniorque, ad omnîs municipiorum villarumque amœnitates reſiſtens[6], gravi Urbem agmine petebat. Sexaginta millia armatorum ſequebantur, licentiâ corrupta; calonum numerus amplior, procaciſſimis etiam inter ſervos lixarum ingeniis; tot legatorum amicorumque comitatus, inhabilis ad parendum, etiam ſi ſummâ modeſtiâ regeretur. Onerabant multitudinem obvii ex Urbe ſenatores equiteſque: quidam metu,

oſtendunt. Quidni hoc ipſum ſit quod Tacitus notatu dignum cenſebat, hominem naturâ quietum, merſum autem negotiis ac civilibus undis, priſtinos mores exuiſſe?

6 *Reſiſtens*] Deſidens. Phædr. Fab. 1, 12. *Ad fontem cervus cum bibiſſet, reſtitit.*

multi

multi per adulationem; ceteri, ac paullatim omnes, ne aliis proficiſcentibus, ipſi remanerent. Adgregabantur e plebe, flagitioſa per obſequia Vitellio cogniti, ſcurræ, hiſtriones, aurigæ, quibus ille amicitiarum dehoneſtamentis mirè gaudebat. Nec coloniæ modò, aut municipia, congeſtu [7] copiarum, ſed ipſi cultores, arvaque, maturis jam frugibus, ut hoſtile ſolum vaſtabantur.

LXXXVIII. Multæ et atroces inter ſe militum cædes, poſt ſeditionem Ticini cœptam, manente legionum auxiliorumque diſcordiâ; ubi adversùs paganos certandum foret, conſenſu. Sed plurima ſtrages, ad ſeptimum ab Urbe lapidem. Singulis ibi militibus Vitellius paratos cibos, ut gladiatoriam [8] ſaginam, dividebat: et effuſa plebes totis ſe caſtris miſcuerat. Incurioſos milites, vernaculâ, ut rebantur, urbanitate, quidam ſpoliavere, abſciſis furtim balteis, an [9] accincti forent? rogitantes. Non tulit ludibrium inſolens contumeliæ animus: inermem populum gladiis invaſere. Cæſus inter alios pater militis, cum filium comitaretur; deinde agnitus: et vulgatâ cæde, temperatum ab innoxiis. In Urbe tamen trepida-

7 *Congeſtu copiarum*] Cibariorum, commeatuum.

8 *Gladiatoriam*] Solebat gladiatoribus et athletis copioſior victus præberi. Hinc Cyprianus: *Impletur in ſuccum cibis fortioribus corpus, ut ſaginatus in pœnam carius pereat.*

9 *An accincti*] Inſtructi et prompti. Ludunt ambiguitate vocis.

 tum,

tum, præcurrentibus passim militibus. Forum maximè petebant, cupidine visendi locum, in quo Galba jacuisset. Nec minùs sævum spectaculum erant ipsi, tergis ferarum et ingentibus telis horrentes, cùm turbam populi per inscitiam parum vitarent, aut ubi lubrico viæ vel occursu alicujus procidissent, ad jurgium, mox ad manus et ferrum transirent. Quin et tribuni præfectique cum terrore et armatorum catervis volitabant.

LXXXIX. Ipse Vitellius, a ponte Milvio, insigni equo, paludatus accinctusque, senatum et populum ante se agens, quominus ut captam Urbem ingrederetur, amicorum consilio deterritus, sumptâ prætextâ [1], et composito agmine incessit. Quatuor legionum aquilæ per frontem, totidemque circà e legionibus aliis vexilla: mox duodecim alarum signa; et post peditum ordines, eques: dein quatuor et triginta cohortes, ut nomina gentium, aut species armorum forent, discretæ. Ante [2] aquilam præfecti castrorum tribunique, et primi centurionum, candidâ veste: ceteri juxta suam quisque centuriam, armis donisque fulgentes. Et militum phaleræ, torquesque splendebant. Decora facies, et non [3] Vitellio principe dignus exercitus. Sic Capitolium ingressus, atque

[1] *Prætextâ*] Pacis insigni.

[2] *Ante aquilam*] Ante suam quisque aquilam.

[3] *Non Vitellio*] Sed meliore principe.

que ibi matrem[4] complexus, Augustæ nomine honoravit.

XC. Posterâ die, tamquam apud alterius[5] civitatis senatum populumque, magnificam orationem de semetipso prompsit, industriam temperantiamque suam laudibus attollens: consciis flagitiorum ipsis qui aderant, omnique Italiâ, per quam somno et luxu pudendus incesserat. Vulgus tamen vacuum curis, et sine falsi verique discrimine solitas adulationes edoctum, clamore et vocibus adstrepebat: abnuentique nomen Augusti, expressere ut adsumeret, tam frustra[6] quàm recusaverat.

XCI. Apud civitatem cuncta interpretantem, funesti ominis loco acceptum est, quòd maximum pontificatum adeptus Vitellius, de cærimoniis publicis quintodecimo[7] Kal. Aug. edixisset,

4 *Matrem*] Sextiliam, c. 67.

5 *Alterius civitatis*] Quæ ipsum non noverat. Versam huic homini fortunam haud malè depingit Dio 65. *Vitellius etiam plerisque risum excitabat. Cum enim viderent gravitatem majestatemque ejus in publico, cujus stupra antè cognoverant; sedere in equo regio, ornatum chlamyde purpureâ, eum quem sciebant Veneto vestitu equos in certaminibus abstersisse; deinde cum tantâ manu militum conscendere in Capitolium, quem nemo antè videre poterat in foro, propter multitudinem creditorum; postremò adorari ab omnibus, quem ne osculari quidem libenter voluerat quisquam; teneri non poterant, quin riderent.*

6 *Tam frustra*] Sine causâ, eâdemque levitate.

Quintodecimo K.] Die 18. Julii pontificatum maximum, inter titulos principatûs, accepit, edictumque publicavit de cærimoniis publicis. Diem autem edixiſſet, antiquitus infauſto die Cremerenſi Allienſique cladibus. Adeò omnis humani divinique juris expers, pari libertorum amicorumque ſocordiâ, velut inter temulentos agebat. Sed comitia conſulum cum candidatis civiliter [8] celebrans, omnem infimæ plebis rumorem, in theatro ut ſpectator, in circo ut fautor adfectavit. Quæ grata ſanè et popularia, ſi a virtutibus proficiſcerentur, memoriâ vitæ prioris, indecora et vilia accipiebantur. Ventitabat in ſenatum, etiam cùm parvis de rebus patres conſulerentur. Ac fortè Priſcus Helvidius, prætor deſignatus, contra ſtudium ejus cenſuerat. Commotus primò Vitellius, non tamen ultrà, quàm tribunos plebis in auxilium ſpretæ poteſtatis advocavit. Mox mitigantibus amicis, qui altiorem iracundiam ejus verebantur, ‘ nihil novi accidiſſe’ reſpondit, ‘ quòd ‘ duo ſenatores in republicâ diſſentirent: ſolitum ſe etiam Thraſeæ contradicere.’ Inri-

autem illum *inſignem rei nulli publicè privatimque agendæ fecerunt* Romani, *quo die ad Cremeram Fabii cæſi, quo deinde ad Alliam cum exitio Urbis fœdè pugnatum*, Livius ait, 6, 1.

[8] *Civiliter celebrans*] Tanquam unus e civibus, cum ſuis candidatis circumiens ac prenſans patres, penes quos tum erant comitia. Plin. Paneg. 69. *Nec ideo ſegniùs juvenes noſtros exhortatus es, ſenatui ſupplicarent; atque ita a principe ſperarent honores, ſi a ſenatu petiſſent.* Sic igitur gratiam Vitellius quærebat in ſenatu. Quod ſequitur, *omnem rumorem affectavit*, &c. delinimentum ad plebem eſt, et a præcedenti differt totu genere.

ſere

fere plerique impudentiam æmulationis: aliis id ipſum placebat, quòd neminem ex præpotentibus, ſed Thraſeam ad exemplar veræ gloriæ legiſſet.

XCII. Præpoſuerat[9] prætorianis P. Sabinum, a præfecturâ cohortis; Julium Priſcum, tum centurionem: Priſcus Valentis, Sabinus Cæcinæ gratiâ pollebant. Inter diſcordes, Vitellio nihil auctoritatis. Munia imperii Cæcina ac Valens obibant, olim anxii odiis, quæ bello et caſtris malè diſſimulata, pravitas amicorum, et fecunda gignendis inimicitiis civitas auxerat, dum ambitu, comitatu, et immenſis ſalutantium agminibus contendunt comparanturque, variis in hunc aut illum Vitellii inclinationibus. Nec umquam ſatis fida potentia, ubi nimia eſt. Simul ipſum Vitellium, ſubitis offenſis aut intempeſtivis blanditiis mutabilem, contemnebant metuebantque. Nec eò ſegniùs invaſerant domos, hortos, opeſque imperii: cum flebilis et egens nobilium turba, quos ipſos liberoſque patriæ Galba reddiderat, nullâ principis miſericordiâ juvarentur. Gratum primoribus civitatis, etiam plebes adprobavit, quòd reverſis ab exſilio jura[1] libertorum conceſſiſſet: quamquam id omni

9 *Præpoſuerat*] Prætorio duos præfecerat, alterum a præfecturâ cohortis, alterum a centurionatu provectum.

1 *Jura libertorum*] Galba

ni modo servilia ingenia corrumpebant, abditis pecuniis per occultos aut ambitiosos sinus [2]: et quidam in domum Cæsaris transgressi, atque ipsis dominis potentiores.

XCIII. Sed miles, plenis castris, et redundante multitudine, in porticibus aut delubris, et Urbe tota vagus, non principia noscere, non servare vigilias, neque labore firmari: per inlecebras Urbis, et inhonesta dictu, corpus otio, animum libidinibus imminuebant. Postremò ne salutis quidem curâ, infamibus [4] Vaticani locis magna pars tetendit. Unde crebræ in vulgus mortes: et adjacente Tiberi, Germanorum Gallorumque obnoxia morbis corpora fluminis aviditas et æstûs impatientia labefecit. Insuper confusus, pravitate vel ambitu, ordo militiæ. Sedecim [5] prætoriæ, quatuor

ba exulibus patriam, non bona reddiderat. Inopiæ ut succurrat, Vitellius eis jura libertorum (seu patronatûs) concedit, quæ permulta erant legibus constituta, nempe ut a libertis patroni colerentur, egentes alerentur, heredes ex semisse, et ubi intestatò sine suo herede libertus decesserit, ex asse instituerentur, &c. Donum autem Vitellii in speciem ingens, re inane fuit, cum pecunias suas aut abderent servilia ingenia, aut apud potentiores deponerent.

2 *Sinus*] Sunt recessus. Abditis pecuniis vel in occultis receptaculis, vel in eorum sinubus, qui ambitu et gratiâ valebant.

3 *In domum Cæsaris*] Jam principis facti erant liberti.

4 *Infamibus V. locis*] Ob aerem parum purum. Frontinus, de aquæductibus, ait suo ævo *causas gravioris cœli, quibus apud veteres Urbis* infamis *aer fuit, esse remotas.*

5 *Sedecim prætoriæ*] Ergo auctus numerus. Suprà Ann. 4, 5. novem prætoriæ

quatuor urbanæ cohortes scribebantur, quîs singula millia inessent. Plus in eo delectu Valens audebat[6], tamquam ipsum Cæcinam periculo exemisset. Sanè adventu ejus partes convaluerant, et sinistrum lenti[7] itineris rumorem prospero[8] prœlio verterat; omnisque inferioris Germaniæ miles Valentem adsectabatur. Unde primùm creditur Cæcinæ fides fluitasse.

XCIV. Ceterum non ita ducibus indulsit Vitellius, ut non plus militi liceret. Sibi quisque militiam sumpsere. Quamvis indignus, si ita maluerat, urbanæ militiæ adscribebatur: rursus bonis, remanere inter legionarios aut alares volentibus, permissum. Nec deerant qui vellent, fessi morbis, et intemperiem cœli incusantes. Robora tamen legionibus alisque subtracta, convulsum castrorum decus, viginti millibus e toto exercitu permixtis magis quàm electis. Concionante Vitellio, postulantur ad supplicium Asiaticus, et Flavius, et Rufinus, duces Galliarum, quòd pro Vindice bellassent. Nec coercebat ejusmodi voces Vitellius: super insitam animo ignaviam, conscius sibi instare donativum, et deesse pecuniam, omnia alia militi largiebatur. Liberti[9] principum

riæ cohortes, tres urbanæ recensentur.

6 *Audebat*] Permisso, ut sibi quisque militiam sumeret; quod mox dicitur.

7 *Lenti itineris*] De cunctationibus Valentis supra c. 30.

8 *Prospero prælio*] Bedriacensi.

9 *Liberti principum*] Cæsarum priorum.

conferre

conferre pro numero mancipiorum, ut tributum, jussi. Ipse, solâ perdendi curâ, stabula aurigis exstruere; circum gladiatorum ferarumque spectaculis opplere; tamquam in summâ abundantiâ, pecuniæ inludere.

XCV. Quin et natalem Vitellii diem Cæcina ac Valens, editis totâ Urbe vicatim[1] gladiatoribus, celebravere, ingenti paratu, et ante illum diem insolito. Lætum fœdissimo cuique, apud bonos invidiæ fuit, quòd exstructis in campo Martio aris, inferias Neroni fecisset. Cæsæ publicè victimæ, crematæque: facem Augustales[2] subdidere: quod sacerdotium, ut Romulus Tatio regi, ita Cæsar Tiberius Juliæ genti sacravit. Nondum quartus a victoriâ mensis, et libertus Vitellii Asiaticus Polycletos, Patrobios, et vetera odiorum nomina æquabat. Nemo in illâ aulâ probitate aut industriâ certavit: unum ad potentiam iter, prodigis epulis, et sumptu ganeâque satiare inexplebiles Vitellii libidines. Ipse abundè ratus, si præsentibus frueretur, nec in longius consultans, novies[3] millies sestertiûm paucissimis mensibus intervertisse creditur. Magna et misera civitas, eodem anno Othonem Vi-

[1] *Vicatim*] Per vicos celebriores.

[2] *Augustales*] Annal. 1, 54. 2, 83.

[3] *Novies mil.*] 7,265,619l. Inter Othonis et Vitellii obitus intercesserunt menses circiter octo, ut liquet collatis inter se Tac. Hist. 1, 27. Suet. Oth. 11. Tac. Hist. 3, 78. Dio tamen Vitellii imperio annum assignat, decem diebus subtractis.

telliumque

telliumque passa, inter Vinios [4], Fabios, Icelos, Asiaticos, variâ et pudendâ sorte agebat; donec successere Mucianus et Marcellus [5], et magis alii homines, quàm alii mores.

XCVI. Prima Vitellio tertiæ [6] legionis defectio nunciatur, missis ab Aponio Saturnino epistolis, antequam is quoque Vespasiani partibus adgregaretur. Sed neque Aponius cuncta, ut trepidans re subitâ, perscripserat, et amici adulantes molliùs interpretabantur: 'unius legionis eam seditionem; ceteris exercitibus constare fidem.' In hunc modum etiam Vitellius apud milites disseruit, prætorianos nuper exauctoratos insectatus, 'a quibus falsos rumores dispergi, nec ullum civilis belli metum' adseverabat, suppresso Vespasiani nomine, et vagis per Urbem militibus, qui sermones populi coercerent: id præcipuum alimentum famæ erat.

XCVII. Auxilia tamen e Germaniâ Britanniâque et Hispaniis excivit, segniter, et necessitatem dissimulans. Perinde legati provinciæque cunctabantur: Hordeonius Flaccus, suspectis jam Batavis, anxius proprio [7] bello; Vettius [8] Bolanus, numquam satis qui-

4 *Vinios*] Vinius consul, Icelus libertus, Galbâ principe: Fabius Valens consul, Asiaticus libertus, sub Vitellio potentes.

5 *Marcellus*] Eprius, ad scelus homo promptus, Annal. 16, 26. sæpe postea memorandus.

6 *Tertiæ legionis*] Suprà c. 85.

7 *Proprio bello*] De quo infrà 4, 18.

8 *Vettius B.*] Suprà c. 65.

etâ Britanniâ; et uterque ambigui. Neque ex Hispaniis properabatur, nullo tum ibi consulari [9]: trium legionum legati, pares jure, et prosperis Vitellii rebus certaturi ad obsequium, adversam ejus fortunam ex æquo detrectabant. In Africâ legio cohortesque delectæ a Clodio Macro [1], mox a Galbâ dimissæ, rursus jussu Vitellii militiam cepere: simul cetera juventus dabat impigre nomina. Quippe integrum illic ac favorabilem proconsulatum [2] Vitellius, famosum [3] invisumque Vespasianus egerat: perinde socii de imperio utriusque conjectabant: sed experimentum contrà fuit.

XCVIII. Ac primò Valerius Festus legatus [4] studia provincialium cum fide juvit: mox nutabat, palam epistolis edictisque Vitellium, occultis nunciis Vespasianum fovens, et hæc illave defensurus, prout invaluissent. Deprehensi cum litteris edictisque Vespasiani, per Rætiam et Gallias, militum et centurionum quidam, ad Vitellium missi necantur: plures fefellere, fide amicorum, aut suomet astu occultati. Ita Vitellii paratus noscebantur: Ve-

9 *Consulari*] Aberat Cluvius Rufus: suprà c. 65. Eo absente, *pares jure* erant *trium legionum legati*, quibus Hispaniæ habebantur, Annal. 4, 5.

1 *Macro*] De quo Hist. 1, 7. 11.

2 *Proconsulatum Vitellius*] Proconsul Africam rexit per biennium, singulari innocentiâ. Suet. Vit. 5.

3 *Famosum Vespasianus*] Avaritiâ infamatum; cetera tamen laudabilem, si Suetonio fides, Vesp. 4.

4 *Legatus*] Legionis quæ erat in Africâ.

spasiani

ſpaſiani conſiliorum pleraque ignota, primùm ſocordiâ Vitellii; deinde Pannonicæ[5] Alpes præſidiis inſeſſæ, nuncios retinebant: mare quoque Eteſiarum[6] flatu in Orientem navigantibus ſecundum, inde adverſum erat.

XCIX. Tandem inruptione hoſtium, atrocibus undique nunciis exterritus, Cæcinam et Valentem expediri ad bellum jubet. Præmiſſus Cæcina: Valentem e gravi corporis morbo tum primùm adſurgentem, infirmitas tardabat. Longè alia proficiſcentis ex Urbe Germanici exercitûs ſpecies. Non vigor corporibus, non ardor animis: lentum et rarum agmen, fluxa arma, ſegnes equi: impatiens ſolis, pulveris, tempeſtatum, quantumque hebes ad ſuſtinendum laborem miles, tantò ad diſcordias promptior. Accedebat huc Cæcinæ ambitio vetus, torpor recens, nimiâ fortunæ indulgentiâ ſoluti in luxum: ſeu perfidiam meditanti, infringere exercitûs virtutem inter artes erat. Credidere plerique, Flavii[7] Sabini conſiliis

5 *Pannonicæ Alpes*] Inter Carinthiam et Carniolam.

6 *Eteſiarum*] Venti ſunt qui ſpirare incipiunt a vigeſimo Julii, biduo poſt Caniculæ exortum, *diebuſque 40 perflant; nec ulli ventorum magis ſtati ſunt*, teſte Plin. 2, 47. unde et nomen habent, ἐτήσιος enim *annuus* eſt. Flant ab occaſu et a ſeptemtrionibus, in tractu noſtro: hodie oceani nautæ vocant W.N.W. Ab Alexandriâ et Aſiâ Europam accedentibus adverſiſſimos experti ſunt Cæſar, B. Civ. 3, 88. Cic. ad Attic. 6, 7. et 8. Vid. Annal. 6, 33.

7 *Flavii Sabini*] Veſpaſiano fratri adſtipulantis. De Rubrio Gallo ſuprà c. 51. Valentis et Cæcinæ æmulationem habes ſuprà c. 30.

concussam Caecinae mentem, ministro sermonum Rubrio Gallo, 'rata apud Vespasianum 'fore pacta transitionis.' Simul odiorum invidiaeque erga Fabium Valentem admonebatur, ut impar apud Vitellium, gratiam viresque apud novum principem pararet.

C. Caecina complexu Vitellii multo cum honore digressus, partem equitum ad occupandam Cremonam praemisit. Mox vexillarii quartae [8] et sextaedecimae legionum; dein quinta et duoetvicesima secutae; postremo agmine unaetvicesima Rapax et prima Italica incessêre, cum vexillariis trium [9] Britannicarum legionum, et electis auxiliis. Profecto Caecinâ, scripsit Fabius Valens exercitui, quem ipse ductaverat, 'ut in itinere opperiretur; sic 'sibi cum Caecinâ convenisse:' qui praesens, eóque validior, 'immutatum id consilium' finxit, 'ut ingruenti bello totâ mole occur'reretur.' Ita adcelerare legiones Cremonam, pars Hostiliam [1] petere jussae: ipse Ravennam devertit, praetexto [2] classem adloquendi. Mox Patavii secretum componendae proditionis quae-

[8] *Quartae*] Ita cum Cl. Brot. emendandum puto vulg. *quartaedecimae*: quartadecima enim legio pro Othone fuit, ut dictum supra c. 86. Malunt Bip. *quartae*, *decimae*, *et sextaedecimae*: sed legio decima in Hispaniâ tum erat, infensa Vitellio, Hist. 3, 44.

[9] *Trium Britannicarum*] Nominatim memorantur infrà 3, 22. sc. nona, secunda, vicesima. Legio 14. quòd Vitellio erat inimica, in Britanniâ retenta est.

[1] *Hostiliam*] In ducatu Mantuensi, nunc *Ostiglia*.

[2] *Praetexto*] Pro *praetextu* dictum.

situm

situm. Namque Lucilius Bassus, post præfecturam alæ, Ravennati simul ac Misenensi classibus a Vitellio præpositus, quòd non statim præfecturam prætorii adeptus foret, iniquam iracundiam flagitiosâ perfidiâ ulciscebatur. Nec sciri potest, traxeritne Cæcinam, an (quod evenit inter malos, ut et similes sint) eadem illos pravitas impulerit.

CI. Scriptores temporum, qui potiente rerum Flaviâ domo monumenta hujusce belli composuerunt, curam pacis et amorem reipublicæ, corruptas [3] in adulationem caussas tradidere. Nobis, super insitam levitatem, et prodito Galbâ vilem mox fidem, æmulatione etiam invidiâque, ne ab aliis apud Vitellium anteiretur, pervertisse [4] ipsum Vitellium videtur. Cæcina legiones adsecutus, centurionum militumque animos, obstinatos pro Vitellio, variis artibus subruebat: Basso eadem molienti minor difficultas erat, lubricâ ad mutandam fidem classe, ob memoriam recentis pro [5] Othone militiæ.

[3] *Corruptas*] Cæcinæ ad Vespasiani partes transitionis caussas tradidere non veras, sed adulatione perversas.

[4] *Pervertisse*] Pessumdedisse ipsum *Vitellium*: quæ vox rectiùs fortasse abesset.

[5] *Pro Othone*] Suprà c. 14. et 28.

Brevia-

Breviarium Libri III. Hiſtoriarum.

A. D. 69. U. C. 822.

CAP. 1. *FLAVIANIS, de ratione belli deliberantibus, moram alii,*

2. *Feſtinationem Antonius Primus ſuadet;*

3. *Et obtinet, militum ſtudiis eò inclinantibus.*

4. 5. *Ad invadendam Italiam omnia parantur.*

6. *Arrius Varus Antonio comes.*

7. *Multa municipia occupant: Galbæ imagines reſtituunt:*

8. *Veronam bello ſedem legunt, moras fruſtra aut ſerò molientibus Veſpaſiano et Muciano.*

9. *Cæcina per varias moras hoſtibus tempora belli prodit. Hoſtiles Vitellianorum et Flavianorum epiſtolæ.*

10. 11. *Ampium Flavianum et Aponium Saturninum, ſeditioſis Flavianorum vocibus ad exitium poſtulatos, defendit Antonius, cui uni apud militem fides.*

12. *Lucilius Baſſus, claſſis Ravennatis præfectus,*

13. *Et Cæcina a Vitellio deficiunt. Sed milites in fide manent,*

14. *Duceſque ſuos vinciunt.*

15. *Iſtis turbis occupatos Antonius aggreditur,*

16.

16. *Prœlioque conserto,*
17. 18. *Nullum constantis ducis aut boni militis officium omittit.*
19. *Partâ victoriâ Flaviani de Cremonâ invadendâ deliberant,*
20. *Nec Antonium audiunt,*
21. *Donec adventu Vitellianorum territi, consilium admittunt.*
22. *Hostibus obviam profecti, manum cum iis conserunt. Prœlium atrox et anceps oritur.*
23. 24. *Antonius egregii ducis munia implet.*
25. *Tandem Vitelliani pelluntur. Eâ pugnâ pater a filio suo interfectus.*
26. *Victores Flaviani castra Vitellianorum ad Cremonam oppugnant:*
27. 28. 29. *Iisque magno labore captis,*
30. *Ipsam etiam urbem aggrediuntur:*
31. *Atque illa deditur. Cæcinæ fastus, et apud omnes odium.*
32. *Cremona a militibus Flavianis diripitur,*
33. *Atque igne concrematur.*
34. *Quæ tamen postea restituta.*
35. *Victæ legiones sparguntur.*
36. *Vitellius de more torpet:*
37. *Cæcinam condemnat, in cujus locum suffectus Regulus, consul unius diei.*
38. *Mors Junii Blæsi, artibus L. Vitellii præparata.*
39. *Laus Blæsi.*
40. *Fabii Valentis expeditio,*

41. *Et a militibus suis deserti consilium.*

42. *Qui omnia expertus,*

43. *Stœchadas Massiliensium insulas delatus, capitur.*

44. *Hispaniæ, Galliæ, Britannia ad Vespasiani partes accedunt.*

45. *Turbat tamen in Britanniâ Venusius, cum quo variâ sorte pugnatur.*

46. *Daci a Muciano reprimuntur.*

47. 48. *Aniceti servilia per Pontum arma brevì oppressa. Vespasianus Alexandriam venit.*

49. *Antonius Primus insolenter se gerit.*

50. *Copiarum ejus enumeratio.*

51. *Ex quibus miles gregarius ob occisum fratrem præmium petit.*

32. *Festinationem Antonii apud Vespasianum criminatur Mucianus.*

53. *Antonius superbis ad Vespasianum litteris id questus, odium Muciani intendit.*

54. *Vitellius stultâ dissimulatione cladem Cremonensem premit. Notabilis constantia centurionis.*

55. *Vitellius ad exercitum venit:*

56. *Pavens, ignarus, temulentus, auditâ defectione classis Misenensis, Romam revertit.*

57. *Claudius Julianus, prodito Vitellio, Tarracinam occupat.*

58. *L. Vitellius Campano bello opponitur. Delectu in Urbe habito, paullatim senatores equitesque dilabuntur.*

59. *Cerialis ad Flavianos elabitur:*

60.

60. *Qui pugnæ avidi, oratione Antonii mitigantur.*

61. 62. *Vitellianorum plurimi, et tandem cæde Valentis cognitâ, omnes ad Veſpaſianum tranſeunt.*

63. *Agitur cum Vitellio ut imperio cedat: nec reluctatur.*

64. 65. *Flavius Sabinus a primoribus Urbis incitatus, cum Vitellio de pace agit.*

66. *Ille cedebat imperio, ni ſui reniterentur.*

67. *Qui pullo amictu palatio degreſſum,*

68. *Et pro concione cedere ſe teſtantem, in palatium redire compellunt.*

69. *Flavium Sabinum, in Capitolium pulſum, obſident.*

70. *Sabinus ad Vitellium mittit, queſtus pacta turbari. At illi nulla in ſuos poteſtas.*

71. *Capitolium oppugnatur, incenditur.*

72. *Super iſto facinore querelæ. Capitolii ad eam diem vices.*

73. *Sabinus, et Atticus conſul, capti.*

74. *Domitianus aſtu liberti ſervatur. Sabinus invito Vitellio necatus, in Gemonias trahitur.*

75. *Ejus elogium. Atticum, utili mendacio ſibi commendatum, ſervat Vitellius.*

76. 77. *L. Vitellius Tarracinam expugnat. Uxoris ejus immodeſtia.*

78. *Flaviani cunctantur, cum invidiâ Antonii, Sabinique, et Muciani.*

79. *Cerialis fugatur a Vitellianis.*

80, 81. *Vitellius legatos et Vestales pro pace aut induciis mittit; nec obtinet.*

82. 83. *Inde varia ante Urbem, et in ipsâ, prœlia et scelera.*

84. *Castra prætoria expugnantur.*

85. *Vitellius captus vinctusque ducitur, ad extremum interficitur.*

86. *Vita moresque ejus. Domitianus Cæsar consalutatur.* Hæc gesta paucis mensibus,

COSS. SUFF.

{ C. Fabio Valente,
{ A. Alieno Cæcinâ.
Rosio Regulo.
{ Cn. Cæcilio Simplici,
{ C. Quinctio Attico.

C. COR-

C. CORNELII
TACITI
HISTORIARUM
LIBER III.
QUI ANNALIUM XIX.

I. MELIORE fato fideque Flavianarum partium duces concilia belli tractabant. Pœtovionem[1], in hiberna tertiædecimæ legionis, convenerant. Illic agitavere, placeretne obstrui Pannoniæ[2] Alpes, donec a tergo vires universæ consurgerent; an ire cominus, et certare pro Italiâ constantius foret. Quibus opperiri auxilia, et trahere bellum videbatur, Germanicarum legionum vim famamque extollebant, 'et advenisse[3] mox cum Vi'tellio Britannici exercitûs robora: ipsis nec

[1] *Pœtovionem*] Hod. *Pettau*, urbs ducatûs Stiriæ, in circulo Austriæ. Æstiva ejusdem legionis fuisse Vindobonæ (*Vienna*) probant multi lateres ibi reperti.

[2] *Pannoniæ A.*] De Alpibus Pannoniæ supra Hist. 2, 98.

[3] *Advenisse mox*] Hist. 2, 27. 100.

'numerum parem pulsarum[4] nuper legionum, 'et quamquam atrociter loquerentur, minorem 'esse apud victos animum. Sed obsessis interim 'Alpibus, venturum cum copiis Orientis Mu-'cianum. Superesse Vespasiano mare, classes, 'studia provinciarum, per quas velut alterius 'belli molem cieret. Ita salubri morâ, novas 'vires adfore, et præsentibus nihil periturum.'

II. Ad ea Antonius Primus (is acerrimus belli concitator) 'festinationem ipsis utilem, 'Vitellio exitiosam' disseruit. 'Plus socor-'diæ, quàm fiduciæ, accessisse victoribus: ne-'que enim in[5] procinctu et castris habitos: 'per omnia Italiæ municipia desides, tantùm 'hospitibus metuendos, quantò ferociùs antè 'se egerint, tantò cupidiùs insolitas voluptates 'hausisse: circo quoque, ac theatris, et amœ-'nitate Urbis emollitos, aut valetudinibus[6] 'fessos. Sed addito spatio, rediturum et his 'robur meditatione belli; nec procul Germa-'niam, unde vires; Britanniam freto dirimi; 'juxtà Gallias, Hispaniasque; utrimque viros, 'equos, tributa: ipsamque Italiam, et opes 'Urbis: ac si inferre arma ultro velint, duas 'classes, vacuumque Illyricum mare. Quid 'tum claustra montium profutura? quid trac-

4 *Pulsarum nuper*] Prœlio Bedriacensi.

5 *In procinctu*] In exercitiis militaribus. Gallicè *en haleine*.

6 *Valetudinibus*] Morbis, de quibus Hist. 2, 93. Plin. 23, 1. *Quod ad febrium valetudines attinet.*

'tum

'tum in æstatem aliam bellum? unde interim 'pecuniam et commeatus? Quin potiùs eo 'ipso uterentur, quòd Pannonicæ legiones, 'deceptæ magis quàm victæ, resurgere in ul-'tionem properent; Moesici exercitus inte-'gras [7] vires attulerint. Si numerus militum 'potiùs quàm [8] legionum putetur, plus hinc 'roboris, nihil libidinum; et profuisse disci-'plinæ ipsum pudorem [9]. Equites verò ne 'tum quidem victos; sed quamquam rebus ad-'versis, disjectam Vitellii aciem. Duæ tunc 'Pannonicæ ac Mœsicæ alæ perrupere hostem. 'Nunc sexdecim alarum conjuncta signa, pulsu 'sonituque et nube ipsâ operient ac super-'fundent oblitos prœliorum equites equosque. 'Nisi quis retinet, idem suasor [1] auctorque 'consilii ero. Vos, quibus fortuna [2] in in-'tegro est, legiones continete: mihi expe-'ditæ cohortes sufficient. Jam reseratam Ita-'liam, impulsas [3] Vitellii res audietis. Ju-'vabit sequi, et vestigiis vincentis insistere.'

7 *Integras vires*] Cùm prœlio Bedriacensi non interfuerint. Hist. 2, 44.

8 *Quàm legionum*] Erant cum Vitellio undecim legiones: Mœsiæ et Pannoniæ exercitus quinque legiones conficiebant.

9 *Pudorem*] Quod victi essent a Germanicianis.

1 *Suasor auctorque*] Quæ suasi, facere aggrediar.

2 *Fortuna in integro.*] Vos, qui spem vobis inter adversa reliquistis (ut dicitur mox c. 4.) continete legiones: ego apertè in causam descendi, culpæ vel gloriæ militum socius.

3 *Impulsas*] Motas loco suo; mox solo adfligendas.

III. Hæc atque talia, flagrans oculis, truci voce, quò latiùs audiretur, (etenim se centuriones et quidam militum consilio miscuerant) ita effudit, ut cautos quoque ac providos permoveret; vulgus et ceteri unum virum ducemque, spretâ aliorum segnitiâ, laudibus ferrent. Hanc suî famam eâ statim concione commoverat, qua recitatis Vespasiani epistolis, non, ut plerique, incerta differuit, huc illuc tracturus interpretatione[4], prout conduxisset; apertè descendisse in caussam videbatur: eóque gratior militibus erat, culpæ vel gloriæ socius.

IV. Proxima Cornelii Fusci procuratoris auctoritas: is quoque inclèmenter in Vitellium invehi solitus, nihil spei sibi inter adversa reliquerat. T. Ampius[5] Flavianus naturâ ac senectâ cunctator, suspiciones militum inritabat, tamquam adfinitatis cum Vitellio meminisset: idemque, quòd cœptante legionum motu profugus, dein sponte remeaverat, perfidiæ locum quæsisse credebatur. Nam Flavianum omissâ Pannoniâ ingressum Italiam, et discrimini exemptum, rerum novarum cupido legati nomen resumere, et misceri civilibus armis impulerat, suadente Cornelio Fusco; non quia industriâ Flaviani egebat, sed ut con-

4 *Interpretatione*] Vulg. *interpretationem*. Dicta huc illuc trahuntur, non interpretatio, uti rectè notavit Ernestus.

5 *T. Ampius*] De eo et Corn. Fusco Hist. 2, 86.

ulare

fulare nomen furgentibus cum maximè partibus honeftâ fpecie prætenderetur.

V. Ceterum ut tranfmittere in Italiam impune et ufui foret, fcriptum Aponio Saturnino [6], cum exercitu Mœfico celeraret. Ac ne inermes provinciæ barbaris nationibus exponerentur, principes Sarmatarum Jazygum [7], penes quos civitatis regimen, in commilitium adfciti: plebem quoque, et vim equitum, qua folâ valent, offerebant. Remiffum [8] id munus, ne inter difcordias externa molirentur, aut majore ex diverfo [9] mercede, jus fafque exuerent. Trahuntur in partes Sido [1] atque Italicus, reges Suevorum, quîs vetus obfequium erga Romanos; et gens fidei commiffæ patientior [2]. Pofita in latus [3] auxilia, infeftâ Rætiâ, cui Portius Septiminus procurator erat, incorruptæ erga Vitellium fidei. Igitur Sex-

6 *Saturnino*] Poft hanc vocem, librariorum ofcitantiâ, in cod. Florentino integræ paginæ facta fuit tranfpofitio. Pagina defi-nebat in *Satur*—proxima incipiebat a *nino cum:* fed interpofita et prior defcripta eft altera, quæ incipiebat *revirefcere*, c. 7. defi-nebat in *ut inimici*, c. 9. Verum ordinem reftituit Pichena. Ceterum, quia ea tranfpofitio eft in omnibus MSS. patet eos omnes ex uno autographo fluxiffe.

7 *Jazygum*] Annal. 12, 29.

8 *Remiffum*] Non acceptum id munus, ne inter pop. Romani difcordias, exteræ gentes finibus imperii infultarent.

9 *Ex diverfo*] Ex alterâ factione. Hift. 2, 75.

1 *Sido*] Annal. 12, 29.

2 *Patientior*] Retinentior; aptior ad fuftinendum onus fidei fibi commiffæ.

3 *In latus*] Adversùs Rætos.

tilius

tilius Felix cum alâ Aurianâ, et octo cohortibus, ac Noricorum juventute, ad occupandam ripam Æni[4] fluminis, quod Rætos Noricosque interfluit, missus. Nec his aut illis prœlium tentantibus, fortuna partium alibi transacta.

VI. Antonio, vexillarios e cohortibus et partem equitum ad invadendam Italiam rapienti, comes fuit Arrius Varus, strenuus bello, quam gloriam ei dux Corbulo et prosperæ in Armeniâ res addiderant. Idem secretis apud Neronem sermonibus ferebatur Corbulonis virtutes criminatus. Unde infami gratiâ primum[5] pilum adepto, læta ad præsens malè parta, mox in perniciem vertêre. Sed Primus ac Varus, occupatâ Aquileiâ, in proxima quæque, et Opitergii[6] et Altini lætis animis accipiuntur. Relictum Altini præsidium adversùs classem Ravennatem, nondum defectione ejus auditâ. Inde Patavium et Ateste partibus adjunxere. Illic cognitum, trîs Vitellianas cohortes, et alam cui Scribonianæ nomen, ad Forum[7] Allieni, ponte juncto, consedisse. Placuit occasio invadendi incuriosos; nam id quoque nunciabatur. Luce primâ inermos plerosque oppressere. Prædictum

4 *Æni fluminis*] Nunc *Inn*, qui in Danubium influit.

5 *Primum pilum*] Primipili centurionis ordinem.

6 *Opitergii*] *Oderzo*; Altinum, *Altino*; Ateste, *Este*, in statu Veneto.

7 *Forum Allieni*] Nunc *Ferrara*.

ut

ut paucis interfectis, ceteros pavore ad mutandam fidem cogerent. Et fuere qui se statim dederent: plures, abrupto ponte, instanti hosti viam abstulerunt.

VII. Vulgatâ victoriâ, post [8] principia belli secundùm Flavianos, duæ legiones, septima Galbiana, tertiadecima Gemina, cum Vedio Aquilâ legato, Patavium alacres veniunt [9]. Ibi pauci dies ad requiem sumpti: et Minucius Justus, præfectus castrorum legionis septimæ, quia adductiùs [1] quàm civili bello imperitabat, subtractus militum iræ, ad Vespasianum missus est. Desiderata diu res, interpretatione [2] gloriæ, in majus accipitur, postquam Galbæ imagines, discordiâ temporum subversas, in omnibus municipiis recoli jussit Antonius: decorum pro caussâ ratus, si placere Galbæ principatus, et partes revirescere crederentur.

VIII. Quæsitum inde, quæ sedes bello legeretur. Verona potior visa, patentibus circùm campis ad pugnam equestrem, qua prævalebant: simul coloniam copiis validam auferre Vitellio, in rem [3] famamque videbatur.

8 *Post principia*] Postquam initia belli fausta fuerant Flavianis. *Post* abest a Flor. unde insititia hæc esse, *principia belli secundùm Flavianos*, meritò conjecit Cl. Ernestus.

9 *Veniunt*]. E Pannoniâ. Hist. 2, 86.

1 *Adductiùs*] Severiùs. Ann. 14, 4. Metaphora ab adductis habenis.

2 *Interpretatione gloriæ*] Interpretatione eorum, qui cuncta in gloriam partis prævalentis trahebant.

3 *In rem famamque*] Utile gloriosumque.

 Possessa

Possessa ipso transitu Vicetia[4]: quod per se parum (etenim modicæ municipio vires) magni momenti locum obtinuit, reputantibus illic Cæcinam genitum, et patriam hostium duci ereptam. In[5] Veronensibus pretium fuit: exemplo opibusque partes juvere. Et interjectus exercitus, Rætiam Juliasque Alpes, ne pervium illà Germanicis exercitibus foret, obsepserat. Quæ ignara Vespasiano, aut vetita: quippe Aquileiæ sisti bellum, exspectarique Mucianum jubebat; adjiciebatque imperio consilium, 'quando Ægyptus, claustra annonæ, 'vectigalia opulentissimarum provinciarum[7] ob'tinerentur, posse Vitellii exercitum egestate 'stipendii frumentique ad deditionem subigi.' Eadem Mucianus crebris epistolis monebat, incruentam et sine luctu victoriam, et alia hujuscemodi prætexendo; sed gloriæ avidus, atque omne belli decus sibi retinens. Ceterum ex distantibus terrarum spatiis, consilia post[8] res adferebantur.

IX. Igitur repentino incursu Antonius stationes hostium inrumpit: tentatisque levi prœlio animis, ex æquo discessum. Mox Cæcina inter Hostiliam vicum Veronensium, et

4 *Vicetia*] Vicenza.

5 *In Veronensibus pretium*] Veronam possidere operæ pretium fuit.

6 *Juliasque Alpes*] Eædem sunt cum Pannonicis, Hist. 2, 98.

7 *Provinciarum*] Orientis.

8 *Post res*] Post eventus.

paludes

paludes [6] Tartari fluminis, castra permuniit; tutus loco, cum terga flumine, latera objectu paludis tegerentur. Quòd si adfuisset fides, aut opprimi universis Vitellianorum viribus duæ legiones, nondùm conjuncto Mœsico exercitu, potuere; aut retro actæ, desertâ Italiâ, turpem fugam conscivissent. Sed Cæcina, per varias moras, prima hostibus prodidit tempora belli, dum quos armis pellere promptum erat, epistolis increpat, donec per nuncios pacta perfidiæ firmaret. Interim Aponius Saturninus cum legione septimâ Claudianâ advenit [1]. Legioni tribunus Vipstanius [2] Messala præerat, claris majoribus, egregius ipse, et qui solus ad id bellum artes bonas attulisset. Has ad copias, nequaquam Vitellianis [3] pares (quippe tres [4] adhuc legiones erant) misit epistolas Cæcina, temeritatem victa arma tractantium incusans. Simul virtus Germanici [5] exercitûs laudibus attollebatur, Vitellii modicâ et vulgari mentione, nullâ in Vespasianum contumeliâ: nihil prorsus, quod aut corrumperet hostem, aut terreret. Flavianarum partium

6 *Paludes Tartari*] Nunc *Tartaro*. Adhuc videntur in tractu dicto *Polesino de Rovigo*.

1 *Advenit*] E Mœsiâ. Hist. 2, 85.

2 *Vipstanius*] Taciti amicus, cui partes etiam præcipuas tribuit ille in Dialogo de Oratoribus.

3 *Vitellianis*] Quas vide, Hist. 2, 100.

4 *Tres adhuc*] Tres tantùm adhuc legiones Flavianis aderant, septima Galbiana, tertiadecima Gemina, septima Claudiana.

5 *Germanici*] Vitelliani.

duces, omissâ prioris[6] fortunæ defensione, pro Vespasiano magnificè, pro caussâ fidenter, de exitu securi, in Vitellium ut inimici præsumpsere[7]; factâ tribunis centurionibusque retinendi, quæ Vitellius indulsisset, spe: atque ipsum Cæcinam non obscurè ad transitionem hortabantur. Recitatæ pro concione epistolæ addidere fiduciam, quòd submissè Cæcina, velut offendere Vespasianum timens; ipsorum duces contemptim, tamquam insultantes Vitellio, scripsissent.

X. Adventu[8] deinde duarum legionum, e quibus tertiam Dillius Aponianus, octavam Numisius Lupus ducebant, ostentare vires, et militari vallo Veronam circumdare placuit. Fortè Galbianæ legioni in adversâ fronte valli opus cesserat, et visi procul sociorum equites, vanam formidinem ut hostes fecere. Rapiuntur arma, et ut[9] proditionis, ira militum in T. Ampium Flavianum incubuit, nullo criminis argumento; sed jam pridem invisus, turbine quodam ad exitium poscebatur: 'pro-"pinquum Vitellii, proditorem Othonis, in-

6 *Prioris fortunæ*] Ut quæ nihil ad Vespasianum, sed ad Othonem, præpropere desperantem, spectaret.

7 *Præsumpsere*] Ausi sunt opinari et scribere de Vitellio ut inimici, ante victoriam; de *exitu* belli jam *securi*.

8 *Adventu*] E Mœsiâ. Hist. 2, 74. 85.

9 *Ut proditionis*] Et ira militum, tamquam ira proditionis, seu ira ob proditionem concepta, in T. Ampium incubuit. Sic *ira quæstionis*, *uxoris corruptæ*, *fugæ*, occurrunt apud Liv. 4, 50. 5, 33. 27, 7.

"terceptorem

'interceptorem [1] donativi' clamitabant. Nec defensioni locus, quamquam supplices manus tenderet, humi plerumque stratus, lacerâ veste, pectus atque ora singultu quatiens. Id ipsum apud infensos incitamentum erat, tamquam nimius pavor conscientiam argueret. Obturbabatur militum vocibus Aponius, cum loqui cœptaret: fremitu et clamore ceteros adspernantur: uni Antonio apertæ militum aures. Namque et facundia aderat, mulcendique vulgum artes, et auctoritas. Ubi crudescere seditio, et a conviciis et probris ad tela et manus transibant, injici catenas Flaviano jubet. Sensit ludibrium miles, disjectisque qui tribunal tuebantur, extrema vis parabatur. Opposuit sinum Antonius stricto ferro, aut militum se manibus, aut suis moriturum obtestans: ut quemque notum, et aliquo militari decore insignem adspexerat, ad ferendam opem nominatim ciens. Mox conversus ad signa et bellorum deos, hostium potiùs exercitibus illum furorem, illam discordiam injicerent, orabat: donec fatisceret seditio, et extremo jam die, sua quisque in tentoria dilaberentur. Profectus eâdem nocte Flavianus, obviis [2] Vespasiani litteris discrimini exemptus est.

[1] *Interceptorem donativi*] De quo Hist. 2, 94.

[2] *Obviis V. litteris*] Re ad Vespasianum delatâ, rescripsit ille litteras Flaviano salutares, quæ litteræ homini *naturâ et senectâ cunctatori* (suprà c. 4.) occurrerunt, dum in itinere esset, ad imperatorem proficiscens.

XI.

XI. Legiones, veluti tabe infectæ, Aponium Saturninum, Mœsici exercitûs legatum, eò atrociùs adgrediuntur, quòd non, ut priùs, labore et opere fessæ, sed medio diei exarserant; vulgatis epistolis, quas Saturninus ad Vitellium scripsisse credebatur. Ut olim virtutis modestiæque, tunc procacitatis et petulantiæ certamen erat, ne minùs violenter Aponium, quàm Flavianum, ad supplicium deposcerent. Quippe Mœsicæ legiones, adjutam a se Pannonicorum ultionem [3] referentes, et Pannonici, velut [4] absolverentur aliorum seditione, iterare culpam gaudebant. In hortos, in quibus divertebatur Saturninus, pergunt. Nec tam Primus, et Aponianus, et Messala (quamquam omni modo nisi) eripuere Saturninum, quàm obscuritas latebrarum quibus occulebatur, vacantium [5] fortè balnearum fornacibus abditus: mox omissis lictoribus, Patavium concessit. Digressu consularium, uni Antonio vis ac potestas in utrumque exercitum fuit, cedentibus collegis, et obversis militum studiis. Nec deerant qui crederent, utramque seditionem fraude Antonii cœptam, ut solus bello frueretur.

XII. Ne in Vitellii quidem partibus quietæ mentes: exitiosiore discordiâ, non suspicioni-

3 *Ultionem*] Cum in Flavianum sævirent.

4 *Velut absolverentur*] Quasi ipsos crimine liberaret Mœsicorum seditio.

5 *Vacantium*] Non usitatarum.

bus

bus vulgi, ſed perfidiâ ducum turbabantur. Lucilius Baſſus, claſſis[6] Ravennatis præfectus, ambiguos militum animos, quòd magna pars Dalmatæ Pannoniique erant, quæ provinciæ Veſpaſiano tenebantur, partibus ejus adgregaverat. Nox proditioni electa, ut ceteris ignaris, ſoli in principia defectores coirent. Baſſus pudore, ſeu metu quiſnam exitus foret, intra domum opperiebatur. Trierarchi magno tumultu Vitellii imagines invadunt; et paucis reſiſtentium obtruncatis, ceterum vulgus, rerum novarum ſtudio, in Veſpaſianum inclinabat. Tum progreſſus Lucilius, auctorem ſe palam præbet. Claſſis Cornelium Fuſcum præfectum ſibi deſtinat, qui propere adcucurrit. Baſſus honoratâ cuſtodiâ liburnicis navibus Atriam[7] pervectus, a præfecto alæ Mennio Rufino, præſidium illic agitante, vincitur. Sed exſoluta ſtatim vincula, interventu Hormi Cæſaris[8] liberti: is[9] quoque inter duces habebatur.

6 *Claſſis*] Fortè non ſatis fiſa Baſſo, transfugæ et meticuloſo, cum contrà *Corn. Fuſcus aderat, vigens ætate, claris natalibus*, ut dicitur Hiſt. 2, 86. Eâdem diffidentiâ motus Rufinus, Baſſum vincit.

7 *Atriam*] Nunc *Adria* in *Poleſino de Rovigo*. Urbs Tuſciæ cum portu, a qua nomen accepiſſe Adriaticum mare ſcribit Plin. 3, 16.

8 *Cæſaris liberti*] Libertus familiæ Cæſareæ ſeu principalis. Suprà Hiſt. 2, 65. *Hilarius Cæſaris libertus* memoratur, quamquam nomen Cæſaris ipſe Vitellius abnuiſſet uſque ad Hiſt. 3, 58.

9 *Is quoque*] Hiſt. 1, 76. *nam et hi malis temporibus partem ſe reip. faciunt.*

XIII. At Cæcina, defectione classis vulgatâ, primores centurionum, et paucos militum, ceteris per militiæ munera dispersis, secreta [1] castrorum adfectans, in principia vocat. Ibi Vespasiani virtutem, viresque partium extollit: 'transfugisse classem; in arcto [2] commeatum; adversas Gallias Hispaniasque; nihil in Urbe fidum:' atque omnia de Vitellio in deterius. Mox incipientibus qui conscii aderant, ceteros re novâ attonitos, in verba Vespasiani adigit. Simul Vitellii imagines dereptæ, et missi qui Antonio nunciarent. Sed ubi totis castris in [3] famâ proditio, recurrens in principia miles, præscriptum Vespasiani nomen, projectas Vitellii effigies adspexit, vastum primò silentium: mox cuncta simul erumpunt: 'Huc cecidisse Germanici exercitûs gloriam, ut sine prœlio, sine vulnere, vinctas manus, et capta traderent arma? Quas enim ex diverso legiones? nempe victas. Et abesse unicum Othoniani exercitûs robur, primanos quartadecimanosque: quos tamen iisdem illîs campis fuderint straverintque, ut [4] tot armatorum millia, velut

[1] *Secreta castrorum*] Tempus, quo solitudo esset in castris, aucupans.

[2] *In arcto commeatum*] Ad angustias redigi.

[3] *In famâ*] In ore famæ erat, vulgabatur.

[4] *Ut tot*] Vicerant Othonianos; at nunc vicissim videntur eam tantùm ob causam, ut exuli Antonio dono darentur. Exulavit scilicet Antonius, cum falsi damnatus esset, Ann. 14. 40.

'grex

'grex venalium, exsuli Antonio donum da-'rentur. Octo nimirum legiones unius clas-'sis accessionem fore. Id Basso, id Caecinae 'visum, postquam domos, hortos, opes, prin-'cipi abstulerint, etiam militibus principem 'auferre, principi [5] militem. Integros incru-'entosque, Flavianis quoque partibus viles, 'quid [6] dicturos reposcentibus aut prospera, 'aut adversa?'

XIV. Haec singuli, haec universi, ut quemque dolor impulerat, vociferantes, initio a quintâ legione orto, repositis Vitellii imaginibus, vincla Caecinae injiciunt: Fabium Fabullum quintae legionis legatum, et Cassium Longum praefectum castrorum, duces deligunt: fortè oblatos trium liburnicarum milites, ignaros et insontes trucidant: relictis castris, abrupto ponte, Hostiliam rursus, inde Cremonam pergunt; ut legionibus primae Italicae et unietvicesimae Rapaci jungerentur, quas Caecina, ad obtinendam Cremonam, cum parte equitum praemiserat.

XV. Ubi haec comperta Antonio, discordes animis, discretos viribus hostium exercitus ad-

5 *Principi militem*] Ita codex Agricolae, quam lectionem firmant Flor. et Reg. in quibus pro vulg. *licet integros &c*, legitur *litem*, manentibus indiciis veteris scripturae *militem*.

6 *Quid dicturos*] Quid responsuri essent interrogantibus, quorsum evasit victoria illa insignis vestra Bedriacensis? aut quid vobis tam adversi contigerat, ut *integri et incruenti* vosmet hosti tradatis?

gredi ſtatuit, antequam ducibus auctoritas, militi obſequium, et junctis legionibus fiducia rediret. Namque Fabium Valentem profectum ab Urbe, adceleraturumque cognitâ Cæcinæ proditione, conjectabat. Et fidus Vitellio Fabius, nec militiæ ignarus. Simul ingens Germanorum [7] vis per Rætiam timebatur: et ex Britanniâ, Galliâque, et Hiſpaniâ auxilia Vitellius acciverat, immenſam belli [8] luem, ni Antonius id ipſum metuens, feſtinato prœlio victoriam præcepiſſet. Univerſo cum exercitu, ſecundis [9] a Veronâ caſtris, Bedriacum venit. Poſtero die, legionibus ad muniendum retentis, auxiliares cohortes in Cremonenſem agrum miſſæ, ut ſpecie parandarum copiarum, civili prædâ miles imbueretur. Ipſe cum quatuor millibus equitum ad octavum a Bedriaco progreſſus, quò licentiùs popularentur: exploratores (ut mos eſt) longiùs [1] curabant.

XVI. Quinta [2] ferme hora diei erat, cum citus eques, adventare hoſtes, prægredi paucos, motum fremitumque latè audiri, nunciavit. Dum Antonius, quidnam agendum, conſultat, aviditate navandæ operæ Arrius Varus cum promptiſſimis equitum prorupit, impulitque Vitellianos, modicâ cæde; nam plurium

7 *Germ. vis*] Multitudo.

8 *Belli luem*] Perniciem, malum.

9 *Secundis caſtris*] Bidui itinere confecto.

1 *Longiùs curabant*] Ultra hanc diſtantiam explorabant.

2 *Quinta ferme hora*] Proxima ante meridiem.

adcurſu

adcurſu verſa fortuna, et acerrimus quiſque ſequentium fugæ [3] ultimus erat. Nec ſponte Antonii properatum; et fore quæ acciderant, rebatur. Hortatus ſuos, ut magno animo capeſſerent pugnam, diductis in latera turmis, vacuum medio relinquit iter, quo Varum equiteſque ejus reciperet. Juſſæ armari legiones: datum per agros ſignum, ut quà cuique proximum, omiſsâ prædâ, prœlio occurrerent. Pavidus interim Varus turbæ ſuorum miſcetur, intulitque formidinem. Pulſi cum ſauciis integri, ſuomet ipſi metu, et anguſtiis viarum conflictabantur.

XVII. Nullum in illâ trepidatione Antonius conſtantis ducis, aut fortiſſimi militis, officium omiſit. Occurſat paventibus, retinet cedentes; ubi plurimus labor, unde aliqua ſpes, conſilio, manu, voce inſignis hoſti, conſpicuus ſuis: eò poſtremò ardoris provectus eſt, ut vexillarium fugientem haſtâ tranſverberaret; mox raptum vexillum in hoſtem vertit: quo pudore haud plures quàm centum equites reſtitere. Juvit locus, artiore illic viâ, et fracto interfluentis rivi [4] ponte, qui incerto alveo, et præcipitibus ripis, fugam impediebat. Ea neceſſitas, ſeu fortuna, lapſas jam partes reſtituit. Firmati inter ſe, denſis ordi-

[3] *Fugæ ultimus*] Quia hoſtibus propior. Verſâ fortunâ, qui modò primâ acie pugnabat, jam agmen claudit.

[4] *Rivi*] Qui nunc *Dermona* appellatus, influit in Ollium, *Oglio*.

nibus excipiunt Vitellianos temere effusos. Atque illi [5] consternantur. Antonius instare perculsis, sternere obvios. Simul ceteri, ut cuique ingenium, spoliare, capere, arma equosque abripere. Et exciti prospero clamore, qui modò per agros fugâ palabantur, victoriæ se miscebant.

XVIII. Ad quartum a Cremonâ lapidem, fulsere legionum signa Rapacis atque Italicæ, læto inter initia equitum suorum prœlio, illuc usque provecta. Sed ubi fortuna contrà fuit, non laxare ordines, non recipere turbatos, non obviam ire, ultroque adgredi hostem, tantum per spatium cursu et pugnando fessum. Fortè [6] victi, haud perinde rebus prosperis ducem desideraverant, atque in adversis deesse intelligebant. Nutantem aciem victor equitatus incursat. Et Vipstanius Messala tribunus cum Mœsicis auxiliaribus adsequitur, quos [7] militiæ gloria legionariis, quamquam raptim ductos, æquabat. Ita mixtus pedes equesque,

5 *Atque illi*] Id est, *statim*: de qua vocis hujus significatione vide Gellium, 10, 29. Gronov. ad Liv. 26, 39. Virgil. Georg. 1, 201.

6 *Fortè victi*] Fortunâ, non virtute, superati, tum demum intelligebant, quantum opis esset in constanti et perito duce. Læto inter initia suorum prœlio, huc usque sine offensione provecti erant: sed ubi fortuna contrà fuit (i. e. fortè victi) ducem desiderabant, qui si adforet, juberet *recipere turbatos*, *obviam ire*, *ultroque aggredi hostem*, &c. Dux eis Cæcina defuit, c. 14.

7 *Quos militiæ gloria*] Quos, quamquam subitarios milites, raptim e Mœsiâ eductos, militaris fama sua, hoc ipso bello acquisita, jam veteranis legionum militibus æquabat.

rupere

rupere legionum agmen. Et propinqua Cremonensium mœnia, quantò plus spei ad effugium, minorem ad resistendum animum dabant.

XIX. Nec Antonius ultrà institit, memor laboris ac vulnerum, quibus tam anceps prœlii fortuna, quamvis prospero fine, equites equosque adflictaverat. Inumbrante vesperâ, universum Flaviani exercitûs robur advenit. Utque cumulos super et recentia cæde vestigia incessêre, quasi debellatum foret, pergere Cremonam, et victos in deditionem accipere, aut expugnare deposcunt. Hæc in [8] medio, pulchra dictu. Illa sibi quisque: 'Posse coloniam, plano sitam, impetu capi. Idem audaciæ per tenebras inrumpentibus, et majorem rapiendi licentiam. Quòd si lucem operiantur, jam pacem, jam preces, et pro labore ac vulneribus, clementiam et gloriam, inania laturos: sed opes Cremonensium in sinu præfectorum legatorumque fore. Expugnatæ urbis prædam ad militem, deditæ ad duces pertinere.' Spernuntur centuriones tribunique, ac ne vox cujusquam audiatur, quatiunt arma, rupturi imperium, ni ducantur.

XX. Tum Antonius, inferens se manipulis, ubi adspectu et auctoritate silentium fece-

[8] *In medio*] Hæc palam jaciebant, honesta dictu: sed animis agitabant turpia, fœda.

rat,

rat, 'Non se decus neque pretium eripere tam 'bene meritis' adfirmabat; 'sed divisa inter 'exercitum ducesque munia: militibus cupi-'dinem pugnandi convenire; duces providen-'do, consultando, cunctatione sæpius quàm te-'meritate prodesse. Ut pro virili portione, 'armis ac manu victoriam juverit; ratione[9] 'et consilio, propriis ducis artibus, profutu-'rum. Neque enim ambigua[0] esse quæ occur-'rant, noctem, et ignotæ situm urbis, intus 'hostes, et cuncta insidiis opportuna. Non 'si pateant portæ, nisi[1] exploratò, nisi die 'intrandum. An oppugnationem inchoatu-'ros, adempto omni prospectu, quis æquus 'locus, quanta altitudo mœnium? tormen-'tisne et telis, an operibus et vineis adgre-'dienda urbs foret?' Mox conversus ad sin-gulos, 'Num secures, dolabrasque, et cetera 'expugnandis urbibus, secum adtulissent?' rogitabat. Et cum abnuerent, 'Gladiisne,' inquit, 'et pilis perfringere ac subruere mu-'ros ullæ manus possunt? Si aggerem[2] stru-'ere, si pluteis cratibusve protegi necesse fue-'rit, ut vulgus improvidum inriti stabimus, 'altitudinem turrium et aliena munimenta mi-'rantes? Quin potiùs morâ noctis unius,

9 *Ratione*] '*Ita se* ratione et consilio profuturum.

0 *Ambigua*] Sed manifestò periculosa.

1 *Nisi expl. nisi die*] Respondent hæc præcedentibus, *noctem et ignotæ situm urbis*: itaque non bene Ryckius huic vulgatæ sui codicis lectionem prætulit, *non die, nisi exploratò, intrandum.*

2 *Aggere*] Suprà Hist. 2, 24.

'advectis

'advectis tormentis machinisque, vim victo-'riamque nobiscum ferimus.' Simul lixas calonesque, cum recentissimis equitum, Bedriacum mittit, copias ceteraque usui adlaturos.

XXI. Id verò ægre tolerante milite, prope seditionem ventum, cum progressi equites sub ipsa mœnia, vagos ex Cremonensibus corripiunt: quorum indicio noscitur, sex Vitellianas legiones, omnemque exercitum qui Hostiliæ egerat, eo ipso die triginta millia passuum emensum, compertâ suorum clade, in prœlium accingi, ac jam adfore. Is terror obstructas mentes consiliis ducis aperuit. Sistere tertiamdecimam legionem in ipso viæ Postumiæ aggere jubet: cui juncta a lævo septima Galbiana patenti campo stetit; dein septima Claudiana, agresti fossâ (ita locus erat) præmunita: dextro, octava per apertum[1] limitem; mox tertia, densis arbustis intersepta. Hic aquilarum signorumque ordo. Milites mixti per tenebras, ut fors tulerat: prætorianum vexillum proximum tertianis; cohortes auxiliorum in cornibus; latera ac terga equite circumdata. Sido atque Italicus Suevi, cum delectis popularium, primori in acie versabantur.

XXII. At Vitellianus exercitus, cui acquiescere Cremonæ, et reciperatis cibo somnoque viribus, confectum algore atque inediâ

[1] *Apertum limitem*] Arbustis vacuum. De *limite viæ*, Hist. 2, 24.

hostem,

hostem, posterâ die profligare ac proruere ratio fuit; indigus rectoris, inops consilii, tertiâ[4] ferme noctis horâ, paratis jam dispositisque Flavianis impingitur. Ordinem agminis, disjecti per iram ac tenebras, adseverare non ausim: quamquam alii tradiderint, quartam Macedonicam, dextro suorum cornu; quintam et quintamdecimam, cum vexillis nonæ secundæque et vicesimæ, Britannicarum legionum, mediam aciem; sextadecimanos duoetvicesimanosque et primanos lævum cornu complesse. Rapaces atque Italici omnibus se manipulis miscuerant[5]. Eques auxiliaque sibi ipsi locum legêre. Prœlium totâ nocte varium, anceps, atrox; his, rursus illis, exitiabile. Nihil animus, aut manus, ne oculi quidem provisu juvabant: eadem utrâque acie arma: crebris interrogationibus notum pugnæ signum: permixta vexilla, ut quisque globus capta ex hostibus huc vel illuc raptabat. Urgebatur maximè septima legio, nuper a Galbâ conscripta. Occisi sex primorum ordinum centuriones, abrepta quædam signa: ipsam aquilam Atilius

4 *Tertiâ ferme*] Nos diceremus, horâ nonâ serotinâ, vel decimâ potiùs, quia commissum est hoc prœlium circa finem mensis Octobris, qua tempestate anni horæ nocturnæ veterum diurnis longiores erant: hora enim illis erat duodecima pars noctis, sive longius erat spatium inter occasum solis atque ortum, sive brevius: eodemque ritu et diurnas horas supputabant.

5 *Miscuerant*] Quia pridie rupti profligatique fuerant, c. 18.

Verus

Vetus primipili centurio, multâ cum hoſtium ſtrage, et ad extremum moriens, ſervaverat.

XXIII. Suſtinuit labantem aciem Antonius, accitis prætorianis: qui ubi excepere pugnam, pellunt hoſtem, dein pelluntur. Namque Vitelliani tormenta in aggerem viæ contulerant, ut tela vacuo atque aperto excuterentur [6], diſperſa primò, et arbuſtis ſine hoſtium noxâ inliſa. Magnitudine eximiâ quintædecimæ legionis baliſta ingentibus ſaxis hoſtilem aciem proruebat; latéque cladem intuliſſet, ni duo milites præclarum facinus auſi, arreptis e ſtrage ſcutis [7] ignorati, vincla ac libramenta tormentorum abſcidiſſent. Statim confoſſi ſunt, eóque intercidêre nomina: de facto haud ambigitur. Neutrò inclinaverat fortuna, donec adultâ nocte, luna ſurgens oſtenderet acies, falleretque. Sed Flavianis æquior a tergo: hinc majores equorum virorumque umbræ, et falſo [8], ut in corpora, ictu, tela hoſtium citrà cadebant: Vitelliani adverſo lumine collucentes, velut ex occulto jaculantibus, incauti offerebantur.

6 *Excuterentur*] Emitterentur. Utitur voce et Lucanus, in egregiâ illâ baliſtæ deſcriptione, 3, 470. *At ſaxum quoties ingenti ponderis ictu Excutitur— Frangit cuncta ruens.*

7 *Scutis*] Vitellianorum, ut hoſtem fallerent. Scutis enim militum inſcribi nomina imperatorum, notus Romanæ militiæ mos eſt. Mox *tormentorum* plurali numero dicit, ut ſignificet non baliſtæ ſolùm, ſed aliorum quoque tormentorum abſciſſa vincula fuiſſe.

8 *Falſo ictu*] Falsò in umbras, loco corporum, jacta tela, citra corpora cadebant.

XXIV. Igitur Antonius, ubi noſcere ſuos, noſcique poterat, alios pudore et probris, multos laude et hortatu, omnes ſpe promiſſiſque accendens, 'cur nam[1] reſumpſiſſent arma?' Pannonicas legiones interrogabat: 'illos eſſe 'campos, in quibus abolere labem prioris[2] ig'nominiæ, ubi reciperare gloriam poſſent.' Tum ad Mœſicos converſus, 'principes auc'toreſque belli' ciebat: 'fruſtra minis et ver'bis provocatos Vitellianos, ſi manus eorum 'oculoſque non tolerent.' Hæc, ut quoſque acceſſerat: plura ad tertianos, veterum recentiumque admonens; ut 'ſub M. Antonio 'Parthos[3], ſub Corbulone Armenios, nuper 'Sarmatas pepuliſſent.' Mox[4] infenſus prætorianis, 'Vos,' inquit, 'niſi[5] vincitis, pa'gani, quis alius imperator, quæ caſtra alia 'excipient? Illic ſigna armaque veſtra ſunt, 'et mors victis: nam ignominiam[6] conſum'pſiſtis.'

[1] *Curnam reſumpſiſſent*] Vulg. *Cur rari ſumpſiſſent*, e corrupto ſcil. archetypo factum *curnā re ſumpſiſſent*. MS. Agric. *curnam ſumpſiſſent*.

[2] *Prioris ignominiæ*] Bedriaci acceptæ.

[3] *Parthos*] U. C. 718. Dio 49. Armenios, Annal. 15, 26. Sarmatas Rhoxolanos, Hiſt. 1, 79.

[4] *Mox infenſus*] Iratus prætorianis, quos etiam injuriæ a Vitellio acceptæ memoria non ſtimulaverat, quin acciti modò ad ſuſtinendam labantem aciem, pellerentur.

[5] *Niſi vincitis, pagani*] Vos prætoriani, qui, niſi vincitis, ad paganorum conditionem recidetis, nec ampliùs milites eritis, &c. Dimiſerat eos Vitellius, armaque ad tribunos deferre juſſerat, Hiſt. 2, 67.

[6] *Ignominiam conſumpſiſtis*] Bis victis nihil ſupererit præter mortem: jam enim omnem ignominiam militarem ſubiiſtis.

'psistis.' Undique clamor: et orientem solem (ita in Syriâ mos est) tertiani [7] salutavere.

XXV. Vagus inde, an consilio ducis subditus rumor, advenisse Mucianum, exercitus invicem salutasse. Gradum [8] inferunt, quasi recentibus auxiliis aucti; rariore jam Vitellianorum acie, ut quos, nullo rectore, suus quemque impetus vel pavor contraheret [9] diduceretve. Postquam impulsos [1] sensit Antonius, denso agmine obturbabat. Laxati ordines abrumpuntur; nec restitui quivere, impedientibus vehiculis tormentisque. Per limitem viæ sparguntur, consectandi festinatione, victores. Eò notabilior cædes fuit, quia filius patrem interfecit: rem nominaque, auctore Vipstanio Messalâ, tradam. Julius Mansuetus ex Hispaniâ, Rapaci legioni additus, impubem filium domi liquerat. Is mox adultus, inter septimanos a Galbâ conscriptus, oblatum fortè patrem, et vulnere stratum, dum semianimem scrutatur, agnitus agnoscensque, et exsanguem amplexus, voce flebili precabatur [2] 'placa-

'tos

7 *Tertiani*] E Syriâ in Mœsiam deducti.

8 *Gradum inferunt*] Pergunt porro Flaviani.

9 *Contraheret*] Strenui densant ordines, laxant (diducunt) pavidi.

1 *Impulsos*] Ita rectè Bipont. id est, nutantes. Vulg. *pulsos*, quod non verum.

2 *Precabatur placatos*] Precabatur ut placati sibi essent, neve se ut parricidam aversarentur, patris manes. Sic *precari deos propitios* dicas, pro precari ut tibi propitii sint. *Placatos* perperam alii immutant in *piatos*: *placari* potuerunt manes statim; *piari*, non nisi votis et sacrificiis

'tos patris manes, neve se ut parricidam aver-'sarentur: publicum id facinus; et unum mi-'litem quotam civilium armorum partem?' simul attollere corpus, aperire humum, supremo erga parentem officio fungi. Advertêre proximi, deinde plures: hinc per omnem aciem miraculum, et questus, et sævissimi belli exsecratio. Nec eò segniùs propinquos, affines, fratres trucidatos [3] spoliant: factum esse scelus loquuntur, faciuntque.

XXVI. Ut Cremonam venêre, novum immensumque opus occurrit. Othoniano [4] bello, Germanicus miles mœnibus Cremonensium castra sua, castris vallum circumjecerat; eaque munimenta rursus auxerat: quorum adspectu hæsere victores, incertis ducibus quid juberent. Incipere oppugnationem, fesso per diem noctemque exercitu, arduum, et nullo juxtà subsidio, anceps: sin Bedriacum redirent, intolerandus tam longi itineris labor, et victoria ad inritum revolvebatur: munire [5] castra;

ficiis ritè peractis. *Aversarentur* pro *adversarentur*, rectè emendatum ex Liv. 3, 50. ubi Virginius, occisâ filiâ, orat, *ne quod scelus Ap. Claudii esset, sibi attribuerent; neu se ut parricidam liberûm aversarentur.* Superstitionem veterum de manibus placandis idem Livius tangit, 3, 58. *Manesque Virginiæ, mortuæ quàm vivæ feliciores, per tot domos ad petendas pœnas vagati, nullo relicto sonte, tandem quieverunt.*

3 *Trucidatos spoliant*] Gronovius mallet, *trucidant, spoliant.* Non placet: nimius enim asyndeti usus aures fatigat.

4 *Othoniano bello*] Hist. 2, 22.

5 *Munire castra*] Fortè, *munirent castra?* cum interrogatione.

castra; id quoque propinquis hostibus formidolosum, ne dispersos, et opus molientes, subitâ eruptione turbarent. Quae super cuncta, terrebat ipsorum miles, periculi quàm morae patientior. Quippe ingrata quae tuta; ex temeritate spes; omnisque caedes, et vulnera, et sanguis, aviditate praedae pensabantur.

XXVII. Huc inclinavit Antonius, cingique vallum coronâ[6] jussit. Primò sagittis saxisque eminus certabant, majore Flavianorum pernicie, in quos tela desuper librabantur. Mox vallum portasque legionibus adtribuit, ut discretus labor fortes ignavosque distingueret, atque ipsâ contentione decoris accenderentur. Proxima Bedriacensi viae tertiani septimanique sumpsere; dexteriora valli octava ac septima Claudiana: tertiadecimanos ad Brixianam[7] portam impetus tulit. Paullum inde morae, dum e proximis agris ligones, dolabras, et alii falces scalasque convectant. Tum elatis super capita scutis, densâ testudine succedunt. Romanae utrimque artes: pondera saxorum Vitelliani provolvunt, disjectam fluitantemque testudinem lanceis contisque scrutantur; donec solutâ compage scutorum, exsangues aut laceros prosternerent, multâ cum strage.

XXVIII. Incesserat cunctatio, ni duces fesso militi, et velut inritas exhortationes abnuenti, Cremonam monstrassent. Hormine

[6] *Coronâ*] Militum.

[7] *Brixianam*] Brixia urbs, nunc *Brescia*.

id[8] ingenium, ut Messala tradit, an potior auctor sit C.[9] Plinius, qui Antonium incusat, haud facilè discreverim: nisi quòd neque Antonius, neque Hormus, a famâ vitâque suâ, quamvis pessimo flagitio, degeneravere. Non jam sanguis neque vulnera morabantur, quin subruerent vallum, quaterentque portas; innixi humeris, et super iteratam[1] testudinem scandentes, prensarent hostium tela brachiaque. Integri cum sauciis, semineces cum exspirantibus volvuntur, variâ pereuntium formâ, et omni imagine mortium.

XXIX. Acerrimum septimæ tertiæque legionum certamen: et dux Antonius, cum delectis auxiliaribus, eódem incubuerat. Obstinatos[2] inter se cum sustinere Vitelliani nequirent, et superjecta tela testudine laberentur[3], ipsam postremò balistam in subeuntes propulere: quæ ut ad præsens disjecit obruitque quos inciderat, ita pinnas ac summa valli ruinâ suâ traxit. Simul juncta turris, ictibus saxorum cessit: quà septimani dum nituntur[4] cuneis, tertianus securibus gladiisque portam perfregit. Primum inrupisse C. Volusium, tertiæ legionis militem, inter omnes auctores con-

8 *Id ingenium*] Inventum, cogitatio.

9 *C. Plinius*] Plinius major, qui historias scripsit. Annal. 13, 20.

1 *Iteratam*] Denuò factam.

2 *Obstinatos*] Obstinatè connexos.

3 *Laberentur*] Irrita deciderent.

4 *Nituntur cuneis*] Dum irruere nituntur septimani, fronte in speciem cunei contractâ.

stat.

ſtat. Is in vallum egreſſus, deturbatis qui reſtiterant, conſpicuus manu ac voce, ‘ capta ‘ caſtra’ conclamavit. Ceteri, trepidis jam Vitellianis, ſeque e vallo præcipitantibus, perrupere. Completur cæde, quantum inter caſtra muroſque vacui fuit.

XXX. At rurſus nova laborum facies: ardua urbis mœnia, ſaxeæ turres, ferrati portarum obices, vibrans tela miles, frequens obſtrictuſque Vitellianis partibus Cremonenſis populus, magna pars Italiæ ſtato in eoſdem dies mercatu congregata: quod defenſoribus auxilium ob multitudinem, oppugnantibus incitamentum ob prædam erat. Rapi ignes Antonius, inferrique amœniſſimis extra urbem ædificiis jubet; ſi damno rerum ſuarum Cremonenſes ad mutandam fidem traherentur. Propinqua muris tecta, et altitudinem mœnium egreſſa, fortiſſimo quoque militum complet: illi trabibus teguliſque et facibus propugnatores deturbant.

XXXI. Jam legiones in teſtudinem glomerabantur, et alii tela ſaxaque incutiebant, cum langueſcere paullatim Vitellianorum animi: ut quiſque ordine anteibat, cedere fortunæ; ne Cremonâ quoque excîsâ, nulla ultrà venia, omniſque ira victoris non in vulgus inops, ſed in tribunos centurioneſque, ubi pretium cædis erat, reverteretur. Gregarius miles futuri ſocors, et ignobilitate tutior, perſtabat: vagi per vias, in domibus abditi, pacem ne tum quidem orabant, cum bellum poſuiſſent.

Primores

Primores castrorum nomen atque imagines Vitellii amoliuntur: catenas Cæcinæ (nam etiam tum vinctus erat) exsolvunt, orantque, ut caussæ suæ deprecator adsistat: aspernantem tumentemque, lacrimis fatigant: extremum malorum, tot fortissimi viri proditoris opem invocantes! mox velamenta et infulas pro muris ostentant. Cum Antonius inhiberi tela jussisset, signa aquilasque extulere [5]: mœstum inermium agmen, dejectis in terram oculis, sequebatur. Circumstiterant victores, et primò ingerebant probra, intentabant ictus: mox ut præberi ora contumeliis, et positâ omni ferociâ, cuncta victi patiebantur; subit recordatio, illos esse, qui nuper Bedriaci victoriæ temperassent. Sed ubi Cæcina, prætextâ lictoribusque insignis, dimotâ turbâ, consul [6] incessit, exarsere victores: superbiam sævitiamque, (adeò invisa scelera sunt) etiam perfidiam objectabant. Obstitit Antonius, datisque defensoribus ad Vespasianum dimisit.

XXXII. Plebs interim Cremonensium inter armatos conflictabatur: nec procul cæde aberant, cùm precibus ducum mitigatus est miles. Et vocatos ad concionem Antonius adloquitur, magnificè victores, victos clementer: de Cremonâ

5 *Extulere*] Extra urbem tulere, ut se dederent.

6 *Consul incessit*] Majestatem præ se ferens: ut Juno apud Virg. *Ast ego quæ divûm* incedo *regina*. Consul ad Kal. Novembris Cæcina fuit.

monâ in [7] neutrum. Exercitus, præter insitam prædandi cupidinem, vetere odio ad excidium Cremonensium incubuit. Juvisse partes Vitellianas, Othonis quoque bello, credebantur: mox tertiadecimanos ad exstruendum amphitheatrum relictos [8], ut sunt procacia urbanæ plebis ingenia, petulantibus jurgiis inluserant. Auxit invidiam editum illic a Cæcinâ gladiatorum spectaculum [9]: eademque rursus belli sedes: et præbiti in acie Vitellianis cibi: cæsæ quædam feminæ, studio partium ad prœlium progressæ. Tempus quoque mercatûs, ditem alioquin coloniam, majore opum specie complebat. Ceteri duces in obscuro: Antonium fortuna famaque omnium oculis exposuerat. Is balineas, abluendo cruori, propere petit. Excepta vox est, cum teporem incusaret, 'statim futurum ut incalescerent.' Vernile [1] dictum omnem invidiam in eum vertit, tamquam signum incendendæ Cremonæ dedisset, quæ jam flagrabat.

XXXIII. Quadraginta armatorum millia inrupere, calonum lixarumque amplior numerus, et in libidinem ac sævitiam corruptior. Non dignitas, non ætas protegebat, quominus stupra cædibus, cædes stupris miscerentur. Grandævos senes, exactâ ætate feminas, viles

7 *In neutrum*] Locutus est: neque ad salutem, nec minaciter.

8 *Relictos*] Hist. 2, 67.

9 *Spectaculum*] Ibid. 70.

1 *Vernile dictum*] Procax dictum, inter has clades, ludentis voce ambiguâ.

ad prædam, in ludibrium trahebant. Ubi adulta virgo, aut quis formâ conſpicuus incidiſſet, vi manibuſque rapientium divulſus, ipſos poſtremò direptores in mutuam perniciem agebat. Dum pecuniam, vel gravia auro templorum dona, ſibi quiſque trahunt, majore aliorum vi truncabantur. Quidam obvia adſpernati, verberibus tormentiſque dominorum, abdita ſcrutari, defoſſa eruere. Faces in manibus: quas, ubi prædam egeſſerant, in vacuas domos, et inania templa, per laſciviam jaculabantur. Utque [2] exercitu vario linguis, moribus, cui cives, ſocii, externi intereſſent, diverſæ cupidines, et aliud cuique fas, nec quidquam inlicitum. Per quatriduum Cremona ſuffecit [3]. Cum omnia ſacra profanaque in igne conſiderent, ſolum Mephitis [4] templum ſtetit ante mœnia, loco, ſeu numine defenſum.

XXXIV. Hic exitus Cremonam [5] habuit, anno CCLXXXVI a primordio ſui. Condita [6] erat

[2] *Utque exercitu*] Atque ut fit in exercitu tali, diverſæ flagrabant cupidines.

[3] *Suffecit*] Flammis ſuffecit, quoad abſumeretur.

[4] *Mephitis templum*] Mephitis, dea in locis tetros lethaleſve ſpiritus exhalantibus culta, trepido metu hanc, inter alias peſtes, venerantium. Aliud templum habuit, teſte Plin. 2, 93, in Hirpinis, ad Amſancti lacum, qui hodieque ſulphureus teterrimuſque eſt. Vid. et Serv. ad Æneid. 7, 84.

[5] *Cremonam habuit*] Εὐφωνότερον iſtud, quàm quod alii codd. habent, *hic exitus Cremonæ*, et trium Mss. auctoritate firmatur.

[6] *Condita erat*] Deducta eò colonia anno primo belli

erat Ti. Sempronio et Cornelio consulibus, ingruente in Italiam Hannibale, propugnaculum adversùs Gallos trans Padum agentes, et si qua alia vis per Alpes rueret. Igitur numero colonorum, opportunitate fluminum, ubere [5] agri, annexu [6] connubiisque gentium adolevit floruitque, bellis externis intacta, civilibus infelix. Antonius pudore flagitii, crebrescente invidiâ, edixit, ne quis Cremonenses captivos detineret: inritamque prædam militibus effecerat consensus Italiæ, emptionem talium mancipiorum adspernantis. Occidi cœpere: quod ubi enotuit, a propinquis adfinibusque occultè redemptabantur. Mox rediit Cremonam reliquus populus: reposita fora, templaque, magnificentiâ [7] municipum: et Vespasianus hortabatur.

XXXV. Ceterum adsidere sepultæ urbis ruinis, noxia tabo humus haud diu permisit. Ad tertium lapidem progressi, vagos paventesque Vitellianos, sua quemque apud signa, componunt. Et victæ legiones, ne manente ad-

li Punici secundi, U. C. 536. Tib. Sempronio Longo, P. Corn. Scipione coss.

5 *Ubere agri*] Id est, ubertate. *Uber* quoque substantivè sumitur Virg. Æn. 1, 535. *Terra antiqua, potens armis, atque ubere glebæ.*

6 *Annexu connubiisque*] Annexi fœdere, juncti connubiis cum vicinis populis.

7 *Magnificentiâ*] Pro liberalitate dici posse vocem istam ostendit ejus definitio apud Tullium de Invent. 2, 54. Mirum quibusdam editoribus placuisse hoc loco *munificentiâ municipum*, neque offendi aures ingratâ similium sonorum collisione.

huc civili bello ambiguè agerent, per Illyricum disperſæ. In Britanniam inde et Hiſpanias nuncios famamque, in Galliam Julium Calenum tribunum, in Germaniam Alpinum Montanum præfectum cohortis, quòd hic Trevir, Calenus Æduus, uterque Vitelliani fuerant, oſtentui miſêre. Simul tranſitus Alpium præſidiis occupati; ſuſpectâ Germaniâ, tamquam in auxilium Vitellii accingeretur.

XXXVI. At Vitellius, profecto Cæcinâ, cum Fabium Valentem paucis poſt diebus ad bellum impuliſſet, curis luxum obtendebat [8]. Non parare arma, non adloquio exercitioque militem firmare, non in ore [9] vulgi agere; ſed umbraculis hortorum abditus, ut ignava animalia, quibus ſi cibum ſuggeras, jacent [1] torpentque, præterita, inſtantia, futura, pari oblivione dimiſerat. Atque illum, in nemore Aricino deſidem et marcentem, proditio Lucilii Baſſi, ac defectio claſſis Ravennatis perculit. Nec multò pòſt de Cæcinâ adfertur mixtus gaudio dolor; et deſciviſſe, et ab exercitu vinctum. Plus apud ſocordem animum lætitia, quàm cura valuit. Multâ cum exſultatione in Urbem revectus, frequenti concione,

[8] *Obtendebat*] Luxu ſe tamquam involucro adverſùm curas tegebat.

9 *In ore vulgi*] In conſpectu populi verſari.

[1] *Jacent torpentque*] Sues aliquando ad mercatum apportari videas e pagis Italiæ (maximè in regno Neapolitano) adeò ſaginâ graves, ut neque attollere ſe a terrâ queant, nedum ut reptent.

pietatem

pietatem militum laudibus cumulat. P. Sabinum [2] prætorii præfectum, ob amicitiam Cæcinæ, vinciri jubet, subſtituto in locum ejus Alpheno Varo.

XXXVII. Mox ſenatum, compoſitâ in magnificentiam oratione, adlocutus, exquiſitis patrum adulationibus attollitur. Initium atrocis in Cæcinam ſententiæ a L. Vitellio factum. Dein ceteri, compoſitâ indignatione, 'quòd conſul rempublicam, dux imperatorem, 'tantis opibus, tot honoribus cumulatus ami'cum prodidiſſet,' velut pro Vitellio conquerentes, ſuum [3] dolorem proferebant. Nulla in oratione cujuſquam erga Flavianos duces obtrectatio: errorem imprudentiamque exercituum culpantes, Veſpaſiani nomen ſuſpenſi et vitabundi circumibant. Nec defuit, qui unum conſulatûs diem (is enim in locum [4] Cæcinæ ſupererat), magno cum inriſu tribuentis accipientiſque, eblandiretur. Pridie Kalendas Novembris Roſius Regulus iniit, ejuravitque. Adnotabant periti, numquam antea non abrogato magiſtratu, neque lege latâ, alium [5] ſuffectum

2 *P. Sabinum*] Hiſt. 2, 92.

3 *Suum dolorem*] Suam et reip. vicem dolebant.

4 *In locum Cæcinæ*] Is enim *conſuli*, in locum Cæcinæ *ſufficiendo*, ſupererat. Attamen ſimplicitate h. l. ſe commendat lectio cod. Bodleiani, *is enim Cæcinæ ſupererat.*

5 *Alium ſuffectum*] Alium ſubſtitui in locum conſulis qui adhuc viveret; nam *mortuo* conſuli (Q. Fabio Max.) ſuffectus in unum diem et antea fuerat Caninius Rebilus, U. C. 709.

fectum. Nam consul uno die et antè fuerat Caninius Rebilus, C. Cæsare dictatore, cum belli civilis præmia festinarentur.

XXXVIII. Nota per eos dies Junii[6] Blæsi mors, et famosa fuit: de qua sic accepimus. Gravi corporis morbo æger Vitellius, Servilianis hortis, turrim vicino sitam collucere per noctem crebris luminibus animadvertit. Sciscitanti caussam, apud Cæcinam Tuscum epulari multos, præcipuum honore Junium Blæsum, nunciatur. Cetera in majus, de apparatu, et solutis in lasciviam animis. Nec defuere, qui ipsum Tuscum et alios, sed criminosiùs Blæsum incusarent, quòd ægro principe lætos dies ageret. Ubi asperatum Vitellium, et posse Blæsum perverti, satis patuit iis qui principum offensas acriter speculantur, datæ L. Vitellio delationis partes. Ille infensus Blæso æmulatione pravâ, quòd eum omni dedecore maculosum, egregiâ famâ anteibat, cubiculum imperatoris reserat: filium[8] ejus sinu complexus, et genibus accidens, caussam confusionis[9] quærenti, 'Non se proprio metu, nec 'suî anxium, sed pro fratre, pro liberis fra-

C. 709. auctoritate C. Cæsaris; quam rem et Cicero cavillatur, Epist. Fam. 7, 30. *Caninio consule, scito neminem prandisse: nihil tamen, eo consule, mali factum est. Fuit enim mirificâ vigilantiâ, qui suo toto consulatu somnum non viderit.*

6 *Junii Blæsi*] Hist. 2, 59.

7 *Cæcinam T.*] Annal. 13, 20.

8 *Filium ejus*] Hist. 2, 59.

9 *Confusionis*] Perturbationis.

tris,

'tris, preces lacrimaſque attuliſſe. Fruſtrà 'Veſpaſianum timeri, quem tot Germanicæ 'legiones, tot provinciæ virtute ac fide, tan'tum denique terrarum ac maris immenſis ſpa'tiis arceat. In Urbe ac ſinu cavendum hoſ'tem, Junios Antonioſque avos jactantem, 'qui ſe ſtirpe imperatoriâ, comem ac magnifi'cum militibus oſtentet. Verſas illuc omni'um mentes, dum Vitellius amicorum inimi'corumque negligens[1], fovet æmulum, prin'cipis labores[2] e convivio proſpectantem. 'Reddendam pro intempeſtivâ lætitiâ mœſtam 'et funebrem noctem, qua ſciat et ſentiat vi've Vitellium, et imperare, et ſi quid fato 'accidat, filium habere.'

XXXIX. Trepidanti inter ſcelus metumque, ne dilata Blæſi mors maturam perniciem, palam juſſa atrocem invidiam ferret, placuit veneno[3] graſſari. Addidit facinori fidem nobili gaudio, Blæſum viſendo: qùin et audita eſt ſæviſſima Vitellii vox, qua ſe (ipſa enim verba referam) 'paviſſe oculos, ſpectatâ ini'mici morte,' jactavit. Blæſo, ſuper claritatem natalium et elegantiam morum, fidei obſtinatio fuit. Integris quoque rebus, a Cæcinâ

1 *Negligens*] Hos ab illis non diſcernens.

2 *Labores*] Morbum curaſque Vitellii.

3 *Veneno graſſari*] Suet. Vit. 14. Vitellius *nobiles viros, condiſcipulos et æquales ſuos, omnibus blanditiis tantùm non ad ſocietatem imperii allicefactos, vario genere fraudis occidit: etiam unum* (hunc Blæſum ſc.) *veneno manu ſuâ porrecto in frigidæ potione, quam is affectus febre popoſcerat.*

cinâ et primoribus partium, jam Vitellium adſpernantibus, ambitus[4] abnuere perſeveravit: ſanctus, inturbidus, nullius repentini honoris, adeò[5] non principatûs appetens; parum effugerat, ne dignus crederetur.

XL. Fabius interim Valens, multo ac molli concubinarum ſpadonumque agmine, ſegniùs quàm ad bellum incedens, proditam a Lucilio Baſſo Ravennatem claſſem, pernicibus nunciis accepit. Et ſi cœptum iter properaſſet, nutantem Cæcinam prævenire, aut ante diſcrimen pugnæ, adſequi legiones potuiſſet. Nec deerant qui monerent, ut cum fidiſſimis per occultos tramites, vitatâ Ravennâ, Hoſtiliam Cremonamve pergeret. Aliis placebat, accitis ex Urbe prætoriis cohortibus, validâ manu perrumpere. Ipſe, inutili cunctatione, agendi tempora conſultando conſumpſit: mox utrumque conſilium adſpernatus, quod inter ancipitia deterrimum eſt, dum media ſequitur, nec auſus eſt ſatis, nec providit.

XLI. Miſſis ad Vitellium litteris, auxilium poſtulat. Venêre tres cohortes, cum alâ Britannicâ; neque[6] ad fallendum aptus numerus, neque ad penetrandum. Sed Valens ne in tanto quidem diſcrimine infamiâ caruit, quominus rapere inlicitas voluptates, adulteriiſque ac ſtupris polluere hoſpitum domus crederetur:

4 *Ambitus*] Solicitatus.

5 *Adeo non*] Hoc eſt, *nedum*: uti Ann. 3, 34.

6 *Neque ad fallendum*] Major quàm ut lateret; perrumpendo impar.

aderant

aderant vis, et pecunia, et ruentis fortunæ noviſſima [7] libido. Adventu demum peditum equitumque pravitas conſilii patuit; quia nec vadere per hoſtes tam parvâ manu poterat, etiam ſi fidiſſima foret, nec integram fidem attulerant. Pudor tamen, et præſentis ducis reverentia morabatur, haud diuturna vincula apud avidos [8] periculorum, et dedecoris ſecuros. Eo metu, et paucis, quos adverſa non mutaverant, comitantibus, cohortes Ariminum præmittit, alam tueri terga jubet: ipſe flexit in Umbriam, atque inde Etruriam; ubi cognito pugnæ Cremonenſis eventu, non ignavum, et ſi proveniſſet, atrox conſilium iniit, ut arreptis navibus, in quamcumque partem Narbonenſis provinciæ egreſſus, Gallias, et exercitus, et Germaniæ gentes, novumque bellum cieret.

XLII. Digreſſo Valente, trepidos qui Ariminum tenebant, Cornelius [9] Fuſcus, admoto exercitu, et miſſis per proxima litorum liburnicis, terrâ marique circumvenit. Occupantur plana Umbriæ, et quà Picenus ager Adriâ adluitur: omniſque Italia inter Veſpaſianum ac Vitellium Apennini jugis dividebatur. Fabius Valens e ſinu Piſano, ſegnitiâ maris, aut adverſante vento, portum Herculis [1] Monœci depellitur. Haud procul inde agebat Marius Maturus,

7 *Noviſſima libido*] Flagrantior, quò propiùs a fine abeſt fruendi. Sic Ann. 11, 26. *noviſſima voluptas*.

8 *Avidos periculorum*] Quæ cum lucro eſſent conjuncta.

9 *C. Fuſcus*] Suprà c. 12.

1 *Herculis Monœci*] Nunc *Monaco*.

turus, Alpium maritimarum procurator, fidus Vitellio, cujus ſacramentum, cunctis circà hoſtilibus, nondum exuerat. Is Valentem comiter exceptum, ne Galliam Narbonenſem temere ingrederetur, monendo terruit: ſimul ceterorum fides metu infracta.

XLIII. Namque circumjectas civitates procurator Valerius Paullinus, ſtrenuus militiæ, et Veſpaſiano ante fortunam amicus, in verba ejus adegerat; concitiſque omnibus, qui exauctorati a Vitellio bellum ſponte ſumebant, Forojulienſem [2] coloniam, clauſtra maris, præſidio tuebatur: eò gravior auctor, quòd Paullino patria Forum Julii, et honos apud prætorianos, quorum quondam tribunus fuerat: ipſique pagani, favore [3] municipali, et futuræ potentiæ ſpe, juvare partes adnitebantur. Quæ ubi paratu firma, et aucta rumore, apud [4] varios Vitellianorum animos increbuere, Fabius Valens cum quatuor ſpeculatoribus, et tribus amicis, totidemque centurionibus, ad naves regreditur: Maturo ceteriſque remanere, et in verba Veſpaſiani adigi, volentibus [5] fuit. Ceterum

2 *Forojulienſem*] Forum Julii, hodie *Fréjus*, clauſtra maris dicitur, quòd ibi erat navale Cæſaris Auguſti, teſte Strab. l. 4.

3 *Favore municipali*] Favore in municipalem ſuum Paullinum.

4 *Apud varios*] Dubios, incertos.

5 *Volentibus fuit*] Placuit, gratum fuit. Græciſmus eſt, cujus exempla ſunt, Ann. 1, 59. initio. Agric. 18. Sall. Jug. 100. Sic et Thucyd. 2, 3. τῷ γὰρ πλήθει τῶν Πλαταιέων οὐ βουλομένῳ ἦν Ἀθηναίων ἀφίστασθαι, *populo Plataeenſium non volenti erat ab Athenienſibus deſciſcere.*

ut

ut mare tutius Valenti, quàm litora aut urbes, ita futuri ambiguus, et magis quid vitaret, quàm cui fideret certus, adversâ tempestate Stœchadas [6] Massiliensium insulas adfertur. Ibi eum missæ a Paullino liburnicæ oppressere.

XLIV. Capto Valente, cuncta ad victoris opes conversa, initio per Hispaniam a primâ Adjutrice legione orto, quæ memoriâ Othonis infensa Vitellio, decimam quoque ac sextam traxit. Nec Galliæ cunctabantur. Et Britanniam inclytus erga Vespasianum favor, quòd illic secundæ legioni a Claudio præpositus, et bello [7] clarus egerat, non sine motu adjunxit ceterarum [8], in quibus plerique centuriones ac milites a Vitellio provecti, expertum jam principem anxii mutabant.

XLV. Eâ discordiâ, et crebris belli civilis rumoribus, Britanni sustulere animos, auctore Venusio: qui super insitam ferociam, et Romani nominis odium, propriis in Cartismanduma reginam stimulis accendebatur. Cartismandua Brigantibus [9] imperitabat, pollens nobili-

6 *Stæchadas*] Nunc *les Isles d' Hieres, en Provence.*

7 *Bello clarus*] Ibi *tricies cum hoste conflixit; duas validissimas gentes, superque viginti oppida, et insulam Vectem* (Wight) *Britanniæ proximam, in deditionem redegit; partim A. Plautii consularis legati, partim Claudii ipsius ductu.* Suet. Vesp. 4.

8 *Ceterarum*] Legionum Britannicarum, nonæ et vicesimæ, suprà c. 22. Nam quartadecimanorum haud dubius erga Vespasianum favor, Hist. 2, 66. 86. 4, 68. Ceterum *non sine motu*, i. e. tumultu, adjunctam fuisse Vespasiano legionem vicesimam, innuit quoque Noster in Agric. 7.

9 *Brigantibus*] Ann. 12, 32. et seqq.

tate: et auxerat potentiam, poſtquam capto per dolum rege Caractaco, inſtruxiſſe triumphum Claudii Cæſaris videbatur. Inde opes, et rerum ſecundarum luxus. Spreto Venuſio (is fuit maritus) armigerum ejus Vellocatum in matrimonium regnumque accepit. Concuſſa ſtatim flagitio domus: pro marito ſtudia civitatis; pro adultero libido reginæ, et ſævitia. Igitur Venuſius accitis auxiliis, ſimul ipſorum Brigantum defectione, in extremum diſcrimen Cartiſmanduam adduxit. Tum petita a Romanis præſidia: et cohortes alæque noſtræ, variis prœliis, exemere tamen periculo reginam. Regnum Venuſio, bellum nobis relictum.

XLVI. Turbata per eoſdem dies Germania, et ſocordiâ ducum, et ſeditione legionum: externâ vi, perfidiâ [1] ſociali, prope adflicta Romana res. Id bellum, cum cauſſis et eventibus (etenim longiùs provectum eſt) mox memorabimus. Mota et Dacorum gens, numquam fida, tunc ſine metu, abducto e Mœſiâ exercitu. Sed prima rerum quieti ſpeculabantur: ubi flagrare Italiam bello, cuncta invicem hoſtilia accepere, expugnatis cohortium alarumque hibernis, utrâque Danubii ripâ potiebantur. Jamque caſtra legionum exſcindere parabant, ni Mucianus ſextam [2] legionem oppoſuiſſet, Cremonenſis victoriæ gnarus, ac ne externa moles utrimque ingrueret, ſi Dacus Germanuſque diverſi inrupiſſent. Adfuit, ut ſæpe aliàs, fortu-

1 *Perfidiâ ſociali*] Infrà 4, 12. ſeqq.

2 *Sextam legionem*] Hiſt. 2, 83.

na

na populi Romani, quæ Mucianum viresque Orientis illuc tulit: et quòd Cremonæ interim transegimus [3]. Fonteius Agrippa ex Asiâ (proconsule eam provinciam annuo imperio tenuerat) Mœsiæ præpositus est; additis copiis e Vitelliano exercitu, quem spargi per provincias, et externo bello inligari, pars consilii [4] pacisque erat.

XLVII. Nec ceteræ nationes silebant. Subita per Pontum arma barbarum mancipium, regiæ quondam classis præfectus, moverat. Is fuit Anicetus, Polemonis [5] libertus, præpotens olim, et postquam regnum in formam provinciæ verterat, mutationis impatiens. Igitur Vitellii nomine adscitis gentibus quæ Pontum accolunt, corrupto in spem rapinarum egentissimo quoque, haud temnendæ manûs ductor Trapezuntem [6] vetustam Asiæ civitatem, a Græcis in extremo Ponticæ oræ conditam, subitus inrupit. Cæsa ibi cohors, regium auxilium olim; mox donati civitate Romanâ, signa armaque in nostrum modum, desidiam licentiamque Græcorum retinebant. Classi [7] quoque faces intulit, vacuo mari eludens, quia

3 *Transegimus*] Debellavimus.

4 *Consilii*] Prudentiæ.

5 *Polemonis*] Polemo II. regnum Ponti, a Caio acceptum, Neroni concessit, quod deinceps in provinciam est redactum. Suet. Ner. 18.

6 *Trapezuntem*] *Trebizond.* Nec sine causâ dicitur *Asiæ civitas*, quoniam Euxino sita est, ad cujus oppositam oram Europa pertingit.

7 *Classi quoque*] In portu sine milite relictæ a Muciano. *Vacuo mari*, ob mare defensoribus vacuum, hostes eludens.

lectissimas

lectiffimas liburnicarum omnemque militem Mucianus Byzantium adegerat. Quin et barbari contemptim vagabantur, fabricatis repentè navibus (camaras [8] vocant) artis lateribus, latâ alvo, fine vinculo æris aut ferri connexâ; et tumido mari, prout fluctus attollitur, fumma navium tabulis augent, donec in modum tecti claudantur: fic inter undas volvuntur, pari utrimque prorâ, et mutabili remigio, quando hinc vel illinc appellere [9] indifcretum et innoxium eft.

XLVIII. Advertit ea res Vefpafiani animum, ut vexillarios e legionibus, ducemque Virdium Geminum fpectatæ militiæ, deligeret. Ille incompofitum et prædæ cupidine vagum hoftem adortus, coegit in naves: effectifque raptim liburnicis, adfequitur Anicetum in oftio fluminis [1] Cohibi, tutum fub Sedochi [2] Lazorum regis auxilio, quem pecuniâ donifque ad focietatem perpulerat. Ac primò rex minis armifque fupplicem tueri: poftquam merces proditionis, aut bellum oftendebatur, fluxâ, ut eft barbaris, fide,

[8] *Camaras*] Καμάρας et Strabo defcribit l. 11. lembos arcuatos, exiles, levefque adeò, ut barbarorum humeris portarentur, quamquam viginti quinque aut 30 hominum capaces.

9 *Indifcretum*] Indifferens. Idem de Germanorum navibus dicetur infrà Germ. 44. Vide et Ann. 2, 6.

[1] *Fluminis Cohibi*] Nunc *Kobidzkali*. In Euxinum influit, fupra Phafis fluminis oftia. Plin. 6, 4. *Cobum* vocat.

[2] *Sedochi Lazorum*] Ita dedi, emendante Colero. Vulg. *Sedochezorum regis*, quem populum ignorat geographia veterum. Sedochus orientalibus *juftus* eft. Lazos in hoc terrarum tractu memorat Plin. ubi fuprà.

pactus

pactus Aniceti exitium, perfugas tradidit, belloque servili finis impositus. Lætum eâ victoriâ Vespasianum, cunctis super vota fluentibus, Cremonensis prœlii nuncius in Ægypto adsequitur. Eò properantiùs Alexandriam pergit, ut fracto Vitellii exercitu, Urbem quoque externæ opis indigam [3] fame urgeret. Namque et Africam, eodem latere sitam, terrâ marique invadere parabat, clausis annonæ subsidiis, inopiam ac discordiam hosti facturus.

XLIX. Dum hac totius orbis mutatione fortuna imperii transit, Primus Antonius nequaquam pari innocentiâ post [4] Cremonam agebat: satisfactum bello ratus, et cetera ex facili; seu felicitas in tali ingenio avaritiam, superbiam, ceteraque occulta mala patefecit. Ut captam, Italiam persultare; ut suas, legiones colere; omnibus dictis factisque vim sibi ad potentiam struere: utque licentiâ militem imbueret, interfectorum centurionum ordines legionibus offerebat [5]. Eo suffragio turbidissimus quisque delecti: nec miles in arbitrio ducum, sed duces militari violentiâ trahebantur. Quæ seditiosa [6], et corrumpendæ disciplinæ, mox in prædam vertebat, nihil adventantem Mucianum veritus, quod exitiosius erat quàm Vespasianum sprevisse.

3 *Indigam*] Annal. 3, 54.

4 *Post Cremonam*] Supple, *excisam.*

5 *Offerebat*] Legionum arbitrio supplendos.

6 *Seditiosa*] Quæ turbida, et ad disciplinæ corruptionem tendentia, primò ambitùs, dein lucri causâ admisit Antonius.

L. Ceterum propinquâ hieme, et humentibus Pado campis, expeditum agmen incedere. Signa aquilæque victricium legionum, milites vulneribus aut ætate graves, plerique etiam integri, Veronæ relicti: ſufficere cohortes alæque, et e legionibus lecti, profligato [7] jam bello, videbantur. Undecima legio ſeſe adjunxerat, initio cunctata; ſed proſperis rebus, anxia quòd defuiſſet. Sex millia Dalmatarum, recens delectus, comitabantur. Ducebat Poppæus [8] Silvanus conſularis: vis conſiliorum penes Annium Baſſum, legionis legatum. Is Silvanum ſocordem bello, et dies [9] rerum verbis terentem, ſpecie obſequii regebat, ad omniaque quæ agenda forent, quietâ cum induſtriâ aderat. Ad has copias, e claſſicis Ravennatibus, legionariam militiam poſcentibus, optimus quiſque adſciti: claſſem Dalmatæ ſupplevere. Exercitus duceſque ad Fanum [1] Fortunæ iter ſiſtunt, de ſummâ rerum cunctantes, quòd motas ex Urbe prætorias cohortes audierant, et teneri præſidiis Apenninum rebantur: et ipſos, in regione bello attritâ, inopia et ſeditioſæ militum voces terrebant, Clavarium [2] (donativi nomen eſt) flagitantium. Nec pecuniam aut frumentum pro-

7 *Profligato*] Pene confecto. Suprà Hiſt. 2, 4.

8 *P. Silvanus*] Hiſt. 2, 86.

9 *Dies rerum*] Ut alibi *tempora rerum* dicit.

1 *Fanum Fortunæ*] *Fano*, in ducatu Urbinenſi.

2 *Clavarium*] Caligas militares, *crebis et acutis clavis ſubfixas*, deſcribit Joſeph. B. Jud. 6, 1. Donativum ad eos *clavos* emendos dicebatur *clavarium*, quomodo et ad calceos emendos *calcearium*, apud Suet. Veſp. 8.

viderant:

viderant : et festinatio atque aviditas præpediebant, dum quæ accipi poterant, rapiuntur.

LI. Celeberrimos auctores habeo, tantam victoribus adversùs fas nefasque inreverentiam fuisse, ut gregarius eques, occisum a se proximâ acie fratrem professus, præmium a ducibus petierit. Nec illis aut honorare eam cædem, jus hominum; aut ulcisci, ratio belli permittebat. Distulerant, tamquam majora meritum, quàm quæ statim exsolverentur : nec quidquam ultrà traditur. Ceterum et prioribus civium bellis, par scelus inciderat. Nam prœlio, quo apud Janiculum adversùs Cinnam pugnatum est, Pompeianus miles fratrem suum, dein cognito facinore, seipsum interfecit, ut Sisenna memorat : tantò acrior apud majores, sicut virtutibus gloria, ita flagitiis pœnitentia fuit. Sed hæc aliaque ex veteri memoriâ petita, quotiens res locusque exempla recti, aut solatia mali poscet, haud absurdè memorabimus.

LII. Antonio ducibusque partium, præmitti equites, omnemque Umbriam explorari placuit, si quà Apennini juga clementiùs adirentur; acciri aquilas signaque, et quidquid Veronæ militum foret; Padumque et mare commeatibus compleri. Erant inter duces, qui necterent moras : quippe nimius[3] jam Antonius, et certiora ex Muciano sperabantur. Namque Mucianus tam celeri victoriâ anxius, et ni præsens

3. *Nimius jam*] Nimius potentiæ Antonius, et in exitium suum ruens; unde certiora a Muciano sperabantur.

Urbe potiretur, expertem se belli gloriæque ratus, ad Primum et Varum media[4] scriptitabat, instandum cœptis, aut rursus cunctandi utilitates edisserens; atque ita compositus, ut ex eventu rerum adversa abnueret, vel prospera agnosceret. Plotium Griphum, nuper ab Vespasiano in senatorium ordinem additum, ac legioni præpositum, ceterosque sibi fidos, apertiùs monuit. Iique omnes, de festinatione Primi ac Vari sinistre, et Muciano volentia[5] rescripsere. Quibus epistolis Vespasiano missis effecerat, ut non pro spe Antonii consilia factaque ejus æstimarentur.

LIII. Ægre id pati Antonius, et culpam in Mucianum conferre, cujus criminationibus eviluissent pericula sua. Nec sermonibus temperabat, immodicus linguâ, et obsequii insolens. Litteras ad Vespasianum composuit, jactantiùs quàm[6] ad principem, nec sine occultâ in Mucianum insectatione: 'se Pannonicas legiones 'in arma egisse: suis stimulis excitos Mœsiæ 'duces: suâ constantiâ perruptas Alpes, occu'patam Italiam, intersepta Germanorum Ræ'torumque auxilia. Quòd discordes dispersas'que Vitellii legiones equestri[7] procellâ, mox 'peditum vi, per diem noctemque fudisset, id 'pulcherrimum, et sui operis. Casum Cremo'næ bello imputandum: majore damno, plu-

4 *Media*] Ambigua, quæ in utramque partem pro eventu traherentur.

5 *Volentia*] Grata et accepta.

6 *Quàm ad principem*] Supple, *decebat*.

7 *Equestri procellâ*] Impetu. Eandem locutionem habet Liv. 29, 2.

rium

'rium urbium excidiis, veteres civium discordias reipublicæ stetisse. Non se nunciis, neque epistolis, sed manu et armis imperatori suo militare. Neque officere gloriæ eorum, qui Asiam interim composuerint: illis Mœsiæ pacem, sibi salutem securitatemque Italiæ, cordi fuisse. Suis exhortationibus Gallias Hispaniasque, validissimam terrarum partem, ad Vespasianum conversas. Sed cecidisse in irritum labores, si præmia periculorum soli adsequantur, qui periculis non adfuerint.' Nec fefellere ea Mucianum: inde graves simultates; quas Antonius simpliciùs, Mucianus callidè, eóque implacibiliùs nutriebat.

LIV. At Vitellius, fractis apud Cremonam rebus, nuncios cladis occultans, stultâ dissimulatione, remedia potiùs malorum quàm mala differebat. Quippe confitenti consultantique supererant spes viresque: cum e contrario læta omnia fingeret, falsis ingravescebat[8]. Mirum apud ipsum de bello silentium: prohibiti per civitatem sermones, eóque plures: ac, si liceret, verè narraturi, quia vetabantur, atrociora vulgaverant. Nec duces hostium augendæ famæ deerant, captos Vitellii exploratores, circumductosque, ut robora victoris exercitûs noscerent, remittendo: quos omnes Vitellius secretò percunctatus, interfici jussit. Notabili constantiâ centurio Julius Agrestis, post multos sermones, quibus Vitellium ad virtutem frustra

[8] *Ingravescebat*] Gravior ipse fiebat, premebatur mendaciis suis Vitellius.

 accendebat,

accendebat, perpulit, ut ad vires hostium spectandas, quæque apud Cremonam acta forent, ipse mitteretur. Nec exploratione occultâ fallere Antonium tentavit, sed mandata imperatoris suumque animum professus, ut cuncta viseret, postulat. Missi, qui locum prœlii, Cremonæ vestigia, captas legiones ostenderent. Agrestis ad Vitellium remeavit, abnuentique vera esse quæ adferret, atque ultro corruptum arguenti; 'quandoquidem,' inquit, 'magno 'documento opus est, nec alius jam tibi aut 'vitæ aut mortis meæ usus, dabo[9] cui credas.' Atque ita digressus, voluntariâ morte dicta firmavit. Quidam jussu Vitellii interfectum, de fide constantiâque eadem tradidere.

LV. Vitellius, ut e somno excitus, Julium Priscum et Alphenum Varum, cum quatuordecim prætoriis cohortibus, et omnibus equitum alis, obsidere Apenninum jubet. Secuta e classicis legio. Tot millia armatorum, lecta equis virisque, si dux alius foret, inferendo quoque bello satis pollebant. Ceteræ cohortes ad tuendam Urbem L. Vitellio fratri datæ. Ipse nihil e solito luxu remittens, et diffidentiâ properus, festinare comitia, quibus consules in multos annos destinabat: fœdera sociis, Latium externis dilargiri: his tributa dimittere, alios immunitatibus juvare: denique nullâ in posterum curâ, lacerare imperium. Sed vulgus ad magnitudinem beneficiorum aderat[1]: stultissimus

9 *Dabo*] Documentum scilicet.

1 *Aderat*] Erecta erat, intenderat animum.

simus quisque pecuniis mercabatur: apud sapientes cassa habebantur, quæ neque dari, neque accipi, salvâ republicâ poterant. Tandem flagitante exercitu qui Mevaniam[2] insederat, magno senatorum agmine, quorum multos ambitione, plures formidine trahebat, in castra venit, incertus animi, et infidis consiliis obnoxius.

LVI. Concionanti (prodigiosum dictu) tantum fœdarum[3] volucrum supervolitavit, ut nube atrâ diem obtenderent. Accessit dirum omen, profugus altaribus taurus, disjecto sacrificii apparatu, longè, nec ubi feriri hostias mos est, confossus. Sed præcipuum ipse Vitellius ostentum erat, ignarus militiæ, improvidus consilii; quis ordo agminis, quæ cura explorandi, quantus urgendo trahendove bello modus, alios rogitans, et ad omnes nuncios, vultu quoque et incessu trepidus, dein temulentus. Postremò tædio castrorum, et auditâ defectione Misenensis classis, Romam revertit, recentissimum quodque vulnus pavens, summi[4] discriminis incuriosus. Nam cum transgredi Apenninum integro exercitûs sui robore, et fessos hieme atque inopiâ hostes adgredi, in

2 *Mevaniam*] *Bevagna*, in ducatu Spoletensi.

3 *Fœdarum volucrum*] Vultures appellat Dio 65, a quibus et victimas discerptas, et Vitellium scribit de tribunali ferme deturbatum.

4 *Summi discriminis*] Id est, universi: *summæ rei discriminis*, uti aliàs Noster dicit, Ann. 2, 12. Hist. 5, 15.

aperto

foret; dum dispergit vires, acerrimum militem, et usque in extrema obstinatum, trucidandum capiendumque tradidit, peritissimis centurionum dissentientibus, et, si consulerentur, vera dicturis. Arcuere eos intimi amicorum Vitellii, ita formatis principis auribus, ut aspera quæ utilia, nec quidquam nisi jucundum et læsurum acciperet.

LVII. Sed classem Misenensem (tantum civilibus discordiis etiam singulorum audacia valet) Claudius Faventinus centurio, per ignominiam a Galbâ dimissus, ad defectionem traxit, fictis Vespasiani epistolis pretium proditionis ostentans. Præerat classi Claudius Apollinaris, neque fidei constans, neque strenuus in perfidiâ: et Apinius Tiro præturâ functus, ac tum fortè Minturnis[5] agens, ducem se defectoribus obtulit. A quibus municipia coloniæque impulsæ, præcipuo Puteolanorum in Vespasianum studio, contrà Capuâ Vitellio fidâ, municipalem æmulationem bellis civilibus miscebant. Vitellius Claudium Julianum (is nuper classem Misenensem molli imperio rexerat) permulcendis militum animis delegit: data in auxilium urbana cohors, et gladiatores quibus Julianus præerat. Ut collata utrimque castra, haud magnâ cunctatione Juliano in partes Vespasiani transgresso, Tarracinam occupavere,

5 *Minturnis*] Nunc excisis. Urbs fuit ad ostium Liris fl. sita.

pavere,

pavere, mœnibus ſituque[6] magis, quàm ipſorum[7] ingenio tutam.

LVIII. Quæ ubi Vitellio cognita, parte copiarum Narniæ cum præfectis prætorii relictâ, L. Vitellium fratrem, cum ſex cohortibus et quingentis equitibus, ingruenti per Campaniam bello oppoſuit. Ipſe æger animi, ſtudiis militum et clamoribus populi arma poſcentis refovebatur: dum vulgus ignavum, et nihil ultra verba auſurum, falſâ ſpecie, exercitum et legiones appellat. Hortantibus libertis (nam amicorum ejus quantò quis clarior, minùs fidus) vocari tribus jubet. Dantes nomina ſacramento adigit: ſuperfluente multitudine, curam delectûs in conſules partitur. Servorum numerum, et pondus argenti ſenatoribus indicit. Equites Romani obtulere operam pecuniaſque, etiam libertinis[8] idem munus ultro flagitantibus. Ea ſimulatio officii, a metu profecta, verterat[9] in favorem. Et plerique haud perinde Vitellium, quàm caſum locumque principatûs miſerabantur. Nec deerat ipſe vultu, voce, lacrimis, miſericordiam elicere, largus promiſſis, et quæ natura trepidantium eſt, immodicus. Quin et Cæſarem ſe dici voluit, adſpernatus[1] antea; ſed tunc, ſuperſtitione nominis,

6 *Situque*] Horat. *Impoſitum ſaxis latè candentibus Anxur*. Tarracinæ (nunc *Terracina*) vetus nomen Anxur fuit.

7 *Ipſorum ingenio*] Ducum induſtriâ.

8 *Libertinis*] Quorum latè fuſum corpus, ut vidimus Ann. 13, 27.

9 *Verterat*] Immutata eſt. Favorem, quem primò ſimulabant, poſtea ſeriò monſtrabant.

1 *Adſpernatus antea*] Hiſt. 1, 62.

minis, et quia in metu consilia prudentium et vulgi rumor juxtà audiuntur. Ceterum ut omnia inconsulti impetûs cœpta, initiis valida, spatio, languescunt, dilabi paullatim senatores equitesque, primò cunctanter, et ubi ipse non aderat; mox contemptim, et sine discrimine: donec Vitellius pudore inriti conatûs, quæ[2] non dabantur, remisit.

LIX. Ut terrorem Italiæ possessa Mevania, ac velut renatum ex integro bellum intulerat; ita haud dubium erga Flavianas partes studium tam pavidus Vitellii discessus addidit. Erectus Samnis, Pelignusque, et Marsi, æmulatione, quòd Campania prævenisset, ut in novo obsequio, ad cuncta belli munia acres erant. Sed fœdâ hieme, per transitum Apennini, conflictatus exercitus: et vix quieto agmine nives eluctantibus, patuit quantum discriminis adeundum foret, ni Vitellium retro fortuna vertisset, quæ Flavianis ducibus non minùs sæpe quàm ratio adfuit. Obvium illic Petilium Cerialem habuere, agresti cultu et notitiâ locorum custodias Vitellii elapsum. Propinqua adfinitas Ceriali cum Vespasiano, nec ipse inglorius militiæ; eóque inter duces adsumptus est. Flavio quoque Sabino ac Domitiano patuisse effugium, multi tradidere. Et missi ab Antonio nuncii, per varias fallendi artes penetrabant, locum ac præsidium monstrantes. Sabinus inhabilem labori et audaciæ valetudinem

[2] *Quæ non dabantur*]. Nomina et collationes.

caussa-

caussabatur. Domitiano aderat animus: sed custodes a Vitellio additi, quamquam se socios fugæ promitterent, tamquam insidiantes timebantur. Atque ipse Vitellius, respectu suarum[3] necessitudinum, nihil in Domitianum atrox parabat.

LX. Duces partium, ut Carsulas[4] venêre, paucos ad requiem dies sumunt, donec aquilæ signaque legionum adsequerentur: et locus ipse castrorum placebat, latè prospectans, tuto copiarum[5] aggestu, florentissimis pone tergum municipiis. Simul colloquia cum Vitellianis, decem millium spatio distantibus, et proditio sperabatur. Ægre id pati miles, et victoriam malle quàm pacem: ne suas quidem legiones opperiebantur, ut prædæ[6], quàm periculorum socias. Vocatos ad concionem Antonius docuit, 'esse adhuc Vitellio vires, ambiguas[7], si delibe-'rarent, acres, si desperassent. Initia bello-'rum civilium fortunæ permittenda: victo-'riam consiliis et ratione perfici. Jam Mise-'nensem classem, et pulcherrimam Campaniæ 'oram desciviſſe: nec plus e toto terrarum 'orbe reliquum Vitellio, quàm quod inter 'Tarracinam Narniamque jaceat. Satis glo-'riæ prœlio Cremonensi partum; et exitio 'Cremonæ, nimium invidiæ. Ne concupisce-

3 *Suarum necessitudinum*] Matris, uxoris, liberorum suorum.

4 *Carsulas*] Cujus urbis extant rudera prope *Santo Gemini* in Umbriâ.

5 *Copiarum*] Commeatuum.

6 *Prædæ*] Supple, *potius*.

7 *Ambiguas*] Fidei haud firmæ in Vitellium, si daretur iis spatium deliberandi: acres, si festinatâ oppugnatione, ad desperationem adigerentur.

 'rent

'rent Romam capere potiùs, quàm servare. 'Majora illis præmia, et multò maximum decus, si incolumitatem senatui populoque Romano sine sanguine quæsissent.'

LXI. His ac talibus mitigati animi. Nec multò pòst legiones venêre. Et terrore famâque aucti exercitûs, Vitellianæ cohortes nutabant, nullo in bellum adhortante, multis ad transitionem, qui suas centurias turmasque tradere, donum victori, et sibi in posterum gratiam, certabant. Per eos cognitum est, Interamnam[8] proximis campis præsidio quadringentorum equitum teneri. Missus extemplo Varus cum expeditâ manu, paucos repugnantium interfecit: plures, abjectis armis, veniam petivere: quidam in castra refugi, cuncta formidine implebant, augendo rumoribus virtutem copiasque hostium, quò amissi præsidii dedecus lenirent. Nec ulla apud Vitellianos flagitii pœna: et præmiis defectorum versa[9] fides; ac reliquum[1] perfidiæ certamen. Crebra transfugia tribunorum centurionumque: nam gregarius miles induruerat pro Vitellio; donec Priscus[2] et Alphenus, desertis castris ad Vitellium regressi, pudore proditionis cunctos exsolverent.

8 *Interamnam*] *Terni.*

9 *Versa fides*] Vulg. *vera.* Ernesto placet *certa.* Cod. Flor. et ed. princeps, *verba fides.* Unde rectè mihi videtur Freinshemius emendasse *versa*, id est, concussa ac mutata.

1 *Ac reliquum*] Quod remanebat, certamen erat perfidiæ.

2 *P. et Alphenus*] Cap. 55. Vid. et infrà 4, 11.

LXII.

LXII. Iisdem diebus, Fabius Valens Urbini in custodiâ interficitur. Caput ejus Vitellianis cohortibus ostentatum, ne quam ultrà spem foverent: nam pervasisse in Germanias Valentem, et veteres illic novosque exercitus ciere credebant. Visâ cæde, in desperationem versi: et Flavianus exercitus immane quantum animo exitium Valentis, ut finem belli, accepit. Natus erat Valens Anagniæ [3], equestri familiâ: procax moribus, neque absurdus [4] ingenio famam urbanitatis per lasciviam petere. Ludicro Juvenalium sub Nerone, velut ex necessitate, mox sponte mimos actitavit, scitè magis quàm [5] probè. Legatus legionis, et fovit Verginium, et infamavit [6]. Fonteium Capitonem corruptum, seu quia corrumpere nequiverat, interfecit [7]. Galbæ [8] proditor, Vitellio fidus, et aliorum perfidiâ inlustratus.

LXIII. Abruptâ undique spe, Vitellianus miles transiturus in partes, id quoque non [9]

3 *Anagniæ*] *Anagni*, in Campaniâ Romanâ.

4 *Absurdus*] Suprà Ann. 13, 45.

5 *Quàm probè*] Quàm honestè. Quò melior actor fuit, eò inhonestior eques Romanus.

6 *Infamavit*] Ob cunctationem eum apud Galbam criminatus. Hist. 1, 52.

7 *Interfecit.*] Hist. 1, 7.

8 *Galbæ proditor*] Hist. 1, 52.

9 *Non sine decore*] Ita MSS. Flor. et verissimè restituerunt edd. Bipontini, cum in vulgatis esset *dedecore*. Pudore proditionis exsolverant milites suos Vitelliani duces, desertis castris, suprà c. 61. exsolvit etiam nunc Tacitus iis verbis, *abruptâ undique spe*. Igitur non modò milites transibant sine dedecore, sed etiam cum decore, sub signis vexillisque, *with the honours of war*, ut nos loquimur.

ſine decore, ſed ſub ſignis vexilliſque in ſubjectos Narniæ campos deſcendêre. Flavianus exercitus, ut ad prœlium, intentus ornatuſque, denſis circa viam ordinibus, adſtiterat. Accepti in medium Vitelliani: et circumdatos, Primus Antonius clementer adloquitur. Pars Narniæ, pars Interamnæ ſubſiſtere juſſi. Relictæ ſimul e victricibus legiones, neque quieſcentibus graves, et adversùs contumaciam validæ. Non omiſere per eos dies Primus ac Varus crebris nunciis ſalutem, et pecuniam, et ſecreta[1] Campaniæ offerre Vitellio, ſi poſitis armis, ſeque ac liberos ſuos Veſpaſiano permiſiſſet. In eumdem modum et Mucianus compoſuit epiſtolas: quibus plerumque fidere Vitellius, ac de numero ſervorum, electione[2] litorum loqui. Tanta torpedo invaſerat animum, ut ſi principem eum fuiſſe ceteri non meminiſſent, ipſe oblivifceretur.

LXIV. At primores civitatis Flavium Sabinum, præfectum Urbis, ſecretis ſermonibus incitabant, ‘ victoriæ famæque partem capeſ-‘ ſeret. Eſſe illi[3] proprium militem cohor-‘ tium urbanarum: nec defuturas vigilum ‘ cohortes, ſervitia ipſorum, fortunam partium, ‘ et omnia prona victoribus. Ne Antonio Va-‘ roque de gloriâ concederet. Paucas Vitellio ‘ cohortes, et mœſtis undique nunciis trepidas.

[1] *Secreta Campaniæ*] *Amœnos ſeceſſus* Suetonius vocat, Calig. 45. *beatos Campaniæ ſinus*, Noſter mox c. 66.

[2] *Electione litorum*] Quæ Campaniæ litora habitaret.

[3] *Illi proprium*] Ut præfecto Urbis.

Populi

'Populi mobilem animum: et, si se ducem 'præbuisset, easdem illas adulationes pro Ve'spasiano fore. Ipsum Vitellium ne prosperis 'quidem parem, adeò ruentibus debilitatum. 'Gratiam patrati belli penes eum, qui Urbem 'occupasset. Id Sabino convenire, ut imperium fratri reservaret; id Vespasiano, ut ceteri post Sabinum haberentur.'

LXV. Haudquaquam erecto animo eas voces accipiebat, invalidus senectâ. Erant, qui occultis suspicionibus incesserent, tamquam invidiâ et æmulatione fortunam fratris moraretur. Namque Flavius Sabinus ætate prior, privatis utriusque rebus, auctoritate pecuniâque Vespasianum anteibat: et credebatur affectam ejus fidem præjuvisse[4], domo agrisque pignori acceptis. Unde, quamquam manente in speciem concordiâ, offensarum[5] operta metuebantur. Melior interpretatio, mitem virum abhorrere a sanguine et cædibus; eóque crebris cum Vitellio sermonibus de pace, ponendisque per conditionem armis agitare. Sæpe domi congressi,

4 *Præjuvisse*] Laboranti Vespasiani fidei, antequam periret, subvenisse, pecuniâ creditoribus solutâ, prædiisque ejus pignori acceptis. Suet. Vesp. 4. *Rediit certè* [ex Africâ] *nihilo opulentior, ut qui prope labefactatâ jam fide, omnia prædia fratri obligarit, necessarióque ad mangonicos quæstus sustinendæ dignitatis causâ descenderit.*

5 *Offensarum operta*] Sed unde illæ offensæ, rogant Bip. si hic illius fidem labantem juvit? Scilicet usu nimiùm crebro comprobatum videmus, pecuniâ creditâ subrui concordiam inter homines cum maximè conjunctos.

postremò

poſtremò in æde Apollinis, ut fama fuit, pepigere [6]. Verba voceſque duos teſtes habebant, Cluvium Rufum et Silium Italicum. Vultus procul viſentibus notabantur; Vitellii projectus et degener, Sabinus non inſultans, et miſeranti propior.

LXVI. Quòd ſi tam facilè ſuorum mentes flexiſſet Vitellius, quàm ipſe ceſſerat, incruentam Urbem Veſpaſiani exercitus intraſſet. Ceterum ut quiſque Vitellio fidus, ita pacem et conditiones abnuebant, diſcrimen ac dedecus oſtentantes, et fidem in [7] libidine victoris. 'Nec [8] tantam Veſpaſiano ſuperbiam, ut privatum Vitellium pateretur: ne victos quidem laturos. Ita periculum ex miſericordiâ. Ipſum ſanè ſenem, et proſperis adverſiſque ſatiatum. Sed quod nomen, quem ſtatum filio ejus Germanico [9] fore? Nunc pecuniam, et familiam [1], et beatos Campaniæ ſinus promitti. Sed ubi imperium Veſpaſianus invaſerit, non ipſi, non amicis ejus, non denique exercitibus ſecuritatem, niſi exſtincto æmulatore, redituram. Fabium illis Valentem, capti-

6 *Pepigere*] Suet. Vit. 15. *Salutem ſibi et millies ſeſtertiûm* (807,291*l.* 13*s.* 4*d.*) *pepigit* Vitellius.

7 *In libidine*] In arbitrio victoris fore, fidem ſervet necne.

8 *Nec tantam*] Si Veſpaſianus, inquiebant; tam alto animo eſt, ut rectis oculis æmulum quondam imperii poſſit adſpicere, tamen id iſtæ ipſæ victæ partes ferent nunquam, quæ, miſeratione olim principis, ad ultionem et res novas accingentur. *Ita periculum* tibi erit vel *ex* tuorum *miſericordiâ*. Lipſius.

9 *Germanico*] Hiſt. 2, 59.

1 *Familiam*] Servos.

' vum,

'vum, et casibus dubiis[2] reservatum, prægra-'vem[3] fuisse: nedum[4] Primus ac Fuscus, et 'specimen partium Mucianus, ullam in Vi-'tellium nisi occidendi licentiam habeant. Non 'a Cæsare Pompeium, non ab Augusto Anto-'nium incolumes relictos: nisi fortè Vespasi-'anus altiores spiritus gerat, Vitellii[5] cliens, 'cum Vitellius collega Claudio foret. Quin 'ut censuram patris, ut tres consulatus, ut 'tot egregiæ domûs honores deceret, despe-'ratione saltem in audaciam accingeretur. Per-'stare militem, superesse studia populi. De-'nique nihil atrocius eventurum, quàm in 'quod sponte ruant. Moriendum victis, mo-'riendum deditis. Id solum referre, novissi-'mum spiritum per ludibrium et contumelias 'effundant, an per virtutem.'

LXVII. Surdæ ad fortia consilia Vitellio aures. Obruebatur animus miseratione curâque, ne pertinacibus armis, minùs placabilem victorem relinqueret conjugi ac liberis. Erat

[2] *Casibus dubiis*] Si fortè bello vincerentur, veniam per eum a Vitellio consecuturi; ut et Vitelliani reservarant Cæcinam.

[3] *Prægravem fuisse*] Cap. 62.

[4] *Nedum Primus*] Tantùm abesse ut Primo, Fusco, aut ei ex quo ceteros conjectare liceat Flavianos duces, Muciano, potestas daretur ullum fœdus cum Vitellio paciscendi, præterquam mortis et exitii.

[5] *Vitellii cliens*] Patris tui L. Vitellii cliens, cum is collega Claudio foret duobus consulatibus et censurâ. Suet. Vit. 2. Hujus Vitellii gratiam, in aulâ Claudianâ præpotentis, ambiisse Vespasianum haud absimile vero est, quomodo et Narcissi amicitiâ provectum eum ad honores fuisse scribit Suet. Vesp. 2.

illi

illi et fessâ ætate parens; quæ tamen paucis antè diebus opportunâ[6] morte excidium domûs prævenit, nihil principatu filii adsecuta, nisi luctum et bonam famam. Quinto[7] decimo Kal. Januarii, auditâ defectione legionis cohortiumque quæ se Narniæ dediderant, pullo amictu palatio degreditur, mœstâ circùm familiâ. Simul ferebatur lecticulâ parvulus filius, velut in funebrem pompam. Voces populi blandæ et intempestivæ: miles minaci silentio.

LXVIII. Nec quisquam adeò rerum humanarum immemor, quem non commoveret illa facies: Romanum principem, et generis humani paullo antè dominum, relictâ fortunæ suæ sede, per populum, per Urbem, exire de imperio. Nihil tale viderant, nihil audierant. Repentina vis dictatorem Cæsarem oppresserat; occultæ Caium insidiæ: nox, et ignotum rus, fugam Neronis absconderant: Piso et Galba tamquam in acie cecidere. In suâ concione Vitellius, inter suos milites, prospectantibus etiam feminis, pauca et præsenti mœstitiæ congruentia locutus, 'Cedere se pacis et reipub-'licæ caussâ; retinerent tantùm memoriam 'suî, fratremque, et conjugem, et innoxiam

6 *Opportunâ morte*] In qua suspectum etiam Vitellium fuisse auctor est Suetonius, Vit. 14. *quasi ægræ præberi cibum prohibuisset; vaticinante Cattâ muliere, cui velut oraculo acquiescebat, ita demum firmiter et diutissimè imperaturum, si superstes parenti extitisset. Et alii tradunt, ipsam tædio præsentium, et imminentium metu, venenum a filio impetrasse, haud sanè difficulter.*

7 *Quinto decimo*] Die 18 Decembris.

'libe-

'liberorum ætatem miserarentur;' simul filium protendens, modò singulis, modo universis commendans, postremò fletu præpediente, adsistenti consuli (Cæcilius Simplex erat) exsolutum a latere pugionem, velut jus necis vitæque[8] civium, reddebat. Adspernante consule, reclamantibus qui in concione adstiterant, ut in æde Concordiæ positurus insignia imperii, domumque fratris petiturus, discessit. Major hîc clamor obsistentium penatibus privatis, in palatium vocantium. Interclusum aliud iter, idque solum quod in Sacram viam pergeret, patebat. Tum consilii inops, in palatium rediit. Prævenerat rumor, ejurari ab eo imperium: scripseratque Flavius Sabinus cohortium tribunis, ut militem cohiberent.

LXIX. Igitur tamquam omnis respublica in Vespasiani sinum cessisset, primores senatûs, et plerique equestris ordinis, omnisque miles urbanus, et vigiles, domum Flavii Sabini complevere. Illuc de studiis vulgi, et minis Germanicarum cohortium adfertur. Longiùs jam progressus erat, quàm ut regredi posset: et suo quisque metu, ne disjectos, eóque minùs validos, Vitelliani consectarentur, cunctantem in arma impellebant. Sed quod in ejusmodi

8 *Exsolutum a latere*] Suet. Vit. 15. *Solutum a latere pugionem consuli primùm, deinde illo recusante, magistratibus, ac mox senatoribus singulis porrigens, nullo recipiente, quasi in æde Concordiæ positurus abscessit. Sed quibusdam acclamantibus* ipsum esse Concordiam, *rediit: nec solùm retinere se ferrum adfirmavit, verùm etiam Concordiæ recipere cognomen.*

rebus accidit, consilium ab omnibus datum est, periculum pauci sumpsere. Circa lacum Fundani, descendentibus qui Sabinum comitabantur armatis, occurrunt promptissimi Vitellianorum. Modicum ibi prœlium, improviso tumultu, sed prosperum Vitellianis fuit. Sabinus re trepidâ, quod tutissimum e præsentibus, arcem Capitolii insedit mixto[9] milite, et quibusdam senatorum equitumque; quorum nomina tradere haud promptum est, quoniam victore Vespasiano, multi id meritum erga partes simulavere. Subierunt obsidium etiam feminæ: inter quas maximè insignis Verulana Gracilia, neque liberos, neque propinquos, sed bellum secuta. Vitellianus miles custodiâ socordi clausos circumdedit: eóque, concubiâ nocte, suos liberos Sabinus, et Domitianum fratris filium, in Capitolium accivit; misso per[1] neglecta ad Flavianos duces nuncio, qui circumsideri ipsos, et ni subveniretur, artas res nunciaret. Noctem adeò quietam egit, ut degredi sine noxâ potuerit. Quippe miles Vitellii, adversùs pericula ferox, laboribus et vigiliis parum intentus erat: et hibernus imber repentè fusus, oculos aurésque impediebat.

LXX. Luce primâ Sabinus, antequam invicem hostilia cœptarent, Cornelium Martialem

9 *Mixto milite*] Ex urbanis et vigilum cohortibus, eque servitiis procerum, collecto.

1 *Per neglecta*] Per aditus custodiâ socordi neglectos.

e prie primipilaribus ad Vitellium misit, cum mandatis et questu, quòd pacta turbarentur. 'Simulationem prorsus et imaginem deponendi 'imperii fuisse, ad decipiendos tot inlustres viros. Cur enim e rostris fratris domum, imminentem foro, et inritandis hominum oculis, 'quàm [2] Aventinum et penates uxoris petisset? 'Ita privato, et omnem principatûs speciem 'vitanti, convenisse [3]. Contrà Vitellium in 'palatium, in ipsam imperii arcem regressum. 'Inde armatum agmen emissum; stratam innocentium cædibus celeberrimam Urbis partem: ne Capitolio quidem abstineri. Togatum nempe se, et unum e senatoribus, dum 'inter Vespasianum ac Vitellium prœliis legionum, captivitatibus urbium, deditionibus 'cohortium judicatur. Jam Hispaniis, Germaniisque, et Britanniâ desciscentibus, fratrem Vespasiani mansisse in fide, donec ultro 'ad conditiones vocaretur. Pacem et concordiam victis [4] utilia; victoribus tantùm pulchra esse. Si conventionis pœniteat, non se, 'quem perfidiâ deceperit, ferro peteret; non 'filium Vespasiani, vix [5] puberem: quantum, 'occisis uno sene et uno juvene, profici? Iret 'obviam legionibus, et de summâ rerum illic

2 *Quàm Aventinum*] Potiùs quàm Aventinum, et uxoris Galeriæ domum.

3 *Convenisse*] Congruisse.

4 *Victis utilia*] Apparet igitur, et quis primùm conditionum pacis mentionem fecerat, et cujus maximè interesset pacem et concordiam retinere. Vitellio superato utilis conventio; sibi, victoris fratri, pulchra tantùm.

5 *Vix puberem*] Octodecim annos natum.

 'certaret;

'certaret: cetera ſecundùm eventum prœlii 'ceſſura.' Trepidus ad hæc Vitellius, pauca purgandi ſuî cauſsâ reſpondit, culpam in militem conferens, cujus nimio ardori imparem eſſe modeſtiam ſuam. Et monuit Martialem, ut per ſecretam ædium partem occultè abiret, ne a militibus internuncius inviſæ pacis interficeretur. Ipſe neque jubendi, neque vetandi potens, non jam imperator, ſed tantùm belli cauſſa erat.

LXXI. Vix dum regreſſo in Capitolium Martiale, furens miles aderat, nullo duce, ſibi quiſque auctor: cito agmine forum et imminentia foro templa prætervecti, erigunt aciem per adverſum collem, uſque ad primas Capitolinæ arcis fores. Erant antiquitus porticus in latere clivi, dextræ ſubeuntibus: in quarum tectum egreſſi, ſaxis teguliſque Vitellianos obruebant. Neque illis manus niſi [6] gladiis armatæ; et arceſſere tormenta, aut miſſilia tela, longum videbatur. Faces in prominentem porticum jecere, et ſequebantur ignem: ambuſtaſque Capitolii fores penetraſſent, ni Sabinus revulſas undique ſtatuas, decora majorum, in ipſo aditu vice muri objeciſſet. Tum diverſos Capitolii aditus invadunt, juxta lucum [7] aſyli, et quà Tarpeia rupes centum gradibus aditur. Improviſa utraque vis; propior atque acrior per aſylum ingruebat. Nec ſiſti poterant ſcan-

6 *Niſi gladiis*] Nullo, niſi gladiis, telo armati accedebant Vitelliani.

7 *Lucum aſyli*] Quem olim poſuerat Romulus, inter duas rupes montis Capitolini.

dentes

dentes per conjuncta ædificia: quæ, ut in multâ pace, in altum edita, solum Capitolii æquabant. Hîc ambigitur, ignem tectis oppugnatores injecerint, an obsessi, quæ crebrior[8] fama est, quò nitentes ac progressos depellerent. Inde lapsus ignis in porticus, appositas ædibus. Mox sustinentes fastigium aquilæ[9], vetere ligno, traxerunt flammam, alueruntque. Sic Capitolium, clausis foribus, indefensum et indireptum, conflagravit.

LXXII. Id facinus post conditam Urbem luctuosissimum fœdissimumque reipublicæ populi Romani accidit: nullo externo hoste, propitiis, si per mores nostros liceret, deis, sedem Jovis optimi maximi, auspicatò a majoribus pignus imperii conditam, quam non Porsena deditâ[1] Urbe, neque Galli captâ, temerare potuissent, furore principum exscindi! Arserat et antè Capitolium civili[2] bello, sed fraude privatâ: nunc palam obsessum, palam incensum: quibus armorum caussis? quo tantæ cladis pretio[3]? pro patriâ bellavimus? Voverat Tarquinius Priscus rex bello Sabino, jeceratque fundamenta,

[8] *Crebrior*] Capitolii incensi culpam in Vitellianos conferunt Plin. 34, 7. Joseph. B. J. 4, 11. Dio 65. Plinius et Josephus sub Vespasiano scripsere: Tacitus sub Trajano.

[9] *Aquilæ*] Fastigium (*the pediment*) fastigiique decora, statuas signaque, sustinebant aquilæ. Græci etiam ἀετὸν et ἀετοὺς pro fastigio usurpant.

[1] *Deditâ urbe*] Deditam Urbem Porsenæ fuisse suspicatur et Hookius noster, Hist. Rom. 2, 2. §. 3.

[2] *Civili bello*] Syllano, U. C. 671. privatorum hominum fraude, incertâ causâ. Appian B. Civ. l. 1.

[3] *Pretio*] In omnibus veteribus

fundamenta, ſpe magis futuræ magnitudinis, quàm quò modicæ adhuc populi Romani res ſufficerent. Mox Servius Tullius, ſociorum ſtudio; deinde Tarquinius Superbus captâ Suesſâ Pometiâ, hoſtium ſpoliis, exſtruxere. Sed gloria operis libertati reſervata. Pulſis regibus, Horatius Pulvillus iterum[4] conſul dedicavit, eâ magnificentiâ, quam immenſæ poſtea populi Romani opes ornarent potiùs, quàm augerent. Iiſdem rurſus veſtigiis ſitum eſt, poſtquam interjecto ccccxxv annorum ſpatio, L. Scipione, C. Norbano coſſ. flagraverat. Curam victor Sulla ſuſcepit, neque tamen dedicavit: hoc ſolum felicitati ejus negatum. Lutatii Catuli nomen, inter tanta Cæſarum opera, uſque ad Vitellium manſit. Ea tunc ædes cremabatur.

LXXIII. Sed plus pavoris obſeſſis, quàm obſeſſoribus intulit. Quippe Vitellianus miles neque aſtu, neque conſtantiâ, inter dubia indigebat. Ex diverſo trepidi milites, dux ſegnis, et veluti captus animi, non linguâ, non auribus competere: neque alienis conſiliis regi, neque ſua expedire: huc illuc clamoribus

veteribus libris adjicitur *ſtetit*, a Rhenano jure merito ſublatum; turbat enim ſententiam, quæ abſque eo apertiſſima eſt: ſcil. quid fuit, quod tantâ clade redimeretur? an ſalus patriæ? *Stetit* eſt á manu gloſſatoris, qui id verbum ad *pretium* aliquoties referri meminerat. Bip. habent, *quid tantæ cladis pretio ſtetit?* citantque Livium 23, 30. *multiſque vulneribus ea Pœnis victoria ſtetit*; qui locus magis ad rem foret, ſi dixiſſet Liv. *multorumque vulnerum* pretio *ſtetit.*

4 *Iterum conſul*] Collegâ Poplicolâ, U. C. 247.

hoſtium

hostium circumagi: quæ jusserat, vetare; quæ vetuerat, jubere. Mox, quod in perditis rebus accidit, omnes præcipere, nemo exsequi. Postremò, abjectis armis, fugam et fallendi artes circumspectabant. Inrumpunt Vitelliani, et cuncta sanguine, ferro, flammisque miscent. Pauci militarium virorum, inter quos maximè insignes, Cornelius Martialis, Æmilius Pacensis, Casperius Niger, Didius Scæva, pugnam ausi, obtruncantur. Flavium Sabinum inermem, neque fugam cœptantem, circumsistunt, et Quinctium Atticum consulem, umbrâ honoris et suâmet vanitate monstratum, quòd edicta in populum pro Vespasiano magnifica, probrosa adversùs Vitellium jecerat. Ceteri per varios casus elapsi; quidam servili habitu, alii fide clientium contecti, et inter sarcinas abditi. Fuere qui, excepto Vitellianorum signo, quo inter se noscebantur, ultro rogitantes respondentesve, audaciam pro latebrâ haberent.

LXXIV. Domitianus, primâ inruptione apud æditum occultatus, sollertiâ liberti, lineo amictu turbæ sacricolarum[5] immixtus ignoratusque, apud Cornelium Primum paternum clientem, juxta Velabrum[6], delituit. Ac potiente rerum patre, disjecto æditui contubernio, modicum sacellum JOVI CONSERVA-

5 *Sacricolarum*] Isiacorum, ut docet Suet. Domit. 1. *Isiaci celatus habitu, interque sacrificulos vanæ superstitionis* &c. Hinc lineus amictus, quo Isiaci usi, linigeri inde dicti.

6 *Velabrum*] Hist. 1, 27. not. 3.

TORI,

TORI, aramque posuit, casus suos in marmore expressam [7]. Mox imperium adeptus, JOVI CUSTODI templum ingens, seque in sinu dei sacravit. Sabinus et Atticus onerati catenis, et ad Vitellium ducti, nequaquam infesto sermone vultuque excipiuntur, frementibus qui jus cædis, et præmia navatæ operæ, petebant. Clamore a proximis orto, sordida pars plebis supplicium Sabini exposcit, minas adulationesque miscet. Stantem pro gradibus palatii Vitellium, et preces parantem, pervicere ut absisteret. Tum confossum conlaceratumque, et abscisso capite, truncum corpus Sabini in Gemonias trahunt.

LXXV. Hic exitus viri haud sanè spernendi. Quinque et triginta stipendia in republicâ fecerat, domi militiæque clarus. Innocentiam justitiamque ejus non argueres: sermonis nimius erat. Id unum septem annis, quibus Mœsiam, duodecim, quibus præfecturam Urbis obtinuit, calumniatus est rumor. In fine vitæ, alii segnem, multi moderatum, et civium sanguinis parcum credidere. Quod inter omnes constiterit, ante principatum Vespasiani, decus domûs penes Sabinum erat. Cædem ejus lætam fuisse Muciano accepimus. Ferebant plerique, etiam paci consultum, diremptâ æmulatione inter duos, quorum alter

7 *Expressam*] Quæ casus suos in marmore expressam exhiberet. Eodem Hellenismo et Val. Flaccus usus est, I, 398. *Casusque tuos expressa, Phalere, Arma geris.*

se

se fratrem imperatoris, alter[8] consortem imperii cogitaret. Sed Vitellius consulis supplicium poscenti populo restitit, placatus, ac velut vicem reddens, quòd interrogantibus quis Capitolium incendisset? se reum Atticus obtulerat: eâque confessione, sive aptum tempori mendacium fuit, invidiam crimenque agnovisse, et a partibus Vitellii amolitus videbatur.

LXXVI. Iisdem diebus L. Vitellius, positis apud Feroniam[9] castris, exeidio Tarracinæ imminebat; clausis illic gladiatoribus remigibusque, qui non egredi mœnia, neque periculum in aperto audebant. Præerat, ut suprà memoravimus[1], Julianus gladiatoribus, Apollinaris remigibus, lasciviâ socordiâque gladiatorum magis, quàm ducum similes. Non vigilias agere, non intuta mœnium firmare; noctu dieque fluxi[2], et amœna litorum personantes, in ministerium luxûs dispersis militibus, de bello tantùm inter convivia loquebantur. Paucos ante dies discesserat Apinius Tiro; donisque ac pecuniis acerbè per municipia conquirendis, plus invidiæ quàm virium partibus addebat.

LXXVII. Interim ad L. Vitellium servus Verginii Capitonis perfugit; pollicitusque, si præsidium acciperet, vacuam arcem furtim tra-

8 *Alter consortem imp.*] Mucianus nempe.

9 *Feroniam*] Feronia, oppidum Latii, Terracinæ vicinum, luco et cultu deæ Feroniæ percelebre, periit.

1 *Memoravimus*] Cap. 57. ubi et de Apinio Tirone.

2 *Fluxi*] Molles et luxu diffluentes, amœnos litorum Campaniæ recessus cantibus implebant.

 diturum,

diturum, multâ nocte cohortes expeditas, summis montium jugis, super caput hostium sistit. Inde miles ad cædem magis, quàm ad pugnam decurrit. Sternunt inermes, aut arma capientes, et quosdam somno excitos; cùm tenebris, pavore, sonitu tubarum, clamore hostili turbarentur. Pauci gladiatorum resistentes, neque inulti cecidere: ceteri ad naves ruebant, ubi cuncta pari formidine implicabantur, permixtis paganis, quos nullo discrimine Vitelliani trucidabant. Sex liburnicæ inter primum tumultum evasere, in quîs præfectus classis Apollinaris: reliquæ in litore captæ, aut nimio ruentium onere pressas mare hausit. Julianus ad L. Vitellium perductus, et verberibus fœdatus, in ore ejus jugulatur. Fuere, qui uxorem L. Vitellii Triariam incesserent, tamquam gladio militari cincta, inter luctum cladesque expugnatæ Tarracinæ, superbè sævéque egisset. Ipse lauream gestæ prosperè rei ad fratrem misit; percunctatus, statim regredi se, an perdomandæ Campaniæ insistere juberet. Quod salutare non modò partibus Vespasiani, sed reipublicæ fuit. Nam si recens victoriâ miles, et super insitam pervicaciam secundis ferox, Romam contendisset, haud parvâ mole certatum, nec sine exitio Urbis foret: quippe L. Vitellio, quamvis infami, inerat industria; nec virtutibus, ut boni, sed quomodo pessimus quisque, vitiis valebat.

LXXVIII. Dum hæc in partibus Vitellii geruntur, digressus Narniâ Vespasiani exercitus,

tus, festos Saturni dies Ocriculi[3] per otium agitabat. Caussa tam pravæ moræ, ut Mucianum opperirentur. Nec defuere, qui Antonium suspicionibus arguerent, tamquam dolo cunctantem, post secretas Vitellii epistolas, quibus consulatum, et nubilem filiam, et dotales opes, pretium proditionis, offerebat. Alii, ficta hæc, et in gratiam Muciani composita. Quidam, omnium id ducum consilium fuisse, ostentare potiùs Urbi bellum, quàm inferre; quando validissimæ cohortes a Vitellio descivissent, et abscisis omnibus præsidiis, cessurus imperio videbatur: sed cuncta festinatione, deinde ignaviâ Sabini corrupta; qui sumptis temere armis, munitissimam Capitolii arcem, et ne magnis quidem exercitibus expugnabilem, adversùs trîs cohortes tueri nequivisset. Haud facilè quis uni adsignaverit culpam, quæ omnium fuit. Nam et Mucianus ambiguis epistolis victores morabatur; et Antonius præpostero[4] obsequio, vel dum regerit invidiam, crimen meruit; ceterique duces, dum peractum bellum putant, finem ejus insignivere. Ne Petilius quidem Cerialis, cum mille equitibus præmissus, ut transversis itineribus per agrum Sabinum Salariâ viâ Urbem introiret, satis ma-

3 *Ocriculi*] *Otricoli*, in ducatu Spoletensi.

4 *Præpostero*] Sero et intempestivo in Mucianum obsequio, cui differri bellum usque placuit (suprà cap. 8. 53.) cunctatus nunc Antonius, cum partium suarum maximè interesset ut maturaret; vel dum dilati belli crimen in Mucianum regerit, culpam ipse morâ suâ meruit.

turaverat: donec obsessi Capitolii fama cunctos simul exciret.

LXXIX. Antonius per Flaminiam ad Saxa[5] rubra, multo jam noctis, serum auxilium venit. Illic interfectum Sabinum, conflagrasse Capitolium, tremere Urbem, mœsta omnia accepit: plebem quoque et servitia pro Vitellio armari, nunciabatur. Et Petilio Ceriali equestre prœlium adversum fuerat: namque incautum, et tamquam ad victos ruentem, Vitelliani, interjectus equiti pedes, excepere. Pugnatum haud procul Urbe, inter ædificia hortosque, et anfractus viarum: quæ gnara Vitellianis, incomperta hostibus, metum fecerant: neque omnis eques concors, adjunctis quibusdam, qui nuper apud[6] Narniam dediti, fortunam partium speculabantur. Capitur præfectus alæ Tullius Flavianus: ceteri fœdâ fugâ consternantur, non ultra Fidenas[7] secutis victoribus.

LXXX. Eo successu studia populi aucta: vulgus urbanum arma cepit. Paucis scuta militaria: plures, raptis quod cuique obvium telis, signum pugnæ exposcunt. Agit grates Vitellius, et ad tuendam Urbem prorumpere jubet. Mox vocato senatu, deliguntur legati ad exercitus, ut prætexto reipublicæ concordiam pacemque suaderent. Varia legatorum sors

5 *Saxa rubra*] Tria circiter milliaria ab Urbe distabant.

6 *Apud Narniam*] C. 63.

7 *Fidenas*] *Castel Giubileo*, ad sextum ab Urbe lapidem.

fuit

fuit. Qui Petilio Ceriali occurrerant, extremum discrimen adiere, adspernante milite conditiones pacis. Vulneratur prætor Arulenus[8] Rusticus. Auxit invidiam, super violatum legati prætorisque nomen, propria dignatio viri. Palantur comites: occiditur proximus[9] lictor, dimovere turbam ausus: et ni dato a duce præsidio defensi forent, sacrum etiam in exteras gentes legatorum jus, ante ipsa patriæ mœnia, civilis rabies usque in exitium temerasset. Æquioribus animis accepti sunt, qui ad Antonium venerant; non quia modestior miles, sed duci plus auctoritatis.

LXXXI. Miscuerat se legatis Musonius[1] Rufus equestris ordinis, studium philosophiæ, et placita Stoicorum æmulatus; cœptabatque permixtus manipulis, bona pacis ac belli discrimina differens, armatos monere. Id plerisque ludibrio, pluribus tædio: nec deerant qui propellerent proculcarentque, ni admonitu modestissimi cujusque, et aliis minitantibus, omisisset intempestivam sapientiam. Obviæ fuere et virgines Vestales, cum epistolis Vitellii ad Antonium scriptis: eximi supremo certamini unum diem postulabat; si moram interjecissent, faciliùs omnia conventura. Virgines cum ho-

[8] *Arulenus R.*] De quo Ann. 16, 26. Agric. 2. et 45. *Stoicorum simiam* appellabat M. Regulus, virtuti ejus infensus, & (ob vulnus in hoc discrimine acceptum) *Vitellianâ cicatrice stigmosum*, auctore Plinio, Ep. 1, 7.

[9] *Proximus lictor*] Præcipuus, et incedenti magistratui proximus. Liv. 24, 44. Mox *legatorum* cum præcedentibus conjunge, et int. *eorum qui legantur in exteras gentes.*

nore

nore dimissæ: Vitellio rescriptum, Sabini cæde, et incendio Capitolii, dirempta belli commercia[2].

LXXXII. Tentavit tamen Antonius vocatas ad concionem legiones mitigare, ut castris juxta pontem[3] Milvium positis, posterâ die Urbem ingrederentur. Ratio cunctandi, ne asperatus prœlio miles, non populo, non senatui, ne templis quidem ac delubris deorum consuleret. Sed omnem prolationem, ut inimicam victoriæ, suspectabant. Simul fulgentia per colles vexilla, quamquam imbellis populus sequeretur, speciem hostilis exercitûs fecerant. Tripartito agmine, pars, ut adstiterat, Flaminiâ viâ; pars juxta ripam Tiberis incessit: tertium agmen per Salariam Collinæ[4] portæ propinquabat. Plebs invectis equitibus fusa. Miles Vitellianus trinis et ipse præsidiis occurrit. Prœlia ante Urbem multa et varia; sed Flavianis, consilio ducum præstantibus, sæpius prospera. Ii tantùm conflictati sunt, qui in partem sinistram Urbis, ad Sallustianos hortos, per angusta et lubrica viarum flexerant. Superstantes maceriis hortorum Vitelliani, ad serum usque diem, saxis pilisque subeuntes arcebant; donec ab equitibus, qui portâ Collinâ

[1] *Musonius R.*] Ann. 14, 59. 15, 71.

[2] *Commercia*] Æneid. 10, 532. *Belli commercia Turnus Sustulit ista prior, jam tum Pallante perempto.*

[3] *P. Milvio*] Cujus reliquiis adjacet *Ponte Molle*, ad secundum lapidem.

[4] *Collinæ portæ*] Nunc *Porta Salara*.

inruperant,

irruperant, circumvenirentur. Concurrêre et in campo Martio infestæ acies. Pro Flavianis fortuna, et parta totiens victoria: Vitelliani desperatione solâ ruebant; et quamquam pulsi, rursus in Urbe congregabantur.

LXXXIII. Aderat pugnantibus spectator populus, utque in ludicro certamine, hos, rursus illos clamore et plausu fovebat: quotiens pars altera inclinasset, abditos in tabernis, aut si quam in domum perfugerant, erui jugularique expostulantes, parte majore prædæ potiebantur. Nam milite ad sanguinem et cædes obverso, spolia in vulgus cedebant. Sæva ac deformis Urbe totâ facies. Alibi prœlia et vulnera; alibi balineæ popinæque: simul cruor et strues corporum; juxtà scorta, et scortis[4] similes: quantum in luxurioso otio libidinum; quidquid in acerbissimâ captivitate scelerum: prorsus ut eamdem civitatem et furere crederes, et lascivire. Conflixerant antè armati exercitus in Urbe, bis L. Sullâ, semel Cinnâ victoribus: nec tunc minus crudelitatis. Nunc inhumana securitas, et ne minimo quidem temporis voluptates intermissæ: velut festis[5] diebus id quoque gaudium accederet, exsultabant, fruebantur, nullâ partium curâ, malis publicis læti.

LXXXIV. Plurimum molis in oppugnatione castrorum[6] fuit, quæ acerrimus quisque ut

4 *Scortis s.*] Exoleti.

5 *Festis diebus*] Saturnalibus.

6 *Castrorum*] Prætoriorum, ad portam Viminalem.

noviſſimam

novissimam spem retinebant. Eò intentiùs victores, præcipuo veterum cohortium studio, cuncta validissimarum urbium excidiis reperta simul admovent, testudinem, tormenta, aggeres, facesque: 'quidquid tot prœliis laboris ac 'periculi hausissent, opere illo consummari' clamitantes: 'Urbem senatui ac populo Ro'mano, templa diis reddita: proprium esse mi'litis decus in castris: illam patriam, illos pe'nates: ni statim recipiantur, noctem in ar'mis agendam.' Contrà Vitelliani, quamquam numero fatoque dispares, inquietare victoriam, morari pacem, domus arasque cruore fœdare, suprema victis solatia, amplectebantur. Multi semianimes, super turres et propugnacula mœnium exspiravere. Convulsis portis, reliquus globus obtulit se victoribus: et cecidere omnes contrariis vulneribus, versi in hostem. Ea cura etiam morientibus decori exitûs fuit.

LXXXV. Vitellius, captâ Urbe, per aversam palatii partem, Aventinum in domum uxoris sellulâ defertur; ut, si diem latebrâ vitavisset, Tarracinam ad cohortes fratremque perfugeret. Dein mobilitate ingenii, et, quæ natura pavoris est, cùm omnia metuenti, præsentia maximè displicerent, in palatium regreditur, vastum desertumque; dilapsis etiam [7] infimis servitiorum, aut occursum ejus declinantibus. Terret solitudo, et tacentes loci: ten-

[7] *Etiam infimis*] Etiam comitatus Aventinum petierat. Suet. Vit. 16. *pistore et coquo*, quibus

tat

tat clausa: inhorrescit vacuis: fessusque misero errore, et pudendâ [8] latebrâ semet occultans, ab Julio Placido tribuno cohortis protrahitur. Vinctæ pone tergum manus: laniatâ veste, fœdum spectaculum ducebatur, multis increpantibus, nullo inlacrimante: deformitas [9] exitûs misericordiam abstulerat. Obvius e Germanicis militibus Vitellium infesto ictu, per iram, vel quò maturiùs ludibriis [1] eximeret, an tribunum appetierit, in incerto fuit: aurem tribuni amputavit, ac statim confossus est. Vitellium infestis mucronibus coactum modò erigere os, et offerre contumeliis, nunc cadentes statuas suas, plerumque rostra, aut Galbæ occisi locum contueri, postremò ad Gemonias, ubi corpus Flavii Sabini jacuerat, propulere. Vox una non degeneris animi excepta, cùm tribuno insultanti, 'se tamen imperatorem ejus fuisse' respondit. Ac deinde ingestis vulneribus concidit [2]. Et vulgus eâdem pravitate insectabatur interfectum, qua foverat viventem.

LXXXVI. Patria [3] illi Luceria. Septimum et quinquagesimum ætatis annum explebat: consulatum,

[8] *Pudendâ latebrâ*] In cellulâ janitoris, *religato pro foribus cane, lectoque et culcitâ objectis.* Suet. ibid.

[9] *Deformitas exitûs*] Vide Nostrum de Messalinâ, Ann. 14, 32.

[1] *Ludibriis eximeret*] Id Dioni verum visum, l. 65.

[2] *Concidit*] Die 21 Decembris.

[3] *Patria illi Luceria*] Vulg. *Pater illi L. Vitellius.* At quid opus iterare

consulatum, sacerdotia, nomen locumque inter primores, nullâ suâ industriâ, sed cuncta patris claritudine adeptus. Principatum ei detulere, qui ipsum non noverant. Studia exercitûs raro cuiquam, bonis artibus quæsita, perinde adfuere, quàm huic per ignaviam. Inerat tamen simplicitas[4] ac liberalitas: quæ, ni adsit modus, in exitium vertuntur. Amicitias, dum magnitudine munerum, non constantiâ morum continere putat, meruit[5] magis quàm habuit. Reipublicæ haud dubiè intererat, Vitellium vinci: sed imputare[6] perfidiam non possunt, qui Vitellium Vespasiano prodidere, cum a Galbâ descivissent. Præcipiti in occasum die, ob pavorem magistratuum senatorumque, qui dilapsi ex Urbe, aut per domos clientium semet occultabant, vocari senatus non

re de patre, cujus centies antè facta mentio, et speciatim suprà Hist. 1, 9? notante Grutero. Mss. Flor. Bud. *Patrem illi Luceriam*, et in quibusdam edd. sequitur *nam*, quod factum puto ex *Nu*, notâ marginali ejus, qui Lucerian. etiam *Nuceriam* scribi animadverterat. Luceriam vel Nuceriam, hodie *Nocera*, Apuliæ urbem, Vitelliorum patriam fuisse testis est Suet. Vit. 1. et 2. Solet autem Tacitus, de exitu moribusque viri notabilioris memoraturus, et oppidi in quo natus erat injicere mentionem: v. Hist. 2, 50. 3, 62. &c.

4 *Simplicitas*] Apud Suet. Vit. 7. dicitur *facili ac prodigo animo*.

5 *Meruit*] Ob voluntatem, quam munificentiâ declaravit.

6 *Imputare perfidiam*] Reip. intererat Vitellium a longè meliore principe Vespasiano vinci: sed tamen

non potuit. Domitianum, poſtquam nihil hoſtile metuebatur, ad duces partium progreſſum, et Cæſarem conſalutatum, miles frequens, utque erat in armis, in paternos penates deduxit.

men perfidiam ſuam in Vitellium non poſſunt Veſpaſiano aut reip. ut meritum aſcribere, qui a Galbâ, egregio et ipſo principe, deſciverant.

Breviarium Libri IV. Hiſtoriarum.

A. D. 69. U. C. 822.

16.

16. *Civilis Romanos cædit: quatuor et viginti naves capit.*
17. *Germani auxilia ei offerunt: ipse Gallias solicitat.*
18. *Hordeonius Flaccus copias in eum mittit: quæ fugantur.*
19. *Batavorum et Canninefatum cohortes corruptæ,*
20. *Legionem Romanam, transitum negantem, apud Bonnam cædunt.*
21. *Civilis suos in verba Vespasiani adigit:*
22. *Romanos ad Vetera obsidet.*
23. *Sed illi obsidionem fortiter tolerant, oppugnatoribus repulsis.*
24. 25. *Interim milites culpam motuum in Hordeonium Flaccum conferunt:*
26. *Voculam ducem poscunt,*
27. *Et Herennium, quem re malè gestâ verberant.*
28. *Germani pro Civili: Ubios vexant: Vetera oppugnant,*
29. *Sed improspero successu.*
30. *Ergo Civilis obsidionem continuat.*
31. *Hordeonius suos Vespasiano adjicit.*
32. *Civilis monitus ab armis recedere, non paret:*
33. *Cum Voculâ confligit vario eventu,*
34. *Non sine utriusque ducis culpâ. Vocula, prospero prœlio facto,*
35. *Vetera Castra obsidione liberat.*
36. *Romani milites Hordeonium necant, evadente Voculâ:*

37.

37. *Mox a Civili victi, Voculam denuo sequuntur. Magontiaci obsidio. Treverorum merita in Romanos.*

A. D. 70. U. C. 823.

38. *In Urbe falsi ab Africâ et L. Pisone pavores.*
39. *Muciani vis. Domitiani libido. Antonii potentia infracta.*
40. *Galbæ honores restituti. Celer damnatur ob accusatum Baream.*
41. *Alii etiam delatores castigantur:*
42. *Inter quos Aquilius Regulus, a Messalâ fratre defensus, a Montano percellitur.*
43. *Helvidius idem in Marcellum tentat:*
44. *Sed Mucianus intercedit.*
45. *Senenses puniti ob senatorem pulsatum.*
46. *Seditio militaris præventa a Muciano.*
47. *Consulatus, quos Vitellius dederat, abrogati.*
48. 49. *L. Piso Africæ proconsul, missum ad cædem suam a Muciano centurionem, supplicio afficit:*
50. *Sed Valerii Festi insidiis interit. Servi ejus insignis fides.*
51. *Parthorum auxilia non recipit Vespasianus:*
52. *Quem iratum Domitiano Titus mitigat.*
53. *Capitolium restituitur.*
54. *Bellum Gallicum Germanicumque flagrat,*
55. *Ducibus, præter Civilem, Classico, Julio Tutore, et Julio Sabino:*

56. *Qui egresso contra eos Voculae,*

57. *Treveros et Lingonas adimunt: quin et Romanum exercitum tentant:*

58. *Quem Vocula constanti oratione hortatur:*

59. *Nec proficit: quin a Civili occiditur. Atque hic Romanos sacramento adigit: Tutor Agrippinenses: Classicus obsessos ad Vetera:*

60. *Quibus violatur fides.*

61. *Civilis votum et consilia. Velledae auctoritas.*

62. *Romanorum deditorum profectio.*

63. *Consultatio Civilis et Classici de Agrippinensibus,*

64. *Et ad eos Tencterorum legatio, ut in corpus Germaniae redeant.*

65. *Ad eam responsio Agrippinensium. Velledae majestas.*

66. *Civilis Bethasios, Tungros, Nervios occupat.*

67. *Sabinus a Sequanis victus, latet.*

68. *Mucianus et Domitianus ad bellum accinguntur.*

69. *Remi Gallias in fide Romanâ conservant, exceptis Treveris ac Lingonibus.*

70. *Tutor Treverique victi, bellum renovant.*

71. *Petilius Cerealis advenit, qui Valentinum et Treveros capit:*

72. *Militibus exitium urbis poscentibus resistit: legiones ad Civilem transgressas recipit:*

73. 74. *Treveros et Lingonas adloquitur, et componit.*

75.

75. *Civilis ad Cerialem literæ:*
76. *Ipsiusque et Tutoris diversæ sententiæ: atque huic accedit Classicus.*
77. *Ergo confestim pugna conseritur, prospera primùm Civili,*
78. *Mox adversa, adnitente Ceriali.*
79. *Aggrippinenses iterum a Germanis desciscunt.*
80. *Mucianus Vitellii filium interficit. Antonius Primus ad Vespasianum profectus, non pro spe suâ excipitur.*
81. *Vespasianus quemdam oculis, et alium manu captum, sanitati restituit.*
82. *Confirmatur omine oblato in æde Serapidis:*
83. 84. *Cujus dei origo et nomen hac occasione exponitur.*
85. *Valentinus Treverorum dux punitur.*
86. *Domitianus, cum frustra Cerialem tentasset, an sibi exercitum imperiumque traderet, otium studiaque literarum simulat.* Gesta partim adhuc eodem anno, partim

C O S S.

{ Flavio Vespasiano Augusto II.
{ Tito Vespasiano Cæsare.

C. COR-

C. CORNELII TACITI HISTORIARUM

LIBER IV.

QUI ANNALIUM XX.

I. INterfecto Vitellio, bellum magis desierat, quàm pax cœperat. Armati per Urbem victores, implacabili odio victos consectabantur. Plenæ cædibus viæ, cruenta fora templaque, passim trucidatis, ut quemque fors obtulerat. Ac mox augescente licentiâ, scrutari, ac protrahere abditos: si quem procerum[1] habitu et juventâ conspexerant, obtruncare, nullo militum aut populi discrimine. Quæ sævitia recentibus odiis sanguine explebatur, dein verterat in avaritiam. Nihil usquam secretum aut clausum sinebant, Vitellianos occultari simulantes. Initium id perfringendarum domuum; vel si resisteretur, caussa cædis. Nec

[1] *Procerum habitu*] Proceritate corporis, & ævi flore insignis Germanicus miles, Vitellio addictus. Infrà de Mor. Germ. 4.

deerat egentiſſimus quiſque ex plebe, et peſſimi ſervitiorum prodere ultro dites dominos: alii ab amicis monſtrabantur. Ubique lamenta, conclamationes, et fortuna captæ urbis; adeò ut Othoniani Vitellianique militis invidioſa antea petulantia deſideraretur. Duces partium accendendo civili bello acres, temperandæ victoriæ impares. Quippe in turbas et diſcordias peſſimo cuique plurima vis: pax et quies bonis artibus indigent.

II. Nomen ſedemque Cæſaris Domitianus acceperat: nondum ad curas intentus, ſed ſtupris et adulteriis filium principis agebat. Præfectura prætorii penes Arrium Varum: ſumma potentiæ in Primo Antonio. Is pecuniam familiamque e principis domo, quaſi Cremonenſem prædam, rapere. Ceteri modeſtiâ vel ignobilitate, ut in bello obſcuri, ita præmiorum expertes. Civitas pavida, et ſervitio parata, occupari redeuntem Tarracinâ L. Vitellium cum cohortibus, exſtinguique reliqua belli, poſtulabat. Præmiſſi Ariciam equites: agmen legionum intra Bovillas ſtetit. Nec cunctatus eſt Vitellius, ſeque et cohortes arbitrio victoris permittere. Et miles infelicia arma, haud [1] minùs irâ, quàm metu abjecit. Longus deditorum ordo, ſeptus armatis, per Urbem inceſ-

[1] *Haud minùs irâ*] Irâ in duces ſuos, quorum inertiâ proderentur.

ſit:

ſit: nemo ſupplici vultu, ſed triſtes et truces, et adversùm plauſus ac laſciviam inſultantis vulgi immobiles. Paucos erumpere auſos, circumjecti preſſere[3]: ceteri in cuſtodiam conditi: nihil quiſquam locutus indignum, et quamquam inter adverſa, ſalvâ virtutis famâ. Dein L. Vitellius interficitur, par vitiis fratris, in principatu ejus vigilantior; nec perinde proſperis ſocius, quàm adverſis abſtractus[4].

III. Iiſdem diebus Lucilius[5] Baſſus, cum expedito equite, ad componendam Campaniam mittitur; diſcordibus municipiorum animis, magis inter ſemet, quàm contumaciâ adversùs principem. Viſo milite quies, et minoribus coloniis impunitas: Capuæ legio tertia hiemandi cauſsâ locatur, et domus inluſtres adflictæ; cum contrà Tarracinenſes[6] nullâ ope juvarentur. Tantò proclivius eſt injuriæ, quàm[7] beneficio vicem exſolvere: quia gratia oneri, ultio in quæſtu habetur. Solatio fuit ſervus Verginii Capitonis, quem proditorem Tarracinenſium diximus[8], patibulo adfixus, in iiſdem

3 *Preſſere*] Simplici verbo utitur pro compoſito, *oppreſſere*, quod ſcriptori noſtro ſolenne. Suprà Ann. 14, 5. *preſſuſque Crepereius.*

4 *Abſtractus*] In exitium actus, ut Ann. 4, 13.

5 *L. Baſſus*] Hiſt. 2, 100. 3, 12.

6 *Tarracinenſes*] Licet ipſi Flavianas partes juviſſent. Hiſt. 3, 76.

7 *Quàm beneficio*] Senec. de Benef. 1, 1. *Cum ita naturâ comparatum ſit, ut altiùs injuriæ quàm merita deſcendant; et illa citò defluant, has tenax memoria cuſtodiat.*

8 *Diximus*] Hiſt. 3, 77.

annulis, quos acceptos a Vitellio geſtabat. At Romæ ſenatus cuncta principibus ſolita Veſpaſiano decernit, lætus et ſpei certus : quippe ſumpta per Gallias Hiſpaniaſque civilia arma, motis ad bellum Germanis, mox Illyrico, poſtquam Ægyptum, Judæam, Syriamque, et omnîs provincias exercituſque luſtraverant, velut expiato terrarum orbe, cepiſſe finem videbantur. Addidere alacritatem Veſpaſiani litteræ, tamquam manente bello ſcriptæ. Ea[9] primâ ſpecie forma : ceterum ut princeps loquebatur, civilia de ſe, de republicâ egregia. Nec ſenatûs obſequium deerat. Ipſi conſulatus cum Tito filio, prætura[1] Domitiano et conſulare imperium decernuntur.

IV. Miſerat et Mucianus epiſtolas ad ſenatum, quæ materiam ſermonibus præbuere : ‘ ſi ‘ privatus eſſet, cur publicè[2] loqueretur ? po‘ tuiſſe eadem, paucos[3] poſt dies, loco ſenten‘ tiæ dici.’ Ipſa quoque inſectatio in Vitellium, ſera[4], et ſine libertate. Id verò erga remp. ſuperbum, erga principem contumelioſum, quòd in

9 *Ea primâ ſpecie forma*] Nempe literarum erat, ut viderentur ſcriptæ manente bello, et ab eo qui nondum ſolus imperio potiretur : at accuratiùs conſideranti videbatur loqui ut princeps, et jam confecto bello.

1 *Prætura D.*] Eadem Suet. Domit. 1.

2 *Publicè loqueretur*] Publicè loquitur, qui ad ſenatum conſuleſve ſcribit. Cic. Epiſt. 15, 5. et 9. Id jam principis ſolius erat.

3 *Paucos p. dies*] Cum Romam veniſſet Mucianus.

4 *Sera*] Quia ſine periculo, hoſtibus afflictis aut nullis.

ma-

manu ſuâ fuiſſe imperium, donatumque Veſpaſiano jactabat. Ceterum invidia in occulto, adulatio in aperto erant. Multo cum honore verborum, Muciano triumphalia de [5] bello civili data: ſed in Sarmatas expeditio fingebatur. Adduntur Primo Antonio conſularia, Cornelio Fuſco et Arrio Varo, prætoria inſignia. Mox deos reſpexere: reſtitui placuit Capitolium. Eaque omnia Valerius Aſiaticus, conſul deſignatus, cenſuit. Ceteri vultu [6] manuque; pauci, quibus conſpicua dignitas, aut ingenium adulatione exercitum, compoſitis orationibus adſentiebantur. Ubi ad Helvidium Priſcum prætorem deſignatum ventum, prompſit ſententiam, ut honorificam in bonum principem, ita falſa [7] aberant: et ſtudiis ſenatûs attollebatur. Iſque præcipuus illi dies, magnæ offenſæ initium, et magnæ gloriæ fuit.

V. Res poſcere videtur, quia iterum [8] in mentionem incidimus viri ſæpius memorandi, ut vitam ſtudiaque ejus, et quali fortunâ ſit uſus, paucis repetam. Helvidius Priſcus, regione [9] I. Italiæ, Tarracinæ municipio, Cluvio patre,

5 *De bello civili*] Præter morem Romanorum, qui de victis civibus non triumphabant: unde *fingitur* victoria de Sarmatis reportata.

6 *Vultu manuque*] Aut pedibus in ſententiam diſcedebant ſenatores, aut exporrectâ manu aſſentiebantur. Vopiſc. in Aurel.

7 *Ita falſa*] Ita falſæ laudationis expertem.

8 *Iterum*] Quia ſuprà mentio ejus facta fuit, Ann. 16, 35.

9 *Regione I. Italiæ*] Supplevi

patre, qui ordinem primipili duxiſſet, ingenium inluſtre altioribus ſtudiis juvenis admodum dedit: non, ut plerique, ut nomine magnifico ſegne otium velaret, ſed quò firmior adversùs fortuita, rempublicam capeſſeret. Doctores ſapientiæ ſecutus eſt, qui ſola bona quæ honeſta, mala tantùm quæ turpia; potentiam, nobilitatem, ceteraque extra animum, neque bonis neque malis adnumerant. Quæſtorius adhuc, a Pæto Thraſeâ gener [1] delectus, e moribus ſoceri nihil æquè ac libertatem hauſit: civis, ſenator, maritus, gener, amicus, cunctis vitæ officiis æquabilis [2], opum contemptor, recti pervicax, conſtans adversùs metus.

VI. Erant quibus appetentior famæ videretur, quando etiam ſapientibus cupido gloriæ noviſſima [3] exuitur. Ruinâ ſoceri in exſilium

Supplevi cum Freinſhemio I. i. e. *primâ*, quia iſti regioni adſcriptum ab Auguſto fuit omne Latium, in quo Tarracina. Meritò tamen inſititia eſſe hæc verba ſuſpicatur Cl. Erneſtus, cùm urbibus tam notis non ſoleant tale quid addere hiſtorici elegantiores, nec aliud exemplum in Tacito reperiatur.

1 *Gener*] Suprà Ann. 16, 28. et 35.

2 *Æquabilis*] Quod Stoici inter maximè expetenda ponebant. *Omnino ſi quidquam eſt decorum, nihil eſt profectò magis, quàm* æquabilitas *univerſæ vitæ, tum ſingularum actionum.* Cic. de Off. 1, 31.

3 *Noviſſima exuitur*] *The laſt infirmity of noble minds!* quomodo hanc ſententiam reddidit poeta noſter. Plato quoque dixit alicubi: τὴν κενοδοξίαν, ὡς τελευταῖον χιτῶνα, ἡ ψυχὴ πέφυκεν ἀποτίθεσθαι· *cupidinem gloriæ, velut ultimam tunicam, anima ſolet deponere.*

pulſus,

pulſus, ut Galbæ principatu rediit, Marcellum Eprium delatorem [4] Thraſeæ accuſare adgreditur. Ea ultio, incertum major an juſtior, ſenatum in ſtudia diduxerat: nam ſi caderet Marcellus, agmen [5] reorum ſternebatur. Primò minax certamen, et egregiis utriuſque orationibus teſtatum. Mox dubiâ voluntate Galbæ, multis ſenatorum deprecantibus, omiſit Priſcus; variis, ut ſunt hominum ingenia, ſermonibus, moderationem laudantium, aut conſtantiam requirentium. Ceterum eo [6] ſenatûs die, quo de imperio Veſpaſiani cenſebant, placuerat mitti ad principem legatos. Hinc inter Helvidium et Eprium acre jurgium. Priſcus eligi nominatim a magiſtratibus juratis, Marcellus urnam [7] poſtulabat; quæ conſulis deſignati ſententia fuerat.

VII. Sed Marcelli ſtudium proprius rubor excitabat, ne aliis electis, poſthabitus crederetur. Paullatimque, per altercationem, ad continuas et infeſtas orationes provecti ſunt, quærente Helvidio, ‘ quid ita Marcellus judicium

4 *Delatorem T.*] Ann. 16, 22. 28.

5 *Agmen reorum*] Multitudo ingens in diſcrimen vocaretur, eorum qui ſub Nerone delatores fuerant. Cic. de Orat. 2. *Reos appello, non eos modò qui arguuntur, ſed omnes quorum de re diſceptatur.* Itaque *rei* delatores.

6 *Eo ſenatûs die*] Suprà c. 3. Eo autem die factum eſt SCtum, quod *lex regia* vulgo dicitur, extatque adhuc ære inciſum in ædibus Capitolinis.

7 *Urnam*] Qua *mores* non diſcernuntur, ut mox dicitur.

‘ magiſtra-

'magiſtratuum paveſceret? eſſe illi pecuniam, 'et eloquentiam, quîs multos anteiret, ni me'moriâ flagitiorum urgeretur. Sorte et urnâ 'mores non diſcerni: ſuffragia et exiſtimatio'nem ſenatûs reperta, ut in cujuſque vitam 'famamque penetrarent. Pertinere ad utilita'tem reipublicæ, pertinere ad Veſpaſiani hono'rem, occurrere illi quos innocentiſſimos ſe'natus habeat, qui honeſtis ſermonibus aures 'imperatoris imbuant. Fuiſſe Veſpaſiano ami'citiam cum Thraſeâ, Sorano, Sentio: quo'rum accuſatores, etiamſi puniri non oporte'at, oſtentari non debere. Hoc ſenatûs judi'cio velut admoneri principem, quos probet, 'quos reformidet: nullum majus boni imperii 'inſtrumentum, quàm bonos amicos eſſe. 'Satis Marcello, quòd Neronem in exitium 'tot innocentium impulerit. Frueretur præ'miis et impunitate: Veſpaſianum melioribus 'relinqueret.'

VIII. Marcellus 'non ſuam ſententiam im'pugnari, ſed conſulem deſignatum cenſuiſſe' dicebat, 'ſecundùm vetera exempla, quæ ſor'tem legationibus poſuiſſent, ne ambitioni aut 'inimicitiis locus foret. Nihil eveniſſe, cur 'antiquitus inſtituta exoleſcerent, aut princi'pis[8] honor in cujuſquam contumeliam ver'teretur.

[8] *Principis honor*] Honor qui principi habebatur, legatos ad eum mittendo. Ei autem *obſequio* quoſcumque patrum *ſufficere*.

'teretur. Sufficere omnes obſequio: id magis vitandum, ne pervicaciâ quorumdam inritaretur[9] animus novo principatu ſuſpenſus, et vultus quoque ac ſermones omnium circumſpectans. Se meminiſſe temporum, quibus natus ſit, quam civitatis formam patres avique inſtituerint: ulteriora[1] mirari, præſentia ſequi: bonos imperatores voto expetere, qualeſcumque tolerare. Non magis ſuâ oratione Thraſeam, quàm judicio ſenatûs adflictum. Sævitiam Neronis per hujuſmodi imagines inluſiſſe[2]: nec minùs ſibi anxiam talem amicitiam, quàm aliis exſilium. Denique conſtantiâ, fortitudine, Catonibus et Brutis æquaretur Helvidius: ſe unum eſſe ex illo ſenatu, qui ſimul ſervierit. Suadere etiam Priſco, ne ſupra principem ſcanderet; ne Veſpaſianum ſenem[3] triumphalem, juvenum liberorum patrem, præceptis coerceret. Quomodo peſſimis imperatoribus ſine fine dominationem, ita quamvis egregiis modum libertatis placere.' Hæc magnis utrimque contentionibus jactata, diverſis ſtudiis accipiebantur.

9 *Inritaretur animus*] Veſpaſiani, ut omnes ſenatores Helvidii ſimiles judicaret.

1 *Ulteriora*] Tempora nimirum liberæ reip.

2 *Inluſiſſe*] Neronem per hujuſmodi legum judiciorumque imagines ſævitiam ſuam velaſſe, ut quæ ſponte juſſurus erat, ea per accuſatores et ſenatum exerceret.

3 *Senem triumphalem*] Hiſt. 2, 77. *Præceptis coerceret*, ut puerum ludimagiſter.

ebantur. Vicit pars, quæ ſortiri legatos malebat, etiam mediis[4] patrum adnitentibus retinere morem: et ſplendidiſſimus quiſque eódem inclinabat, metu invidiæ ſi ipſi eligerentur.

IX. Secutum aliud certamen. Prætores ærarii (nam[5] tum a prætoribus tractabatur ærarium) publicam paupertatem queſti, modum[6] impenſis poſtulaverant. Eam curam conſul deſignatus, ob magnitudinem oneris, et remedii difficultatem, principi reſervabat. Helvidius arbitrio ſenatûs agendum cenſuit. Cum perrogarent ſententias conſules, Vulcatius Tertullinus tribunus plebis interceſſit, ne quid ſuper tantâ re, principe abſente, ſtatueretur. Cenſuerat Helvidius, ut Capitolium publicè reſtitueretur, adjuvaret Veſpaſianus. Eam ſententiam modeſtiſſimus quiſque ſilentio, deinde oblivio[7] tranſmiſit. Fuere, qui[8] et meminiſſent.

4 *Mediis patrum*] Iis qui neutrò inclinabant, nec Helvidio nec Marcello addicti: quo ſenſu vox ea accipitur ſuprà Hiſt. 1, 19. *medii, ac plurimi.* Etiam his placuit *retinere morem*, ne antiquitus inſtituta exoleſcerent,

5 *Nam tum*] Quia variè habita, ac ſæpe immutata ærarii forma, ut dictum ſuprà Annal. 13, 29.

6 *Modum impenſis*] Publicis ſcilicet. Infrà c. 40.

7 *Oblivio*] Pro *oblivione.* Neutris delectatur Tacitus: ſic aliàs uſurpat *obſidium*, *occidium*.

8 *Qui et meminiſſent*] Et Veſpaſiano poſtea in memoriam revocarent contumeliam ipſi nunc illatam ab Helvidio, qui Capitolii reſtituti decus principi eripiendum cenſebat.

X.

X. Tum invectus eſt Muſonius[9] Rufus in Publium Celerem, a quo Baream Soranum falſo teſtimonio circumventum arguebat. Eâ cognitione renovari odia accuſationum videbantur: ſed vilis et nocens reus protegi non poterat. Quippe Sorani ſancta memoria: Celer profeſſus ſapientiam, dein teſtis in Baream, proditor corruptorque amici, et cujus ſe magiſtrum ferebat. Proximus dies cauſſæ deſtinatur. Nec[1] tam Muſonius aut Publius, quàm Priſcus et Marcellus, ceterique, motis ad ultionem animis, exſpectabantur.

XI. Tali rerum ſtatu, cùm diſcordia inter patres, ira apud victos, nulla in victoribus auctoritas, non leges, non princeps in civitate eſſent; Mucianus Urbem ingreſſus, cuncta ſimul in ſe traxit. Fracta Primi Antonii Varique Arrii potentia, malè diſſimulatâ in eos Muciani iracundiâ, quamvis vultu tegeretur. Sed civitas rimandis offenſis ſagax, verterat ſe tranſtuleratque. Ille unus ambiri, coli. Nec deerat ipſe, ſtipatus armatis, domos hortoſque permutans, apparatu, inceſſu, excubiis, vim principis amplecti, nomen remittere. Plurimum terroris intulit cædes Calpurnii Galeri-

9 *Muſonius*] Ann. 15, 71. De *Celere* Ann. 16, 32. *Corruptor* dicitur a corrumpere, quod eſt propriè *deſtruere*.

1 *Nec tam*] Non tam minuti illi et plebeii delatores expectabantur, quàm erectis ſemel cupidine ulciſcendi animis, illi ſenatorii et illuſtres, Helv. Priſcus & Epr. Marcellus.

ani. Is fuit filius C.[2] Pisonis, nihil ausus: sed nomen insigne, et decora ipsi juventa, rumore vulgi celebrabantur: erantque in civitate adhuc turbidâ, et novis sermonibus lætâ, qui principatûs inanem ei famam circumdarent. Jussu Muciani custodiâ militari cinctus, ne in ipsâ Urbe conspectior mors foret, ad[3] quadragesimum ab Urbe lapidem, viâ Appiâ, fuso per venas sanguine exstinguitur. Julius Priscus prætoriarum sub Vitellio cohortium præfectus[4], se ipse interfecit, pudore magis quàm necessitate. Alphenus Varus ignaviæ infamiæque suæ superfuit. Asiaticus enim libertus malam potentiam servili supplicio expiavit.

XII. Iisdem diebus, crebrescentem cladis Germanicæ famam nequaquam mœsta civitas excipiebat. Cæsos exercitus, capta legionum hiberna, descivisse Gallias, non ut mala loquebantur. Id bellum quibus caussis ortum, quanto externarum sociarumque gentium motu flagraverit, altiùs expediam. Batavi, donec trans Rhenum agebant, pars Cattorum[5]: seditione

2 *C. Pisonis*] A Nerone interfecti, Ann. 15, 59.

3 *Ad quadragesimum*] Ubi villam et monumentum fuisse Calpurniorum, testantur lapides ibi reperti. Corradin. *Vetus Latium*.

4 *Præfectus*] Hist. 2, 92. Prætorii quoque præfectus Alphenus Varus, Hist. 3, 36. De Asiatico Hist. 2, 57 et 95. Servili supplicio, h. e. *cruce* periit. *Enim* et *nam* serviunt transitioni, centiesque sic occurrunt apud Cic. et alios.

5 *Cattorum*] *Hesse*. De his in libro de Mor. Germ. 29. et seq.

domesticâ

domesticâ pulsi, extrema Gallicæ oræ vacua cultoribus, simulque insulam inter vada sitam occupavere, quam mare Oceanus a fronte, Rhenus amnis tergum ac latera circumluit: nec opibus Romanis, societate validiorum attriti, viros tantùm armaque imperio [6] ministrant. Diu Germanicis bellis exerciti: mox aucta per [7] Britanniam gloria, transmissis illuc cohortibus, quas vetere instituto nobilissimi popularium regebant. Erat et domi delectus eques, præcipuo nandi studio, arma equosque retinens, integris turmis Rhenum [8] perrumpere.

XIII. Julius Paullus [9] et Claudius Civilis, regiâ stirpe, multò ceteros anteibant. Paullum Fonteius Capito [1], falso rebellionis crimine, interfecit. Injectæ Civili catenæ; missusque ad Neronem, et a Galbâ absolutus, sub Vitellio rursus discrimen adiit, flagitante supplicium ejus exercitu. Inde caussæ irarum, spesque ex malis nostris. Sed Civilis, ultrà quàm barbaris solitum, ingenio sollers, et Sertorium se aut Hannibalem ferens, simili oris dehonestamento [2], ne ut hosti obviam iretur, si a populo Romano palam descivisset, Vespasiani amicitiam,

6 *Imperio*] Romano.

7 *Per Britanniam*] Hist. 2, 27. Agric. 18 et 36.

8 *Rhenum perrumpere*] Nandi studio ita edocti, ut perrumperent &c.

9 *Paullus ... Civilis*] Fratres erant. Infrà c. 32.

1 *Capito*] Hist. 1, 7. De discrimine Civilis, Hist. 2, 59.

2 *Dehonestamento*] Luscus cum esset. Liv. 22, 2. Plut. in Sertorio.

studi-

ſtudiumque partium prætendit; miſſis ſanè ad eum Primi Antonii litteris, quibus avertere accita a Vitellio auxilia, et tumultûs Germanici ſpecie, retentare legiones jubebatur. Eadem Hordeonius[3] Flaccus præſens monuerat, inclinato in Veſpaſianum animo, et reipublicæ curâ, cui excidium adventabat, ſi redintegratum bellum, et tot armatorum millia Italiam inrupiſſent.

XIV. Igitur Civilis deſciſcendi certus, occultato interim altiore conſilio, cetera ex eventu judicaturus, novare res hoc modo cœpit. Juſſu Vitellii, Batavorum juventus ad delectum vocabatur; quem, ſuapte naturâ gravem, onerabant miniſtri avaritiâ ac luxu, ſenes aut invalidos conquirendo, quos pretio dimitterent: rurſus impubes, ſed formâ conſpicui (et eſt pleriſque procera pueritia) ad ſtuprum trahebantur. Hinc invidia: et compoſitæ[4] ſeditionis auctores perpulere, ut delectum abnuerent. Civilis primores gentis, et promptiſſimos vulgi, ſpecie epularum, ſacrum[5] in nemus vocatos, ubi nocte ac lætitiâ incaluiſſe videt, a laude gloriâque gentis orſus, injurias et raptus, et cetera ſervitii mala enumerat. ‘ Neque enim ſocietatem[6], ut olim, ſed

3 *Hordeonius*] Germaniæ ſuperioris rector. Hiſt. 1, 9.

4 *Compoſitæ*] Pactæ et præparatæ.

5 *Sacrum in nemus*] Noſter de Mor. Germ. 9.

6 *Societatem*] Intereſſe, ut olim, inter ipſos ac Romanos.

‘ tamquam

'tamquam mancipia haberi. Quando[7] legatum, gravi quidem comitatu, et superbo cum imperio, venire? Tradi se præfectis centurionibusque; quos ubi spoliis et sanguine expleverint, mutari, exquirique novos sinus[8], et varia prædandi vocabula. Instare delectum, quo liberi a parentibus, fratres a fratribus, velut supremùm dividantur. Numquam magis adflictam rem Romanam; nec aliud in hibernis, quàm prædam et senes. Attollerent tantùm oculos, et inania legionum nomina ne pavescerent. Esse sibi robur peditum equitumque, consanguineos Germanos, Gallias idem cupientes. Ne Romanis quidem ingratum id bellum, cujus[9] ambiguam fortunam Vespasiano imputaturos: victoriæ rationem non reddi.'

XV. Magno cum assensu auditus, barbaro ritu, et patriis exsecrationibus, universos adigit. Missi ad Canninefates, qui consilia sociarent. Ea gens partem[1] insulæ colit, origi-

7 *Quando legatum*] Ecquando mitti ad se legatum, ut quamquam gravibus et superbis, honestioribus saltem dominis serviant? Nunc tradi se latrunculis aliquot minutis, præfectis centurionibusque.

8 *Sinus*] Pecuniæ receptacula. Hist. 2, 92.

9 *Cujus ambiguam*] Cujus belli si ambigua fortuna sit, posse Batavos meriti loco id apponere Vespasiano, tamquam in ejus gratiam movissent arma: sin vincant Batavi, quis victores ad reddendam rationem coget?

1 *Partem insulæ*] Occidentalem, ubi nunc *the Hague*, *Rotterdam*, &c.

ne,

ne, linguâ, virtute, par Batavis; numero superantur. Mox occultis nunciis pellexit Britannica auxilia, Batavorum cohortes, missas in Germaniam, ut[2] suprà retulimus, ac tum Magontiaci agentes. Erat in Canninefatibus stolidæ audaciæ Brinno, claritate natalium insigni. Pater ejus multa hostilia ausus, Caianarum expeditionum ludibrium[3] impunè spreverat. Igitur ipso rebellis familiæ nomine placuit, impositusque scuto, more[4] gentis, et sustinentium humeris vibratus, dux deligitur. Statimque accitis Frisiis (Transrhenana gens est) duarum cohortium hiberna, proxima occupatu, oceano[5] inrumpit. Nec præviderant impetum hostium milites; nec, si prævidissent, satis virium ad arcendum erat. Capta igitur et direpta castra: dein vagos, et pacis modo effusos, lixas negotiatoresque Romanos invadunt. Simul excidiis castellorum imminebant; quæ a præfectis cohortium incensa sunt, quia defendi nequibant. Signa vexillaque, et quod militum, in[7] superiorem insulæ partem congregantur, duce Aquilio primipilari, nomen magis exercitûs, quàm robur. Quippe viribus cohortium abductis, Vitellius e proximis Nerviorum[7]

[2] *Ut suprà*] Hist. 2, 69. Magontiacum, *Mentz*.

[3] *Ludibrium*] Ridiculas Caligulæ expeditiones. Suet. Cal. 43.

[4] *More gentis*] De Mor. Germ. c. 8.

[5] *Oceano inrumpit*] Id est, ab oceano invadit. Sed fortè redundat vel *oceano*, vel *occupatu*.

[6] *In superiorem*] Dictam nunc *Betuwe*, aut *Betaw*.

viorum [7] Germanorumque pagis, segnem numerum armis oneraverat.

XVI. Civilis dolo grassandum ratus, incusavit ultro præfectos, 'quòd castella deseruissent. 'Se, cum cohorte cui præerat, Canninefatem 'tumultum compressurum: illi sua quisque hi-'berna repeterent.' Subesse fraudem consilio, et dispersas cohortes faciliùs opprimi, nec Brinnonem ducem ejus belli, sed Civilem esse, patuit; erumpentibus paullatim indiciis, quæ Germani, læta bello gens, non diu occultaverant. Ubi insidiæ parum cessere, ad vim transgressus, Canninefates, Frisios, Batavos propriis cuneis [8] componit. Directa ex [9] diverso acies haud procul a flumine Rheno, et obversis in hostem navibus, quas incensis castellis illuc appulerant. Nec diu certato, Tungrorum cohors signa ad Civilem transtulit: perculsique milites improvisâ proditione, a sociis hostibusque cædebantur. Eadem etiam navibus perfidia. Pars remigum e Batavis, tamquam imperitiâ, officia nautarum propugnatorumque impediebant: mox contrà tendere, et [1] puppes hostili ripæ objicere: ad postremum gubernatores centurionesque, nisi eadem volentîs, trucidant: donec universa quatuor et viginti navium classis transfugeret, aut caperetur.

7 *Nerviorum*] In comitatu *Hainault*.

8 *Cuneis*] De quibus infrà de Mor. Germ. 6.

9 *Ex diverso acies*] Romanorum.

1 *Et puppes*] Non proras, quod fieri debuit.

XVII. Clara ea victoria in præsens, in posterum usui: armaque et naves, quibus indigebant, adepti, magnâ per Germanias Galliasque famâ, libertatis auctores celebrabantur. Germaniæ[2] statim misêre legatos, auxilia offerentes. Galliarum societatem Civilis arte donisque adfectabat, captos cohortium præfectos suas in civitates remittendo; cohortibus, abire an manere mallent, datâ potestate. Manentibus, honorata militia; digredientibus, spolia Romanorum offerebantur. Simul secretis sermonibus admonebat malorum, 'quæ tot annis 'perpessi, miseram servitutem falsò pacem vo'carent. Batavos, quamquam tributorum ex'pertes, arma contra communes dominos ce'pisse: primâ acie, fusum victumque Roma'num: quid si Galliæ jugum exuant? quantum 'in Italiâ reliquum? Provinciarum sanguine 'provincias vinci. Ne Vindicis aciem cogi'tarent. Batavo equite protritos Æduos Ar'vernosque: fuisse inter Verginii auxilia Bel'gas: veréque reputantibus, Galliam suismet 'viribus concidisse. Nunc easdem omnium 'partes, addito, si quid militaris disciplinæ in 'castris Romanorum viguerit. Esse secum ve'teranas cohortes, quibus[3] nuper Othonis le'giones procubuerint. Servirent Syria, Asia'que, et suetus regibus Oriens: multos adhuc

[2] *Germaniæ*] Utraque Germania.

[3] *Quibus nuper*] Hist. 2, 43. 66.

in

'in Galliâ vivere, ante[4] tributa genitos. Nuper certè, cæso Quinctilio Varo, pulsam e Germaniâ servitutem : nec Vitellium principem, sed[5] Cæsarem Augustum bello provocatum. Libertatem naturâ, etiam mutis animalibus, datam. Virtutem proprium hominum bonum. Deos fortioribus adesse. Proinde arriperent vacui occupatos, integri fessos. Dum alii Vespasianum, alii Vitellium foveant, patere locum adversùs utrumque.'

XVIII. Sic in Gallias Germaniasque intentus, si destinata provenissent, validissimarum ditissimarumque nationum regno imminebat. At Flaccus Hordeonius primos Civilis conatus per dissimulationem aluit. Ubi expugnata castra, deletas cohortes, pulsum Batavorum insulâ Romanum nomen, trepidi nuncii adferebant; Mummium Lupercum legatum (is duarum legionum hibernis[6] præerat) egredi adversùs hostem jubet. Lupercus legionarios e præsentibus, Ubios e proximis, Treverorum equites haud longè agentes, raptim transmisit; additâ Batavorum alâ, quæ jam pridem corrupta, fidem simulabat, ut proditis in ipsâ acie

4 *Ante tributa*] Primum Galliarum censum egit septimùm consul Augustus, U. C. 727. annis abhinc 95, ut Dio testatur l. 53. Alii fuere census annis Urbis 767, 769. Tac. Ann. 1, 31. 2, 6.

5 *Sed Cæs. Augustum*] Sed adversùs Augusti acerrimam mentem insurgere ausos tum Germanos.

6 *Hibernis*] Castris quibus nomen Vetera, nunc *Santen*.

Romanis, majore pretio fugeret. Civilis captarum cohortium ſignis circumdatus, ut ſuo militi recens gloria ante oculos, et hoſtes memoriâ cladis terrerentur, matrem ſuam ſororeſque, ſimul omnium conjuges parvoſque liberos, conſiſtere a tergo jubet: hortamenta victoriæ, vel pulſis pudorem. Ut virorum cantu, feminarum ululatu ſonuit acies, nequaquam par a legionibus cohortibuſque redditur clamor. Nudaverat ſiniſtrum cornu Batavorum ala transfugiens, ſtatimque in nos verſa: ſed legionarius miles, quamquam rebus trepidis, arma ordineſque retinebat. Ubiorum Treverorumque auxilia, fœdâ fugâ diſperſa, totis campis palantur. Illuc incubuere Germani. Et fuit interim effugium legionibus in caſtra, quibus Veterum nomen eſt. Præfectus alæ Batavorum, Claudius Labeo, oppidano [7] certamine æmulus Civili, ne interfectus invidiam apud populares, vel ſi retineretur, ſemina diſcordiæ præberet, in Friſios avehitur [8].

XIX. Iiſdem diebus, Batavorum et Canninefatium cohortes, cùm juſſu Vitellii in [9] Urbem pergerent, miſſus a Civile nuncius adſequitur. Intumuere ſtatim ſuperbiâ ferociâque, et pretium [1] itineris, donativum, duplex ſti-

7 *Oppidano certamine*] Infeſtiore, ut inter concives.

8 *Avehitur*] Juſſu Civilis.

9 *In Urbem*] Suprà c. 15.

1 *Pretium itineris*] Mercedis loco, ſine qua proficiſci nollent, poſtulabant donativum etc.

pendium,

pendium, augeri equitum numerum, promissa sanè a Vitellio, postulabant, non ut adsequerentur, sed caussam seditioni. Et Flaccus, multa concedendo, nihil aliud effecerat, quàm ut acriùs exposcerent, quæ sciebant negaturum. Spreto Flacco, inferiorem Germaniam petivere, ut Civili jungerentur. Hordeonius, adhibitis tribunis centurionibusque, consultavit, num obsequium abnuentes vi coerceret. Mox insitâ ignaviâ, et trepidis ministris, quos ambiguus auxiliorum animus, et subito delectu suppletæ legiones angebant, statuit continere intra castra militem. Dein pœnitentiâ, et arguentibus ipsis qui suaserant, tamquam secuturus, scripsit Herennio Gallo, legionis primæ legato, qui Bonnam obtinebat, ut arceret transitu Batavos: se, cum exercitu, tergis eorum hæsurum. Et opprimi poterant, si hinc Hordeonius, inde Gallus, motis utrimque copiis, medios clausissent. Flaccus omisit inceptum, aliisque litteris Gallum monuit, ne terreret abeuntes. Unde suspicio, sponte legatorum excitari bellum; cunctaque quæ acciderant, aut metuebantur, non inertiâ militis, neque hostium vi, sed fraude ducum evenire.

XX. Batavi, cùm castris Bonnensibus propinquarent, præmisere qui Herennio Gallo mandata cohortium exponerent. 'Nullum sibi bellum adversùs Romanos, pro quibus totiens bellassent. Longâ atque inritâ militiâ

'fessis,

'fessis, patriæ atque otii cupidinem esse. Si 'nemo obsisteret, innoxium iter fore: sin arma 'occurrant, ferro viam inventuros.' Cunctantem legatum milites perpulerant, fortunam prœlii experiretur. Tria millia legionariorum, et tumultuariæ Belgarum cohortes, simul paganorum lixarumque ignava, sed procax ante periculum manus, omnibus portis erumpunt, ut Batavos numero impares circumfundant. Illi veteres militiæ, in cuneos congregantur, densi undique, et frontem tergaque ac latus tuti. Sic tenuem nostrorum aciem perfringunt. Cedentibus Belgis, pellitur legio, et vallum portasque trepidi petebant. Ibi plurimum cladis. Cumulatæ corporibus fossæ: nec cæde tantùm et vulneribus, sed ruinâ, et suis plerique telis interiere. Victores, coloniâ Agrippinensium vitatâ, nihil cetero in itinere hostile ausi, Bonnense prœlium excusabant: tamquam pace petitâ, postquam negabatur, sibimet ipsi consuluissent.

XXI. Civilis, adventu veteranarum cohortium, justi jam exercitûs ductor, sed consilii ambiguus, et vim Romanam reputans, cunctos qui aderant, in verba Vespasiani adigit: mittitque legatos ad duas legiones, quæ priore acie pulsæ, in Vetera castra concesserant, ut idem sacramentum acciperent. Redditur responsum, 'neque proditoris, neque hostium se consiliis 'uti. Esse sibi Vitellium principem, pro quo

'fidem

'fidem et arma uſque ad ſupremum ſpiritum re-'tenturos. Proinde perfuga Batavus arbitrum 'rerum Romanarum ne ageret, ſed meritas ſce-'leris pœnas exſpectaret.' Quæ ubi relata Civili, incenſus irâ, univerſam Batavorum gentem in arma rapit. Junguntur Bructeri Tencterique, et excita nunciis Germania ad prædam famamque.

XXII. Adversùs has belli concurrentis minas, legati legionum, Mummius Lupercus et Numiſius Rufus, vallum muroſque firmabant. Subverſa longæ [2] pacis opera, haud procul caſtris in modum municipii exſtructa, ne hoſtibus uſui forent. Sed parum proviſum, ut copiæ in caſtra conveherentur: rapi [3] permiſere. Ita paucis diebus per licentiam abſumpta ſunt, quæ adversùs neceſſitates in longum ſuffeciſſent. Civilis medium agmen cum robore Batavorum obtinens, utramque Rheni ripam, quò truculentior viſu foret, Germanorum catervis complet, adſultante per campos equite. Simul naves in adverſum amnem agebantur. Hinc veteranarum cohortium ſigna,

2 *Longæ pacis opera*] Hæc ædificia lixis, mercatoribus, ac paganis qui caſtra ſequebantur, recipiendis deſtinata, dicebantur *proceſtria*. Feſtus in voce.

3 *Rapi permiſere*] Quin commeatus, quæ in caſtris erant, rapi et abſumi duces permiſere. Pro *ut copiæ* Ed. pr. habet *vi copiæ*, unde Rhen. fecit *ni copiæ*, Lips. *ut copiæ*, quem ſequimur.

inde deprompta silvis lucisque ferarum[4] imagines, ut cuique genti inire prœlium mos est, mixtâ[5] belli civilis externique facie, obstupefecerant obsessos. Et spem oppugnantium augebat amplitudo valli, quod duabus legionibus situm, vix[6] quinque millia armatorum Romanorum tuebantur. Sed lixarum multitudo, turbatâ pace illuc congregata, et bello ministra aderat.

XXIII. Pars castrorum in collem leniter adsurgens, pars æquo adibatur. Quippe illis hibernis obsideri premique Germanias, Augustus crediderat; neque umquam id malorum, ut oppugnatum ultro legiones nostras venirent. Inde non loco, neque munimentis labor additus: vis et arma satis placebant. Batavi, Transrhenanique, quò discreta virtus manifestiùs spectaretur, sibi quæque gens consistunt, eminus lacessentes. Pòst ubi pleraque telorum turribus pinnisque mœnium inrita hærebant, et desuper saxis vulnerabantur; clamore atque impetu invasere vallum, appositis plerique scalis, alii per testudinem suorum: scandebant-

4 *Ferarum imagines*] Noster de Mor. Germ. 7. *Effigiesque, et signa quædam detracta lucis, in prælium ferunt.*

5 *Mixtâ*] *Civilis* belli speciem præferebant veteranæ Batavorum cohortes; *externi* autem, Germani cum signis suis ferinis.

6 *Vix quinque millia*] Pro duodecim millibus vix quinque m. armatorum Romanorum, h. e. justorum militum, erant: adeò Vitellius has legiones imminuerat.

que

que jam quidam, cùm gladiis et armorum in-cussu præcipitati, fudibus et pilis obruuntur, præferoces initio, et rebus fecundis nimii. Sed tum prædæ cupidine, adverfa quoque tolerabant. Machinas etiam, infolitum fibi, aufi. Nec ulla ipfis folertia: perfugæ captivique docebant ftruere materias in modum pontis, mox fubjectis rotis propellere; ut alii fuperftantes tamquam ex aggere prœliarentur, pars intus occulti muros fubruerent. Sed excuffa baliftis faxa, ftravere informe opus; et crates vineafque parantibus, adactæ tormentis ardentes haftæ: ultroque ipfi oppugnatores ignibus petebantur; donec, defperatâ vi, verterent confilium ad moras, haud ignari paucorum dierum ineffe alimenta, et multum imbellis turbæ. Simul ex inopiâ proditio, et fluxa fervitiorum fides, ac fortuita belli fperabantur.

XXIV. Flaccus interim, cognito caftrorum obfidio, et miffis per Gallias qui auxilia concirent, lectos e legionibus Dillio Voculæ duoetvicefimæ legionis, legato tradit, ut quàm maximis per ripam itineribus celeraret. Ipfe pavidus, invalidus[7] corpore, invifus militibus: neque enim ambiguè fremebant, ‘ emiffas a Ma-‘ gontiaco Batavorum cohortes; diffimulatos ‘ Civilis conatus, adfciri in focietatem Ger-‘ manos. Non Primi Antonii, neque Muci-

[7] *Invalidus corpore*] Ob fenectam et debilitatem pedum. Supra Hift. I, 9.

 ‘ ani

'ani ope Vespasianum magis[8] adolevisse. Aperta odia armaque palam depelli: fraudem et dolum obscura, eóque inevitabilia. Civilem stare contrà, struere aciem: Hordeonium e cubiculo et lectulo jubere, quidquid hosti conducat. Tot armatas fortissimorum virorum manus unius senis valetudine regi. Quin potiùs, interfecto traditore[9], fortunam virtutemque suam malo omine exsolverent.' His inter se vocibus instinctos flammavere insuper adlatæ a Vespasiano litteræ, quas Flaccus, quia occultari nequibant, pro concione recitavit; vinctosque qui adtulerant, ad Vitellium misit.

XXV. Sic mitigatis animis, Bonnam, hiberna primæ legionis, ventum. Infensior illic miles, culpam cladis in Hordeonium vertebat: 'ejus jussu directam adversùs Batavos aciem, tamquam a Magontiaco legiones sequerentur: ejusdem proditione cæsos, nullis supervenientibus auxiliis. Ignota hæc ceteris exercitibus, neque imperatori suo nunciari; cùm accursu tot provinciarum exstingui repens perfidia potuerit.' Hordeonius exemplaria omnium litterarum, quibus per Gallias Britanniamque et Hispanias auxilia orabat, exercitui

8 *Magis adolevisse*] Quàm Hordeonii perfidiâ.

9 *Traditore*] Frustra emendes *proditore*. Nam *tradere* et *prodere* idem sonant: neque est quòd Tacitum neges usurpasse vocem eodem sensu, quo et Itali hodie utuntur.

recitavit:

recitavit: instituitque pessimum facinus, ut epistolæ aquiliferis,[1] legionum traderentur, a quîs antè militi quàm ducibus legebantur. Tum e seditiosis unum vinciri jubet, magis usurpandi[2] juris, quàm quia unius culpa foret. Motusque Bonnâ exercitus in coloniam Agrippinensem, adfluentibus auxiliis Gallorum, qui primò rem Romanam enixè juvabant: mox valescentibus Germanis, pleræque civitates adversùm nos armari, spe libertatis; et, si exuissent servitium, cupidine imperitandi. Gliscebat iracundia legionum, nec terrorem unius militis vincula indiderant: quin idem[3] ille arguebat ultro conscientiam ducis; tamquam nuncius inter Civilem Flaccumque, falso crimine, testis veri opprimeretur. Conscendit tribunal Vocula mirâ constantiâ, prehensumque militem, ac vociferantem, duci ad supplicium jussit: et dum mali pavent, optimus quisque jussis paruere. Exin consensu ducem Voculam poscentibus, Flaccus summam rerum ei permisit.

XXVI. Sed discordes animos multa efferabant: inopia stipendii frumentique, et simul delectum tributaque Galliæ adspernantes; Rhenus, incognitâ illi cœlo siccitate, vix na-

[1] *Aquiliferis*] Ut ad signa, id est, in principiis legerentur.

[2] *Usurpandi juris*] Juris sui vindicandi causâ.

[3] *Idem ille*] Miles, qui in vincla conjectus est, accusabat ultro ducem, tanquam eodem scelere innexum.

vium patiens; arti commeatus; diſpoſitæ per omnem ripam ſtationes, quæ Germanos vado arcerent; eâdemque de cauſsâ minus frugum, et plures qui conſumerent. Apud imperitos prodigii loco accipiebatur ipſa aquarum penuria, tamquam nos amnes quoque, et vetera imperii munimenta deſererent: quod in pace fors ſeu natura, tunc fatum et ira dei vocabatur. Ingreſſis Noveſium [4], tertiadecima legio conjungitur. Additus Voculæ in partem curarum Herennius Gallus legatus: nec auſi ad hoſtem pergere, loco, cui Gelduba nomen eſt, caſtra fecere. Ibi ſtruendâ acie, muniendo vallandoque, et ceteris belli meditamentis militem firmabant. Utque prædâ ad virtutem accenderetur, in proximos Gugernorum [5] pagos, qui ſocietatem Civilis acceperant, ductus a Voculâ exercitus. Pars cum Herennio Gallo permanſit.

XXVII. Fortè navem, haud procul caſtris, frumento gravem, cum per vada hæſiſſet, Germani in ſuam ripam trahebant. Non tulit Gallus, miſitque ſubſidio cohortem. Auctus et Germanorum numerus, paullatimque adgregantibus ſe auxiliis, acie certatum. Germani, multâ cum ſtrage noſtrorum, navem abripiunt. Victi (quod tum in morem verterat [6]) non ſuam

4 *Noveſium*] *Nuis* vel *Neuſs*, prope *Duſſeldorf*. Gelduba hod. *Gelb*.

5 *Gugernorum*] Inter Rhenum Moſamque, *Cleves* et *Guelder*.

6 *Verterat*] Verſum erat, abierat.

ignaviam, ſed perfidiam legati [7] culpabant. Protractum e tentorio, ſciſsâ veſte, verberato corpore, 'quo pretio, quibus conſciis, pro-'didiſſet exercitum,' dicere jubent. Redit in Hordeonium invidia. Illum auctorem ſceleris, hunc miniſtrum vocant: donec exitium minitantibus exterritus, proditionem et ipſe Hordeonio objecit; vinctuſque, adventu demum Voculæ exſolvitur. Is, poſterâ die, auctores ſeditionis morte adfecit. Tanta illi exercitui diverſitas inerat licentiæ, patientiæque. Haud dubiè gregarius miles Vitellio fidus: ſplendidiſſimus quiſque, in Veſpaſianum proni. Inde ſcelerum ac ſuppliciorum vices, et mixtus obſequio furor; ut contineri non poſſent, qui puniri poterant.

XXVIII. At Civilem immenſis auctibus univerſa Germania extollebat, ſocietate nobiliſſimis obſidum firmatâ. Ille, ut cuique proximum, vaſtari Ubios Treveroſque, et aliâ manu Moſam amnem tranſire jubet, ut Menapios et Morinos et extrema [8] Galliarum quateret. Actæ utrobique prædæ; infeſtiùs in Ubiis, quòd gens Germanicæ originis, ejuratâ patriâ, Romanorum nomen, *Aggrippinenſes* vocarentur. Cæſæ cohortes eorum in vico Marcoduro [9], incurioſiùs agentes, quia procul ripâ

7 *Legati*] Herennii Galli.

8 *Extrema Galliarum*] *Tournai*, *Boulogne*, *St. Omer*, *Ipre*.

9 *Marcoduro*] *Duren* in ducatu *Juliers*.

aberant.

aberant. Nec quievere Ubii, quominus prædas e Germaniâ peterent: primò impunè, dein circumventi sunt; per omne id bellum meliore usi fide, quàm fortunâ. Contusis Ubiis, gravior et successu rerum ferocior Civilis, obsidium[1] legionum urgebat; intentis custodiis, ne quis occultus nuncius venientis auxilii penetraret. Machinas molemque operum Batavis delegat: Transrhenanos, prœlium poscentîs, ad scindendum vallum ire, detrusosque redintegrare certamen jubet; superante multitudine, et facili[2] damno: nec finem labori nox adtulit.

XXIX. Congestis circùm lignis, accensisque, simul epulantes, ut quisque vino incaluerat, ad pugnam temeritate inani ferebantur. Quippe ipsorum tela per tenebras vana: Romani conspicuam barbarorum aciem, et si quis audaciâ aut insignibus effulgens, ad ictum destinabant. Intellectum id Civili: et restincto igne, misceri cuncta tenebris et armis jubet. Tum verò strepitus dissoni, casus incerti, neque feriendi neque declinandi providentia. Unde clamor acciderat, circumagere corpora, tendere arcus: nihil prodesse virtus, fors cuncta turbare, et ignavorum sæpe telis fortissimi cadere. Apud Germanos inconsulta ira: Romanus miles periculorum gnarus, ferratas sudes,

[1] *Obsidium legionum*] In Veteribus castris.

[2] *Facili damno*] Quod facilè tolerabatur, ob multitudinem.

gravia

gravia ſaxa, non fortè jaciebat. Ubi ſonus molientium, aut appoſitæ ſcalæ hoſtem in manus dederant, propellere umbone, pilo ſequi; multos in mœnia egreſſos, pugionibus fodere. Sic exhauſtâ noctе, novam aciem dies aperuit.

XXX. Eduxerant Batavi turrim duplici tabulato, quam prætoriæ portæ (is æquiſſimus locus) propinquantem, promoti contrà validi aſſeres, et incuſſæ trabes perfregere, multâ ſuperſtantium pernicie: pugnatumque in perculſos, ſubitâ et proſperâ eruptione. Simul a legionariis peritiâ et arte præſtantibus, plura ſtruebantur. Præcipuum pavorem intulit ſuſpenſum et nutans machinamentum [3], quo repentè demiſſo, præter [4] ſuorum ora ſinguli pluresve hoſtium ſublimè rapti, verſo pondere intra caſtra effundebantur. Civilis, omiſsâ oppugnandi ſpe, rurſus per otium adſidebat, nunciis et promiſſis fidem legionum convellens.

XXXI. Hæc in Germaniâ ante Cremonenſe prœlium geſta, cujus eventum litteræ Primi Antonii docuere, addito Cæcinæ edicto [5]. Et

[3] *Machinamentum*] Quod ab Archimede inventum deſcribit Polybius l. 8. *manus ferreæ e machinis demiſſæ, abreptos cum ipſis armis viros jactabant et affligebant.*

[4] *Præter ſuorum ora*] Ante oculos ſuorum abrepti.

[5] *Cæcinæ edicto*] Cæcinæ conſulis edicto, quo juſſæ legiones Germanicæ in Veſpaſiani partes concedere.

præfectus

præfectus cohortis e victis, Alpinus Montanus, fortunam partium præsens fatebatur. Diversi hinc motus animorum. Auxilia e Galliâ, quîs nec amor nec odium in partes, militia sine affectu, hortantibus præfectis, statim a Vitellio desciscunt. Vetus miles cunctabatur. Sed adigente Hordeonio Flacco, instantibus tribunis, dixit sacramentum, non vultu neque animo satis adfirmans: et cum cetera jurisjurandi verba conciperent, Vespasiani nomen hæsitantes, aut levi murmure, et plerumque silentio transmittebant.

XXXII. Lectæ deinde pro concione epistolæ Antonii ad Civilem, suspiciones militum inritavere, tamquam ad socium partium scriptæ, et de Germanico exercitu hostiliter. Mox adlatis Geldubam in castra nunciis, eadem dicta, factaque: et missûs cum mandatis Montanus ad Civilem, 'ut absisteret bello, neve[6] externa armis falsis velaret: si Vespasianum juvare adgressus foret, satisfactum cœptis.' Ad ea Civilis primò callidè: pòst, ubi videt Montanum præferocem ingenio, paratumque in res novas, orsus a questu periculisque, quæ per quinque et viginti annos in castris Romanis exhausisset, 'Egregium,' inquit, 'pretium laboris cepi, necem fratris, et vincula mea; et sævissimas hujus exercitûs voces, quibus

6 *Neve externa*]. Neve falsâ Flavianarum partium specie velaret. externi hostis animum

'ad

'ad ſupplicium petitus, jure gentium pœnas 'repoſco. Vos autem Treveri, ceteræque 'ſervientium animæ, quod præmium effuſi 'totiens ſanguinis exſpectatis, niſi ingratam 'militiam, immortalia tributa, virgas, ſecures, 'et dominorum ingenia? En ego præfectus 'unius cohortis, et Canninefates Batavique, 'exigua Galliarum portio, vana illa caſtrorum 'ſpatia exſcidimus, vel ſepta ferro fameque pre-'mimus. Denique auſos aut libertas ſequetur, 'aut victi iidem erimus.' Sic accenſum, ſed molliora referre juſſum, dimittit. Ille ut[7] inritus legationis rediit, cetera diſſimulans, quæ mox erupere.

XXXIII. Civilis, parte copiarum retentâ, veteranas cohortes, et quod e Germanis maximè promptum, adversùs Voculam exercitumque ejus mittit; Julio Maximo, et Claudio Victore ſororis ſuæ filio, ducibus. Rapiunt in tranſitu hiberna alæ, Aſciburgii[8] ſita: adeóque improviſi caſtra involavere, ut non alloqui, non pandere aciem Vocula potuerit. Id ſolum, ut in tumultu, monuît, ſubſignano[9] milite media firmare. Auxilia paſſim circumfuſa ſunt. Eques prorupit, exceptuſque compoſitis hoſtium ordinibus, terga in ſuos vertit. Cædes inde, non prœlium. Et Nerviorum co-

7 *Ut inritus legationis*] Nil renunciavit, præterquam irritam ſibi legationem fuiſſe.

8 *Aſciburgii*] *Aſburg*, juxta urbem *Meurs*.

9 *Subſignano*] Suprà Hiſt. 1, 70.

hortes, metu ſeu perfidiâ, latera noſtrorum nudavere. Sic ad legiones perventum: quæ, amiſſis ſignis, intra vallum ſternebantur; cum repentè, novo auxilio, fortuna pugnæ mutatur. Vaſconum [1] lectæ a Galbâ cohortes, ac tum accitæ, dum caſtris propinquant, audito prœliantium clamore, intentos hoſtes a tergo invadunt, latioremque quàm pro numero terrorem faciunt; aliis a Noveſio, aliis a Magontiaco univerſas copias adveniſſe credentibus. Is error Romanis addit animos, et dum alienis viribus confidunt, ſuas recepere. Fortiſſimus quiſque e Batavis, quantum peditum erat, funduntur: eques evaſit, cum ſignis captiviſque, quos primâ acie corripuerant. Cæſorum eo die, in partibus noſtris, major numerus et imbellior; e Germanis, ipſa robora.

XXXIV. Dux uterque, pari culpâ meritus adverſa, proſperis defuere. Nam Civilis, ſi majoribus copiis inſtruxiſſet aciem, circumiri a tam paucis cohortibus nequiſſet, caſtraque perrupta exſcidiſſet. Vocula nec adventum hoſtium exploravit, eóque ſimul egreſſus victuſque: dein victoriæ parum confiſus, tritis fruſtra diebus, caſtra in hoſtem movit; quem ſi ſtatim impellere, curſumque rerum ſequi maturaſſet, ſolvere obſidium legionum eodem impetu potuit. Tentaverat interim Civilis obſeſſorum animos, tamquam perditæ apud Ro-

[1] *Vaſconum*] *Navarre.*

manos res, et suis victoria provenisset. Circumferebantur signa vexillaque: ostentati etiam captivi: ex quibus unus, egregium facinus ausus, clarâ voce gesta patefecit, confossus illic a Germanis: unde major indici fides. Simul vastatione incendiisque flagrantium villarum, venire victorem exercitum intelligebatur. In conspectu castrorum constitui signa, fossamque et vallum circumdari Vocula jubet: 'depositis 'impedimentis sarcinisque, expediti certarent.' Hinc in ducem clamor pugnam poscentium: et minari adsueverant. Ne tempore quidem ad ordinandam aciem capto, incompositi fessique prœlium sumpsere: nam Civilis aderat, non minùs vitiis hostium, quàm virtute suorum fretus. Varia apud Romanos fortuna, et seditiosissimus quisque ignavus: quidam recentis victoriæ memores, retinere locum, ferire hostem, seque et proximos hortari, et redintegratâ acie, manus ad obsessos tendere, ne tempori deessent. Illi cuncta e muris cernentes, omnibus portis prorumpunt. Ac fortè Civilis lapsu equi prostratus, creditâ per utrumque exercitum famâ, vulneratum aut interfectum, immane quantum suis pavoris, et hostibus alacritatis indidit.

XXXV. Sed Vocula, omissis fugientium tergis, vallum turresque castrorum augebat, tamquam rursus obsidium immineret; corruptâ totiens victoriâ, non falsò suspectus bellum malle. Nihil æquè exercitus nostros, quàm egeſtas copiarum fatigabat. Impedimenta legionum cum imbelli turbâ Noveſium miſſa, ut inde terreſtri itinere frumentum adveherent: nam flumine hoſtes potiebantur. Primum agmen ſecurum inceſſit, nondum ſatis firmo Civile. Qui, ubi rurſus miſſos Noveſium frumentatores, dataſque in præſidium cohortes, velut multâ pace, ingredi accepit; rarum apud ſigna militem, arma in vehiculis, cunctos licentiâ vagos, compoſitus invadit: præmiſſis, qui pontes et viarum anguſta inſiderent. Pugnatum longo agmine, et incerto Marte, donec prœlium nox dirimeret. Cohortes Geldubam perrexere, manentibus ut fuerant caſtris, quæ relictorum illic militum præſidio tenebantur. Non erat dubium, quantum in regreſſu diſcriminis adeundum foret, frumentatoribus onuſtis perculſiſque. Addit exercitui ſuo Vocula mille delectos, e quintâ et quintadecimâ legionibus apud Vetera obſeſſis, indomitum militem, et ducibus infenſum. Plures quàm juſſum erat profecti, palàm in agmine fremebant, 'non ſe ultrà famem, inſidias legatorum tole- 'raturos.' At qui remanſerant, 'deſertos ſe, 'abductâ parte legionum' querebantur. Duplex hinc ſeditio; aliis revocantibus Voculam, aliis redire in caſtra abnuentibus.

XXXVI. Interim Civilis Vetera circumſedit. Vocula Geldubam, atque inde Noveſium conceſſit. Civilis capit Geldubam. Mox haud procul Noveſio, equeſtri prœlio proſpere certavit.

tavit. Sed miles secundis adversisque perinde in exitium ducum accendebatur. Et adventu quintanorum quintadecimanorumque auctæ legiones donativum exposcunt, comperto pecuniam a Vitellio missam. Nec diu cunctatus Hordeonius, nomine Vespasiani dedit : idque præcipuum fuit seditionis alimentum. Effusi in luxum et epulas, et nocturnos cœtus, veterem in Hordeonium iram renovant : nec ullo legatorum tribunorumve obsistere auso, (quippe omnem pudorem nox ademerat) protractum e cubili interficiunt. Eadem in Voculam parabantur, nisi servili habitu, per tenebras, ignoratus evasisset. Ubi, sedato impetu, metus rediit, centuriones cum epistolis ad civitates Galliarum misêre, auxilia ac stipendia oraturos.

XXXVII. Ipsi, ut est vulgus sine rectore præceps, pavidum, socors, adventante Civile, raptis temere armis, ac statim omissis, in fugam vertuntur. Res adversæ discordiam peperere ; iis qui e superiore exercitu erant, caussam suam dissociantibus. Vitellii tamen imagines in castris, et per proximas Belgarum civitates, repositæ, cum jam Vitellius occidisset. Dein mutati in pœnitentiam primani, quartanique, et duoetvicesimani, Voculam sequuntur : apud quem resumpto Vespasiani sacramento, ad liberandum Magontiaci obsidium ducebantur. Discesserant obsessores, mixtus ex Cattis, Usipiis, Mattiacis exercitus, satietate

etate prædæ, nec incruenti: in viâ diſperſos et neſcios miles noſter invaſerat. Quin et loricam[2] vallumque per fines ſuos Treveri ſtruxere, magniſque invicem cladibus cum Germanis certabant; donec egregia erga populum Romanum merita mox rebelles fœdarent.

XXXVIII. Interea Veſpaſianus iterum, ac Titus, conſulatum abſentes inierunt, mœſtâ et multiplici metu ſuſpensâ civitate: quæ, ſuper inſtantia mala, falſos pavores induerat, deſciviſſe Africam, res novas moliente L.[3] Piſone. Is præerat provinciæ, nequaquam turbidus ingenio. Sed quia naves ſævitiâ hiemis prohibebantur, vulgus alimenta in dies mercari ſolitum, cui una ex republicâ annonæ cura, clauſum litus, retineri commeatus, dum timet, credebat: augentibus famam Vitellianis, qui ſtudium partium nondum poſuerant; ne victoribus quidem ingrato rumore, quorum cupiditates, externis quoque bellis inexplebiles, nulla unquam civilis victoria ſatiavit.

XXXIX. Kal. Januariis, in ſenatu, quem Julius[4] Frontinus prætor urbanus vocaverat[5], legatis exercitibuſque, ac regibus[6], laudes gra-

[2] *Loricam*] Suprà Ann. 4, 49. not.

[3] *L. Piſone*] Quem conſulem, et vectigalibus publicis præfectum vidimus Ann. 13, 31. 15, 18.

[4] *Julius Frontinus*] Cujus opera extant, Strategemata, De coloniis, De aquæductibus, &c.

[5] *Vocaverat*] Pro officio, abſentibus conſulibus.

[6] *Regibus*] Sohemo, Antiocho, Agrippæ, Flavianis. Hiſt. 2, 81.

teſque

teſque decretæ. Et Tertio [7] Juliano prætura, tamquam tranſgredientem in partes Veſpaſiani legionem deſeruiſſet, ablata, ut in Plotium [8] Griphum transferretur. Hormo dignitas equeſtris data. Et mox, ejurante Frontino, Cæſar Domitianus præturam cepit. Ejus nomen epiſtolis edictiſque præponebatur: vis penes Mucianum erat; niſi quòd pleraque Domitianus, inſtigantibus amicis, aut propriâ libidine, audebat. Sed præcipuus Muciano metus e Primo Antonio, Varoque Arrio; quos recentes, claroſque rerum famâ ac militum ſtudiis, etiam populus fovebat, quia in neminem ultra [9] aciem ſævierant. Et ferebatur Antonius Scribonianum Craſſum, egregiis majoribus et fraternâ [1] imagine fulgentem, ad capeſſendam rempublicam hortatus: haud defuturâ conſciorum manu, ni Scribonianus abnuiſſet, ne paratis quidem corrumpi facilis, adeò metuens incerta. Igitur Mucianus, quia propalam opprimi Antonius nequibat, multis in ſenatu laudibus cumulatum, ſecretis promiſſis onerat, citeriorem Hiſpaniam oſtentans, diſceſſu Cluvii Ruſi vacuam: ſimul amicis ejus tribunatus præfecturaſque largitur. Dein, poſtquam inanem animum ſpe et cupidine impleverat, vires

7 *T. Juliano*] Hiſt. 2, 85.

8 *P. Griphum*] Hiſt. 3, 52. De Hormo ibid 12.

9 *Ultra aciem*] Poſt victoriam.

1 *Fraternâ imagine*] Nobilitate Piſonis, quem Galba adoptavit.

abolet,

abolet, dimissâ in[1] hiberna legione septimâ, cujus flagrantissimus in Antonium amor. Et tertia legio, familiaris Arrio[3] Varo miles, in Syriam remissa. Pars exercitûs in Germanias ducebatur. Sic egesto, quidquid turbidum, redit Urbi sua forma, legesque, et munia magistratuum.

XL. Quo die senatum ingressus est Domitianus, de absentiâ patris fratrisque, ac juventâ suâ, pauca et modica disseruit, decorus habitu: et ignotis adhuc moribus, crebra oris confusio[4] pro modestiâ accipiebatur. Referente Cæsare de restituendis Galbæ[5] honoribus, censuit Curtius Montanus, ut Pisonis quoque memoria celebraretur. Patres utrumque jussere: de Pisone inritum fuit. Tum sorte ducti, per quos redderentur bello rapta, quique æra legum, vetustate delapsa, noscerent[6] figerentque, et Fastos adulatione temporum fœdatos exonerarent, modumque publicis impensis facerent. Redditur Tertio Juliano prætura, postquam cognitus[7] est ad Vespasianum confugisse: Gripho honor mansit. Repeti inde

[1] *In hiberna*] In Pannoniam. Hist. 2, 86.

[3] *Arrio Varo*] Cum in Syriâ sub Corbulone militaret Varus. Hist. 3, 6.

[4] *Confusio*] De hac voce diximus ad Hist. 3, 38.

[5] *Galbæ honoribus*] Imaginibus. Hist. 3, 7.

[6] *Noscerent*] Dignoscerent. Leges tabulis æreis inscriptæ, in templis locisque publicis figebantur. Ann. 3, 63.

[7] *Cognitus est*] Hist. 2, 85.

cogni-

cognitionem [8] inter Musonium Rufum et P. Celerem placuit; damnatusque Publius, et Sorani manibus satisfactum. Insignis publicâ severitate dies, ne privatim quidem laude caruit: justum [9] judicium explesse Musonius videbatur. Diversa fama Demetrio Cynicam sectam professo, quòd manifestum reum ambitiosiùs quàm [1] honestiùs defendisset. Ipsi Publio neque animus in periculis, neque oratio suppeditavit. Signo ultionis in accusatores dato, petit a Cæsare Junius [2] Mauricus, ut commentariorum principalium potestatem senatui faceret, per quos nosceret, quem quisque accusandum poposcisset. Consulendum tali super re principem, respondit.

XLI. Senatus, inchoantibus primoribus, jusjurandum concepit, quo certatim [3] omnes magistratus, ceteri ut sententiam rogabantur, deos testes advocabant, 'nihil ope suâ factum 'quo cujusquam salus læderetur, neque se

8 *Cognitionem*] De qua suprà c. 10.

9 *Justum judicium explesse*] Quatenus in se positum fuit, omnia fecisse, quæ ad plenum, absolutum judicium requiruntur. Nil opus emendatione Ernestianâ *indicium*.

1 *Quam honestiùs*] Idque parum constanter. Nam qui morienti Thraseæ adstiterat, Annal. 16, 34. nunc Sorani accusatorem defendit. Relegatus postea in insulam fuit Demetrius, cum ceteris Stoicis, Muciani consilio, jussu Vespasiani.

2 *J. Mauricus*] Laudatus a Plinio, Epist. 4, 22.

3 *Certatim*] Majori studio magistratus, quàm ceteri senatores, quorum nonnullis flagitii conscientia inerat.

 'præmium

'præmium aut honorem ex calamitate civium 'cepisse:' trepidis, et verba jurisjurandi per varias artes mutantibus, quîs flagitii conscientiâ inerat. Probabant religionem[4] patres, perjurium arguebant. Eaque velut censura in Sariolenum Voculam, et Nonium Actianum, et Cestium Severum acerrimè incubuit, crebris apud Neronem delationibus famosos. Sariolenum et recens crimen urgebat, quòd apud Vitellium molitus eadem foret: nec destitit senatus manus intentare Voculæ, donec curiâ excederet. Ad Pactium Africanum transgressi, eum quoque proturbant; tamquam Neroni Scribonios[5] fratres, concordiâ opibusque insignes, ad exitium monstravisset. Africanus neque fateri audebat, neque abnuere poterat: in Vibium Crispum, cujus interrogationibus fatigabatur, ultro conversus, miscendo[6] quæ defendere nequibat, societate culpæ invidiam declinavit.

XLII. Magnam eo die pietatis eloquentiæque famam Vipstanius Messala adeptus est, nondum senatoriâ[7] ætate, ausus pro fratre

4 *Religionem*] Religionem verè jurantium probabant, noxiorum perjurium convincebant.

5 *Scribonios fratres*] Quos egregiè concordes, a Germaniæ præfecturâ in Græciam revocatos, Nero incisis venis perire coegit. Dio 63.

6 *Miscendo*] Miscendo culpam suam cum similibus Vibii Crispi admissis.

7 *Senatoriâ ætate*] Viginti quinque annorum.

Aquilio

Aquilio[8] Regulo deprecari. Regulum subversa Crassorum et Orphiti domus in summum odium extulerat. Sponte[9] ex S. C. accusationem subiisse juvenis admodum, nec depellendi periculi, sed in spem potentiæ videbatur. Et Sulpicia Prætextata Crassi uxor, quatuorque liberi, si cognosceret senatus, ultores aderant. Igitur Messala non caussam neque reum tueri, sed periculis fratris semet opponens, flexerat quosdam. Occurrit truci oratione Curtius[1] Montanus, eò usque progressus, ut post cædem Galbæ, datam interfectori Pisonis pecuniam a Regulo, adpetitumque morsu Pisonis caput, objectaret. 'Hoc certè,' inquit, 'Nero 'non coegit; nec dignitatem aut salutem illâ 'sævitiâ redemisti. Sanè toleremus istorum 'defensiones, qui perdere alios, quàm peri-'clitari ipsi maluerunt. Te securum reliquerat 'exsul pater, et divisa inter creditores bona, 'nondum honorum capax ætas: nihil quod 'ex te concupisceret Nero, nihil quod time-'ret. Libidine sanguinis, et hiatu præmio-

[8] *Aq. Regulo*] Plinio in epistolis sæpe flagellatus, dictusque *bipedum nequissimus*. Ep. 1, 5. 2, 20.

[9] *Sponte ex SC.*] Non pugnant hæc secum, uti quidam opinantur. Nempe accusationem Crassorum et Orphiti sub Nerone decreverat senatus, partesque accusatoris mandaverat Regulo, quas ei licuit absque noxâ detrectare: sponte autem id munus juvenis admodum subiit, nec depellendi periculi causâ, quod ii præ se ferebant, qui jussi ab imperatore aliquos postulabant. Exemplum accusationis a senatu decretæ videre est apud Plin. Ep. 2, 11.

[1] *Curtius Montanus*] Annal. 16, 28. Juvenal. 4, 107.

'rum, ignotum adhuc ingenium, et nullis 'defensionibus expertum, cæde nobili im-'buisti: cum ex funere reipublicæ, raptis[2] 'consularibus spoliis, septuagies[3] sestertio sa-'ginatus, et sacerdotio fulgens, innoxios pu-'eros, inlustres senes, conspicuas feminas eâ-'dem ruinâ prosterneres: cum segnitiam Ne-'ronis incusares, quòd per singulas domos se-'que et delatores fatigaret; posse universum 'senatum unâ voce subverti. Retinete[4], patres 'conscripti, et reservate hominem tam expe-'diti consilii, ut omnis ætas instructa sit; et 'quomodo senes nostri Marcellum, Crispum, 'juvenes Regulum imitentur. Invenit etiam 'æmulos infelix nequitia: quid si floreat vi-'geatque? et quem adhuc quæstorium offen-'dere non audemus, prætorium et consularem 'visuri sumus? An Neronem extremum[5] do-'minorum putatis? Idem crediderant, qui 'Tiberio, qui Caio superstites fuerunt: cum 'interim intestabilior et sævior exortus est. 'Non timemus Vespasianum: ea principis 'ætas, ea moderatio. Sed diutiùs durant ex-

2 *Raptis*] Ex Orphito, consulari.

3 *Septuagies*] 56510*l.* 8*s.* 4*d.*

4 *Retinete*] Imitatio Cicer. Verr. 2, 31.

5 *Extremum dominorum*] Τυράννων. Nec fuit extremus. Truculentior adhuc Domitianus, *sub quo non minora flagitia commisit Regulus, quàm sub Nerone, sed tectiora.* Plin. Ep. 1, 5.

'empla,

'empla, quàm[6] mores. Elanguimus, patres 'conſcripti, nec jam ille ſenatus ſumus, qui, 'occiſo Nerone, delatores et miniſtros more 'majorum puniendos flagitabat. Optimus eſt, 'poſt malum principem, dies[7] primus.'

XLIII. Tanto cum aſſenſu ſenatûs auditus eſt Montanus, ut ſpem caperet Helvidius, poſſe etiam Marcellum proſterni. Igitur a laude Cluvii Rufi orſus, qui perinde dives et eloquentiâ clarus, nulli umquam ſub Nerone periculum faceſſiſſet, crimine ſimul exemploque Eprium urgebat, ardentibus pàtrum animis. Quod ubi ſenſit Marcellus, velut excedens curiâ, 'Imus,' inquit, 'Priſce, et relinquimus 'tibi ſenatum tuum: regna[8], præſente Cæſare.' Sequebatur Vibius Criſpus, ambo infenſi, vultu diuerſo; Marcellus minacibus oculis, Criſpus renidens[9]; donec accurſu amicorum retraherentur. Cum gliſceret certamen, hinc multi bonique, inde pauci et validi pertinacibus odiis tenderent, conſumptus per diſcordiam dies.

[6] *Quàm mores*] Diutiùs durat malorum exemplorum vis, quàm virtus bonorum principum, quæ cum ipſorum ævo finitur.

[7] *Dies primus*] Flagrantibus tum maximè libertatis ſtudio invidiâque in tyranni aſſeclas, qui deinde affectus paulatim refrigeſcunt.

[8] *Regna*] Præſente Domitiano, affecta imperium quod patris ejus eſt. Antea c. 8. Marcellus Helvidium monuerat, *ne ſupra principem ſcanderet.*

[9] *Renidens*] Ann. 15, 66.

XLIV.

XLIV. Proximo ſenatu, inchoante Cæſare de abolendo dolore irâque, et priorum temporum neceſſitatibus, cenſuit Mucianus prolixè pro accuſatoribus: ſimul eos qui cœptam, dein omiſſam actionem repeterent, monuit ſermone molli, et tamquam rogaret. Patres cœptatam libertatem, poſtquam obviam itum, omiſere. Mucianus, ne ſperni ſenatûs judicium, et cunctis ſub Nerone admiſſis data impunitas videretur, Octavium Sagittam et Antiſtium Soſianum, ſenatorii ordinis, egreſſos exſilium, in eaſdem inſulas redegit. Octavius Pontiam Poſtumiam ſtupro cognitam, et nuptias ſuas abnuentem, impotens amoris interfecerat[1]: Soſianus[2] pravitate morum multis exitioſus. Ambo gravi ſenatusconſulto damnati pulſique, quamvis conceſſo aliis reditu, in eâdem pœnâ retenti ſunt. Nec ideo lenita erga Mucianum invidia. Quippe Soſianus ac Sagitta viles, etiam ſi reverterentur: accuſatorum ingenia, et opes, et exercita malis artibus potentia timebantur.

XLV. Reconciliavit paulisper ſtudia patrum, habita in ſenatu cognitio ſecundùm veterem morem. Manlius Patruitus, ſenator, ‘ pulſatum ſe in coloniâ Senenſi[3] cœtu multitudinis, et juſſu magiſtratuum’, querebatur: ‘ nec finem injuriæ hîc ſtetiſſe: planctum, et

[1] *Interfecerat*] Ann. 48. 16, 14. 13, 4.

[2] *Soſianus*] Ann. 14,

[3] *Senenſi*] *Siena* in Etruriâ.

‘ lamenta,

'lamenta, et ſupremorum[4] imaginem præſenti 'ſibi circumdata, cum contumeliis et probris, 'quæ in ſenatum univerſum jacerentur'. Vocati qui arguebantur: et cognitâ cauſsâ, in convictos vindicatum. Additumque ſenatuſconſultum, quo Senenſium plebes modeſtiæ admoneretur. Iiſdem diebus Antonius Flamma Cyrenenſibus[5] damnatur, lege repetundarum, et exſilio ob ſævitiam.

XLVI. Inter quæ militaris ſeditio prope exarſit. Prætorianam militiam repetebant a Vitellio dimiſſi, pro Veſpaſiano congregati[6]: et lectus in eamdem ſpem e legionibus miles, promiſſa ſtipendia[7] flagitabat. Ne Vitelliani quidem ſine multâ cæde pelli poterant. Ingreſſus caſtra Mucianus, quò rectiùs ſtipendia ſingulorum ſpectaret, ſuis cum inſignibus armiſque victores conſtituit, modicis inter ſe ſpatiis diſcretos. Tum Vitelliani, quos apud Bovillas in deditionem acceptos memoravimus[8], ceterique per Urbem et Urbi vicina conquiſiti, producuntur prope intecto corpore. Eos Mucianus diduci, et Germanicum Britannicumque militem, ac ſi qui aliorum exercituum, ſepara-

4 *Supremorum*] Exequiarum imagine illudebant homini Senenſes, ut vitâ functo, quamquam adeſſet.

5 *Cyrenenſibus*] Ut parti victrici. Senec. de Benef. 6, 4. *Sic debitori ſuo creditor ſæpe damnatur.*

6 *Congregati*] Hiſt. 2, 67. *Lectus* pro illectus. *E legionibus m.* eſt legionarius.

7 *Stipendia*] De ſtipendiis prætoriarum cohortium, ANN. 1, 17.

8 *Memoravimus*] C. 2.

tim

tim adſiſtere jubet. Illos primus ſtatim adſpectus obſtupefecerat; cum ex diverſo, velut aciem telis et armis trucem, ſemet clauſos nudoſque et inluvie deformes, adſpicerent. Ut verò huc illuc diſtrahi cœpere, metus per omnes, et præcipua Germanici[9] militis formido, tamquam eâ ſeparatione ad cædem deſtinarentur: prenſare commanipularium pectora, cervicibus innecti, ſuprema oſcula petere, ne desererentur ſoli, neu in pari cauſsâ diſparem fortunam paterentur; modò Mucianum, modò abſentem principem, poſtremùm cœlum ac deos obteſtari: donec Mucianus, cunctos ejuſdem ſacramenti, ejuſdem imperatoris milites appellans, falſo timori obviam iret. Namque et victor exerçitus clamore lacrimas eorum juvabat. Iſque finis illâ die. Paucis pòſt diebus, adloquentem Domitianum firmati jam excepere. Spernunt oblatos agros, militiam[1] et ſtipendia orant. Preces erant, ſed quibus contradici non poſſet. Igitur in prætorium accepti. Dein quibus ætas et juſta ſtipendia, dimiſſi cum honore, alii ob culpam; ſed carptim, ac ſinguli: quo tutiſſimo remedio conſenſus multitudinis extenuatur.

XLVII. Ceterum verâne pauperie, an uti[2] videretur, actum in ſenatu, ut ſexcenties[3] ſeſtertiûm

9 *Germanici militis*] Ob fidem in Vitellium.

1 *Militiam*] Prætorianam, ejuſque ſtipendia.

2 *Uti videretur*] Ut ſic crederetur. Suet. Veſp. 16. *Initio ſtatim principatûs profeſſus eſt Veſpaſianus, quadringenties millies HS. opus eſſe, ut reſp. ſtare poſſet.* Id eſt, 322,916,666*l.* 13*s.* 4*d.*

3 *Sexcenties ſeſtertiûm*] 484,375*l.*

tertiûm a privatis mutuum acciperetur: præpositusque ei curæ Poppæus Silvanus. Nec multò pòst necessitas abiit, sive omissa simulatio. Abrogati inde, legem [4] ferente Domitiano, consulatus quos Vitellius dederat: funusque censorium Flavio [5] Sabino ductum: magna documenta instabilis fortunæ, summaque et ima miscentis.

XLVIII. Sub idem tempus L. Piso proconsul interficitur. Eâ de cæde quàm verissimè expediam, si pauca suprà petiero, ab initio caussisque talium facinorum non absurda. Legio in Africâ auxiliaque, tutandis imperii finibus, sub divo Augusto Tiberioque principibus, proconsuli parebant. Mox C. Cæsar turbidus animi, ac M. Silanum obtinentem Africam metuens, ablatam proconsuli legionem, misso in eam rem legato tradidit. Æquatus inter duos beneficiorum [6] numerus, et mixtis utriusque mandatis, discordia quæsita, auctaque pravo certamine. Legatorum jus adolevit diuturnitate [7] officii, vel quia minoribus [8] major

4 *Legem ferente*] Pro suo consulari imperio, de quo c. 3.

5 *F. Sabino*] Nuper interfecto. Hist. 3, 74.

6 *Beneficiorum*] Promotionum ad altiores militiæ gradus. Suprà Hist. 1, 25. Promoti autem dicebantur *beneficiarii*: ut beneficiarius consulis, prætoris, etc. Eademque vocis notio in Ecclesiâ Christianâ manet, quæ multa vocabula desumpsit a Romanæ militiæ consuetudine.

7 *Diuturnitate officii*] Proconsul ad unum annum Africæ, legatus ad plures annos legioni præerat.

8 *Minoribus*] Dignitate inferioribus.

æmulandi cura: proconſulum ſplendidiſſimus quiſque ſecuritati magis quàm potentiæ conſulebant.

XLIX. Sed tum legionem in Africâ regebat Valerius Feſtus, ſumptuoſæ adoleſcentiæ, neque modica cupiens, et adfinitate Vitellii anxius. Is crebris ſermonibus tentaveritne Piſonem ad res novas, an tentanti reſtiterit, incertum, quoniam ſecreto eorum nemo adfuit, et occiſo Piſone, plerique ad gratiam interfectoris inclinavere. Nec ambigitur, provinciam et militem alienato erga Veſpaſianum animo fuiſſe: et quidam e Vitellianis Urbe profugi, oſtentabant Piſoni nutantes Gallias, paratam Germaniam, pericula ipſius, et in pace ſuſpectâ tutius bellum. Inter quæ Claudius Sagitta, præfectus alæ Petrinæ, proſperâ navigatione prævenit Papirium centurionem, a Muciano miſſum; adſeveravitque 'mandata interficiendi 'Piſonis centurioni data: cecidiſſe Galeri'anum[9], conſobrinum ejus generumque: u'nam in audaciâ ſpem ſalutis: ſed duo itinera 'audendi; ſeu mallet ſtatim arma, ſeu petitâ 'navibus Galliâ, ducem ſe Vitellianis exerci'tibus oſtenderet.' Nihil ad ea moto Piſone, centurio a Muciano miſſus, ut portum Carthaginis attigit, magnâ voce læta Piſoni omina tamquam principi continuare; obvios et ſubitæ rei miraculo attonitos, ut eadem ad-

9 *Galerianum*] Suprà c. 11.

ſtreperent,

ftreperent, hortari: vulgus credulum ruere in forum, præsentiam Pisonis exposcere. Gaudio clamoribusque cuncta miscebant, indiligentiâ veri, et adulandi libidine. Piso, indicio Sagittæ, vel insitâ modestiâ, non in publicum egressus est, neque se studiis vulgi permisit. Centurionemque percunctatus, postquam quæsitum [1] sibi crimen cædemque comperit, animadverti in eum jussit, haud perinde spe vitæ, quàm irâ in percussorem, quòd idem ex interfectoribus Clodii Macri, cruentas legati sanguine manus ad cædem proconsulis retulisset. Anxio deinde edicto Carthaginiensibus increpitis, ne solita quidem munia usurpabat, clausus intra domum, ne qua motûs novi caussa vel fortè oriretur.

L. Sed ubi Festo consternatio [2] vulgi, centurionis supplicium, veraque et falsa, more famæ, in majus innotuere, equites in necem Pisonis mittit. Illi raptim vecti, obscuro adhuc cœptæ lucis, domum proconsulis inrumpunt, destrictis gladiis, et magna pars Pisonis ignari; quòd Pœnos auxiliares Maurosque in eam cædem delegerat. Haud procul cubiculo, obvium fortè servum, quisnam [3], et ubi esset

[1] *Quæsitum sibi*] Quæsitum Pisoni a centurione rerum novarum crimen, indeque cædis causam. De Clodio Macro Hist. 1, 7.

[2] *Consternatio*] Latinis scriptoribus sæpe usurpatur pro *tumultu*, etiam sine pavore; eoque sensu occurrit suprà Ann. 1, 39. Vide Steph. Lex. in voce.

[3] *Quisnam*] Ipse esset? Piso?

Piſo ? interrogavere. Servus, egregio mendacio, ſe Piſonem eſſe reſpondit ; ac ſtatim obtruncatur. Nec multò pòſt, Piſo interficitur : namque aderat qui noſceret, Bebius Maſſa, e procuratoribus Africæ, jam tunc optimo cuique exitioſus, et in cauſſas malorum, quæ [4] mox tulimus, ſæpius rediturus. Feſtus Adrumeto, ubi ſpeculabundus ſubſtiterat, ad legionem contendit, præfectumque caſtrorum Cetronium Piſanum vinciri juſſit, proprias ob ſimultates ; ſed Piſonis ſatellitem vocabat : militeſque et centuriones quoſdam puniit, alios præmiis adfecit ; neutrum ex merito, ſed ut oppreſſiſſe bellum crederetur. Mox OEenſium [5] Leptitanorumque diſcordias componit, quæ raptu frugum et pecorum inter agreſtes, modicis principiis, jam per arma atque acies exercebantur. Nam populus OEenſis multitudine inferior, Garamantas exciverat, gentem indomitam, et inter accolas latrociniis fecundam. Unde artæ Leptitanis res, latéque vaſtatis agris, intra mœnia trepidabant : donec interventu cohortium alarumque, fuſi Garamantes, et recepta omnis præda, niſi quam vagi per inacceſſa [6] mapalium ulterioribus vendiderant.

4 *Quæ mox tulimus*] Quæ mox paſſi ſumus, imperante Domitiano. Memoratur homo infrà in Agric. 45.

5 *OEenſium*] Civitas inter duas Syrtes memoratur a Plinio, 3, 4. Fuit ubi nunc *Tripoli*.

6 *Inacceſſa mapalium*] Per invia mapalia Numidarum, de quibus ad Ann. 3, 74.

LI. At Vespasiano, post Cremonensem pugnam, et prosperos undique nuncios, cecidisse Vitellium multi cujusque ordinis, pari audaciâ fortunâque hibernum mare adgressi, nunciavere. Aderant legati regis Vologesi, quadraginta Parthorum [7] equitum millia offerentes. Magnificum lætumque tantis sociorum auxiliis ambiri, neque indigere. Gratiæ Vologeso actæ, mandatumque ut legatos ad senatum mitteret, et pacem [8] esse sciret. Vespasianus in Italiam resque Urbis intentus, adversam de Domitiano famam accipit; tamquam terminos ætatis, et concessa filio egrederetur. Igitur validissimam exercitûs partem Tito tradit, ad [9] reliqua Judaici belli perpetranda.

LII. Titum, antequam digrederetur, multo apud patrem sermone orasse dicebatur, ' ne criminantium nunciis temere accenderetur; integrumque se ac placabilem filio præstaret. Non legiones, non classes, perinde firma imperii munimenta, quàm numerum liberorum. Nam amicos tempore, fortunâ, cupidinibus aliquando, aut erroribus, imminui, transferri, desinere: suum cuique sanguinem indiscretum [1]; sed maximè principibus, quo-

[7] *Parthorum equitum*] Sagittarios appellat Suet. Vesp. 6. Hippotoxotæ erant.

[8] *Pacem esse*] Proinde nec jam opus esse auxiliis.

[9] *Ad reliqua*] Quæ narrabuntur proximo libro.

[1] *Indiscretum*] Tam arctè conjungi, ut a patre proles separari nequeat.

' rum

'rum prosperis et alii fruantur, adversa ad junctissimos pertineant. Ne fratribus quidem 'mansuram concordiam, ni parens exemplum 'præbuisset.' Vespasianus, haud æquè Domitiano mitigatus, quàm Titi pietate gaudens, 'bono esse animo' jubet, 'belloque et armis 'rempublicam attollere: sibi pacem domumque curæ fore.' Tum celerrimas navium, frumento onustas, sævo adhuc mari committit. Quippe tanto discrimine Urbs nutabat, ut decem haud ampliùs dierum frumentum in horreis fuerit, cum a Vespasiano commeatus subvenere.

LIII. Curam restituendi Capitolii in L. Vestinum confert, equestris ordinis virum, sed auctoritate famâque inter proceres. Ab eo contracti haruspices monuere, 'ut reliquiæ pri'oris delubri in [2] paludes aveherentur; tem'plum iisdem vestigiis sisteretur: nolle deos 'mutari veterem formam.' Undecimo [3] Kalendas Julias, serenâ luce, spatium omne quod templo dicabatur, evinctum vittis coronisque. Ingressi milites, quîs fausta [4] nomina, felicibus [5]

2 *In paludes*] Ostienses scilicet. Suprà Annal. 15, 43. In eas autem reliquiæ prioris delubri avehuntur, quia pro sacris habebantur: nam *ædium sacrarum ruinas religiosi, æquè ac stantes, adorant*, (h. e. pari honore ac si steterint) teste Senec. ad Helviam, c. 13.

3 *Undecimo kal*] Die 21 Junii.

4 *Fausta nomina*] Talia sunt Valerius, Salvius, Statorius. Festus in *Lac. Lucrinus*.

cibus[5] ramis. Dein virgines Veſtales, cum pueris puellisque patrimis[6] matrimiſque, aquâ vivis e fontibus amnibuſque hauſtâ, perluêre. Tum Helvidius Priſcus prætor, præeunte[7] Plautio AEliano pontifice, luſtratâ ſuovetaurilibus areâ, et ſuper ceſpitem redditis[8] extis, Jovem, Junonem, Minervam, præſideſque imperii deos precatus, uti cœpta proſperarent, ſedeſque ſuas pietate hominum inchoatas, divinâ ope attollerent, vittas, quîs ligatus lapis innexique funes erant, contigit. Simul ceteri magiſtratus, et ſacerdotes, et ſenatus, et eques, et magna pars populi, ſtudio lætitiâque connixi, ſaxum ingens traxere: paſſimque injectæ fundamentis argenti aurique ſtipes[9], et metallorum primitiæ, nullis fornacibus victæ[1], ſed ut gignuntur. Prædixere haruſpices, ne temeraretur opus ſaxo aurove in aliud deſtinato. Altitudo

Lucrinus. Tangit ritum Cic. de Divin. 1, 102. Et Plin. 28, 2. § 5. *Cur publicis luſtris etiam nomina victimas ducentium proſpera eligimus?*

5 *Felicibus ramis*] Ramis arborum, quæ felices ducebantur, verbenæ e. gr. et laurûs. Ammian. 29, 3. Plin. 25, 9. Ovid. Faſt. 5, 677.

6 *Patrimis*] Flaminii ac flaminiæ, qui patrem matremque adhuc vivos habebant. Feſtus.

7 *Præeunte*] Solennia verba de ſcripto recitante. V. Suet. Claud. 22.

8 *Redditis*] Inſpecta exta probataque ab haruſpicibus, ſacrificulis *reddebantur*, ut aræ ſuperponerentur.

9 *Stipes*] Donaria, et quidem ſignati nummi, ut colligere licet ex Suet. Aug. 90. *Stipem quotannis die certo emendicabat a populo* (Aug.) *cavam manum* aſſes *porrigentibus præbens.*

1 *Victæ*] Domitæ, coctæ.

ædibus

ædibus adjecta. Id[2] ſolum religio adnuere, et prioris templi magnificentiæ defuiſſe creditum, quo tanta vis hominum retinenda erat.

LIV. Audita interim per Gallias Germaniaſque mors Vitellii, duplicaverat bellum. Nam Civilis, omiſsâ diſſimulatione, in populum Romanum ruere. Vitellianæ legiones vel externum ſervitium, quàm imperatorem Veſpaſianum malle. Galli ſuſtulerant animos, eamdem ubique exercituum noſtrorum fortunam rati; vulgato rumore, a Sarmatis Daciſque Mœſica ac Pannonica hiberna circumſideri: paria de Britanniâ fingebantur. Sed nihil æquè, quàm incendium Capitolii, ut finem imperio adeſſe crederent, impulerat. 'Captam 'olim a Gallis Urbem; ſed integrâ Jovis ſede, 'manſiſſe imperium: fatali nunc igne ſignum 'cœleſtis iræ datum, et poſſeſſionem rerum 'humanarum Tranſalpinis gentibus portendi,' ſuperſtitione vanâ Druidæ canebant. Inceſſeratque fama, primores Galliarum ab Othone adversùs Vitellium miſſos, antequam digrederentur, pepigiſſe, ne deeſſent libertati, ſi populum Romanum continua bellorum civilium ſeries et interna mala fregiſſent.

LV. Ante Flacci Hordeonii[3] cædem, nihil prorupit, quo conjuratio intelligeretur. Interfecto

2 *Id ſolum*] Ut altiores forent novæ ædes, cum vetaret ampliores eſſe. Suprà dixerat, *nolle deos mutari veterem formam.*

3 *Hordeonii cædem*] De qua ſuprà c. 36.

terfecto Hordeonio, commeavere nuncii inter Civilem Classicumque, præfectum alæ Treverorum. Classicus nobilitate opibusque ante alios. Regium illi genus, et pace belloque clara origo. Ipse, e[4] majoribus suis, hostis populi Romani quàm socius jactabat. Miscuere sese Julius Tutor, et Julius Sabinus; hic[5] Trevir, hic Lingon. Tutor, ripæ Rheni a Vitellio præfectus: Sabinus, super insitam vanitatem, falsæ stirpis gloriâ incendebatur, proaviam suam divo Julio, per Gallias bellanti, corpore atque adulterio placuisse. Hi secretis sermonibus animos ceterorum scrutari. Ubi, quos idoneos rebantur, conscientiâ obstrinxere, in coloniâ Agrippinensi, in domum privatam conveniunt: nam publicè civitas talibus inceptis abhorrebat. Attamen interfuere quidam Ubiorum, Tungrorumque. Sed plurima vis penes Treveros ac Lingonas. Nec tulere moras consultandi: certatim proclamant, ‘ furere discordiis populum Romanum, cæsas legiones, vastatam Italiam, capi cum maximè Urbem, omnes exercitus suis quemque bellis

4 *E majoribus suis*] Hoc est, hostis natus pop. Romani. *Hostis ... quàm socius jactabat*: hellenismus, pro *hostem se potiùs quàm socium*. Virg. Æn. 2, 377. *Sensit medios delapsus in hostes.*

5 *Hic Trevir*] Pro *ille Trevir*: ut suprà Ann. 14, 8. initio. Geminatur *hic* etiam apud Virg. Eclog. 4, 56. *Huic mater quamvis, atque huic pater adsit.*

'distineri: si Alpes præsidiis firmentur, 'coalitâ libertate, dispecturas Gallias, quem 'virium suarum terminum velint.'

LVI. Hæc dicta pariter, probataque. De reliquiis Vitelliani exercitûs dubitavere. Plerique interficiendos censebant, turbidos, infidos, sanguine ducum pollutos. Vicit ratio parcendi; ne sublatâ spe veniæ, pertinaciam accenderent. 'Adliciendos potiùs in societatem: legatis tantùm legionum interfectis, ceterum vulgus conscientiâ scelerum, 'et spe impunitatis, facilè accessurum. Ea primi consilii forma: missique per Gallias concitores belli. Simulatum ipsis obsequium, quò incautiorem Voculam opprimerent. Nec defuere qui Voculæ nunciarent. Sed vires ad coercendum deerant, infrequentibus infidisque legionibus. Inter ambiguos milites, et occultos hostes, optimum e præsentibus ratus, mutuâ dissimulatione, et iisdem quibus petebatur artibus grassari, in coloniam Agrippinensem descendit. Illuc Claudius Labeo, quem captum et extra [6] conventum amandatum in Frisios diximus [7], corruptis custodibus perfugit: pollicitusque, si præsidium daretur, iturum in Batavos, et potiorem civitatis partem ad societatem Romanam retracturum; acceptâ peditum equitumque mo-

6 *Extra conventum*] Scil. socialem eorum, qui arma in Romanos junxerant.

7 *Diximus*] Suprà c. 18.

dicâ

dicâ manu, nihil apud Batavos ausus, quosdam Nerviorum[8] Betasiorumque in arma traxit: et furtim magis quàm bello, Canninefates Marsacosque incursabat. Vocula Gallorum fraude inlectus, ad hostem contendit.

LVII. Nec procul Veteribus[9] aberat, cum Classicus ac Tutor, per speciem explorandi prægressi, cum ducibus Germanorum pacta firmavere. Tumque primùm discreti a legionibus, proprio vallo castra sua circumdant, obtestante Voculâ, 'Non adeò turbatam civilibus armis rem Romanam, ut Treveris 'etiam Lingonibusque despectui sit. Superesse fidas provincias, victores exercitus, fortunam imperii, et ultores deos. Sic olim 'Sacrovirum[1] et Æduos, nuper Vindicem 'Galliasque singulis prœliis concidisse. Eadem rursus numina, eadem fata, ruptores 'fœderum exspectarent. Meliùs divo Julio, 'divoque Augusto notos[2] eorum animos. 'Galbam, et infracta tributa, hostiles spiritus induisse. Nunc hostes, quia molle servitium: cum spoliati exutique fuerint, ami-

[8] *Nerviorum*] *Hainault*. Betasii *Brabant*. Marsaci *North Holland*.

[9] *Veteribus*] *Santen*, ut sæpe dictum est.

[1] *Sacrovirum*] Annal. 3, 46.

[2] *Notos eorum animos*] Qui non nisi severâ dominatione flecterentur. Galbæ mansuetudinem, et imminuta ab eo tributa, hostiles spiritus eis indidisse. Tributi levamentum, quod Galba quibusdam Galliæ civitatibus concesserat, Hist. 1, 8. id quasi omnibus datum esset, rhetoricè interpretatur Vocula.

'cos fore'. Hæc ferociter locutus, poſtquam perſtare in perfidiâ Claſſicum Tutoremque videt, verſo itinere, Noveſium [3] concedit. Galli duûm millium ſpatio diſtantibus campis conſedere. Illuc commeantium centurionum militumque emebantur animi: ut (flagitium incognitum) Romanus exercitus in externa verba jurarent, pignuſque tanti ſceleris nece aut vinculis legatorum daretur. Vocula, quamquam plerique fugam ſuadebant, audendum ratus, vocatâ concione, in hunc modum diſſeruit:

LVIII. 'Numquam apud vos verba feci, 'aut pro vobis ſolicitior, aut pro me ſecu'rior. Nam mihi exitium parari, libens au'dio: mortemque in tot malis [4] poſticum 'miſeriarum exſpecto. Veſtrî me pudet mi'ſeretque, adverſùs quos non prœlium et 'acies parantur: (id enim fas armorum, et jus 'hoſtium:) bellum cum populo Romano 'veſtris ſe manibus geſturum Claſſicus ſpe'rat, imperiumque et ſacramentum Gal-

3 *Noveſium*] *Nuis*, c. 26.

4 *Malis poſticum*] Vulg. *hoſtium*, quod tuetur Brot. explicatque *mala ex hoſtibus*, quaſi non majora Voculæ imminerent mala ab ſuis, ut rectè notat Erneſtus. Bip. legunt *extremum*. Scripturæ propiùs accedit *poſticum*: eſtque metaphora bonis ſcriptoribus familiaris, *poſtico recedere*, h. e. furtim abire. Sic Hor. 1 Epiſt. 5, 6. *poſtico falle clientem*. Imitatur Tac. Salluſtium Cat. 51. *in luctu atque miſeriis mortem ærumnarum requiem, non cruciatum eſſe*. Poſt *poſticum* in textum irrepſerat *ut finem*, gloſſa ejus.

'liarum oftentat [5]. Adeò nos, fi fortuna in 'præfens virtufque deferuit, etiam vetera 'exempla deficiunt, quotiens Romanæ legiones perire præoptaverint, ne loco pellerentur. Socii fæpe noftri exfcindi urbes 'fuas, feque cum conjugibus ac liberis cremari 'pertulerunt: neque aliud pretium exitûs, 'quàm fides famaque. Tolerant cum maximè inopiam obfidiumque apud Vetera legiones, nec terrore aut promiffis demoventur. Nobis, fuper arma et viros et egregia caftrorum munimenta, frumentum et 'commeatus quamvis longo bello pares. 'Pecunia nuper [6] etiam donativo fuffecit: 'quod five a Vefpafiano, five a Vitellio datum interpretari mavultis, ab imperatore 'certè Romano accepiftis. Tot bellorum 'victores, apud Geldubam [7], apud Vetera, 'fufo totiens hofte, fi pavetis aciem, indignum id quidem: fed eft vallum murique, 'et trahendi artes, donec e proximis provinciis auxilia exercitufque concurrant. 'Sanè [8] ego difpliceam. Sunt alii legati, 'tribuni, centurio denique, aut miles. Ne 'hoc prodigium toto terrarum orbe vulgetur, vobis fatellitibus, Civilem et Claffícum

5 *Oftentat*] Commendat vobis, tanquam optanda.

6 *Nuper*] Cap. 36.

7 *Geldubam*] Cap. 26. 32. et feqq.

8 *Sanè ego difpliceam*] Imitatur Scipionis concionem apud Liv. 28, 27. poft feditionem exercitûs in Hifpaniâ: *Denique ego fim, cujus imperii tædere exercitum* &c.

'Italiam

'Italiam invafuros. An fi ad mœnia Urbis 'Germani Gallique duxerint, arma patriæ 'inferetis? Horret animus tanti flagitii imagine. Tutori Trevero agentur excubiæ? 'fignum belli Batavus dabit? Germanorum 'catervas fupplebitis? Quis deinde fceleris 'exitus? cum Romanæ legiones contrà [9] 'direxerint, transfugæ e transfugis, et proditores e proditoribus, inter recens [1] et vetus facramentum invifi deis errabitis? Te, 'Jupiter optime maxime, quem per octingentos viginti annos tot triumphis coluimus; te, Quirine, Romanæ parens urbis, 'precor venerorque, ut fi vobis non fuit 'cordi, me duce hæc caftra incorrupta et 'intemerata fervari, at certè pollui fœdarique a Tutore et Claffico ne finatis. Militibus Romanis aut innocentiam detis, aut 'maturam et fine noxâ pœnitentiam.'

LIX. Variè excepta oratio, inter fpem metumque ac pudorem. Digreffum Voculam, et de fupremis agitantem, liberti fervique prohibuere fœdiffimam [2] mortem fponte prævenire. Et Claflicus, miffo Æmilio Longino defertore primæ legionis, cædem ejus maturavit. Herennium et Numifium legatos vinciri, fa-

9 *Contrà direxerint*] Contra vos aciem direxerint.

1 *Recens*] Recens Gallis, vetus Romanis ducibus præftitum.

2 *Fœdiffimam*] Quæ a proditore et defertore inferretur.

tis

tis visum. Dein sumptis Romani imperii insignibus, in castra venit. Nec illi, quamquam ad omne facinus durato [3], verba ultrà suppeditavere, quàm ut sacramentum recitaret. Juravere qui aderant, pro imperio Galliarum. Interfectorem Voculæ altis [4] ordinibus, ceteros, ut quisque flagitium navaverat, præmiis attollit. Divisæ inde inter Tutorem et Classicum curæ. Tutor validâ manu circumdatos Agrippinenses, quantumque militum apud superiorem Rheni ripam, in eadem verba adigit, occisis Magontiaci tribunis, pulso castrorum præfecto, qui detrectaverant. Classicus corruptissimum quemque e deditis pergere ad obsessos [5] jubet, veniam ostentantes, si præsentia sequerentur; aliter nihil spei: famem, ferrumque, et extrema passuros. Adjecere, qui missi erant, exemplum suum.

LX. Obsessos hinc fides, inde egestas, inter decus ac flagitium distrahebant. Cunctantibus solita insolitaque alimenta deerant; absumptis jumentis equisque, et ceteris animalibus, quæ profana fœdaque in usum necessitas vertit. Virgulta postremò, et stirpes, et internatas saxis herbas vellentes, miseriarum patientiæque documentum fuere: donec egregiam laudem fine turpi macularent, missis

3 *Durato*] Pudebat, quamquam duratum, concione milites Romanos alloqui.

4 *Altis ordinibus*] Primis militiæ gradibus.

5 *Obsessos*] Apud Vetera castra.

ad

ad Civilem legatis, vitam orantes. Neque antè precés admiſſæ, quàm in verba Galliarum jurarent. Tum [6] pactus prædam caſtrorum, dat cuſtodes, qui pecuniam, calones, ſarcinas retentarent, et qui ipſos leves [7] abeuntes proſequerentur. Ad quintum fere lapidem coorti [8] Germani, incautum agmen adgrediuntur. Pugnaciſſimus quiſque in veſtigio, multi palantes occubuere : ceteri retro in caſtra profugiunt, querente ſanè Civile, et increpante Germanos, tamquam fidem per ſcelus abrumperent. Simulata ea fuerint, an retinere ſævientes nequiverit, parum adfirmatur. Direptis caſtris faces injiciunt; cunctoſque qui [9] prœlio ſuperfuerant, incendium hauſit.

LXI. Civilis barbaro [1] voto, poſt cœpta adverſùs Romanos arma, propexum rutilatumque crinem, patratâ demum cæde legionum, depoſuit. Et ferebatur parvulo filio quoſdam captivorum, ſagittis jaculiſque puerilibus figendos, obtuliſſe. Ceterum neque ſe, neque quemquam Batavum, in verba Galliarum adegit : fiſus Germanorum opibus; et ſi cer-

6 *Tum pactus*] Civilis.

7 *Leves*] Sine ſarcinis.

8 *Coorti Germani*] Similiter in Britannos, ſub infauſto duce Bradockio militantes, coorti ſunt feri Americani, increpante et ibi Gallorum duce : *ſimulata ea fuerint, an retinere ſævientes nequiverit.*

9 *Qui p. ſuperfuerant*] Et vulnere graves, in caſtris permanſerant.

1 *Barbaro voto*] Infrà de Mor. Germ. 31. De *Veledâ* ibid. 8.

tandum

tandum adversùs Gallos de possessione rerum foret, inclytus famâ, et potior. Mummius Lupercus, legatus legionis, inter dona missus Veledæ. Ea virgo nationis Bructeræ latè imperitabat, vetere apud Germanos more, quo plerasque feminarum fatidicas, et augescente superstitione, arbitrentur deas: tuncque Veledæ auctoritas adolevit; nam prosperas Germanis res, et excidium legionum prædixerat. Sed Lupercus in itinere interfectus. Pauci centurionum tribunorumque in Galliâ geniti, reservantur, pignus societatis. Cohortium, alarum, legionum, hiberna subversa cremataque; iis tantùm relictis, quæ Magontiaci ac Vindonissæ [2] sita sunt.

LXII. Legio tertiadecima, cum auxiliis simul deditis, a Novesio in coloniam Treverorum transgredi jubetur, præfinitâ die intrà quam castris excederet. Medium omne tempus per varias curas egêre: ignavissimus quisque, cæsorum apud Vetera exemplo paventes; melior pars, rubore et infamiâ: quale illud iter, quis dux viæ? et omnia in arbitrio eorum, quos vitæ necisque dominos fecissent. Alii, nullâ dedecoris curâ, pecuniam aut carissima sibimetipsi circumdare. Quidam expedire arma, telisque tamquam in aciem accingi. Hæc meditantibus, advenit profi-

[2] *Vindonissæ*] *Windisch* in statu *Berne*.

ciſcendi hora, exſpectatione triſtior. Quippe intra vallum deformitas haud perinde notabilis: detexit ignominiam campus et dies. Revulſæ imperatorum imagines, inhonora [1] ſigna, fulgentibus hinc inde Gallorum vexillis; ſilens agmen, et velut longæ exſequiæ: dux Claudius Sanctus, effoſſo oculo, dirus ore, ingenio debilior. Duplicatur flagitium, poſtquam deſertis Bonnenſibus caſtris, altera ſe legio miſcuerat. Et vulgatâ captarum legionum famâ, cuncti qui paullo antè Romanorum nomen horrebant, procurrentes ex agris tectiſque, et undique effuſi, inſolito ſpectaculo nimiùm fruebantur. Non tulit ala Picentina gaudium inſultantis vulgi, ſpretiſque Sancti promiſſis aut minis, Magontiacum abeunt: ac fortè obvio interfectore Voculæ Longino, conjectis in eum telis, initium exſolvendæ in poſterum culpæ fecere. Legiones, nihil mutato itinere, ante mœnia Treverorum conſidunt.

LXII. Civilis et Claſſicus rebus ſecundis ſublati, an coloniam Agrippinenſem diripiendam exercitibus ſuis permitterent, dubitavere. Sævitiâ ingenii, et cupidine prædæ, ad excidium civitatis trahebantur: obſtabat ratio belli, et novum imperium inchoantibus utilis clementiæ fama. Civilem etiam bene-

[1] *Inhonora*] Incompta, ut Annal. 3, 2.

ficii

ficii memoria flexit, quòd filium ejus, primo rerum motu in coloniâ Agrippinensi deprehensum, honoratè custodierant. Sed Transrhenanis gentibus invisa civitas, opulentiâ auctuque [4]. Neque alium finem belli rebantur, quàm si promiscua ea sedes omnibus Germanis foret, aut disjecta, Ubios quoque dispersisset.

LXIV. Igitur Tencteri [5], Rheno discreta gens, missis legatis, mandata apud concilium Agrippinensium edi jubent: quæ ferocissimus e legatis, in hunc modum protulit. 'Redisse vos in corpus nomenque Germaniæ, 'communibus deis, et præcipuo deorum 'Marti grates agimus: vobisque gratulamur, 'quòd tandem liberi inter liberos eritis. 'Nam ad hunc diem, flumina ac terras, et 'cœlum quodammodo ipsum, clauserant Ro-'mani: ut colloquia congressusque nostros 'arcerent; vel, quod contumeliosius est viris 'ad arma natis, inermes ac prope nudi, sub [6] 'custode et pretio coiremus. Sed ut amici-'tia societasque nostra in æternum rata sit, 'postulamus a vobis, muros coloniæ, muni-'menta servitii, detrahatis: etiam fera ani-'malia, si clausa teneas, virtutis oblivíscun-'tur. Romanos omnes in finibus vestris

4 *Auctuque*] Incolarum multitudine.

5 *Tencteri*] Bructerique, suprà Hist. 3, 21.

6 *Sub custode*] Non nisi milite custoditi, et vectigalibus solutis, commercium inter nos habere potuimus.

 'trucidetis:

'trucidetis: haud facilè libertas et domini 'miſcentur. Bona interfectorum in medium 'cedant, ne quis occulere quidquam, aut 'ſegregare cauſſam ſuam poſſit. Liceat nobis 'vobiſque utramque ripam colere, ut olim 'majoribus noſtris: quomodo lucem diemque 'omnibus hominibus, ita omnes terras forti-'bus viris natura aperuit. Inſtituta cultum-'que patrium reſumite, abruptis voluptati-'bus, quibus Romani [7] plus adverſùs ſub-'jectos quàm armis valent. Sincerus et in-'teger, et ſervitutis oblitus populus, aut ex 'æquo agetis, aut aliis imperitabitis.'

LXV. Agrippinenſes, ſumpto conſultandi ſpatio, quando neque ſubire conditiones metus futuri, neque palam adſpernari conditio præſens ſinebat, in hunc modum reſpondent. 'Quæ prima libertatis facultas data eſt, avi-'diùs quàm cautiùs ſumpſimus, ut vobis cete-'riſque Germanis, conſanguineis noſtris, jun-'geremur. Muros civitatis, congregantibus 'ſe cum maximè Romanorum exercitibus, 'augere nobis, quàm diruere tutius eſt. Si 'qui ex Italiâ aut provinciis alienigenæ in 'finibus noſtris fuerant, eos bellum abſum-'pſit; vel in ſuas quiſque ſedes refugêre. De-'ductis olim, et nobiſcum per connubium 'ſociatis, quique mox [8] provenere, hæc pa-

7 *Romani plus*] Eadem vide in Agric, 21.

8 *Mox provenere*] Poſtea ex iis nati ſunt.

'tria

'tria eſt. Nec vos adeò iniquos exiſtimamus, 'ut interfici a nobis parentes, fratres, libe- 'ros noſtros velitis. Vectigal et onera 'commerciorum reſolvimus [9]. Sint tranſitus [1] 'incuſtoditi, ſed diurni et inermes; donec 'nova et recentia jura in vetuſtatem con- 'ſuetudine vertantur. Arbitrum habebimus 'Civilem et Veledam, apud quos pacta ſan- 'cientur.' Sic lenitis Tencteris, legati ad Civilem et Veledam miſſi cum donis, cuncta ex voluntate Agrippinenſium perpetravere. Sed coram adire, adloquique Veledam, negatum. Arcebantur adſpectu, quò venerationis plus ineſſet. Ipſa editâ in turre: delectus e propinquis conſulta reſponſaque, ut internuncius numinis, portabat.

LXVI. Civilis ſocietate Agrippinenſium auctus, proximas civitates adfectare, aut adverſantibus bellum inferre ſtatuit. Occupatiſque Sunicis [2], et juventute eorum per cohortes compoſitâ, quominus ultrà pergeret, Claudius Labeo Betaſiorum Tungrorumque et Nerviorum tumultuariâ manu reſtitit, fretus loco, quia pontem [3] Moſæ fluminis anteceperat. Pugnabaturque in anguſtiis ambiguè, donec Germani tranſnatantes, terga Labeonis

9 *Reſolvimus*] Abolemus, ut importuna commerciorum onera.

1 *Tranſitus incuſtoditi*] Liceat nobis inter nos commeare ſine cuſtode, quod ſub Romanis non datum.

2 *Sunicis*] In *Limbourg* adhuc extat vicus *Sinnich*.

3 *Pontem Moſæ*] Nunc *Maeſtricht*.

invaſere.

invasere. Simul Civilis, ausus, an ex composito, intulit se agmini Tungrorum, et clarâ voce, 'Non ideo,' inquit, 'bellum sumpsimus, ut Batavi et Treveri gentibus imperent. Procul hæc a nobis arrogantia. Accipite societatem. Transgredior ad vos, seu me ducem, seu militem mavultis.' Movebatur vulgus, condebantque gladios, cum Campanus ac Juvenalis, ex primoribus Tungrorum, universam ei gentem dedidere. Labeo, antequam circumveniretur, profugit[4]. Civilis Betasios quoque ac Nervios in fidem acceptos, copiis suis adjunxit: ingens[5] rerum, perculsis civitatum animis, vel sponte inclinantibus.

LXVII. Interea Julius[6] Sabinus, projectis fœderis Romani monumentis[7], Cæsarem se salutari jubet; magnamque et inconditam popularium turbam in Sequanos[8] rapit, conterminam civitatem, et nobis fidam. Nec Sequani detrectavere certamen. Fortuna melioribus adfuit. Fusi Lingones. Sabinus festinatum temere prœlium pari formidine deseruit: utque famam exitii sui faceret, villam in quam perfugerat, cremavit; illic

4 *Profugit*] In avia Belgarum: c. 70.

5 *Ingens rerum*] Ut suprà Ann. 1, 69. *ingens animi*.

6 *J. Sabinus*] C. 55.

7 *Monumentis*] Tabulis æreis, quibus inscriptum fœdus Romanum, civitasque Romana Lingonibus universis data. Hist. 1, 78.

8 *Sequanos*] *Alsatia sup. Franche-Comtè* &c.

voluntariâ

voluntariâ morte interiisse creditus. Sed quibus artibus latebrisque vitam per novem mox annos traduxerit, simul amicorum ejus constantiam, et insigne Eponinæ uxoris exemplum, suo loco reddemus [9]. Sequanorum prosperâ acie belli impetus stetit. Resipiscere [1] paullatim civitates, fasque et fœdera respicere, principibus Remis, qui per Gallias edixere, ut missis legatis in commune consultarent, libertas an pax placeret.

LXVIII. At Romæ cuncta in deterius audita Mucianum angebant, ne quamquam

9 *Reddemus*] Periit iniquo fato jucundissima narratio, quam in ultimum Vespasiani annum Tacitus servaverat. Rem breviter tangit Dio in Vespasiano, fusiùs autem prosequitur Plutarchus in Erotico extremo. Egregiâ Eponinæ uxoris fide et artibus usus Sabinus, latuit in speluncâ condendis thesauris olim effossâ, per novem integros annos, quo tempore aucta est etiam uxor ejus duobus liberis virilis sexûs. Deprehensus tandem infelix, Romamque tractus, ante tribunal Vespasiani sistitur, cum conjuge ac prole meliori fortunâ dignis. Perduellionis veniam Sabinus silentio et modestiâ poscit, Eponina, mala quæ tulerant narrando: quæ cum perorasset, protensâ manu filios designans, *Hos*, inquit, *Cæsar*, *sub terrâ peperi*, *quò plures essemus qui tuam supplicaremus clementiam*. Ingemuit Vespasianus, omnesque qui aderant in lacrimas effusi sunt: nec tamen reo parcere visum. Tracta quoque in mariti ruinam Eponina, nullâ causâ, nisi quòd nimiâ pietate sontem occulisset. Filiorum alter postea in Ægypto occubuit: alterum secum modò fuisse Delphis testatur Plutarchus, loco cit.

1 *Resipiscere civitates*] Ac maximè civitas Lingonum, quæ mox populationem verita, septuaginta millia armatorum Cæsari tradidit, teste Frontino, Strat. 4, 3. n. 14.

egregii

egregii duces (jam enim Gallum Annium, et Petilium Cerialem delegerat) summam belli parum tolerarent. Nec relinquenda Urbs sine rectore: et Domitiani indomitæ libidines timebantur; suspectis, uti diximus, Primo Antonio, Varoque Arrio. Varus prætorianis præpositus, vim atque arma retinebat. Eum Mucianus pulsum loco, ne sine solatio ageret, annonæ præfecit. Utque Domitiani animum, Varo haud alienum, deliniret, Arretinum [2] Clementem, domui Vespasiani per adfinitatem innexum, et gratissimum Domitiano, prætorianis præposuit, 'patrem ejus sub Caio Cæ-'sare egregiè functum eâ curâ' dictitans: 'lætum militibus idem nomen: atque ipsum, 'quamquam senatorii [3] ordinis, ad utraque 'munia sufficere.' Adsumuntur e civitate clarissimus quisque, et alii per ambitionem. Simul Domitianus Mucianusque accingebantur, dispari animo: ille spe ac juventâ properus; hic moras nectens, quîs flagrantem retineret, ne ferociâ ætatis, et pravis impulsoribus, si exercitum invasisset, paci belloque malè consuleret. Legiones victrices sexta et

2 *Arretinum Clementem*] T. Flavius Clemens Arretinus, Flavii Sabini filius, consul cum Domitiano, consobrino suo, anno Urbis 848, Christianus et martyr, falso impietatis crimine a Domitiano mortis damnatus est. Dio 67.

3 *Senatorii*] Errat ergo Sueton. in Tit. 6. *Præfecturam quoque prætorii suscepit* Titus, *nunquam ad id tempus, nisi ab equite Romano, administratam.* Eam jam administraverat Clemens, senatorii ordinis.

octava,

octava, Vitellianarum unaetvicesima, e recens conscriptis secunda, Peninis[4] Cottianisque Alpibus, pars monte Graio, traducuntur: quartadecima legio e Britanniâ, sexta ac decima ex Hispaniâ accitae. Igitur venientis exercitûs famâ, et suopte ingenio ad mitiora inclinantes Galliarum civitates, in Remos convenere. Treverorum legatio illic opperiebatur, acerrimo instinctore belli Tullio Valentino. Is meditatâ oratione, cuncta magnis imperiis objectari solita, contumeliasque et invidiam in populum Romanum effudit; turbidus miscendis seditionibus, et plerisque gratus vecordi[5] facundiâ.

LXIX. At Julius Auspex, e primoribus Remorum, vim Romanam, pacisque bona dissertans, 'et sumi bellum etiam ab[6] ignavis, 'strenuissimi cujusque periculo geri, jamque 'super caput legiones,' sapientissimum quemque reverentiâ fideque, juniores periculo ac metu continuit. Et Valentini animum laudabant, consilium Auspicis sequebantur. Constat obstitisse Treveris Lingonibusque apud Gallias, quòd Vindicis motu cum Verginio steterant. Deterruit plerosque provinciarum aemulatio: 'quod bello caput? unde jus

4 *Peninis Cottianisque*] Hist. 1, 61. Graiae Alpes Hist. 2, 66.

5 *Vecordi*] Stolidâ, improvidâ.

6 *Ab ignavis*] Ita Sallust. Jug. 54. *Incipere bellum cuivis etiam ignavo licere; deponi, cum victores velint.*

'auspiciumque peteretur? quam, si cuncta 'provenissent, sedem imperio legerent?' Nondum victoria, jam discordia erat: aliis foedera, quibusdam opes viresque, aut vetustatem originis, per jurgia jactantibus. Taedio futurorum, praesentia placuere. Scribuntur ad Treveros epistolae, nomine Galliarum, ut abstinerent armis, impetrabili veniâ, et paratis deprecatoribus, si poeniteret. Restitit idem Valentinus, obstruxitque civitatis suae aures, haud perinde instruendo bello intentus, quàm frequens concionibus.

LXX. Igitur non Treveri, neque Lingones, ceteraeve rebellium civitates, pro magnitudine suscepti discriminis agere. Ne duces quidem in unum consulere. Sed Civilis avia Belgarum circumibat, dum Claudium [7] Labeonem capere, aut exturbare nititur. Classicus segne plerumque otium trahens, velut parto imperio fruebatur. Ne Tutor quidem maturavit superiorem Germaniae ripam et ardua Alpium praesidiis claudere. Atque interim unaetvicesima legio Vindonissâ, Sextilius Felix cum auxiliariis cohortibus per Raetiam irrupere. Accessit ala Singularium [8], excita olim a Vitellio

[7] *Cl. Labeonem*] Oppidano certamine aemulum sibi acriùs insequitur, quàm hostem communem. Hist. 4, 18.

[8] *Singularium*] In veteribus inscriptionibus saepe occurrit EQ. SING. *eques singularis.* Peculiaris militia fuit, praetorianae proxima. Teste Hygino, in acie sinistram imperatoris claudebant singulares, uti praetoriani dextram.

tellio, deinde in partes Vespasiani transgressa. Præerat Julius Briganticus, sorore Civilis genitus, ut ferme acerrima proximorum odia sunt, invisus avunculo infensusque. Tutor Treverorum copias, recenti Vangionum [9], Cæracatium, Tribocorum delectu auctas, veterano pedite atque equite firmavit, corruptis spe, aut metu subactis legionariis: qui primò cohortem præmissam a Sextilio Felice, interficiunt; mox ubi duces exercitusque Romani propinquabant, honesto transfugio rediere, secutis Tribocis, Vangionibusque, et Cæracatibus. Tutor Treveris comitantibus, vitato Magontiaco, Bingium [1] concessit, fidens loco, quia pontem Navæ fluminis abruperat; sed incursu cohortium quas Sextilius ducebat, et reperto vado, proditus fususque. Eâ clade perculsi Treveri, et plebes, omissis armis, per agros palatur. Quidam principum, ut primi posuisse bellum viderentur, in civitates quæ societatem Romanam non exuerant, perfugerunt. Legiones a Novesio Bonnâque in Treveros, ut suprà memoravimus, traductæ, se ipsas in verba Vespasiani adigunt. Hæc Valentino absente gesta: qui ubi adventabat furens, cunctaque rursus in turbas et exitium

9 *Vangionum*] Vangiones *Worms*, Triboci *Strasbourg*, Cæracates, ut videtur, *Mentz*.

1 *Bingium*] Hodie *Bingen*, quod Taciti ævo ad ripam sinistram Navæ fluminis (*Nahe*) situm, nunc migravit in dextram.

 conversurus

conversurus, legiones in Mediomatricos, sociam civitatem, abscessere. Valentinus ac Tutor in arma Treveros retrahunt, occisis Herennio ac Numisio legatis[2], quò minore spe veniæ cresceret vinculum sceleris.

LXXI. Hic belli status erat, cum Petilius Cerialis Magontiacum venit: ejus adventu erectæ spes. Ipse pugnæ avidus, et contemnendis quàm cavendis hostibus melior, ferociâ verborum militem incendebat; ubi primùm congredi licuisset, nullam prœlio moram facturus. Delectus per Galliam habitos in civitates remittit, ac nunciare jubet 'sufficere 'imperio legiones: socii ad munia pacis re-'dirent, securi velut confecto bello, quod 'Romanæ manus excepissent.' Auxit ea res Gallorum obsequium: nam receptâ juventute, faciliùs tributa[3] toleravere, proniores ad officia, quòd spernebantur. At Civilis et Classicus, ubi pulsum Tutorem, cæsos Treveros, cuncta hostibus prospera accepere, trepidi ac properantes, dum dispersas suorum copias conducunt, crebris interim nunciis Valentinum monuere, ne summæ rei periculum faceret. Eò rapidiùs Cerialis, missis in Mediomatricos, qui breviore itinere legiones in hostem verterent, contracto quod erat militum Magontiaci, quantumque secum transvexerat, ter-

[2] *Legatis*] De quibus c. 59. [3] *Tributa*] Suprà c. 26.

tiis

tiis castris Rigodulum[4] venit: quem locum magnâ Treverorum manu Valentinus insederat, montibus aut Mosellâ amne septum; et addiderat fossas, obicesque saxorum. Nec deterruere ea munimenta Romanum ducem, quominus peditem perrumpere juberet, equitum aciem in collem erigeret; spreto hoste, quem temere collectum, haud ita loco juvari, ut[5] non plus suis in virtute foret. Paullum moræ in adscensu, dum missilia hostium prævehuntur[6]: ut ventum in manus, deturbati, ruinæ modo præcipitantur. Et pars equitum æquioribus jugis circumvecta, nobilissimos Belgarum, in quîs ducem Valentinum, cepit.

LXXII. Cerialis postero die coloniam Treverorum ingressus est, avido milite eruendæ civitatis. 'Hanc esse Classici, hanc Tutoris patriam: horum scelere clausas cæsasque legiones. Quid tantum Cremonam meruisse, quam e gremio Italiæ raptam, quia unius noctis moram victoribus adtulerit? Stare in confinio Germaniæ integram sedem, spoliis exercituum et ducum cædibus ovantem. Redigeretur præda in[7] fiscum: ipsis sufficere ignes, et rebellis co-

4 *Rigodulum*] *Rigol*, duabus leucis infra Treveros, *Treves*.

5 *Ut non plus*] Supple, *auxilii*.

6 *Prævehuntur*] Dum Romani pertranseunt missilia, quò cominus cum hoste pugnent.

7 *In fiscum*] In usum principis cedat præda.

'loniæ

'loniæ ruinas, quibus tot caſtrorum excidia 'penſarentur.' Cerialis a[8] metu infamiæ, ſi licentiâ ſævitiâque imbuere militem crederetur, preſſit iras: et paruere, poſito[9] civium bello, ad externa modeſtiores. Convertit inde animos, accitarum e Mediomatricis legionum miſerabilis adſpectus. Stabant conſcientiâ flagitii mœſtæ, fixis in terram oculis. Nulla inter coeuntes exercitus conſalutatio. Neque ſolantibus hortantibuſve reſponſa dabant, abditi per tentoria, et lucem ipſam vitantes. Nec perinde periculum aut metus, quàm pudor ac dedecus obſtupefecerat, attonitis etiam victoribus, qui vocem preceſque adhibere non auſi, lacrimis ac ſilentio veniam poſcebant: donec Cerialis mulceret animos, 'fato acta' dictitans, 'quæ militum ducumque diſcordiâ, vel fraude 'hoſtium eveniſſent. Primum illum ſtipendi'orum et ſacramenti diem haberent: priorum 'facinorum neque imperatorem, neque ſe me'miniſſe.' Tunc recepti in eadem caſtra, et edictum per manipulos, ne quis in certamine jurgiove ſeditionem aut cladem commilitoni objectaret.

LXXIII. Mox Treveros ac Lingonas ad concionem vocatos, ita adloquitur. 'Neque 'ego umquam facundiam exercui, et populi 'Romani virtutem armis adfirmavi. Sed quia

8 *A metu*] Motus infamiæ metu. *A* pro *ob*.

9 *Poſito civium bello*] Compoſito civili bello.

'apud vos [1] verba plurimum valent, bonaque 'ac mala non suâ naturâ, sed vocibus seditio-'sorum æstimantur, statui pauca differere, quæ, 'profligato bello, utilius sit vobis audisse, 'quàm nobis dixisse. Terram vestram, ce-'terorumque Gallorum, ingressi sunt duces 'imperatoresque Romani, nullâ cupidine, sed 'majoribus vestris invocantibus, quos discor-'diæ usque ad exitium fatigabant: et acciti 'auxilio Germani, sociis pariter atque hosti-'bus servitutem imposuerant. Quot prœliis 'adversùs Cimbros Teutonosque, quantis ex-'ercituum nostrorum laboribus, quove eventu 'Germanica bella tractaverimus, satis cla-'rum. Nec ideo Rhenum insedimus, ut Ita-'liam tueremur; sed nequis alius Ariovistus [2] 'regno Galliarum potiretur. An vos cario-'res Civili Batavisque et Transrhenanis gen-'tibus creditis, quàm majoribus eorum patres 'avique vestri fuerunt? Eadem semper cauf-'sa Germanis transcendendi in Gallias, libido 'atque avaritia, et mutandæ sedis amor; ut 'relictis paludibus et solitudinibus suis, fe-'cundissimum hoc solum, vosque ipsos pos-'siderent. Ceterum libertas et speciosa no-'mina prætexuntur: nec quisquam alienum 'servitium et dominationem sibi concupivit, 'ut non eadem ista vocabula usurparet.

[1] *Apud vos*] Galli nimirum erant.

[2] *Ariovistus*] Cæsar B. Gall. I, 31.

LXIV.

LXXIV. 'Regna bellaque per Gallias semper fuere, donec in nostrum jus concederetis. Nos, quamquam totiens lacessiti, jure victoriæ id solum vobis addidimus[3], quo pacem tueremur. Nam neque quies gentium sine armis, neque arma sine stipendiis, neque stipendia sine tributis haberi queunt. Cetera in communi sita sunt. Ipsi plerumque legionibus nostris præsidetis: ipsi has aliasque provincias regitis. Nihil separatum, clausumve. Et laudatorum principum usus ex æquo, quamvis procul agentibus: sævi proximis[4] ingruunt. Quomodo[5] sterilitatem, aut nimios imbres, et cetera naturæ mala, ita luxum vel avaritiam dominantium tolerate. Vitia erunt, donec[6] homines: sed neque hæc continua, et meliorum interventu pensantur. Nisi fortè Tutore et Classico regnantibus, moderatius imperium speratis: aut minoribus quàm nunc tributis parabuntur exercitus, quibus Germani Britannique

3 *Addidimus*] Imposuimus.

4 *Proximis ingruunt*] Sic apud Sallust. Jug. 109. Sylla Bocchum alloquitur: *Tibi verò nulla amicitia opportunior nostrâ: primùm, quod procul absumus; in quo offensæ minimum, gratia par, ac si prope adessemus.*

5 *Quomodo sterilitatem*] Seneca præiverat, de constan. sap. 9. *Omnia itaque sic patitur* sapiens, *ut hiemis rigorem &c.* Cicero apud Dion. amnestiam suadens: *Itaque hæc præterita, grandinis aut nimbi modo evenisse rati, oblivioni tradite.*

6 *Donec homines*] Quamdiu erunt homines.

'arceantur.

'arceantur. Nam pulsis (quod dii prohibe-'ant!) Romanis, quid aliud quàm bella[7] 'omnium inter se gentium exsistent? Octin-'gentorum annorum fortunâ disciplinâque 'compages hæc coaluit, quæ convelli sine 'exitio convellentium non potest. Sed vo-'bis maximum discrimen, penes quos aurum 'et opes, præcipuæ bellorum caussæ. Pro-'inde pacem et Urbem, quam victi victores-'que eodem jure obtinemus, amate, colite. 'Moneant vos utriusque fortunæ documenta, 'ne contumaciam cum pernicie, quàm obse-'quium cum securitate malitis.' Tali oratione graviora metuentes composuit, erexitque[8].

LXXV. Tenebantur victore exercitu Treveri, cum Civilis et Classicus misêre epistolas ad Cerialem, quarum hæc sententia fuit. 'Ve-'spasianum, quamquam nuncii occultarent, 'excessisse vitâ. Urbem atque Italiam inter-'no bello consumptam. Muciani ac Domi-'tiani vana et sine viribus nomina. Si Ce-'rialis imperium Galliarum velit, ipsos fini-'bus civitatum suarum contentos: si prœlium 'mallet, ne id quidem abnuere.' Ad ea Ce-'rialis Civili et Classico nihil: eum qui ad-

7 *Bella omnium*] Sallust. ad Cæs. de rep. ord. 2, 10. *Quippe si morbo jam aut fato huic imperio secus acciderit; cui dubium est, quin per orbem terrarum vastitas, bella, cædes orientur?* Attamen sublato tandem imperio Romano, meliùs hominum generi provisum esse, eventus docuit.

8 *Erexitque*] Animos addidit.

tulerat ipsas epistolas, ad Domitianum misit. Hostes, divisis copiis, advenere undique. Plerique culpabant Cerialem, passum [9] jungi, quos discretos intercipere licuisset. Romanus exercitus castra fossâ valloque circumdedit, quîs temere antea intutis consederat. Apud Germanos diversis sententiis certabatur.

LXXVI. Civilis 'opperiendas Transrhenanorum gentes, quarum terrore fractae populi Romani vires obtererentur. Gallos quid aliud, quàm [1] praedam victoribus? et tamen quod [2] roboris sit, Belgas, secum palam aut voto stare.' Tutor 'cunctatione crescere rem Romanam' adfirmabat, 'coeuntibus undique exercitibus. Transvectam e Britanniâ legionem: accitas ex Hispaniâ: adventare ex Italiâ: nec subitum militem, sed veterem expertumque belli. Nam Germanos, qui ab ipsis sperentur, non juberi, non regi, sed cuncta ex libidine agere. Pecuniamque ac dona, quîs solis corrumpantur, majora apud Romanos: et neminem adeò in arma pronum, ut non idem pretium quietis quàm periculi malit. Quòd si statim congrediantur, nullas esse Ceriali, nisi ex reliquiis Germanici exercitûs, legiones, foederibus Galliarum obstrictas. Idque ipsum,

9 *Passum*] Qui permiserat.

1 *Quàm praedam*] Dites atque imbelles.

2 *Quod roboris sit*] Belgas *fortissimos Gallorum* Caesar quoque appellat.

'quòd

quòd inconditam nuper Valentini manum contra ſpem ſuam fuderint, alimentum illis ' ducique temeritatis. Auſuros rurſus, ven- ' turoſque in manus, non imperiti adoleſcen- ' tuli, verba et conciones quàm ferrum et ' arma meditantis, ſed Civilis et Claſſici : ' quos ubi adſpexerint, redituram in animos ' formidinem, fugam, famemque, ac totiens ' captis precariam vitam. Neque Treveros, ' aut Lingonas benevolentiâ contineri : re- ' ſumpturos arma, ubi metus abſceſſerit.' Diremit conſiliorum diverſitatem, approbatâ Tutoris ſententiâ, Claſſicus ; ſtatimque exſequuntur.

LXXVII. Media acies Ubiis Lingonibuſque data : dextro cornu cohortes Batavorum, ſiniſtro Bructeri Tencterique. Pars montibus, alii viam inter Moſellamque flumen tam improviſi adſiluere, ut in cubiculo ac lectulo Cerialis (neque enim noctem in caſtris egerat) pugnari ſimul, vincique ſuos audierit, increpans pavorem nunciantium, donec univerſa clades in oculis fuit. Perrupta legionum caſtra, fuſi equites : medius Moſellæ pons, qui ulteriora coloniæ adnectit, ab hoſtibus inſeſſus. Cerialis turbidis rebus intrepidus, et fugientes manu retrahens, intecto corpore promptus inter tela, felici temeritate, et fortiſſimi cujuſque accurſu, reciperatum pontem electâ manu firmavit. Mox in caſtra reverſus, palantes captarum apud Noveſium Bonnamque

 legionum

legionum manipulos, et rarum apud ſigna militem, ac prope circumventas aquilas videt. Incenſus irâ, 'Non Flaccum,' inquit, 'non 'Voculam deſeritis. Nulla hîc proditio: ne'que aliud excuſandum [3] habeo, quàm quòd 'vos Gallici fœderis oblitos, rediſſe [4] in me'moriam Romani ſacramenti temere credidi. 'Adnumerabor Numiſiis et Herenniis, ut om'nes legati [5] veſtri aut militum manibus, aut 'hoſtium ceciderint. Ite, nunciate Veſpaſi'ano, vel quod propius eſt, Civili et Claſ'ſico, relictum a vobis in acie ducem. Ve'nient legiones, quæ neque me inultum, ne'que vos impunitos patiantur.'

LXXVIII. Vera erant: et a tribunis præfectiſque eadem ingerebantur. Conſiſtunt per cohortes, et manipulos: neque enim poterat pateſcere acies, effuſo hoſte, et impedientibus tentoriis ſarciniſque, cum intra vallum pugnaretur. Tutor et Claſſicus et Civilis, ſuis quiſque locis, pugnam ciebant, Gallos pro libertate, Batavos pro gloriâ, Germanos ad prædam inſtigantes. Et cuncta pro hoſtibus erant:

3 *Excuſandum*] Quod excuſatione egeat.

4 *Rediſſe in memoriam*] Ita Lipſ. corrigit vulg. *oblitos prædixerim, memoriam Rom. ſacramenti temere credidi*. MS. Agric. *quàm quòd vos G. ſ. o.* proximam *memoriam R. ſacramenti tenere credidi*: nec damnanda ea lectio, ſi τὸ *proximam* ut inſititium extrudas.

5 *Legati veſtri*] Hordeonius et Vocula militum manibus, Numiſius et Herennius hoſtium ceciderant.

rant: donec legio unaetvicesima, patentiore quàm ceteræ spatio conglobata, sustinuit ruentes, mox impulit. Nec sine ope divinâ, mutatis repentè animis, terga victores vertêre. Ipsi territos se cohortium adspectu ferebant, quæ primo impetu disjectæ, summis rursus jugis congregabantur, ac speciem novi auxilii fecerant. Sed obstitit vincentibus pravum inter ipsos certamen, hoste omisso, spolia consectandi. Cerialis, ut incuriâ prope rem adflixit, ita constantiâ restituit: secutusque fortunam, castra hostium eodem die capit exscinditque.

LXXIX. Nec in longum quies militi data. Orabant auxilium Agrippinenses, offerebantque uxorem ac sororem Civilis, et filiam Classici, relicta sibi pignora societatis: atque interim dispersos in domibus Germanos trucidaverant. Unde metus, et justæ preces invocantium, antequam hostes, reparatis viribus, ad spem, vel ad ultionem accingerentur. Namque et Civilis illuc intenderat, non invalidus, flagrantissimâ cohortium suarum integrâ, quæ ex Chaucis Frisiisque composita, Tolbiaci[6], in finibus Agrippinensium agebat. Sed tristis nuncius avertit, deletam cohortem dolo Agrippinensium: qui largis epulis vinoque sopitos Germanos, clausis foribus, igne injecto, cremavere. Simul Cerialis propero agmine sub-

[6] *Tolbiaci*] *Zulpich*: páret electori Coloniensi.

venit.

venit. Circumsteterat Civilem et alius metus, ne quartadecima legio, adjunctâ Britannicâ classe, adflictaret Batavos, quà oceano ambiuntur. Sed legionem terrestri itinere Fabius Priscus legatus in Nervios Tungrosque duxit: eæque civitates in deditionem acceptæ. Classem ultro Canninefates adgressi sunt: majorque pars navium depressa, aut capta. Et Nerviorum multitudinem sponte commotam, ut pro Romanis bellum capesseret, iidem Canninefates fudere. Classicus quoque adversùs equites, Novesium a Ceriale præmissos, secundum prœlium fecit. Quæ modica, sed crebra damna, famam victoriæ nuper partæ lacerabant.

LXXX. Iisdem diebus Mucianus Vitellii filium interfici jubet; mansuram discordiam obtendens, ni semina belli restinxisset. Neque Antonium Primum adsciri inter comites a Domitiano passus est; favore militum anxius, et superbiâ viri, æqualium quoque, adeò[7] superiorum intolerantis. Profectus ad Vespasianum Antonius, ut non pro spe suâ excipitur, ita neque averso imperatoris animo. Trahebatur in diversa, hinc meritis Antonii, cujus ductu confectum haud dubiè bellum erat, inde Muciani epistolis: simul ceteri, ut infestum tumidumque, insectabantur, adjunctis prioris[8]

7 *Adeò sup.*] Pro *nedum*, ut Hist. 3, 39.

8 *Prioris vitæ*] Hist. 2, 86.

vitæ

vitæ criminibus. Neque ipſe deerat arrogantiâ vocare offenſas, nimius commemorandis quæ meruiſſet. Alios ut imbelles, Cæcinam ut captivum ac deditician increpat. Unde paullatim levior viliorque haberi, manente tamen in ſpeciem amicitiâ.

LXXXI. Per eos menſes, quibus Veſpaſianus Alexandriæ ſtatos [9] æſtivis flatibus dies, et certa maris opperiebatur, multa miracula evenere, quîs e cœlis favor et quædam in Veſpaſianum inclinatio numinum oſtenderetur. Ex plebe Alexandrinâ quidam oculorum tabe notus, genua ejus advolvitur, remedium cæcitatis expoſcens gemitu, monitu Serapidis dei, quem dedita ſuperſtitionibus gens ante alios colit; precabaturque principem, ut genas et oculorum orbes dignaretur reſpergere oris excremento. Alius manum [1] æger, eodem deo auctore, ut pede ac veſtigio Cæſaris calcaretur, orabat. Veſpaſianus primò inridere, adſpernari; atque illis inſtantibus, modò famam vanitatis metuere, modò obſecratione ipſorum, et vocibus adulantium in ſpem induci: poſtremò exiſtimari [2] a medicis jubet, an talis cæcitas

9 *Statos æſtivis flatibus*] Veget. 5, 9. *Poſt ortum Pleiadum, a die ſexto Kal. Jun.* (27 Maii) *uſque ad Arcturi ortum, id eſt, in diem XVIII Kal. Octob.* (14 Sept.) *quo die æquinoctialis evenit acerba tempeſtas, ſecura navigatio creditur, quia æſtatis beneficio ventorum acerbitas mitigatur.*

1 *Manum æger*] Elleniſmus. *Debili crure*, ſi Suetonium audias, Veſp. 7.

2 *Exiſtimari*] Examinari.

ac

ac debilitas ope humanâ superabiles forent. Medici variè differere: 'Huic non exesam vim 'luminis, et redituram si pellerentur obstantia: 'illi elapsos in pravum artus, si salubris vis 'adhibeatur, posse integrari. Id fortasse cor-'di deis, et divino ministerio principem ele-'ctum. Denique patrati remedii gloriam pe-'nes Cæsarem, inriti ludibrium penes miseros 'fore.' Igitur Vespasianus cuncta fortunæ suæ patere ratus, nec quidquam ultrà incredibile, læto ipse vultu, erectâ quæ adstabat multitudine, jussa exsequitur. Statim conversa ad usum manus, ac cæco reluxit dies. Utrumque qui interfuere nunc quoque memorant, postquam [3] nullum mendacio pretium.

LXXXII. Altior inde Vespasiano cupido adeundi sacram sedem, ut super rebus imperii consuleret. Arceri templo cunctos jubet: atque ingressus, intentusque numini, respexit ponè tergum e [4] primoribus Ægyptiorum nomine Basiliden; quem procul Alexandriâ plurium dierum itinere, et ægro corpore detineri haud ignorabat. Percunctatur sacerdotes, num illo die Basilides templum inisset? percunctatur obvios, num in urbe visus sit? denique missis equitibus explorat, illo temporis mo-

3 *Postquam nullum*] Excisâ Flaviorum domo. *Nullum mendacio pretium*, nisi quòd honos inde haud levis conciliaretur Serapidi, cujus etiam Romæ in dies invalescebat veneratio.

4 *E primoribus*] Libertum Suetonius dicit, Vesp. 7. et nervorum valetudine detineri.

mento

mento octoginta millibus passuum absuisse. Tunc divinam speciem, et vim responsi ex[5] nomine Basilidis, interpretatus est.

LXXXIII. Origo dei nondum nostris auctoribus celebrata: Ægyptiorum antistites sic memorant. Ptolemæo[6] regi, qui Macedonum primus Ægypti opes firmavit, cum Alexandriæ, recèns conditæ, mœnia templaque et religiones adderet, oblatum per quietem decore eximio, et majore quàm humanâ specie juvenem, qui moneret, ut fidissimis amicorum in Pontum missis, effigiem suam acciret: lætum id regno, magnamque et inclytam sedem fore quæ excepisset: simul visum eumdem juvenem in cœlum igne[7] plurimo attolli. Ptolemæus omine et miraculo excitus, sacerdotibus Ægyptiorum, quibus mos talia intelligere, nocturnos visus aperit. Atque illis Ponti et externorum parum gnaris, Timotheum Atheniensem e gente Eumolpidarum, quem ut antistitem cærimoniarum Eleusi exciverat, quænam illa superstitio[8], quod numen? interrogat. Timotheus, quæsitis qui in Pontum me-

5 *Ex nomine*] Tracto a voce Græcâ, βασιλεύς.

6 *Ptolemæo*] Cui nomen *Soter*.

7 *Igne plurimo*] Qua specie et angelum Dei attolli viderunt Samsonis parentes, Judic. 13, 20. commercio, quod cum Judæis creberrimum exercebant, vera miracula, libris sacris detracta, suis numinibus attribuere didicerant Ægyptii.

8 *Superstitio*] Bono sensu, ut aliquando Græcis δεισιδαιμονία.

aſſent, cognoſcit, urbem illic Sinopen, nec procul templum, vetere inter accolas famâ, Jovis Ditis. Namque et muliebrem effigiem adſiſtere, quam plerique Proſerpinam vocent. Sed Ptolemæus, ut ſunt ingenia regum, pronus ad formidinem, ubi ſecuritas rediit, voluptatum quàm religionum appetens, negligere paullatim, àliaſque ad curas animum vertere: donec eadem ſpecies, terribilior jam et inſtantior, exitium ipſi regnoque denunciaret, ni juſſa patrarentur. Tum legatos et dona Scydrothemidi regi (is tunc Sinopenſibus imperitabat), expediri jubet: præcipitque navigaturis, ut Pythium Apollinem adeant. Illis mare ſecundum, ſors oraculi haud ambigua: 'irent, 'ſimulacrumque patris ſui reveherent, ſororis [9] 'relinquerent'.

LXXXIV. Ut Sinopen venêre, munera, preces, mandata regis ſui Scydrothemidi adlegant. Qui diverſus animi, modò numen pavefcere, modò minis adverſantis populi terreri, ſæpe donis promiſſiſque legatorum flectebatur. Atque interim triennio exacto, Ptolemæus non ſtudium, non preces omittere: dignitatem legatorum, numerum navium, auri pondus augebat. Tum minax facies Scydrothemidi offertur, ne deſtinata deo ultrà moraretur. Cunctantem varia pernicies, morbique, et manifeſta

9 *Sororis*] Proſerpinæ, quæ Apollinis ſoror. Bene *reveherent*, cum ſacra illa antiquitus ex Ægypto avecta.

cœleſtium

cœleſtium ira, graviorque in dies fatigabat. Advocatâ concione, juſſa numinis, ſuos Ptolemæique viſus, ingruentia mala exponit. Vulgus adverſari[1] regem, invidere Ægypto, ſibi metuere, templumque circumſidere. Major[2] hinc fama tradidit, deum ipſum appulſas litori navis ſponte conſcendiſſe. Mirum inde dictu, tertio die tantum maris emenſi, Alexandriam appelluntur. Templum pro[3] magnitudine urbis exſtructum, loco cui nomen Rhacotis. Fuerat illic ſacellum, Serapidi atque Iſidi antiquitus ſacratum. Hæc de origine et advenu dei celeberrima. Nec ſum ignarus, eſſe quoſdam, qui Seleuciâ urbe Syriæ accitum, regnante Ptolemæo, quem tertia[4] ætas tulit: alii auctorem eumdem Ptolemæum, ſedem ex qua tranſierit, Memphim perhibent, inclytam olim, et veteris Ægypti columen. Deum ipſum multi Æſculapium, quòd medeatur ægris corporibus; quidam Oſirin, antiquiſſimum illis gentibus numen; plerique Jovem, ut rerum omnium potentem; plurimi Ditem patrem, inſignibus, quæ in ipſo manifeſta, aut per ambages conjectant.

1 *Adverſari*] Cum accuſativo, pro *obniti*. Hiſt. 1, 1.

2 *Major hinc*] In majus deinde compoſita, fama tradidit.

3 *Pro magnitudine*] Serapeo Alexandriæ, *poſt Capitolium, nihil orbem terræ ambitioſius cernere*, Amm. Marc. tradit, 22, 16.

4 *Tertia ætas*] Tertia ſucceſſio Ptolemæorum. Ptolemæus III dictus eſt *Euergetes*.

LXXXV. At Domitianus Mucianusque, antequam Alpibus propinquarent, prosperos rerum in Treveris gestarum nuncios accepere. Præcipua victoriæ fides, dux hostium Valentinus, nequaquam abjecto animo, quos spiritus gessisset, vultu ferebat. Auditus ideo tantùm, ut nosceretur ingenium ejus, damnatusque, inter ipsum supplicium, exprobranti cuidam patriam ejus captam, 'accipere se solatium 'mortis' respondit. Sed Mucianus, quod diu occultaverat, ut recens exprompsit: 'quoniam benignitate deûm fractæ hostium vires forent, parum decorè Domitianum, confecto prope bello, alienæ gloriæ interventurum. Si status imperii, aut salus Galliarum in discrimine verteretur, debuisse Cæsarem in acie stare: Canninefates Batavosque minoribus ducibus delegandos. Ipse Lugduni vim fortunamque principatûs e proximo ostentaret, nec parvis periculis immixtus, et majoribus non defuturus.'

LXXXVI. Intelligebantur artes: sed pars [5] obsequii in eo, ne deprehenderentur. Ita Lugdunum ventum. Unde creditur Domitianus, occultis ad Cerialem nunciis, fidem ejus tentavisse, an præsenti sibi exercitum imperium-

[5] *Pars obsequii*] Pars obsequii, quo præpollentem Mucianum colebant, in eo vertebatur, ut simularent artium ejus ignorantiam. Suprà Ann. I, II. *At patres, quibus unus metus si intelligere viderentur.*

que

que traditurus foret. Qua cogitatione bellum adverſùs patrem agitaverit, an opes vireſque adverſùs fratrem, in incerto fuit: nam Cerialis ſalubri temperamento eluſit, ut vana pueriliter cupientem. Domitianus ſperni a ſenioribus juventam ſuam cernens, modica quoque et uſurpata antea munia imperii omittebat; ſimplicitatis ac modeſtiæ imagine, in [6] altitudinem conditus, ſtudiumque litterarum et amorem carminum ſimulans [7], quò velaret animum, et fratris æmulationi ſubduceretur, cujus diſparem mitioremque naturam contrà interpretabatur.

6 *In altitudinem*] In profunditatem animi, tamquam in latebram, ſe condens. V. ſuprà Ann. 3, 44. Salluſt. Jug. 95. de Sullâ loquens: *ad ſimulanda negotia altitudo ingenii incredibilis.*

7 *Simulans*] Suet. Domit. 2. *Simulavit et ipſe mirè modeſtiam; imprimiſque poeticæ ſtudium, tam inſuetum antea ſibi, quàm poſtea ſpretum et abjectum.* Ita, mortuo demum tyranno, elocuti ſunt ſcriptores: longè alia, ſatiſque turpia habent Quintilian. 10, 1. Silius Ital. 3, 618.

Breviarium

Breviarium Libri V. Hiſtoriarum.

A. D. 70. U. C. 823.

CAP. I. *Titus cum valido exercitu ad Hieroſolyma contendit.*

2. 3. *Judaicæ gentis primordia.*

4. 5. *Ejus ſacra et inſtituta.*

6. *Deſcriptio terræ finiumque, balſami, Libani, Jordanis, lacûs bitumen generantis,*

7. *Et regionis circa eum:*

8. *Tum Hieroſolymorum. Judæorum reges,*

9. *Bella cum Romanis, præſides et procuratores.*

10. *Titus Judæos in urbem compulſos obſidet.*

11. *Hieroſolymorum munitiones,*

12. *Et copiæ duceſque.*

13. *Prodigia exitium urbis portendentia.*

14. *Interea Civilis, reparato exercitu,*

15. *Cum Ceriali manus conſerit, ſatis proſperè.*

16. 17. *Inde utrimque ad ſummæ rei diſcrimen ſe præparant.*

18. *Fit atrox pugna: ſed proditione Batavi cujuſdam Germani vincuntur.*

19. 20. *Nec eò ſeciùs Civilis præſidia Romanorum quadripartitis copiis invadit:*

21.

21. *Sed repelluntur cum periculo.*
22. *Cerialis ob incuriam ſuam pene a Germanis oppreſſus,*
23. *Inſtructâ claſſe Civilem trans Rhenum pellit, inſulamque Batavorum populatur :*
24. 25. *Simul animos hoſtium occultis nunciis labefàctat.*
26. *Unde Civilis, colloquio petito, ſe dedit.* Geſta hæc,

COSS.

{ Flavio Veſpaſiano Aug. II.
{ Tito Veſpaſiano Cæſare.

C. COR-

C. CORNELII

TACITI

HISTORIARUM

LIBER V.

QUI ANNALIUM XXI.

I. EJusdem anni principio, Cæsar Titus perdomandæ Judææ delectus a patre, et privatis utriusque rebus militiâ clarus, majore tum vi famâque agebat, certantibus provinciarum et exercituum studiis. Atque ipse, ut super fortunam crederetur, decorum se promptumque in armis ostendebat, comitate et adloquiis officia provocans; ac plerumque in opere, in agmine, gregario militi mixtus, incorrupto ducis honore. Tres eum in Judæâ legiones, quinta, et decima, et quintadecima, vetus Vespasiani miles, excepere. Addidit e Syriâ duodecimam, et adductos Alexandriâ duoetvicesimanos tertianosque. Comitabantur viginti sociæ cohortes, octo equitum alæ: simul

simul Agrippa[1] Sohemusque reges, et auxilia regis Antiochi, validaque, et solito inter accolas odio infensa Judæis, Arabum manus: multi, quos Urbe atque Italiâ sua quemque spes acciverat occupandi principem adhuc vacuum. His cum copiis fines hostium ingressus, composito agmine, cuncta explorans, paratusque decernere, haud procul Hierosolymis castra facit.

II. Sed quia famosæ urbis supremum diem tradituri sumus, congruens videtur primordia ejus aperire. Judæos, Cretâ insulâ profugos, novissima Lybiæ insedisse memorant, qua tempestate Saturnus, vi Jovis pulsus, cesserit regnis. Argumentum e nomine petitur, inclytum in Cretâ Idam montem, accolas Idæos, aucto in[2] barbarum cognomento, Judæos vocitari. Quidam, regnante Iside, exundantem per Ægyptum multitudinem, ducibus Hierosolymo ac Judâ, proximas in terras exoneratam. Plerique Æthiopum prolem, quos, rege Cepheo, metus atque odium mutare sedes perpulerit. Sunt qui tradant, Assyrios convenas, indigum agrorum populum, parte Ægypti potitos, mox proprias urbes, Hebræasque terras, et propiora Syriæ coluisse. Clara alii Judæorum initia: Solymos, carminibus

1 *Agrippa*] Agrippa II. Galilææ, Sohemus Sophenes, Antiochus Commagenæ rex. Annal. 13, 7.

2 *In barbarum*] Supple *morem*, ut Ann. 6, 42.

Homeri[3] celebratam gentem, conditæ urbi Hierosolymam nomen e suo fecisse.

III. Plurimi[4] auctores consentiunt, ortâ per Ægyptum tabe, quæ corpora fœdaret, regem Bocchorim, adito Hammonis oraculo remedium petentem, purgare regnum, et id genus hominum, ut invisum deis, alias in terras avehere jussum. Sic conquisitum collectumque vulgus, postquam vastis locis relictum sit, ceteris per lacrimas torpentibus, Mosen, unum exsulum, monuisse, ne quam deorum hominumve opem exspectarent, utrimque deserti, sed sibimet[5] duci cœlesti crederent, primo[6] cujus auxilio præsentes miserias pepulissent. Adsensere, atque omnium ignari fortuitum iter incipiunt. Sed nihil æquè, quàm inopia aquæ, fatigabat. Jamque haud procul exitio

3 *Homeri*] De Solymis montibus agit Homerus Odyss. 5, 284. de pugnacibus Solymis Iliad. 7, 184. Sed Pisidiæ, aut potiùs Æthiopiæ, populus erat ea gens. Strab. l. 1, Urbs Jerusalem dicta est primùm Salem, a Melchisedech, ut fertur, condita. Deinde ab Hebræis, postquam pacem ibi firmassent, appellata est Jerusalem (Jerushah-salem) id est, *possessio* seu *hæreditas pacis*.

4 *Plurimi auctores*] Vid. Justin. 36, 2. Diod. Sic. in Eclogis.

5 *Sibimet duci*] Vulg. *sibimet ut duci*. Sed deest *ut* apud Orosium Hist. 1, 10, qui hæc citat, dein verissimè notat: *Itaque Cornelius dicit, quòd ipsis Ægyptiis cogentibus, Judæi in deserta propulsi sint; & postea subjungit incautè, quòd ope Moysis, ducis in Ægypto, miserias pepulissent: qua re ostenditur, quædam, quæ per Moysen strenuè acta sunt, fuisse celata.*

6 *Primo cujus*] A quo primùm adjuti, præsentes miserias excutere cœperant.

totis

totis campis procubuerant, cum grex asinorum agrestium e pastu in rupem nemore opacam concessit. Secutus Moses, conjecturâ herbidi soli, largas aquarum venas aperit. Id levamen: et continuum sex[7] dierum iter emensi, septimo pulsis cultoribus, obtinuere terras, in quîs urbs et templum dicata.

IV. Moses, quò sibi in posterum gentem firmaret, novos[8] ritus, contrariosque ceteris mortalibus, indidit. Profana illic omnia, quæ apud nos sacra: rursum concessa apud illos, quæ nobis incesta. ' Effigiem[9] animalis, quo monstrante errorem sitimque depulerant, penetrali sacravere; cæso ariete, velut in contumeliam Hammonis. Bos quoque immolatur, quem Ægyptii Apin colunt. Sue absti-

7 *Sex dierum*] Hebræi ex Ægypto profecti, continuo sex dierum itinere vasta Arabiæ loca peragrare non potuere. Cum id itineris emetiretur P. Sicard (*Missions des Jesuites*, to. 7.) nono ac tricesimo tantùm die ad montem Sinai pervênit. Latet tamen in Taciti verbis non obscura significatio obsidii urbis Jerichuntis, quam *continuis sex diebus* circumivere Hebræi, ceperunt autem *septimo* die, sive sabbato. Mox pulsis Palæstinæ cultoribus, *obtinuere terras*, in quibus postea a Davide *urbs*, a Salomone *templum dicata sunt*. Tacitus, nimiâ brevitate, exterosque scriptores Judaicarum rerum ignaros secutus, hæc omnia fœdè corrupit.

8 *Novos ritus*] Omnia hæc convicia, ab Apione, Apollonio, Lysimacho, aliisque maledicis jam decantata, abundè refutavit Josephus, libris contra Apion. 1 et 2.

9 *Effigiem animalis*] Huic fabulæ adversatur ipse Tacitus, cum mox c. 3. ait: *nulla simulacra urbibus Judæorum, nedum templis sunt*, notante Tertull. Apol. c. 16.

nent, memoriâ cladis, quia ipſos ſcabies quondam turpaverat, cui id animal obnoxium. Longam olim famem crebris adhuc jejuniis fatentur. Et raptarum [1] frugum argumentum, panis Judaicus nullo fermento, retinet. Septimo die otium placuiſſe ferunt, quia is finem laborum tulerit: dein blandiente inertiâ, ſeptimum quoque annum ignaviæ datum. Alii, honorem eum Saturno haberi: ſeu principia religionis tradentibus Idæis, quos cum Saturno pulſos, et conditores gentis accepimus; ſeu quòd e ſeptem ſideribus, quîs mortales reguntur, altiſſimo orbe et præcipuâ potentiâ ſtella Saturni feratur; ac pleraque cœleſtium vim ſuam et curſum ſeptimos per numeros conficiant.

V. Hi ritus, quoquo modo inducti, antiquitate defenduntur: cetera inſtituta ſiniſtra, fœda, pravitate valuere. Nam peſſimus quiſque, ſpretis religionibus patriis, tributa et ſtipes illuc [2] congerebant. Unde auctæ Judæorum res: et quia apud ipſos fides obſtinata, miſericordia in promptu, ſed adverſùs omnes alios hoſtile odium. Separati epulis, diſcreti cubilibus, projectiſſima ad libidinem gens, alienarum concubitu abſtinent: inter ſe nihil inlicitum. Circumcidere genitalia inſtituêre, ut

[1] *Raptarum frugum*] Pulſis veteribus Palæſtinæ cultoribus. Inde panis azymi uſum veniſſe. ſomniat.

[2] *Illuc congerebant*] Singulis annis Hieroſolyma mittebant. Cic. pro Flacco, 38. Philo Leg. p. 1023.

diverſitate

diversitate noscantur. Transgressi in [3] morem eorum, idem usurpant: nec quidquam priùs imbuuntur, quàm contemnere deos, exuere patriam; parentes, liberos, fratres, vilia habere. Augendæ tamen multitudini consulitur. Nam et necare [4] quemquam ex agnatis, nefas; animasque prœlio aut suppliciis peremptorum æternas putant. Hinc generandi amor, et moriendi contemptus. Corpora condere, quàm cremare, e more Ægyptio; eademque cura, et de infernis persuasio: cœlestium contrà. Ægyptii pleraque animalia, effigiesque compositas [5] venerantur. Judæi mente [6] solâ, unumque, numen intelligunt: profanos, qui deûm imagines, mortalibus materiis, in species hominum effingant: summum illud et æternum, neque mutabile, neque interiturum. Igitur nulla simulacra urbibus suis, nedum templis sinunt. Non regibus hæc adulatio, non Cæsaribus honor. Sed quia sacerdotes eorum tibiâ tympanisque concinebant, hederâ vinciebantur, vitisque [7] aurea templo reperta, Liberum pa-

3 *In morem eorum*] Proselyti.

4 *Necare*] Exponere infantes, quod ethnicis solitum.

5 *Compositas*] Humano corpori caput animantis, canis, felis &c. jungebant.

6 *Mente solâ*] Non imaginum ope, sed mente solâ Deum comprehendunt, unumque esse agnoscunt. Juvenal. 14, 97. *Nil præter nubes et cœli numen adorant.*

7 *Vitisque aurea*] Herodis regis donarium fuit vitis aurea, in portâ *sancti sanctorum* columnarum capiti imposita, tantâ amplitudine ut *ex eâ botri staturâ humanâ dependerent.* Joseph. B. J. 5, 5. Pondus ejus mille talentûm auri puri fuisse scribit Joseph. Gorionides, 5, 26.

trem

trem coli, domitorem Orientis, quidam [8] arbitrati ſunt, nequaquam congruentibus inſtitutis: quippe Liber feſtos lætoſque ritus poſuit; Judæorum mos abſurdus [9] ſordiduſque.

VI. Terra fineſque, quà ad orientem vergunt, Arabiâ terminantur: a meridie, Ægyptus objacet: ab occaſu, Phœnices et mare; ſeptemtrionem a latere Syriæ longè proſpectant. Corpora hominum ſalubria, et ferentia laborum: rari imbres, uber ſolum. Exuberant [1] fruges noſtrum ad morem, præterque eas balſamum [2] et palmæ. Palmetis proceritas et decor. Balſamum modica arbor: ut quiſque ramus intumuit, ſi vim ferri adhibeas, pavent venæ; fragmine lapidis, aut teſtâ aperiuntur: humor [3] in uſu medentium eſt. Præcipuum montium Libanum erigit [4], mirum

8 *Quidam arbitrati*] Errore inde nato, quia coincidit cum tempore Dionyſiacorum notabile Judæorum feſtum *tabernaculorum*. Plutarch. Sympoſiac. 4, 5.

9 *Abſurdus*] Nec aliter Cicero Flac. 28. *Iſtorum religio ſacrorum a ſplendore hujus imperii, gravitate nominis noſtri, majorum inſtitutis abhorrebat.* *Sordidus* opponitur *læto* ritui.

1 *Exuberant*] Non redundat hæc vox, ut quibuſdam videtur: nam *uber ſolum* ſuprà de ſegetibus dicitur.

2 *Balſamum*] Plin. 12, 25. Juſtin. 36. 3. Solinus 38. in Judæâ tantùm gigni balſamum ſcribunt: poſtea tamen in Ægyptum ſtirps ea transiit, teſte Claudiano, Epithal. Palladii.

3 *Humor*] Opobalſamum dicebatur.

4 *Erigit*] Intell. *ſolum*, quod ex ſuperiori ſententiâ repetendum eſt. Peractâ deſcriptione frugum quas ſolum Judææ fundit, pergit dicere, idem ſolum et montem Libanum erigere, ſuſtollere. De nive Libani Jeremias 18, 14.

dictu,

dictu, tantos inter ardores opacum fidumque nivibus. Idem amnem Jordanem alit, funditque. Nec Jordanes pelago accipitur; sed unum atque alterum lacum integer perfluit, tertio retinetur. Lacus [5] immenso ambitu, specie maris, sapore [6] corruptior, gravitate odoris accolis pestifer, neque vento impellitur, neque pisces aut suetas aquis volucres patitur. Incertæ [7] undæ: superjacta, ut solido, ferunt: periti imperitique nandi perinde attolluntur. Certo [8] anni, bitumen egerit; cujus legendi usum, ut ceteras artes, experientia docuit. Ater suâpte naturâ liquor, et sparso aceto concretus, innatat. Hunc manu captum, quibus ea cura, in summa navis trahunt. Inde nullo

5 *Lacus*] Asphaltites, seu Mare mortuum, patet longitudine 24 leucas circiter, latitudine conficit duas tresve, variis in locis.

6 *Sapore corruptior*] Ejus aqua, guttatim degustata, linguam atrociter mordet, et caput odore gravi vehementer inficit; quod scribit princeps Radzivil, *Jerosolymitana peregrinatio*. V. et Pococke, *descript. orient.* to. 2. p. 1. pag. 37.

7 *Incertæ undæ*] Solido similes: ut Ann. 1, 70. *neque discerni poterant incerta ab solidis, brevia a profundis*. Vespasianus, hæc visendi curiosus, lacum Asphaltiten adiit, jussitque quosdam nandi imperitos, vinctis post tergum manibus, in altum projici; qui omnes, teste Josepho, B. J. 4, 8. sursum repulsi supernatavere. De densitate lacûs eadem fere tradit P. Nau, accuratissimus Terræ Sanctæ inspector, aitque aquas sale et amaritudine incredibili esse infectas. Mox *ferunt*, undæ scilicet ferunt superjacta sibi, ut si solido injicias.

8 *Certo anni*] Autumno illud in litore legunt Arabes, Damiatamque ferunt, tingendis lanis, navium compagini, ac medicinæ etiam aptissimum. Nau, Hasselquist, Pococke.

juvante

juvante influit, oneratque, donec abſcindas. Nec abſcindere ære ferrove poſſis: fugit cruorem, veſtemque infectam ſanguine, quo [9] feminæ per menſes exſolvuntur. Sic veteres auctores: ſed gnari [1] locorum tradunt, undantes bitumine moles pelli, manuque trahi ad litus; mox ubi vapore terræ, vi ſolis inaruerint, ſecuribus cuneiſque, ut trabes aut ſaxa, diſcindi.

VII. Haud procul inde campi, quos ferunt olim uberes, magniſque [2] urbibus habitatos, fulminum jactu arſiſſe; et manere veſtigia, terramque ipſam ſpecie torridam [3], vim frugiferam perdidiſſe. Nam cuncta ſponte edita, aut manu ſata, ſive herbæ [4] tenues aut flores, ut ſolitam in ſpeciem adolevere, atra et inania velut in [5] cinerem vaneſcunt. Ego ſicut

9 *Fugit cruorem*] Huic ſabulæ, quam et literis mandarunt Plin. 7, 15. 28, 7. Solin. c. 4. Joſeph. B. J. 4, 8. meritò fidem abrogat erudit. Kircher. *Mundus ſubterran.* 9, 5.

1 *Gnari locorum*] Hoc verum eſſe invenit P. Nau.

2 *Magniſque urbibus*] Sodomis, Gomorrâ &c. Genes. 14, 2. Tredecim urbes conflagraſſe memorat Strabo, l. 16.

3 *Torridam*] Solum eſſe cretam friabilem, ſale imbutam, ſcribit Haſſelquiſt.

4 *Herbæ tenues*] Al. *ſive herbâ tenus aut flore, ſeu ſolitam in ſpeciem adolevere.* Ego prætuli lectionem, quam e ſuo codice dedit Ryckius, quia non in herbâ tenui aut flore naſcente id oſtentum fieri innuit Tacitus, verùm in adultis fetibus *ſegetum et autumni*, ut mox dicitur. Neque aliter Joſephus, B. J. 4, 8. ἔςι δὲ κἂν τοῖς καρποῖς σποδιὰν ἀναγεννωμένην, *et in* fructibus *cineres renaſcuntur.*

5 *In cinerem v.*] Cl. Haſſelquiſt,

ut inclytas quondàm urbes igne cœlesti flagrasse concesserim, ita halitu lacûs infici terram, corrumpi superfusum spiritum, eóque fetus segetum et autumni putrescere reor, solo cœloque juxtà gravi. Et Belus [6] amnis Judaico mari inlabitur: circa cujus os lectæ arenæ, admixto nitro, in vitrum excoquuntur: modicum [7] id litus, et egerentibus inexhaustum.

VIII. Magna pars Judææ vicis dispergitur: habent et oppida. Hierosolyma genti caput. Illic immensæ opulentiæ templum, et [8] primis munimentis urbs, dein regia; templum intimis clausum: ad fores [9] tantùm Ju-

Hasselquist, rei herbariæ peritissimus, id fieri tantùm reperit in arbore quæ occidentali ripæ Jordanis innascitur (solanum melongena dicitur Linnæo) cujus fructus haud rarò vitiatur insectorum morsu, quo interiora in pulverem rediguntur, cuticulâ et colore illæsis.

[6] *Belus amnis*] Nunc *Halou*, de quo Plin. 5, 19. *Rivus Pagida, sive Belus, vitri fertiles arenas parvo litori miscens: ipse e palude Cendeviâ a radicibus Carmeli profluit.*

[7] *Modicum litus*] Plin. 36, 26. *Quingentorum est passuum, non amplius, litoris spatium: idque tantùm multa per secula gignendo fuit vitro.*

[8] *Et primis*] Triplici muro Hierosolyma circumdata fuisse docent Josephus Zonarasque: quin et Tacitus ipse idem denuò affirmat infrà c. 12. *Extrema et latissima mœnia* (quæ propriè urbs) *Simon, mediam urbem Joannes,* (regiam scilicet) *templum* (intimis munimentis clausum) *Eleazarus firmaverat.*

[9] *Ad fores*] Itaque in evangelio Lucæ 1, 8. Zacharias sacerdos thus infert in templum Domini, cum populus foris adstaret precibus intentus.

dæo aditus; limine, præter ſacerdotes, arcebantur. Dum Aſſyrios penes Medoſque et Perſas Oriens fuit, deſpectiſſima pars ſervientium. Poſtquam Macedones præpotuere, rex Antiochus demere[1] ſuperſtitionem, et mores Græcorum dare adnixus, quominus teterrimam gentem in melius mutaret, Parthorum[2] bello prohibitus eſt: nam eâ tempeſtate Arſaces deſciverat. Tum Judæi, Macedonibus invalidis, Parthis nondum adultis (et Romani procul erant) ſibi ipſi reges impoſuere: qui mobilitate vulgi expulſi[3], reſumptâ per arma dominatione, fugas civium, urbium everſiones, fratrum, conjugum, parentum neces, aliaque ſolita regibus auſi, ſuperſtitionem fovebant: quia honor ſacerdotii, firmamentum potentiæ, adſumebatur.

IX. Romanorum primus Cn. Pompeius Judæos domuit[4], templumque jure victoriæ ingreſſus eſt. Inde vulgatum, nullâ intus deûm effigie, vacuam ſedem, et inania arcana. Muri Hieroſolymorum diruti, delubrum manſit. Mox civili inter nos bello, poſtquam in ditionem M.

1 *Demere ſ.*] Hoc aggreſſus eſt Antiochus Epiphanes, Syriæ rex, anno ante Chriſtum 168.

2 *Parthorum bello*] Cum Perſidem ingreſſus Antiochus, ut opulentiſſimum in urbe Perſepoli templum ſpoliaret, turpi fugâ ſibi conſulere coactus fuit. Proprium nomen regis, qui tum Parthis imperitabat, Artaxias erat; ſed omnes Parthorum reges ab imperii conditore Arſacis nomen continuaſſe, rectè notant Bipontini.

3 *Expulſi*] Joſeph. Ant. 13, 12. B. J. 1, 4.

4 *Domuit*] Joſeph. Ant. 14, 4. Florus 3, 5. Cic. pro Flac. 28.

Antonii

Antonii provinciæ [5] cesserant, rex [6] Parthorum Pacorus Judæâ potitus, interfectusque a P. Ventidio, et Parthi trans Euphratem redacti: Judæos C. Sosius [7] subegit. Regnum ab Antonio Herodi datum, victor Augustus auxit. Post mortem Herodis, nihil exspectato Cæsare, Simon [8] quidam regium nomen invaserat. Is a Quinctilio Varo, obtinente Syriam, punitus: et gentem coercitam liberi [9] Herodis tripartitò rexere. Sub Tiberio quies. Dein jussi a C. Cæsare effigiem ejus in templo locare, arma potiùs sumpsere: quem motum Cæsaris [1] mors diremit. Claudius, defunctis regibus, aut ad [2] modicum redactis, Judæam provinciam equitibus Romanis aut libertis permisit: e quibus Antonius [3] Felix, per omnem sævitiam ac libidinem, jus regium servili ingenio

5 *Provinciæ*] Orientis scilicet.

6 *Rex Pacorus*] Rex appellatur, quia filius regis Orodis, ut suprà Hist. 2, 25. rex Epiphanes.

7 *C. Sosius*] Antigonus, quem Pacorus regem Judæorum fecerat, adversùs Romanos rebellavit. Hierosolyma expugnat Sosius: Antigonus, jussu Antonii, virgis cæsus, pœnâ regibus hactenus incognitâ, securi percutitur. Jos. Ant. 14, 16. Plut. in Antonio. Regnum ejus ex SC. accepit Herodes Magnus, U. C. 717.

8 *Simon quidam*] Herodis servus. Jos. Ant. 17, 10.

9 *Liberi Herodis*] Archelaus Judææ tetrarcha, Herodes Galilææ, Philippus Iturææ et Trachonitidis.

1 *Cæsaris mors*] Suprà Ann. 12, 54.

2 *Ad modicum r.*] Unus tunc Herodes, frater Agrippæ Magni, regnum Chalcidis occupabat.

3 *Antonius F.*] Pallantis frater, Claudii libertus, trium reginarum maritus.

exercuit, Drusillâ Cleopatræ et Antonii nepte in matrimonium acceptâ; ut ejusdem Antonii Felix progener, Claudius nepos esset.

X. Duravit tamen patientia Judæis, usque ad Gessium Florum procuratorem. Sub eo bellum ortum. Et comprimere cœptantem Cestium Gallum, Syriæ legatum, varia prœlia ac sæpius adversa excepere. Qui ubi fato aut tædio occidit, missu Neronis, Vespasianus fortunâ famâque, et egregiis ministris, intra duas æstates, cuncta camporum, omnesque præter Hierosolyma urbes, victore exercitu tenebat. Proximus[4] annus civili bello intentus, quantum ad Judæos, per otium transiit. Pace per Italiam partâ, et externæ curæ rediere. Augebat iras, quòd soli Judæi non cessissent. Simul manere apud exercitus Titum, ad omnes principatus novi eventus casusve utilius videbatur. Igitur castris, uti diximus, ante mœnia Hierosolymorum positis, instructas legiones ostentavit[5].

XI. Judæi sub ipsos muros struxere aciem, rebus secundis longiùs ausuri, et si pellerentur, parato perfugio. Missus in eos eques cum expeditis cohortibus, ambiguè certavit. Mox cessere hostes, et sequentibus diebus crebra pro portis prœlia serebant;

4 *Proximus annus*] Urbis 822, bello civili inter Galbam, Othonem, et Vitellium intentus.

5 *Ostentavit*] Joseph. B. J. 5, 2.

donec

donec assiduis damnis intra mœnia pellerentur. Romani ad oppugnandum versi: neque enim dignum videbatur, famem hostium opperiri; poscebantque pericula, pars virtute, multi ferociâ, et cupidine præmiorum. Ipsi Tito Roma, et opes, voluptatesque ante oculos; ac ni statim Hierosolyma conciderent, morari [6] videbantur. Sed urbem, arduam situ, opera molesque firmaverant, quîs vel plana satis munirentur. Nam duos [7] colles immensùm editos claudebant muri per artem obliqui, aut introrsus sinuati, ut latera oppugnantium ad ictus patescerent. Extrema rupis abrupta: et turres, ubi mons juvisset, in sexaginta pedes; inter devexa, in centenos vicenosque attollebantur: mirâ specie, ac procul intuentibus pares. Alia intus mœnia, regiæ circumjecta: conspicuoque fastigio turris Antonia, in honorem M. Antonii ab Herode appellata.

XII. Templum in modum arcis, propriique muri, labore et opere ante [8] alios: ipsæ porticus [9], quîs templum ambiebatur, egregi-

[6] *Morari*] Moram injicere votis oppidum videbatur.

[7] *Duos colles*] Acra ad septemtrionem, Sion ad meridiem.

[8] *Ante alios*] Saxis quadratis constructi erant, longis 40 cubitos, altis 5, latis 6. Jos. B. J. 5, 5. De his lapidibus loquuntur Christi discipuli Marc. 13, 1. 2. Cubitus ad pedem Gallicum se habet ut 5 ad 3.

[9] *Porticus*] Quæ cum turri Antoniâ sex stadiorum ambitum comprehendebant. Columnis marmoreis 25 cubitorum innixæ, latæ erant ad 30 cubitos. Jos. loc. cit.

um propugnaculum. Fons perennis aquæ; cavati ſub terrâ montes; et piſcinæ ciſternæque ſervandis imbribus. Præviderant conditores, ex diverſitate morum, crebra bella. Inde cuncta, quamvis adverſùs longum obſidium: et a Pompeio expugnatis, metus atque uſus pleraque monſtravere. Atque per avaritiam Claudianorum temporum, empto jure muniendi, ſtruxere muros[1] in pace, tamquam ad bellum; magnâ colluvie, et ceterarum urbium clade[2] aucti: nam pervicaciſſimus quiſque illuc perfugerat, eóque ſeditioſiùs agebant. Tres duces, totidem exercitus. Extrema et latiſſima mœnium Simon; mediam urbem Joannes, quem[3] et Bargioram vocabant; templum Eleazarus firmaverat. Multitudine et armis Joannes ac Simon, Eleazarus loco pollebat. Sed prœlia, dolus, incendia inter ipſos; et magna vis frumenti ambuſta. Mox Joannes, miſſis per ſpeciem ſacrificandi, qui Eleazarum manumque[4] ejus obtruncarent, templo potitur. Ita in duas factiones civitas diſceſſit, donec propinquantibus Romanis, bellum externum concordiam pareret.

1 *Muros*] Altos 25 cub. latos decem. Circuitu continebant ſtadia 33. Joſ. ib.

2 *Clade aucti*] Inter belli initia.

3 *Quem et B. v.*] Auctore Joſepho, hæc verba, in vulg. tranſpoſita, poſt *Simon* repoſuimus.

4 *Manumque*] Agmen ejus. Interfectus Eleazarus (qui filius Simonis) inſtante feſto Azymorum, A. D. 70. Joſ. B. J. 3, 3.

XIII.

XIII. Evenerant prodigia [5], quæ neque hostiis neque votis piare fas habet gens superstitioni obnoxia, religionibus [6] adversa. Visæ per cœlum concurrere acies, rutilantia arma, et subito nubium igne collucere templum. Expassæ repentè delubri fores, et audita major humanâ vox, Excedere deos: simul ingens motus excedentium. Quæ pauci in metum trahebant: pluribus persuasio inerat, antiquis sacerdotum litteris contineri, eo ipso tempore fore, ut valesceret Oriens, profectique Judæâ rerum potirentur. Quæ ambages Vespasianum ac Titum prædixerant [7]: sed vulgus, more humanæ cupidinis, sibi tantam fatorum magnitudinem interpretati, ne adversis quidem ad vera mutabantur. Multitudinem obsessorum omnis ætatis, virile ac muliebre secus [8], sexcenta millia fuisse accepImus. Arma cunctis, qui ferre possent: et plures, quàm pro [9] numero, audebant. Obstinatio viris feminisque par: ac, si transferre sedes cogerentur, major vitæ metus quàm mortis. Hanc adversùs urbem gentemque Cæsar Titus, quando impetus et subita belli locus abnueret, aggeribus vineisque certare statuit. Dividuntur legioni-

5 *Prodigia*] Jos. B. J. 6, 5.

6 *Religionibus*] Cærimoniis.

7 *Prædixerant*] Joseph. ibid. Vaticinium Danielis 2, 44. in J. C. *regum rege, domino dominantium* adimpletur.

8 *Secus*] Pro *sexus*, ut Annal. 4, 62.

9 *Pro numero*] Pro solitâ proportione militantium, quæ quarta pars incolarum vulgo habetur.

bus

bus munia, et quies prœliorum fuit, donec cuncta expugnandis urbibus reperta apud veteres, aut novis ingeniis, ſtruerentur.

XIV. At Civilis, poſt malam in Treveris pugnam [1], reparato per Germaniam exercitu, apud Vetera caſtra conſedit; tutus loco, et ut memoriâ proſperarum illic rerum augeſcerent barbarorum animi. Secutus eſt eódem Cerialis, duplicatis copiis, adventu ſecundæ et ſextæ et quartædecimæ legionum. Cohorteſque et alæ, jampridem accitæ, poſt victoriam properaverant. Neuter ducum cunctator: ſed arcebat latitudo camporum, ſuopte ingenio humentium. Addiderat Civilis obliquam in Rhenum molem, cujus objectu revolutus amnis, adjacentibus ſuperfunderetur. Ea loci forma, incertis vadis ſubdola, et nobis adverſa: quippe miles Romanus armis gravis, et nandi pavidus; Germanos, fluminibus ſuetos, levitas armorum et proceritas corporum attollit.

XV. Igitur laceſſentibus Batavis, ferociſſimo cuique noſtrorum cœptum certamen: deinde orta trepidatio, cùm prælaltis paludibus arma, equi haurirentur. Germani notis vadis perſultabant, omiſſâ plerumque fronte, latera ac terga circumvenientes. Neque, ut in pedeſtri acie, cominus certabatur; ſed tamquam navali pugnâ, vagi inter undas, aut ſi quid ſtabile occurrebat, totis illic corporibus

1 *Pugnam*] Hiſt. 4, 77.

nitentes,

hitentes, vulnerati cum integris, periti nandi cum ignaris, in mutuam perniciem implicabantur. Minor tamen, quàm pro tumultu, cædes: quia non aufi egredi paludem Germani, in caftra rediere. Ejus prœlii eventus utrumque ducem, diverfis animi motibus, ad maturandum fummæ rei difcrimen erexit. Civilis inftare fortunæ: Cerialis abolere ignominiam. Germani profperis feroces: Romanos pudor excitaverat. Nox apud barbaros cantu aut clamore, noftris per iram et minas acta.

XVI. Pofterâ luce, Cerialis equite et auxiliariis cohortibus frontem explet: in fecundâ acie legiones locatæ: dux fibi delectos retinuerat ad improvifa. Civilis haud porrecto agmine, fed cuneis adftitit. Batavi Gugernique [2] in dextro: læva ac propiora fluminis Tranfrhenani tenuere. Exhortatio ducum, non more concionis apud univerfos, fed ut quofque fuorum advehebantur. Cerialis 'veterem 'Romani nominis gloriam, antiquas recen- 'tefque victorias: ut perfidum, ignavum, vi- 'ctum hoftem, in æternum exciderent. Ul- 'tione magis, quàm prœlio opus effe. Pau- 'ciores nuper [3] cum pluribus certaffe: ac ta- 'men fufos Germanos, quod roboris fuerit. 'Supereffe, qui fugam animis, qui vulnera 'tergo ferant.' Proprios inde ftimulos legi-

2 *Gugernique*] Hift. 4, 26. 3 *Nuper*] In Treveris.

onibus admovebat, 'domitores[4] Britanniæ' quartadecimanos appellans: 'principem Galbam sextæ legionis auctoritate factum: illâ primùm acie, secundanos[5] nova signa, novamque aquilam dicaturos.' Hinc prævectus ad Germanicum exercitum, manus tendebat, 'ut suam ripam, sua castra sanguine hostium reciperarent.' Alacrior omnium clamor, quîs vel e longâ pace prœlii cupido, vel fessis bello pacis amor, præmiaque et quies in posterum sperabantur.

XVII. Nec Civilis silentem[6] struxit aciem, locum pugnæ testem virtutis ciens: 'Stare Germanos Batavosque super vestigia gloriæ, cineres ossaque legionum calcantes. Quocumque oculos Romanus intenderet, captivitatem, clademque, et dira omnia obversari. Ne terrerentur vario Treverici prœlii eventu: suam illic victoriam Germanis obstitisse, dum omissis telis, prædâ manus impediunt: sed cuncta mox prospera, et hosti contraria evenisse. Quæ provideri astu ducis oportuerit, provisa: campos madentes, et ipsis gnaros; paludes hostibus noxias; Rhenum et Germaniæ deos in adspectu, quorum numine capesserent pugnam,

4 *Domitores B.*] Annal. 14, 34.

5 *Secundanos*] Recèns conscriptos. Hist. 4, 68.

6 *Silentem*] Romano duci acclamaverat miles: nec silebat acies Germanica, cum Civilis eos allocutus esset.

'conjugum,

'conjugum, parentum, patriæ memores. Illum diem aut gloriosissimum inter majores, aut ignominiosum apud posteros fore.' Ubi sono armorum tripudiisque (ita illis [7] mos) approbata sunt dicta, saxis glandibusque et ceteris missilibus prœlium incipitur; neque nostro milite paludem ingrediente, et Germanis, ut elicerent, lacessentibus [8].

XVIII. Absumptis quæ jaciuntur, et ardescente pugnâ, procursum ab hoste infestiùs. Immensis corporibus, et prælongis hastis fluitantem labantemque militem eminus fodiebant. Simul e mole, quam eductam in Rhenum retulimus [9], Bructerorum cuneus tranatavit. Turbata ibi res; et pellebatur sociarum cohortium acies, cum legiones pugnam excipiunt, suppressâque hostium ferociâ, prœlium æquatur. Inter quæ perfuga Batavus adiit Cerialem, terga hostium promittens, 'si extremo paludis eques mitteretur: solidum illà, et Gugernos, quibus custodia obvenisset, parum intentos.' Duæ alæ cum perfugâ missæ, incauto hosti circumfunduntur. Quod ubi clamore cognitum, legiones a fronte incubuere, pulsique Germani Rhenum fugâ petebant. Debellatum eo die foret, si Romana classis

7 *Illis mos*] Infrà Mor. G. 11.

8 *Lacessentibus*] Convicio lacessentibus Romanos, quo in paludes elicerent.

9 *Retulimus*] Suprà c. 14.

ſequi maturaſſet. Ne eques quidem inſtitit, repentè fuſis imbribus, et propinquâ nocte.

XIX. Poſterâ die, quartadecima legio in ſuperiorem provinciam Gallo Annio miſſa: Cerialis exercitum decima ex Hiſpaniâ legio ſupplevit. Civili Chaucorum auxilia venêre. Non tamen auſus oppida Batavorum armis tueri, raptis quæ ferri poterant, ceteris injecto igni, in inſulam conceſſit; gnarus deeſſe naves efficiendo ponti, neque exercitum Romanum aliter tranſmiſſurum. Quin et diruit molem a Druſo Germanico factam, Rhenumque prono alveo in Galliam ruentem, disjectis quæ morabantur, effudit [1]. Sic velut abacto amne, tenuis [2] alveus, inſulam inter Germanoſque, continentium terrarum ſpeciem fecerat. Tranſiere Rhenum Tutor quoque et Claſſicus, et centum tredecim Treverorum ſenatores; in quîs fuit Alpinus Montanus, quem a Primo Antonio miſſum in Gallias, ſuperiùs [3] memoravimus. Comitabatur eum frater D. Alpinus. Simul ceteri miſeratione ac donis auxilia concibant, inter gentes periculorum avidas.

XX. Tantumque belli ſuperfuit, ut præſidia cohortium, alarum, legionum, unâ die Civilis quadripartitò invaſerit; decimam legi-

[1] *Effudit*] In Vahalis humiliorem alveum.

[2] *Tenuis alveus*] Hodieque Rheni nomen ſecum ferens, prope urbem *Leyden*.

[3] *Superiùs m.*] Hiſt. 3, 35. 4, 31.

onem

onem Arenaci [4], secundam Batavoduri, et Grinnes Vadamque, cohortium alarumque castra: ita divisis copiis, ut ipse et Verax, sorore ejus genitus, Classicusque ac Tutor suam quisque manum traherent: nec omnia patrandi fiduciâ, sed multa ausis aliquâ in parte fortunam adfore: simul Cerialem neque satis cautum, et pluribus nunciis huc illuc cursantem, posse medio intercipi. Quibus obvenerant castra decumanorum, oppugnationem legionis arduam rati, egressum militem, et cædendis materiis operatum turbavere, occiso præfecto castrorum, et quinque primoribus centurionum, paucisque militibus: ceteri se munimentis defendêre. Et interim Germanorum manus Batavoduri rumpere inchoatum pontem nitebantur. Ambiguum prœlium nox diremit.

XXI. Plus discriminis apud Grinnes Vadamque. Vadam Civilis, Grinnes Classicus oppugnabant: nec sisti poterant, interfecto fortissimo quoque; in quîs Briganticus præfectus alæ ceciderat, quem fidum Romanis, et Civili avunculo infensum diximus [5]. Sed ubi Cerialis cum delectâ equitum manu subvenit, versâ fortunâ, præcipites Germani in amnem aguntur. Civilis, dum fugientes retentat, ag-

4 *Arenaci*] *Aert*, in sup. parte insulæ *Betawe*. Batavodurum, *Wyk-te-Duurstede*. Grinnes prope vicum *Tiel*. Vada nunc *Meyrik*.

5 *Diximus*] Hist. 4, 70.

nitus

nitus, petitusque telis, relicto equo tranatavit: idem Germanis[6] effugium. Tutorem Classicumque appulsæ lintres vexere. Ne tum quidem Romana classis pugnæ adfuit, ut jussum erat: sed obstitit formido, et remiges per alia militiæ munia dispersi. Sanè Cerialis parum temporis ad exsequenda imperia dabat; subitus consiliis, sed eventu clarus. Aderat fortuna, etiam ubi artes defuissent: hinc ipsi exercituique minor cura disciplinæ. Et paucos post dies, quamquam periculum captivitatis evasisset, infamiam non vitavit.

XXII. Profectus Novesium Bonnamque ad visenda castra, quæ hiematuris legionibus erigebantur, navibus remeabat, disjecto agmine, incuriosis vigiliis. Animadversum id Germanis, et insidias composuere. Electa nox atra nubibus, et prono amne rapti, nullo prohibente, vallum ineunt. Prima cædes astu adjuta: incisis tabernaculorum funibus, suismet tentoriis coopertos trucidabant. Aliud agmen turbare classem, injicere vincla, trahere puppes. Utque ad fallendum silentio, ita cœptâ cæde, quò plus terroris adderent, cuncta clamoribus miscebant. Romani vulneribus exciti, quærunt arma, ruunt per vias, pauci ornatu militari, plerique circum brachia tortâ veste, et strictis mucronibus. Dux semisomnus, ac prope intectus, errore hostium servatur. Namque

[6] *Germanis*] Quos modò dixit in amnem præcipitatos.

prætoriam

prætoriam navem, vexillo inſignem, illic ducem rati, abripiunt. Cerialis alibi noctem egerat, ut plerique credidere, ob ſtuprum Claudiæ Sacratæ, mulieris Ubiæ. Vigiles flagitium ſuum ducis dedecore excuſabant, tamquam juſſi ſilere, ne quietem ejus turbarent: ita intermiſſo ſigno, et vocibus [7], ſe quoque in ſomnum lapſos. Multâ luce revecti hoſtes, captivis navibus, prætoriam triremem flumine Luppiâ [8] donum Veledæ traxere.

XXIII. Civilem cupido inceſſit navalem aciem oſtentandi. Complet quod biremium, quæque ſimplici [9] ordine agebantur. Adjecta ingens lintrium vis, tricenos quadragenoſque ferentium [1]: armamenta liburnicis ſolita: et ſimul captæ lintres, ſagulis [2] verſicoloribus haud indecorè pro velis juvabantur. Spatium velut æquoris electum, quo Moſæ fluminis os amnem Rhenum oceano [3] adfundit. Cauſſa inſtruendæ claſſis, ſuper inſitam genti vanitatem, ut eo terrore commeatus Galliâ adventantes interciperent. Cerialis miraculo [4]

7 *Vocibus*] Quibus initia vigiliarum ſignificabantur. Ann. 1, 65. 15, 30.

8 *Luppia*] *La Lippe*. De Veledâ Hiſt. 4, 61.

9 *Simplici ordine*] *Moneres* Græco verbo Liv. appellat 38, 38.

1 *Ferentium*] Sequor Bipontinos, qui ex veſtigiis Flor. codicis, *tricenos quadragenoſque fere, armamenta liburnicis ſolitæ*, hanc omnino probabilem extuderunt lectionem. Vulg. *tricenis quadragenisque armamenta liburnicis ſolita*.

2 *Sagulis v*] Quò magis conſpicuæ triumphum ornarent.

3 *Oceano adfundit*] Annal. 2, 6.

4 *Miraculo*] Curioſitate.

magis,

magis quàm metu direxit classem, numero imparem, usu remigum, gubernatorum arte, navium magnitudine potiorem. His flumen secundum: illi vento agebantur. Sic prævecti, tentato levium telorum jactu, dirimuntur. Civilis nihil ultrà ausus, trans Rhenum concessit. Cerialis insulam Batavorum hostiliter populatus, agros villasque Civilis intactos, notâ [5] arte ducum, sinebat: cum interim flexu autumni, et crebris per hiemem imbribus superfusus amnis, palustrem humilemque insulam in faciem stagni opplevit. Nec classis, aut commeatus aderant: castraque in plano sita, vi fluminis differebantur [6].

XXIV. Potuisse tunc opprimi legiones, et voluisse Germanos, sed dolo a se flexos, imputavit [7] Civilis. Neque abhorret vero, quando paucis pòst diebus deditio insecuta est. Nam Cerialis, per occultos nuncios, Batavis pacem, Civili veniam ostentans, Veledam propinquosque monebat, 'fortunam belli, 'tot cladibus adversam, opportuno erga populum Romanum merito mutare. Cæsos 'Treveros, receptos Ubios, ereptam Batavis 'patriam: neque aliud Civilis amicitiâ paratum, quàm vulnera, fugas, luctus. Exsulem eum et extorrem, recipientibus one-

5 *Notâ arte*] Ut ducem suis suspectum redderet. Simili artificio quemadmodum obviam ivit Pericles, docet in ejus vitâ Plut.

6 *Differebantur*] In diversas partes distrahebantur.

7 *Imputavit*] Pro merito accipi voluit.

'ri. Et ſatis peccaviſſe, quòd totiens Rhe-
'num tranſcenderint. Si quid ultrà moli-
'antur, inde injuriam et culpam, hinc ul-
'tionem et deos fore.'

XXV. Miſcebantur minis promiſſa. Et concuſſâ Tranſrhenanorum fide, inter Batavos quoque ſermones orti: 'Non prorogandam 'ultrà ruinam: nec poſſe ab unâ natione to- 'tius orbis ſervitium depelli. Quid perfectum 'cæde et incendiis legionum, niſi ut plu- 'res validioreſque accirentur? Si Veſpaſiano 'bellum navaverint, Veſpaſianum rerum po- 'titi: ſin populum Romanum armis provo- 'cent, quotam partem generis humani Ba- 'tavos eſſe? Reſpicerent Ræstos Noricoſque, 'et ceterorum onera ſociorum: ſibi non tri- 'buta, ſed virtutem et viros indici[8]: proxi- 'mum id libertati: et ſi dominorum electio 'ſit, honeſtiùs principes Romanorum, quàm 'Germanorum feminas tolerari.' Hæc vul- gus. Proceres, 'atrociore Civilis rabie ſe- 'met in arma truſos: illum domeſticis malis 'excidium gentis oppoſuiſſe. Tunc infenſos 'Batavis deos, cum obſiderentur legiones, in- 'terficerentur legati, bellum uni neceſſarium, 'ferale ipſis ſumeretur. Ventum ad extrema, 'ni reſipiſcere incipiant, et noxii[9] capitis pœ- 'nâ pœnitentiam fateantur.'

XXVI. Non fefellit Civilem ea inclinatio, et prævenire ſtatuit; ſuper tædium malorum,

[8] *Indici*] Hiſt. 4, 12. [9] *Noxii c.*] Civilis ſupplicio.

etiam ſpe vitæ, quæ plerumque magnos animos infringit. Petito colloquio, ſcinditur Nabaliæ[1] fluminis pons: in cujus abrupta progreſſi duces, et Civilis ita cœpit. 'Si apud 'Vitellii legatum defenderer, neque facto meo 'venia, neque dictis fides debebatur. Cuncta inter nos inimica, hoſtilia, ab illo cœpta, 'a me aucta erant. Erga Veſpaſianum vetus 'mihi obſervantia: et cum privatus eſſet, 'amici vocabamur. Hoc Primo Antonio notum, cujus[2] epiſtolis ad bellum accitus ſum, 'ne Germanicæ legiones et Gallica juventus 'Alpes tranſcenderet. Quæ Antonius epiſtolis, Hordeonius Flaccus præſens monebat. 'Arma in Germaniâ movi, quæ Mucianus 'in Syriâ, Aponius in Mœſiâ, Flavianus in 'Pannoniâ . . . .'

[1] *Nabaliæ*] Foſſæ Druſianæ.

[2] *Cujus epiſtolis*] Hiſt. 4, 13.

FINIS HISTORIARUM,

ET TOMI III.

C. CORNELII
TACITI
OPERA

AD FIDEM EDITIONIS
PARISINÆ GAB. BROTIER
EXPRESSIT
SELECTIS VARIORUM
ET NOVIS ALIQUOT NOTIS
IN USUM JUVENTUTIS ACADEMICÆ
ILLUSTRAVIT

JOSEPHUS STOCK, D. D.
TRIN. COLL. DUB. OLIM SOCIUS.

TOMUS QUARTUS.

DUBLINII
JUSSU ACADEMIÆ EXCUDEBAT
JOHANNES EXSHAW.
MDCCLXXXVIII.

JUVENTUTI ACADEMICÆ SALUTEM.

EORUM, qui in præclaris antiquorum ſcriptis recognoſcendis edendiſque utilem operam collocarunt, Juvenes dilectiſſimi, tria omnino genera licet diſtinguere: nempe aut corrigendi onus in ſe ſuſcipiunt editores, aut illuſtrandi, aut utrumque. His ſingulis ineſt profectò ſua, et quidem maxima utilitas: quamquam in diverſa prorſus eâ de re abire ſoleant lectores, atque alii emendatorum animadverſiones tamquam ſenticeta exhorreſcant; alii contrà interpretum faſtidiant labores, et malè ſecum agi putent, ubi quid in Notis antiqui moris aut locutionis vetuſtæ explicetur, quod alibi ab aliis ſit tactum. Poſſunt quidem utrique generi lectorum ii facere ſatis, qui majoris molis et pretii claſſicorum (quos vocant) ſcriptorum editiones aggrediuntur, ſi modò ſequi volent morem commodè ſanè a cl. *Broterio* inſtitutum, ut ſcilicet ea, quæ auctoris ſenſui conducunt illuſtrando, textui ſubjiciant, controverſiis interim circa variantes lectiones ad libri calcem rejectis. Verùm enimvero et illorum neceſſitatibus eſt ſubveniendum, quibus aut facultatum aut eruditionis minor ſuppetat copia, quàm ut facilè ac tutò poſſint vel omni genere annotationum ſemet inſtruere, vel omni rurſum deſtitui. Quòd ſi alterutro carendum ſit, faciliùs invenies qui interpretem quærent, quàm qui vel oculatiſſimum ſibi adſciſcent inquinati textûs emaculatorem; præſertim ubi ſcripta evolvenda ſint arguta, penitiora, quæque ſenſibus plus etiam quàm verbis abundent, quale ſcribendi genus CORNELIO TACITO placuiſſe nemo non videt. Neque eſt quòd dicat aliquis, pueros ſolummodo egere in Latinis ſcriptoribus perdiſcendis auxilio, et nihil eſſe pueris cum Tacito: provectiores mehercule et ætate, et prudentiâ, et ſermonis Latini uſu, ingenuè fateri ſolent, ſæpenumero ſpe fruſtratos ſeſe fuiſſe, cum ad oram Corneliani voluminis, pro elucidatione loci obſcurioris, importunam de lectionis varietate diſceptatiunculam repererint. Æquis igitur animis ut ferant rogamus barbatos illos, ac veluti majorum gentium Criticos, qui nihil deeſſe Tacito adſeverant, quin ſtatim et pleniſſimè intelligatur, præter Ariſtarchum veri ipſius tex-

tûs

tûs enunciatorem, si nos pro hac nostrâ medi-ocritate ingenii adlaboremus, gravissimum scriptorem mediocriter quoque eruditis notiorem reddere, atque adeò tractatu faciliorem. Id jam mihi ab Academiæ nostræ Rectoribus est impositum muneris, Adolescentes, ut quemadmodum selecta aliquot DEMOSTHENIS, ÆSCHINIS, LUCIANIque opera, conrasis undique notulis illustrata, in usum vestrum pridem edidi, ita porro et nunc, deficientibus apud nos exemplaribus pulchræ Taciti operum editionis quæ Dublinii prodiit A. D. 1730, alteram commodiore formâ procurarem, brevibus instructam Notis, quibus auctoris potiùs sensus quàm verba excutiantur; cujusmodi sunt eæ, quas editionibus in usum Delphini subnecti videmus, quasque omnium esse maximè ad juniorum captum atque utilitatem accommodatas integri jam seculi experientia comprobavit.

Itaque huic gravissimorum hominum voluntati, haud minùs quàm judicio meo obsecutus, Notas in Corn. Tacitum undecunque exscriptas digessi, in compendium redegi, pro meo denique instituto ac libitu sic mutavi, ut jam non liceat mihi eam, quam in edendo Demosthene præstiteram, fidem servare, cum singulas annotationes propriis auctorum nominibus signaverim, atque ordine distinxerim. Hoc me solâ commodi vestri ratione ductum fecisse, non turpi et insulsâ captum ambitione aliena pro meis venditandi, indicio erit, quòd et meas insuper observationes (quales quales illæ fuerint, certè haud paucæ numero sunt) cum aliorum commentariis permisceri ac confundi passus fuerim, omissâ Criticorum palmâ, et abundè ratus, si modò boni atque industrii Editoris nomen laudesque assecutus videbor.

Neque verò in recensendis Taciti operibus omnem de lectionibus controversiam effugere aut licuit aut oportuit: sed hanc mihi legem imposui, ut ne lites renovarem diu inter eruditos homines compositas, neque id quod præclarè veterum editorum industria contulit ad purgandum mendis sanè numerosissimis scriptoris nostri contextum, susque deque haberem; verùm ibi tantùm judicium interponerem meum, ubi lectio aut etiamnum ambigua fuerit, aut manifestò depravata. Raròautem usus sum licentiâ, quam ab aliis, et nuperrimè a *Bipontinis* in edendo Cornelio, prorsus sine modo usurpari video, ut quæcunque mihi lectio in mentem venerit, tamquam sanior receptâ et potior, eam protinus, et non expectato literati orbis judicio, in textum intrudam: periculi plenum id mihi moris, et (pace clarissimorum virorum dixerim, qui in tot veterum scriptis Biponti recudendis egregiam operam navarunt) nimiæ visum est fidentiæ. Lectionum, quas a me primùm excogitatas in textum induxi, exempla occurrunt Annal. 3, 68. 13, 26. 4 H 58, paucisque aliis in locis, ubi facilitate simul et evidentiâ correctionis sum abreptus.

reptus. Nonnullos etiam hiatus meo periculo implevi, non quòd ipsa quæ perierunt verba invenisse me confisus sim, sed quia in statuis quoque venustis usu venire animadverti, ut quomodocumque reparatæ, mancas tamen et imminutas decore et specie antecedant. Ejusmodi supplementa habetis Annal. 11, 23. Dial. de Or, 21. Sunt quoque lectiones aliquantò plures, quibus exilium indixi, certus vel variantes fuisse, vel glossemata in textum per incogitantiam recepta. Quicquid autem proprio Marte immutavi, ejus rei rationem esse mihi in Notis reddendam omnino duxi.

Textus ipse auctoris ex luculentâ illâ et curatissimâ editione exprimitur, quam in hac urbe, annis abhinc 58, adornandam suscepit sexûs et seculi sui decus, erudita admodum femina, *Constantia Grierson*: nec quidquam defuit editioni, chartæ et typorum elegantiâ conspicuæ, præter Notas adolescentibus utiliores. Schedas singulas ter perlegi, collatas nimirum diligenter cum editionibus Broterii, Bipontinorum, et priore Ernesti; namque huic altera ejusdem viri clari, quod ad textûs integritatem attinet, est longè longéque inferior. Stemma domûs Augustæ, a Lipsio compositum, a Broterio retractatum, secundo Tomo supposui, quò faciliùs conferatur cum Broterii animadversionibus primo Tomo annexis. Chronologicas notas, annorum seriem indicantes, singulis librorum Breviariis inserui. Indicem histori-

hiſtoricum ampliavi, ac penè refinxi. Cupiebam et utiliſſimo cel. Erneſti Indice Latinitatis meam ἔκδοσιν ornare; verùm ab hoc me propoſito abduxit importunitas librarii, diutiùs teneri opus ſub prelo querentis, ac pretium ultra modum ingraveſcere. Denique citationes auctorum in his noſtris commentariis, exceptis quibuſdam quæ nunc primùm a me afferuntur, ex aliorum fide exhibui, cl. Broterii diligentiâ præcipuè innixus: quam rem non ſponte me feciſſe profiteor, ſed quia ipſos qui citantur teſtes adeundi facultatem non habui, diſtentus curis gravioribus, ſeclusus plerumque libris, et in exiguo meo rure deliteſcens.

DE

DE VITA, SCRIPTIS, ET

EDITIONIBUS

TACITI.

DOLENDUM meritò videtur, hominem, alienæ famæ custodem integerrimum, suæ incuriosum fuisse, nec scriptum aliquod posteris reliquisse, unde quæ fuerint fata viri in republicâ difficillimis quidem temporibus versati, nec non et admirandi ingenii incrementa et progressus, non minore cum fructu quàm jucunditate perdiscant. Sparsa equidem per ipsius libros indicia quædam sunt, quorum ope quo quisque anno literis fuerit consignatus, diligentia interpretum investigavit: suntque etiam in Epistolis Plinii Secundi, qui hunc nostrum pari semper amore ac veneratione prosecutus est, res aliquæ notatu dignæ, quæ ad Vitam Taciti utcunque faciant concinnandam.

CAII CORNELII TACITI natales referimus ad annum Urbis 807, Claudiani imperii duodecimum, Salutisque humanæ 54. Ita septem annis præcesserit amicum suum Plinium (qui se natum testatur [1] U. C. 814, annis ante cladem Vesuvinam octodecim) et consul suffectus fuerit legitimâ ætate, U. C. 850, cum esset annorum 43. Patrem ei et ratio temporum [2], et eruditorum jam tandem consensus assignat Cornelium Tacitum, equitem Rom. Belgicæ Galliæ rationes procurantem, cujus meminit in Historiâ Nat. Plinius Major, l. 7. c. 16. [3] Juveni, egregiæ tum spei filiam suam despondit Cn. Julius Agricola, consul cum Domitiano Cæsare U. C. 830, ac statim post consulatum collocavit [4].

Quæstorem Cornelium Vespasianus fecit, ædilem Titus, aut si fortè tribunum plebis, cujus annum inter quæsturam ac præturam medium fuisse, colligas ex Agric. c. 6.

Anno Urbis 841, quo ludos seculares Domitianus edidit, Noster disertè ait, se quin-

[1] Plin. Epist. 6, 20. Majorem ætate Tacitum fuisse Plinius ipse innuit his verbis: *adolescentulus, cum jam tu famâ gloriâque floreres*. Epist. 7, 20. Vide infra inter Testimonia de Tacito.

[2] Incautè Lipsius cum historico confundit ratiocinatorem illum a Plinio memoratum. Huic enim filium fuisse monstri similem Plinius tradit libro ante Taciti nostri nuptias absoluto, quem in lucem edidit U. C. 830, teste Titi consulatu, præfatio operis immortalis demonstrat.

[3] Infrà in Testimoniis.

[4] Tacit. Agric. c. 9.

[5] Tacit. 1 Hist. 1. *Dignitatem nostram a Vespasiano inchoatam, a Tito auctam, a Domitiano longiùs provectam, non abnuerim.*

decim-

decimvirali sacerdotio præditum, ac simul prætorem fuisse [6].

Anno 842, quadriennio ante obitum soceri sui, excessit Urbe [7], ut provinciam aliquam proprætor administraret. Ceterum eum statim, Agricolâ vitâ functo, Romam cum uxore remigrasse, pro comperto affirmare non ausim, quamquam vero propius sit, suis ipsum oculis vidisse miserandos casus, quos tanto animi et ingenii ardore depingit in Agric. c. 45.

Ad consulatum deinde satis longo intervallo, imperante Nervâ, pervenit anno 850, suffectus in locum demortui Verginii Rufi, illius qui delatum a Germanicis legionibus imperium constanter spreverat; quem et defunctum pro rostris Tacitus laudavit [8]. Sub finem anni consularis Agricolæ vitam scripsit, Trajano jam in imperii consortium adsumpto, Nervâ autem principe nondum inter divos relato, quod monuimus ad Agric. c. 3.

Sequente anno, pro consule Germaniam inferiorem obtinuisse Balthasar Bonifacius, in tractatu de Rom. Hist. Scriptoribus, adfirmat, nescio quo idoneo fretus auctore; nisi quòd hoc ipso anno literis et sempiternæ memoriæ mandatum fuisse aureum illum de situ, mori-

6 Tacit. Annal. 11, 11.
7 Tacit. Agric. c. 45.
8 Plin. Epist. 2, 1. Vid. Testimonia.

bus, ac populis Germaniæ libellum appareat ex ejusdem cap. 37.

Reliquum postea temporis usque ad vergentem ætatem in foro et causis orandis exegit, Plinio teste, in principibus illius ævi oratoribus annumeratus. Anno 853, jussu senatûs, unà cum Plinio advocatus adfuit Afris, Marium Priscum proconsulem repetundarum et acceptæ pecuniæ postulantibus. Acta est causa frequentissimo senatu, per tres continuos dies, coram Trajano tertiùm consule: inque eâ Frontoni Catio, qui pro Mario insigniter dixit, respondit Corn. Tacitus *eloquentissimè, et quod eximium*, judice Plinio, *orationi ejus inerat*, σεμνῶς, cum verborum ac gestuum quadam majestate [9]. Damnatus cum participe scelerum Mariano Marius est, et in fine sententiæ adjectum: *Quòd Tacitus et Plinius injunctâ advocatione diligenter fortiterque functi essent, arbitrari senatum ita eos fecisse, ut dignum mandatis partibus fuerit.* Pares [1] laudibus fecit senatus, quos eadem ferme ætas, par dignitas, studiorum et animorum similitudo antè conjunxerat, in magnâ nominis celebritate concordes.

Peractis vitæ actuosæ officiis, historiæ demum scribendæ vacavit, jam senior, et in ea tempora feliciter provectus, quibus et sentire quæ vellet, et quæ sentiret dicere licebat [2].

9 Plin. Epist. 2, 11. Inter Testimonia. 1 Brot. Præf. 2 Taciti 1 H 1.

Tradit

Tradit Sidonius Apollinaris, C. Cornelium, cum Plinio Secundo suasisset ut historiæ stylum in manus sumeret, ipsum postmodum quod injunxit arripuisse. Quicquid ejus sit, satis constat, res Romanas carptim ab eo, et quasi retrorsum fuisse enarratas, ut priùs Historias condiderit, inde Annales: namque et Annal. 11, 11. nos remittit ad *libros quibus res gestas Domitiani composuit*, eas autem tractarat in Historiis; et, si pars hæc fuisset post Annales conscripta, haud tam multa illi repetenda in exordio ejus fuissent et inculcanda, tamquam aditum factura ad historiam; nec ipse *Initium mihi operis* incœpisset, et *Opus aggredior*: quod verissimè observarunt viri docti Ferrettus et Ger. Joannes Vossius [3].

Vitas autem Cæsarum post Augustum usque ad mortem Domitiani complexus est Cornelius in universum libris triginta, ut auctor est Hieronymus Comment. in Zachar. c. 14. [4] é quibus sexdecim *Annalium*, quatuordecim *Historiarum* titulum prætulisse antiqui codices commonstrant. Annalium a sexto quatuor libros integros, quinti medium, undecimi initium, decimi-sexti extremam partem temporum injuria nobis invidit. Ex Historiis perierunt novem libri ultimi, cum libri quinti extremo. Itaque dimidiâ fere parte mancum accepimus præclarissimi monimentum ingenii,

3 De Historicis Lat. 4 Vid. Testim. infrà.

quod

quod [illegible] et Plinius augurabatur, et quoad potuit, efficere adnifus erat venerabilis fenex M. Claudius Tacitus, imperator A. D. 275, qui decies defcribi hunc noftrum fingulis annis juffit, et in omnibus bibliothecis reponi [5]. Egregium confilium elufit imperii brevitas, non ultra femeftre fpatium producti. Ad coenobitas deinceps per tot feculorum [illegible] cura pertinebat veteres auctores confervandi, apud quos et Tacitum negligentem valuit nimirum Tertulliani fui auctoritas, graviffimum fcriptorem maledico ore infectantis [6]. Quàm vellent nunc, qui modò aliquid fapiunt, univerfis Tertulliani, quæ fuperfunt fcriptis vel unum volumen Taciti redimere!

An auctor fit Cornelius Dialogi de Oratoribus, valde difceptatur inter rei criticæ peritos: neque ipfe prorfus ex hac lite me expedio. Subit quandoque recordatio, plurimos Romæ adolefcentes M. F. Quintilianum fectatos, et potuiffe quoque Tacitum, ftyli exercendi, quæ ab illuftri magiftro acceperat, in dialogum concludere, ac, neque ipfo Fabio refragante, publici juris facere. Tum iis, quæ commentationi ad Dialogum inferui, tantùm non me depulit locus Plinii, non fatis, cum ifta fcriberem, a me perpenfus. *Itaque*, ait Epift. IX. 10, Tacitum adloquens, *poemata quiefcunt, quæ tu inter nemora et lucos com-*

5 V. Teftim. Vopifc. in Tacit. c. 10. infra.

6 *Mendaciorum loquaciffimum* appellat. Tertul. Apol. c. 16.

modiffimè

nitidissimè perfici posse putat: quibus verbis haud obscurè alludere videtur scriptor epistolæ ad ea quæ in Dialogo legimus, capp. 9 et 12.

Nominantur quoque Taciti *Facetiæ* a Fulgentio Planciade grammatico [7], quem cur idcirco mendacii postulet cl. *Jo.* Vossius profectò non erat causa, cum ex Ciceronis Oratore appareat, virum foro et causis orandis instructum neque hanc jocorum supellectilem negligere solere: *Libandus*, inquit, *etiam ex omni genere urbanitatis facetiarum quidam lepos, quo, tamquam sale, perspergatur omnis oratio* [8].

Quo anno vivendi finem fecerit vir sæculorum omnium memoriâ et admiratione dignus, comperti nihil habemus. Verùm quia nusquam Hadriani tempora memorat, et Sidonio Apollinari dicitur *Ulpianorum temporum consularis*, suspicari licet, Cornelium M. Ulpio Trajano superstitem non fuisse, nec *plures ad curas vitam produxisse* [9], quas ingenti animo volvebat, Augusti annales compositurus, ac deinde rarum temporum felicitatem retractaturus, a divo Nerva inchoatam, a Trajano verò optimo principe indies auctam, quam *uberiorem securioremque materiam senectuti seposuerat* [1].

Liberos haud dubiè reliquit, et ex iis longo intervallo nepotem M. Claud. Tacitum, Imperatorem

[7] Cum hoc fragmento: *Elogium est hereditas in malo. Corn. Tacitus libro Facetiarum*: Cæsi itaque morum elogio in filiis relicto.

[8] Cic. de Orat. I. 34.

[9] Tacit. Annal. 3, 24.

[1] Tac. 1 H. 1.

peratorem de quo ſuprà diximus, virum egregiè moratum, ſed urgentibus Romæ fatis præproperâ morte extinctum. Huic et Floriano, qui uterinus frater poſt illum imperium adeptus brevi deceſſit, gentile ſepulcrum Interamnæ extitiſſe, Vopiſcus auctor eſt; unde verior fides, Interamnatem et hiſtoriæ ſcriptorem fuiſſe, quæ conſtans famâ et. Recentior illis, Claudio et Floriano principibus, nec fortè ultimus Tacitorum ſanguis, Polemius Galliarum prætorio præfectus, memoratur Sidonio Apollinari Epiſt. IV. 14. circa annum Chriſti 476, Auguſtuli et imperii Romani ſupremum.

Municipem ſuum Corn. Tacitum Interamnates gloriantur: cujus rei haud leve indicium ad patrum uſque noſtrorum memoriam duravit, tumulus Taciti, in vicinio Interamnæ, viam propter quæ Spoletum ducit. Indignabuntur, ad quos aliquis non modò literarum, verùm etiam humanitatis ſenſus pertigerit, cum audierint, monumentum, cui et ævum et barbarorum furor pepercerat, ſæviorem malè ſanæ ſuperſtitionis vim effugere non valuiſſe. Rudera ipſa tumuli Hector Simonetta fundi dominus æquari ſolo juſſit, Tacitique cineres, adverſùs religionem Chriſti locutum cauſatus, diſſipavit. Id filius mœrens, utique patre haud paullò ſapientior, teſtatum voluit inſcriptione in agro paterno poſitâ, A. D. 1613. quam huic loco, Broterio præeunte, ſubnectimus ex Franciſci Angeloni *Storia di Terni*, p. 51.

Refert eamdem et Hanckius de Scriptoribus Rom. l. 2. p. 270.

PIO V. P. O. M. E VATICANO ANTIQUAS STATUAS EIICI

ROMAE MANDANTE·

TACITI ET FLORIANI OPT. IMP. CENOTAPHIA·

IN PROPRIO SOLO CONSTRUCTA· A FULMINE ET

ANTIQUITATE DEFORMATA·

CORNELII TACITI HISTORICI DE RELIGIONE CHRISTIANA

MALE OBLOQUENTIS MAUSOLEUM VETUSTATE

COLLAPSUM· SEMIDIRUTUM· DISSIPATIS CINERIBUS

DIRUI ET SOLO AEQUARI·

MERIDIONALEM IMPERIALIS SOLI PARTEM EX RUINIS

MURO CINGI·

HECTOR SIMONETTA FUNDI DOMINUS

INTERAMNAE MANDAT.

FUNDAMENTA VIX REMANENT· PROH DOLOR· TANTARUM

ANTIQUITATUM. IN A. P.

PAULUS HECTORIS F. AD AETERNAM REI MEMORIAM POSUIT

A. S. M.DC.XIII.

Supereſt ut in gratiam ſtudioſorum nonnulla jam delibemus ex iis, quæ de codicibus et editis Taciti habet diligentissimus horum investigator Ernestus, quæque eleganter in compendium redegit ejus assecla Jo. Nic. Lallemand.

Taciti codices antiquissimi sunt, Florentini duo, in bibliothecâ Mediceâ hodieque asservati. Eorum prior Annalium libros ab XI ἀκέφαλον ad XVI extremâ parte mutilum, et Historiarum, quantum ex iis superest, libros V complexus, ætatem ipse suam prodit: literis enim Langobardicis exaratus est, ac proinde tempore Langobardorum in Italiâ imperii descriptus, quorum res Carolus Magnus adflixit A. D. 772. Alter, in orbe terrarum unicus, sex libros Annalium priores, jamdudum pro deperditis habitos, continet; quem in monasterio Corbeiensi in Westphaliâ repertum quæstor pontificius, Jo. Angelus Arcomboldi, ad Leonem X Mediceum, pontificem, detulit, quingentis aureis à summo illo literarum patrono donatus. Alii codices quotquot sunt, Budensis, Vaticani, Farnesianus, Ryckianus, Regius, Guelferbytanus, Oxonienses, ceterique recentioris fermè scripturæ, vel ex Langobardico variis temporibus descripti sunt, vel certè ex eodem apographo atque ipse Langobardicus, eoque jam interpolato, fluxerunt. Etenim omnes certis quibusdam locis eodem modo depravati sunt; et transpositiones paginarum, quæ vel librarii vel bibliopegi vitio in illo antiquiori codice occurrunt, in omnibus manuscriptis reperiuntur. Nam quòd in iis variæ interdum lectiones sunt, non uno

modo

modo depravatæ, id argumento est, librariorum manus, aut oscitantium aut imperitorum, sæpe toto cœlo differtire in scripturâ, quæ ex eodem fonte ducta sit. Non mirum igitur, si in ejusmodi codicibus frustra quæratur aliquando vera manus auctoris, et in emendando textu sæpius ingenio et conjecturis interpretum agenda res fuerit.

Primus omnium Taciti libros ab XI Annalium, cum Germaniâ et Dial. de Oratoribus, sine titulo operis, et sine anni locique notâ, edidit Joannes Spirensis, quo ex manuscripto incertum, nisi fortè ex antiquo codice Veneto, quem laudat P. Victorius ad Ciceronis Epist. II. 12. quique hodie non ampliùs reperitur in Catalogo bibliothecæ S. Marci. Spirensis officina Venetiis fuit, et primus ab eo liber (scil. Epist. Ciceronis ad diversos) editus est anno 1469. Videtur ergo Tacitus ad eumdem, aut proximè sequentem annum referri posse.

Sequitur editio Francisci Puteolani, vitâ Agricolæ aucta, sine notâ anni, loci, et typographi, quam Saxius Mediolanensem asserit, eamque Venetiis repetitam anno 1497. Usus est etiam Puteolanus manuscriptis, etsi non usquequaque bonis; sed tamen egregiam Taciti libris operam navavit.

Anno 1515, Philippus Beroaldus Romæ primus edidit e veteri illo codice Corbeiensi sex priores Annalium libros, ceteris additis ex editione Puteolani. Beroaldinam editionem Mediolani expressit Minucianus anno 1517, et Frobenius Basileæ 1519.

In eâdem urbe, et ex eâdem officinâ Frobenianâ prodiit, anno 1533, Tacitus ex recensione Rhenani. Usus est Budensi codice, olim Matthiæ Corvini Hungariæ regis, quem librum, licet, Jac. Gronovio teste, recentem et interpolatum, Tacito profuisse negari non potest.

Post Rhenanum Lipsius, Belga, Taciti recensionem aggressus, ita de eo meritus est, ut ejus *sospitator* meritò dicatur. Hunc auctorem sexies edidit [1]; et in prioribus quidem editionibus multa e Vaticanis codicibus et Farnesiano, aut conjecturis certissimis, ingenio pariter et judicio præstans, emendavit: in posterioribus autem non pauca etiam loca restituit, postquam eumdem auctorem ediderat Curtius Pichena, Magni Ducis Etruriæ a secretis.

Hic in recensendis sex libris Annalium prioribus multa vidit in illo codice Corbeiensi, quæ Beroaldum fugerant; primusque reliquos Annalium et Historiarum libros e MS. Langobardico recognovit. Hos iterum codices accuratiùs excussit Jacobus Gronovius, vir in manuscriptis libris tritus admodum, cujus diligentia non parum Tacito profuit. Profuerunt et ingenia præstantissima virorum doctiss. Mureti, J. F. Gronovii, Ursini, Freinshemii, Acidalii, Grotii, Heinsii, Merceri &c. quo-

[1] Seorsim scilicet: nam et cum Velleio conjunctum ter Nostrum evulgavit.

rum

rum alii ex instituto in Tacito corrigendo elaborarunt, alii obiter in suis scriptis loca corrupta emendare tentarunt.

Theodorus deinde Ryckius ad recognoscendum Tacitum accessit. Usus est codice Rodolphi Agricolæ, quem Ryckianum vocitamus, cui recenti et interpolato, ut censent Jac. Gronovius et Ernestus, plus æquo nonnumquam tribuit. Habuit insuper a Jac. Gronovio excerpta codicum Florentinorum, ex quibus loca complura emendavit. Habuit etiam a Thevenotio excerpta Regii codicis Parisiensis; sed de his ferme silet in notis. Prodiit Lugduni Batavorum anno 1687 ejus editio, textu ad exemplum Berneggerianæ editionis anni 1664 expresso, quam Dublinii, ut diximus, accuratissimè recusam anno 1730, prelis accommodavimus.

Post hunc optimè de Tacito promeriti sunt, intra viginti annorum spatium eamdem curam aggressi, insignes viri, in Germaniâ Ernestus, in Galliâ verò Gabriel Broterius, Soc. Jes. olim socius: quorum ille Taciti opera Lipsiæ bis edidit 8°. maj. 2 tomis, 1752 et 1772; hic Parisiis anno 1771 editionem protulit 4°. maj. quatuor tomis, omnibus quotquot præcesserunt elegantiâ et pretio superiorem. Horum operâ et curâ ita omnes vel minimæ lectionum varietates propositæ ac distinctæ sunt, ut jam nihil reliqui posteris editoribus factum videatur, præter eligendi laborem. Simul commentariis

mentariis perpetuis Broterius Corneliani sacrarii limen tironi apetuit, Ernestus doctioribus etiam ipsum penetrale. Editionem Ernesti priorem expressit Parisiis Jo. Nic. L'Allemand 1760, 2 Vol. 12. omisso Dial. de Oratoribus, suisque auctorem notis, brevibus iis quidem, at bonæ frugis, illustravit.

Postremò cum Biponti eruditorum hominum societas egregio consilio suscepisset immensum opus scriptores omnes Romanos, quos vocant classicos, pulchrè minúsque pretiosè edendi, ab hoc Nostro initium facere visum est, prodire jusso 4 tomis 8°. Biponti 1779, cum Notis ad rem criticam præcipuè spectantibus, et Indice Historico ex Freinshemio desumpto. In textu recensendo multis isti lectionibus ex veterum impressorum auctoritate postliminium dedere, plus etiam proprio ingenio ausi sunt; felices, modò lauream, quam doctrinâ et acumine ingenii meruerunt, præcipiti suâ emendandi libidine ipsi non videbuntur corrupisse.

Finem impositurus, tirones monendos arbitror, distinctionem capitum, quæ hodie in Taciti libris recepta est, fuisse primùm a Jano Grutero inductam, cum is Tacitum Francofurti evulgaverit anno 1607. Indicem autem et rerum et verborum copiosissimum, quem deinceps editores fere omnes repræsentarunt, studiis et labori indefesso debemus Joannis Freinshemii v. c. qui illum Tacito subjecit Argentor. 1638, 8. in quem elimandum se cum

fratre

fratre ſuo ſex fere menſes impendiſſe teſtatur: nec dicto facilè, aſſenſum denegabit, quiſquis in hoc ergaſtulum, ut Indicem conflaret paullùm modò ampliorem, iniquo ſuo fato fuerit detruſus.

DE

DE TACITO

TESTIMONIA.

Plin. Junior Epist. II. 1.

LAUDATUS est [Verginius] a consule Cornelio Tacito: nam hic supremus felicitati ejus cumulus accessit, laudator eloquentissimus.

Idem Epist. II. 11.

Respondit Cornelius Tacitus eloquentissimè, et quod eximium orationi ejus inest, σεμνῶς

Idem Epist. IV. 15.

Idem Cornelium Tacitum (scis quem virum) arctâ familiaritate complexus est.

Idem Epist. VI. 16.

Petis ut tibi avunculi mei exitum scribam, quò veriùs tradere posteris possis. Gratias ago: nam video morti ejus, si celebretur a te, immortalem gloriam esse propositam. Quamvis enim pulcherrimarum clade terrarum, ut populi, ut urbes, memorabili casu quasi semper victurus, occiderit; quamvis ipse

ipse plurima opera et mansura condiderit; multum tamen perpetuitati ejus scriptorum suorum æternitas addet. Equidem beatos puto, quibus deorum munere datum est aut facere scribenda, aut scribere legenda: beatissimos vero, quibus utrumque. Horum in numero avunculus meus et suis libris et tuis erit.

Idem Epist. VII. 20.

Erit ratum et insigne, duos homines ætate, dignitate, propemodum æquales, nonnullius in literis nominis (cogor enim de te parcius dicere, quia de me simul dico) alterum alterius studia fovisse. Equidem adolescentulus, cum jam tu famâ gloriâque floreres, te sequi, tibi *longo, sed proximus, intervallo* et esse et haberi concupiscebam.

Idem Epist. VII. 33.

Auguror (nec me fallit augurium) historias tuas immortales futuras: quò magis illis, ingenuè fatebor, inseri cupio. Nam si esse nobis curæ solet, ut facies nostra ab optimo quoque artifice exprimatur, nonne debemus optare, ut operibus nostris similis tui scriptor prædicatorque contingat?

Idem Epist. IX. 14.

Nec ipse tibi plaudis, et ego nihil magis ex fide, quàm de te scribo. Posteris an aliqua cura nostri, nescio: nos certè meremur ut sit aliqua, non dico ingenio (id enim superbum) sed studio, sed labore, et reverentiâ posterorum. Pergamus modò itinere instituto, quod ut paucos in lucem famamque provexit, ita multos e tenebris et silentio protulit. Vale.

d Idem

Idem Epist. IX. 23.

Frequenter e senatu famam, qualem maximè optaveram, retuli: numquam tamen majorem cepi voluptatem, quàm nuper ex sermone Cornelii Taciti. Narrabat, sedisse secum Circensibus proximis equitem Romanum: hunc post varios eruditosque sermones requisisse, *Italicus es, an provincialis?* se respondisse, *Nosti me, et quidem ex studiis*: ad hoc illum, *Tacitus es, an Plinius?* Exprimere non possum, quàm sit jucundum mihi, quòd nomina nostra, quasi literarum propria, non hominum, literis redduntur; quòd uterque nostrûm his etiam ex studiis notus, quibus aliter ignotus est.

Orosius Hist. VII. 3.

Deinde, ut verbis Cornelii Taciti loquar, *sene Augusto Janus patefactus, dum apud extremos terrarum terminos novæ gentes sæpe ex usu, et aliquando cum damno quæruntur, usque ad Vespasiani duravit imperium.*

Idem Hist. VII. 10.

Bellum adversus Germanos et Dacos per legatos gessit [Domitianus] pari reip. pernicie; cum et in Urbe ipse senatum populumque laniaret, et foris malè circumactum exercitum assiduâ hostes cæde conficerent. Nam quanta fuerint Diurpanei Dacorum regis cum Fusco duce prœlia, quantæque Romanorum clades, longo contextu evolverem, nisi Cornelius Tacitus, qui hanc historiam diligentissimè contexuit, *de reticendo interfectorum numero et Sallustium Crispum et alios auctores quamplurimos sanxisse, et seipsum idem potissimùm elegisse* dixisset.

Flavius

Flavius Vopiscus in Aurel. cap. 2.

Me contrà dicente, neminem scriptorum, quantum ad Historiam pertinet, non aliquid esse mentitum; prodente quinetiam in quo Livius, in quo Sallustius, in quo Corn. Tacitus, in quo denique Trogus manifestis testibus convincerentur: pedibus in sententiam transitum faciens, ac manum porrigens, jocando præterea, Scribe, inquit, ut libet: securus quod velis dicas, habiturus mendaciorum comites, quos historicæ eloquentiæ miramur auctores.

Idem in Tacito, c. 10.

Cornelium Tacitum, scriptorem Historiæ Augustæ, quòd parentem suum eumdem diceret, in omnibus bibliothecis collocari jussit [Tacitus] imperator. Et ne lectorum incuriâ deperiret, librum per annos singulos decies describi publicitùs in cunctis archivis jussit, et in bibliothecis poni.

Idem in Probo, c. 2.

Mihi quidem id animi fuit, non ut Sallustios, Livios, Tacitos, Trogos, atque omnes disertissimos imitarer viros, in vitâ principum, et temporibus disserendis, sed Marium Maximum, Suetonium Tranquillum . . . . ceterosque, quæ hæc et talia non tam disertè quàm verè memoriæ tradiderunt.

Hieronymus Comment. in Zachar. c. 14.

Hæc omnia plenissimè Josephus, qui Judaicam scripsit historiam, et multò majora, quàm legimus in Prophetis, eos sustinuisse commemorat. Cornelius quoque Tacitus, qui post Augustum usque ad mortem Domitiani vitas Cæsarum triginti voluminibus exaravit.

Apollinaris Sidonius Epist. IV. 14. Polemio suo.

Caius Tacitus, unus e majoribus tuis, Ulpianorum temporum consularis, sub verbis cujuspiam Germanici ducis in Historiâ suâ retulit, dicens: *Cum Vespasiano mihi vetus amicitia, et, dum privatus esset, amici vocabamur.*

Idem Epist. IV. 22. Leoni suo.

Res quidem digna, quam tu juberes [ut historias scriberem] sed non minùs digna, quam faceres. Namque et antiquitùs, cum C. Cornelius C. Secundo paria suasisset, ipse postmodum, quod injunxit, arripuit. Idque ab exemplo nunc me meliùs aggrederis, quia et ego Plinio ut discipulus assurgo, et tu vetusto genere narrandi jure Cornelium antevenis.

Idem Panegyric. ad Anthemium Augustum, Carm. II. 190.

Qua Crispus brevitate placet, quo pondere Varro,
Quo genio Plautus, quo fulmine Quintilianus,
Qua pompâ Tacitus numquam sine laude loquendus.

Idem ad Consentium, Carm. XXIII. 146.

Et te, qui brevitate, Crispe, polles;
Et te, qui pro ingenio fluente, nulli,
Corneli Tacite, es tacendus ori.

Plinius Major Hist. Nat. VII. 16.
(De Corn. Tacito, patre, ut videtur, Historici)

Invenimus in monumentis, Salamine Euthymenis filium in tria cubita triennio adolevisse, incessu tardum,

dum, ſenſu hebetem; etiam puberem factum, voce robuſtâ; abſumptum contractione membrorum ſubitâ, triennio circumacto. Ipſi nos pridem vidimus eadem ferme omnia in filio Cornelii Taciti equitis Romani, Belgicæ Galliæ rationes procurantis. Ἐκτραπέλους Græci vocant eos: in Latio non habent nomen.

Brevi-

Breviarium Libelli de ſitu, moribus, et populis Germaniæ.

14. *Et conservatio per bella.*
15. *Quiescentium desidia.*
16. *Germanis nullæ urbes, ratio ædificandi simplex,*
17. *Vestitus vilis. Mulierum vestitus,*
18. *Matrimonia, dotes, pudicitia.*
19. *Pœna adulteriorum. Monogamia quarundam.*
20. *Liberorum educatio. Sororum filii liberis pares.*
21. *Hospitalitas, victus, lotio,*
22. *Armati convivæ, rixæ inter ebrios,*
23. *Potus, cibus,*
24. *Spectacula. Aleâ ludendi temeritas.*
25. *Servorum et libertorum conditio.*
26. *Fenus ignotum. Agricultura.*
27. *Funera, sepulcra, luctus. Nationes e Germaniâ in Gallias transgressæ,*
28. *Treveri, Nervii, Vangiones, Triboci, Nemetes, Ubii.*
29. *Batavorum virtus et consanguinei.*
30. *Cattorum regio, habitus, disciplina militaris,*
31. *Vota quibus virtutem accendunt.*
32. *Usipii. Tencteri.*
33. *Bructeri. Chamavi. Angrivarii.*
34. *Dulgibini. Chasuari. Frisii.*
35. *Chaucorum justitia et vires.*
36. *Cherusci et Fosi a Cattis victi.*
37. *Cimbrorum gesta. Clades a Germanis illatæ imperio.*

38.

A. D. 98. U. C. 851.

C O S S.

{ M. Cocceio Nervâ Aug. IV.
{ M. Ulpio Trajano Cæſare II.

C. CORNELII

TACITI

DE SITU, MORIBUS, ET POPULIS

GERMANIÆ

LIBELLUS.

I. GERMANIA omnis a Gallis Rætiſque et Pannoniis, Rheno et Danubio fluminibus, a Sarmatis Daciſque, mutuo metu[1] aut montibus ſeparatur. Cetera oceanus ambit, latos[2] ſinus et inſularum[3] immenſa ſpatia complectens, nuper[4] cognitis quibuſdam gentibus ac regibus, quos bellum aperuit.

[1] *Metu aut montibus*] Vitioſa, ni fallor, antitheſis. Germania, de qua hîc agitur, eſt Tranſrhenana.

[2] *Latos ſinus*] Bothniæ et Finlandiæ.

[3] *Inſularum*] Incompertâ Romanis hac terrarum parte, Scandinaviam et Eningiam (Finland) inſulas eſſe falsò exiſtimabant. Infrà c. 44.

[4] *Nuper cognitis*] Domitiani imperio, cui bella cum Cattis, Suevis, Sarmatis.

Rhenus

Rhenus Ræticarum [5] Alpium inacceſſo ac præcipiti vertice ortus, modico flexu in occidentem verſus, ſeptemtrionali oceano miſcetur. Danubius molli et clementer edito montis Abnobæ [6] jugo effuſus, plures populos adit, donec in Ponticum mare ſex meatibus erumpit: ſeptimum enim os paludibus hauritur.

II. Ipſos Germanos indigenas crediderim, miniméque aliarum gentium adventibus et hoſpitiis mixtos: quia nec terrâ ólim, ſed claſſibus advehebantur, qui mutare ſedes quærebant; et immenſus ultrà, utque ſic dixerim, adverſus [7] oceanus raris ab orbe noſtro navibus aditur. Quis porro, præter periculum horridi et ignoti maris, Aſiâ, aut Africâ, aut Italiâ relictâ, Germaniam peteret, informem terris, aſperam cœlo, triſtem cultu adſpectuque, niſi ſi patria ſit? Celebrant carminibus antiquis (quod unum apud illos memoriæ et annalium genus eſt) Tuiſconem [8] deum terrâ editum, et filium Mannum, originem gentis conditoreſque. Manno trîs filios adſignant, e quorum nominibus proximi oceano Ingævones [9], medii

5 *Ræticarum A.*] Montes Griſonum. Mons, cujus vertice Rhenus oritur, hodie dicitur *Vogelberg*, teſte Marſili in *Danub. Pannonico- Myſico*, tom. 6. tab. 4.

6 *Abnobæ*] Germanis *Schwartz-wald*. Marſil. ib. p. 4.

7 *Adverſus*] Infenſus et repugnans: ob violentiam.

8 *Tuiſconem*] Alii *Tuiſtonem*. Atqui ſimilius illud nomini proprio gentis *Tuiſchen*, unde nobis *Dutch*. *Mannus* homo eſt.

9 *Ingævones*] Germani dicunt

medii Hermiones, ceteri Istævones vocentur. Quidam autem, licentiâ vetustatis, plures deo ortos, pluresque gentis appellationes, Marsos, Gambrivios, Suevos, Vandalios adfirmant; eaque vera et antiqua nomina. Ceterum Germaniæ vocabulum recens, et nuper additum: quoniam qui primi Rhenum transgressi Gallos expulerint, ac nunc [1] Tungri, tunc Germani vocati sint. Ita nationis nomen in [2] nomen gentis evaluisse paullatim, ut omnes primùm a victore ob metum, mox a seipsis invento nomine, Germani [3] vocarentur. Fuisse apud eos et Herculem memorant, primumque omnium virorum fortium ituri in prœlia canunt.

III. Sunt illis hæc quoque carmina, quorum [4] relatu (quem *Barditum* vocant) accendunt

dicunt *innwohner*, *herrumwohner*, *istwohner*, h. e. incolas partis interioris, medii, orientis. Noster quoque infrà c. 9. distinguit inter *proximos* (Italiæ scil.) et *interiores*. Plin. 4, 14. Germanorum genera quinque recenset.

1 *Nunc Tungri*] Supple, *vocantur*.

2 *In nomen gentis*] Ita rectè correxit Acidalius vulg. *non gentis*, nato errore ex abbreviat. *ī nōn gentis*.

3 *Germani v.*] Id valet *bellaces viri*, *wehr-man*. *Wehr*, *war*, Gallis *guerre*, bellum est. Primò nomen hoc fuit nationis victricis Tungrorum, sed paulatim evaluit in nomen universæ gentis; ita ut quod nomen victores Cisrhenani ob metum incutiendum repererant, id jam etiam Transrhenani omnes, ut gloriosum, sibi imponerent. Hunc esse sensum loci arbitror, quamquam vix credam sincerum esse: namque *ob metum*, pro, ut metum incuterent, durum est.

4 *Quorum relatu*] *Relatum* vocat ipsum cantum, ut

dunt animos, futuræque pugnæ fortunam ipſo cantu augurantur: terrent enim, trepidantve, prout ſonuit acies; nec tam voces illæ, quàm virtutis concentus videntur. Adfectatur præcipuè aſperitas ſoni, et fractum murmur, objectis ad os ſcutis, quò plenior et gravior vox repercuſſu intumeſcat. Ceterum et Ulixem quidam opinantur, longo illo et fabuloſo errore in hunc oceanum delatum, adiſſe Germaniæ terras, Aſciburgiumque[5], quod in ripà Rheni ſitum hodieque incolitur, ab illo conſtitutum, nominatumque ΑΣΚΙΠΥΡΓΙΟΝ. Aram quin etiam Ulixi[6] conſecratam, adjecto Laertæ patris nomine, eodem loco olim repertam: monumentaque et tumulos quoſdam, Græcis[7] litteris inſcriptos, in confinio Ger-

ut poetæ *referre* de quocumque genere orationis dicunt. Barditus a Bardis, poetis, dicitur. Alii tamen libri habent *baritum*, nec improbante Lipſio, quoniam Germanis *beren* aut *baeren* eſt clamare: unde Scotis *bairn* pro infante uſurpatur.

5 *Aſciburgiumque*] *Aſburg* in comitatu *Meurs*. Mox nomen Græcum Ασκιπυργιον rectè in textum reduxit Cl. Broterius, petulanter eo nomine a Bipontinis et ſine cauſâ laceratus: reperitur enim in Mss. vel ipſa vox, vel lacuna ubi eſſe debuit; nec abſimile veri eſt, adjectam eam a Tacito fuiſſe, ut levi mutatione inde factum denotet *Aſciburgium*. Ceterum nota eſt fabella de *utriculis*, quibus ventos incluſit Æolus, Ulyſſi in patriam remeanti contrarios; et inde fortaſſe ſomnium illud etymologorum, quia Ασκίυ πυργίον utriculi turris eſt.

6 *Ulixi conſecratam*] Intellige, ab Ulyſſe. Sic Ann. 15, 41. *Ædes Statoris Jovis, vota Romulo.*

7 *Græcis litteris*] Quæ a Maſſilienſibus in Galliam traductæ, mox in Germaniam penetrarunt.

maniæ

-maniæ Rætiæque adhuc exſtare. Quæ neque confirmare argumentis, neque refellere in animo eſt: ex ingenio ſuo quiſque demat, vel addat fidem.

IV. Ipſe eorum opinionibus accedo, qui Germaniæ populos nullis aliis aliarum nationum connubiis infectos, propriam, et ſinceram, et tantùm ſui ſimilem gentem exſtitiſſe arbitrantur. Unde habitus quoque corporum, quamquam in tanto hominum numero, idem omnibus: truces et cœrulei oculi, rutilæ comæ, magna corpora, et tantùm ad impetum valida; laboris atque operum non eadem patientia: minimèque [8] ſitim æſtumque tolerare, frigora atque inediam cœlo ſolove adſueverunt.

V. Terra, etſi aliquantò ſpecie differt, in univerſùm tamen aut ſilvis horrida, aut paludibus fœda: humidior quà Gallias, ventoſior [9] quà Noricum ac Pannoniam adſpicit: ſatis ferax [1], frugiferarum arborum impatiens, pecorum fecunda, ſed plerumque [2] improcera. Ne [3] armentis quidem ſuus honor, aut gloria

8 *Minimèque ſitim*] Et qui calidioris cœli incommoda tolerare nequeant, iidem ſui cœli ſuique ſoli frigora atque inediam adſueverunt tolerare.

9 *Ventoſior*] Adeóque et ſiccior.

1 *Satis ferax*] Segetibus fecunda. *Sata* accipit pro omnibus quæ feruntur. Sall. Jug. 17. de Africâ: *ager frugum fertilis, bonus pecori, arbori infecundus.*

2 *Sed plerùmque*] Sed ea plerumque improcera ſunt, pluviis et frigore coarctata. Mutato poſtea Germaniæ cultu, mutata quoque pecorum forma.

3 *Ne armentis*] Etiam bobus puſilla aut nulla cornua.

frontis: numero gaudent; eæque ſolæ et gratiſſimæ opes ſunt. Argentum et aurum propitii an irati dii negaverint, dubito. Nec tamen adfirmaverim, nullam Germaniæ venam argentum aurumve gignere: quis enim ſcrutatus eſt? poſſeſſione et uſu haud [4] perinde adficiuntur. Eſt videre apud illos argentea vaſa, legatis et principibus eorum muneri data, non [5] in aliâ vilitate, quàm quæ humo finguntur. Quamquam proximi ob uſum commerciorum aurum et argentum in pretio habent, formaſque quaſdam noſtræ pecuniæ agnoſcunt, atque eligunt: interiores, ſimpliciùs et antiquiùs, permutatione mercium utuntur. Pecuniam probant [6] veterem et diu notam, Serratos [7], Bigatoſque. Argentum quoque magis quàm aurum ſequuntur, nullâ affectione animi, ſed quia numerus argenteorum facilior uſui eſt promiſcua ac vilia mercantibus.

4 *Haud perinde*] Id eſt, *non admodum*, ut ſuprà Ann. 2. ſub fin.

5 *Non in aliâ v.*] Pari, ſeu æquè vilia, ac quæ luto finguntur.

6 *Probant veterem*] Quoniam invaleſcentibus apud Romanos vitiis, corrupta fuit moneta. Corruperunt Livius Druſus in tribunatu plebis, et triumvir Antonius. *Miſcentur æra falſa monetæ: alii e pondere ſubtrahunt . . . igitur ars facta denarios probare.* Plin. 33, 3. 9.

7 *Serratos*] Denarios, quorum margines in modum ſerræ erant inciſi, ut inde appareat, ſincerine erant, an adulterini, argenti bracteâ obducti, intus verò ære ferrove pleni. *Bigati* autem erant optimo argento, et imperatorum denariis ponderoſiores. De his Plin. 33, 3. *Nota argenti fuere bigæ atque quadrigæ: et inde bigati quadrigatique dicti.*

VI.

VI. Ne ferrum quidem ſupereſt, ſicut ex[8] genere telorum colligitur. Rari gladiis, aut majoribus lanceis utuntur: haſtas, vel ipſorum vocabulo *frameas* gerunt, anguſto et brevi ferro, ſed ita acri et ad uſum habili, ut eodem telo, prout ratio poſcit, vel cominus vel eminus pugnent. Et eques quidem ſcuto frameâque contentus eſt: pedites et miſſilia ſpargunt, plura ſinguli, atque in immenſum vibrant, nudi aut ſagulo[9] leves. Nulla cultûs jactatio: ſcuta tantùm lectiſſimis coloribus diſtinguunt. Paucis loricæ: vix uni alterive caſſis, aut galea. Equi non formâ, non velocitate conſpicui: ſed nec variare gyros, in morem noſtrum, docentur: in rectum, aut uno flexu dextros agunt, ita conjuncto orbe, ut nemo poſterior ſit. In univerſum æſtimanti, plus penes peditem roboris: eóque mixti[1] prœliantur, aptâ et congruente ad equeſtrem pugnam velocitate peditum, quos ex omni juventute delectos, ante aciem locant. Definitur et numerus. Centeni ex ſingulis pagis ſunt: idque ipſum inter[2] ſuos vocantur;

[8] *Ex genere telorum*] Cornibus urorum tela cuſpidabant barbari ſeptentrionales, teſte Plin. 2, 37. Lapideis quoque armis utebantur, quorum copia maxima in Germanorum ſepulcris reperitur.

[9] *Sagulo*] De ſago infrà c. 17. Conferantur quæ de Germanorum armaturâ Noſter habet ſuprà Ann. 2, 14.

[1] *Mixti prœliantur*] Deſcribit morem Cæſar B. Gall. 1, 48.

[2] *Inter ſuos vocantur*] *Die hunderte.* Inde celebris

tur; et quod primò numerus fuit, jam nomen et honor eſt. Acies per cuneos[3] componitur. Cedere loco, dummodo rurſus inſtes, conſilii quàm formidinis arbitrantur. Corpora ſuorum etiam in dubiis prœliis referunt. Scutum reliquiſſe, præcipuum flagitium. Nec aut ſacris adeſſe, aut concilium inire, ignominioſo fas: multique ſuperſtites bellorum, infamiam laqueo finierunt.

VII. Reges ex nobilitate, duces ex virtute ſumunt. Nec regibus infinita aut libera poteſtas; et duces[4] exemplo potiùs quàm imperio, ſi prompti, ſi conſpicui, ſi ante aciem agant, admiratione præſunt. Ceterum neque animadvertere, neque vincire, ne verberare quidem, niſi[5] ſacerdotibus permiſſum: non quaſi in pœnam, nec ducis juſſu, ſed velut deo imperante, quem adeſſe bellantibus credunt. Effigieſque[6], et ſigna quædam detracta lucis, in prœlium ferunt. Quodque præci-

bris Anglorum in *hundredas* diſtributio. A Suevis non centum, ſed millia armatorum ex ſingulis pagis quotannis in bellum immitti ſolere ſcribit Cæſ. B. G. 4, 1.

3 *Cuneos*] Cuneus eſt multitudo peditum in trianguli ſpeciem compoſita, acie in hoſtem obverſâ, ita ut a pluribus in unum locum tela mittantur. Deſcribit Veget. 3, 19.

4 *Duces exemplo*] Conſtructio eſt: et duces, qui exemplo potiùs quàm imperio duces ſunt, admiratione præſunt; ſeu, hunc honorem obtinent.

5 *Niſi ſacerdotibus*] Et magiſtratibus, qui ſummo cum imperio in bello præſunt, ut patet ex Cæſ. B. G. 6, 23. et veterum Germanorum Gallorumque hiſtoriis. Sermo hîc de ducibus eſt.

6 *Effigieſque*] Ferarum. Hiſt. 4, 22.

puum

puum fortitudinis incitamentum eſt, non casus, nec fortuita conglobatio turmam aut cuneum facit, ſed familiæ et propinquitates. Et in proximo pignora; unde feminarum ululatus audiri, unde vagitus infantium: hi cuique ſanctiſſimi teſtes, hi maximi laudatores. Ad matres, ad conjuges vulnera ferunt: nec illæ numerare, aut exſugere[7] plagas pavent; ciboſque et hortamina pugnantibus geſtant.

VIII. Memoriæ proditur, quaſdam acies, inclinatas jam et labantes, a feminis reſtitutas, conſtantiâ precum, et objectu pectorum, et monſtratâ cominus captivitate, quam longè impatientiùs feminarum[8] ſuarum nomine timent; adeò ut efficaciùs obligentur animi civitatum, quibus inter obſides puellæ quoque nobiles imperantur[9]. Ineſſe quinetiam ſanctum aliquid et providum putant: nec aut

7 *Exſugere*] Mss. et editt. plerique *exigere*, i. e. expendere vulnera, an honeſta ſint. Rectiùs Bip. et Bleterius, qui Rhenani correctionem ſequuntur, *exſugere*, ſugendo curare ſcil. quod jam inde ab Homeri temporibus factum videmus, Iliad. δ. 218. Minùs utique convenit verbo *pavent* τὸ *exigere* quàm *exſugere*, quod opus, ſicubi plagæ graviores illatæ eſſent, etiam fortiſſimi exhorreſcant; præſertim cum Germanos *nullâ vulnerum patientiâ* fuiſſe imbutos Tacitus innuat ſupra Ann. 2, 14.

8 *Feminarum ſ. nomine*] Quàm ſuâ ipſorum cauſâ, ut mox dicetur.

9 *Imperantur*] Suet. Aug. 21. *A quibuſdam novum genus obſidum, feminas, exigere* tentavit, *quòd negligere marium pignora ſentiebat.*

conſilia

consilia[1] earum adspernantur, aut responsa[2] negligunt. Vidimus sub divo Vespasiano Veledam[3], diu apud plerosque numinis loco habitam. Sed et olim Auriniam[4], et complurîs alias venerati sunt, non[5] adulatione, nec tamquam facerent deas.

IX. Deorum[6] maximè Mercurium[7] colunt, cui, certis diebus, humanis quoque hostiis litare fas habent. Herculem ac Martem

1 *Consilia earum*] Par quoque Canadensium feminarum auctoritas, teste Charlevoix, *Voy. de l'Amerique*, Lett. 13 & 18.

2 *Responsa negligunt*] Suffragatur Cæs. B. G. 1, 50.

3 *Veledam*] Hist. 4, 61. 65. *Vidimus*, dicit, quia capta fuit postea a Rutilio Gallico Veleda, et fortè Romam ducta. Statius, Silv. 1, 4. vers. 90. *Non vacat arctoas acies, Rhenumque rebellem, Captivæque preces Veledæ ——— Pandere.*

4 *Auriniam*] Facto nomine, ut videtur, ex *Alteruna*, quod Germanicè sonat vetula saga, ut *Guthruna* bona saga est. Jornandes de reb. Goth. *Repperit in populo quasdam magas mulieres, quas patrio sermone Aliorunas ipse cognominat.* Libri scripti innuunt dedisse Tacitum *Aluriniam.* Quidni et hac significatione dicta fuerit insula Gallica *Oleron?*

5 *Non adulatione*] Ut nos Romani, cum Cæsares nostros cœlo locamus: *nec tamquam facerent deas*; nec tamquam deas, quas ipsi facerent, neque esse numina crederent.

6 *Deorum*] Cæsaris ætate solos habuerunt deos Solem et Vulcanum et Lunam, B. Gall. 6, 21. Tractu temporis, turba numinum a finitimis gentibus in Germaniam pervenit.

7 *Mercurium*] De Gallis Cæsar B. G. 6, 17. *Deum maximè Mercurium colunt: hujus sunt plurima simulacra. Hunc omnium inventorem artium ferunt, hunc viarum atque itinerum ducem; hunc ad quæstus pecuniæ mercaturasque habere vim maximam arbitrantur.*

concessis

conceſſis [8] animalibus placant: pars Suevorum et Iſidi [9] ſacrificat. Unde cauſſa et origo peregrino ſacro, parum comperi; niſi quòd ſignum ipſum in modum liburnæ figuratum, docet advectam religionem. Ceterum nec cohibere parietibus deos, neque in ullam humani oris ſpeciem adſimulare, ex magnitudine cœleſtium arbitrantur: lucos ac nemora conſecrant, deorumque nominibus appellant ſecretum [1] illud, quod ſolâ reverentiâ vident.

X. Auſpicia ſorteſque, ut qui maximè, obſervant. Sortium conſuetudo ſimplex. Virgam frugiferæ arbori deciſam, in ſurculos amputant, eoſque notis quibuſdam diſcretos, ſuper candidam veſtem temere ac fortuitò ſpargunt: mox, ſi publicè conſulatur, ſacerdos civitatis, ſin privatim, ipſe paterfamiliæ, precatus deos, cœlumque ſuſpiciens, ter ſingulos tollit; ſublatos, ſecundùm impreſſam antè notam, interpretatur. Si prohibuerunt, nulla de eâdem re in eumdem diem conſultatio: ſin permiſſum,

[8] *Conceſſis*] Quibus aliæ humaniores gentes ſacrificant.

[9] *Iſidi*] Ægyptiacæ navigantium deæ, cujus cultum a mercatoribus ad Danubii atque Albis fluviorum accolas advectum minimè eſt mirum. Apud Muratori Thes. Inſcrip. to. 1, p. 25. videre eſt deam Clatram, quæ eadem eſt ac Iſis. Dextrâ ſiſtrum et ſerpentem tenet, ſiniſtrâ menſuram Nili creſcentis: ſupra caput calathum gerit; retro eſt liburna. In ejus navigii formam Iſidis ſuæ ſtatuam effinxere Suevi.

[1] *Secretum illud*] Penetrale, quod ſolâ reverentiâ populus videt, ſacerdotibus ſepoſitum.

auſpiciorum

auſpiciorum adhuc fides exigitur. Et illud quidem etiam hîc notum, avium voces volatuſque interrogare: proprium gentis, equorum quoque præſagia ac monitus experiri. Publicè aluntur iiſdem[2] nemoribus ac lucis, candidi, et nullo mortali opere contacti; quos preſſos ſacro curru ſacerdos, ac rex vel princeps civitatis, comitantur, hinnituſque ac fremitus obſervant. Nec ulli auſpicio major fides, non ſolùm apud plebem, ſed apud proceres, apud ſacerdotes: ſe enim miniſtros deorum, illos[3] conſcios putant. Eſt et alia obſervatio auſpiciorum, qua gravium bellorum eventus explorant. Ejus gentis cum qua bellum eſt, captivum, quoquo modo interceptum, cum electo popularium ſuorum, patriis quemque armis, committunt: victoria hujus, vel illius, pro præjudicio accipitur.

XI. De minoribus rebus principes conſultant, de majoribus omnes: ita tamen, ut ea quoque, quorum penes plebem arbitrium eſt, apud principes pertractentur[4]. Coeunt, niſi quid fortuitum et ſubitum inciderit, certis diebus, cum aut inchoatur luna, aut impletur: nam agendis rebus hoc auſpicatiſſimum initium

2 *Iiſdem n.*] Iiſdem, de quibus ſuprà diximus.

3 *Illos conſcios*] Similiter Tibull. I. 9, 3. *conſcia fibra deorum.*

4 *Pertractentur*] Britannicæ rudimenta politiæ facilè hîc agnoſcas, quam ſanè regiminis formam laudibus effert, & Germanicis in ſilvis fuiſſe repertam miratur Cl. de Monteſquieu, *Eſpr. des Loix*, 6, 11.

credunt.

credunt. Nec dierum numerum, ut nos, sed noctium [5] computant. Sic constituunt, sic condicunt: nox ducere diem videtur. Illud ex libertate vitium, quòd non simul, nec ut jussi conveniunt, sed et alter, et tertius dies cunctatione coeuntium absumitur. Ut [6] turbæ placuit, considunt armati. Silentium per sacerdotes, quibus tum et coercendi jus est, imperatur. Mox rex, vel princeps, prout ætas cuique, prout nobilitas, prout decus bellorum, prout facundia est, audiuntur, auctoritate suadendi magis, quàm jubendi potestate. Si displicuit sententia, fremitu adspernantur: sin placuit, frameas [7] concutiunt. Honoratissimum assensûs genus est, armis laudare.

XII. Licet apud concilium accusare quoque, et discrimen capitis intendere. Distinctio pœnarum ex delicto. Proditores et transfugas arboribus suspendunt: ignavos, et imbelles, et corpore infames, cœno ac palude,

5 *Noctium computant*] Quem ritum et nos imitamur, ab his oriundi. De Gallis Cæs. B. G. 6, 18. *Galli se omnes a Dite patre prognatos prædicant, idque a Druidibus proditum dicunt. Ob eam causam spatia omnis temporis non numero dierum, sed noctium finiunt, et dies natales, & mensium et annorum initia sic observant, ut noctem dies subsequatur.*

6 *Ut turbæ placuit*] Quo loco et tempore majori parti coeuntium visum fuerit, considunt. Alii volunt, *ut turba placuit*, sua ipsis scilicet: postquam satis frequentes convenisse sibi visi sunt. Sed turbam pro numero satis frequenti nescio an Latinè dicas.

7 *Frameas concutiunt*] Quod factum vidimus suprà Hist. 5, 17. Scutis frameas impingunt.

injectâ insuper crate, mergunt. Diversitas supplicii illuc respicit, tamquam scelera ostendi oporteat, dum puniuntur, flagitia abscondi. Sed et levioribus delictis, pro[8] modo, poena: equorum pecorumque numero convicti multantur. Pars multæ regi vel civitati, pars ipsi qui vindicatur, vel propinquis ejus exsolvitur. Eliguntur in iisdem conciliis et principes, qui jura per pagos vicosque reddant. Centeni singulis ex plebe comites, consilium simul et auctoritas, adsunt.

XIII. Nihil autem neque publicæ neque privatæ rei, nisi armati, agunt. Sed arma sumere non antè cuiquam moris, quàm civitas suffecturum[9] probaverit. Tum in ipso concilio, vel principum aliquis, vel pater, vel propinquus, scuto frameâque juvenem ornant. Hæc apud[1] illos toga, hic primus juventæ honos: ante hoc domûs pars[2] videntur, mox reipublicæ. Insignis nobilitas, aut magna patrum merita, principis[3] dignationem etiam adolescen-

8 *Pro modo*] Pro ratione delictorum.

9 *Suffecturum*] Satis aptum fore judicaverit ad arma gerenda.

1 *Apud illos toga*] Loco togæ virilis est.

2 *Domûs pars*] A servis non discreti. Infrà c. 19.

3 *Principis dignationem*] Nondum tamen munia principis: verùm ceteris robustioribus ac jampridem probatis principibus nobiles illi adolescentuli aggregantur, donec bellicam penitus artem didicerint: nec pudet, quamquam illustri loco natos, inter comites aspici. Pro *ceteris* alii volunt *ceteri*; quos refellunt Taciti verba, *nec rubor inter comites aspici*: nam nullus rubor aliis, qui ignobiliores, inter comites merere; imo decus et æmulatio fuit.

adolescentulis adsignant. Ceteris robustioribus ac jam pridem probatis aggregantur: nec rubor inter comites adspici. Gradus quin etiam et ipse comitatus habet, judicio ejus quem sectantur. Magnaque et comitum æmulatio, quibus primus apud principem suum locus; et principum, cui plurimi et acerrimi comites. Hæc dignitas, hæ vires, magno semper electorum juvenum globo circumdari, in pace decus, in bello præsidium. Nec solùm in suâ gente cuique, sed apud finitimas quoque civitates id nomen, ea gloria est, si numero ac virtute comitatus emineat: expetuntur enim legationibus, et muneribus ornantur, et ipsâ plerumque famâ bella profligant [4].

XIV. Cum ventum in aciem, turpe principi virtute vinci, turpe comitatui virtutem principis non adæquare. Jam verò infame in omnem vitam ac probrosum, superstitem [5] principi suo ex acie recessisse. Illum defendere, tueri, sua quoque fortia facta gloriæ ejus adsignare, præcipuum sacramentum est. Principes pro victoriâ pugnant, comites pro principe. Si civitas, in qua orti sunt, longâ pace

4 *Profligant*] Penè conficiunt: ut suprà Hist. 2, 4.

5 *Superstitem principi*] Inde cum Chonodomarus, Alamannorum rex, a Romanis fuisset captus, *comites ejus, ducenti numero, et tres amici junctissimi, flagitium arbitrati post regem vivere, vel pro rege non mori, si ita tulerit casus, tradidere se vinciendos.* Am. Marcell. 16, 13. Postea gentibus illis inolevit mos principem suum bello captum collatâ publicè pecuniâ redimendi.

et otio torpeat, plerique nobilium adolescentium petunt ultro eas nationes, quæ tum bellum aliquod gerunt: quia et ingrata genti quies, et faciliùs inter ancipitia clarescunt, magnumque comitatum non nisi vi belloque tueare. Exigunt enim principis sui liberalitate illum bellatorem [6] equum, illam cruentam victricemque frameam. Nam epulæ, et quamquam incompti, largi tamen apparatus, pro stipendio cedunt. Materia munificentiæ per bella et raptus. Nec arare terram, aut exspectare [7] annum tam facilè persuaseris, quàm vocare hostes, et vulnera mereri: pigrum quinimmo et iners videtur sudore adquirere, quod possis sanguine parare.

XV. Quotiens bella non ineunt, multum [8] venatibus, plus per otium transigunt, dediti somno ciboque. Fortissimus quisque ac bellicosissimus nihil agens, delegatâ domûs et penatium et agrorum curâ feminis senibusque, et infirmissimo cuique ex familiâ, ipsi [9]

6 *Bellatorem equum*] Oratoriè. A principis munificentiâ petunt decora illa quibus tantopere delectantur, illum *bellatorem* equum &c. Nam epulas et largos apparatus non pro dono habent, sed tamquam debitum sibi ac solenne stipendium accipiunt.

7 *Exspectare annum*] Ut colligantur fruges.

8 *Multum venatibus*] Vulg. *non multum*. Sed ejecimus cum Lips. et Bip. negationem, quæ et structuræ orationis et moribus Germanorum repugnat. Cæsar ait B. G. 6, 21. Germanorum *vita omnis in venationibus atque in studiis rei militaris consistit*. Iterum de Suevis 4, 20. *Multúmque sunt in venationibus*.

9 *Ipsi hebent*] Quemadmodum et nunc in Americæ septemtrionalis silvis vivitur.

hebent;

hebent; mirâ diversitate naturæ, cum iidem homines sic ament inertiam, et oderint quietem. Mos est civitatibus, ultro ac viritim conferre[1] principibus, vel armentorum vel frugum, quod pro honore acceptum, etiam necessitatibus subvenit. Gaudent præcipuè finitimarum gentium donis, quæ non modò a singulis, sed publicè mittuntur: electi equi, magna arma, phaleræ torquesque. Jam et pecuniam accipere docuimus.

XVI. Nullas[2] Germanorum populis urbes habitari, satis notum est: ne pati quidem inter se junctas sedes. Colunt discreti ac diversi, ut[3] fons, ut campus, ut nemus placuit. Vicos locant, non in nostrum morem, connexis et cohærentibus ædificiis: suam quisque domum spatio[4] circumdat, sive adversùs casus ignis remedium, sive inscitiâ ædificandi. Ne cæmentorum[5] quidem apud illos, aut tegularum usus: materiâ ad omnia utuntur infor-

[1] *Conferre principibus*] Intellige *id* vel *aliquid*, cui respondet subsequens *quod*. Rectè habet *ac viritim*: mox enim distinguit Noster dona, *quæ non modò* a singulis, *sed* publicè *mittuntur*.

[2] *Nullas G. p. urbes*] Diuque mansisse eum usum, etiam ad Caroli M. tempora, Germani scriptores tradunt.

[3] *Ut fons*] Hinc crebræ locorum appellationes a *bach*, *feld*, et *holtz*.

[4] *Spatio circumdat*] Id spatium vocabant *saliland*, (cum domus ipsa *sal* dicta fuerit) id est, *terram salicam*, cujus hereditas ad solos filios pertinebat. Eccard. de reb. Franciæ Orient. Montesquieu 18, 22.

[5] *Cæmentorum*] Cæmenta sunt lapides, non quadrati, sed informes ac vulgares, quibus ad ædificandum utuntur.

mi,

mi, et citra ſpeciem aut delectationem. Quædam loca diligentiùs illinunt terrâ, ita purâ ac ſplendente, ut picturam ac lineamenta colorum imitetur. Solent et ſubterraneos ſpecus aperire, eoſque multo inſuper fimo onerant, ſuffugium hiemi, et receptaculum frugibus: quia rigorem frigorum ejuſmodi locis molliunt: et ſi quando hoſtis advenit, aperta populatur; abdita autem et defoſſa aut ignorantur, aut eo ipſo fallunt, quòd quærenda ſunt.

XVII. Tegumen omnibus ſagum[6], fibulâ, aut ſi deſit, ſpinâ[7] conſertum: cetera intecti, totos dies juxta focum atque ignem agunt. Locupletiſſimi veſte diſtinguuntur, non fluitante, ſicut Sarmatæ ac Parthi, ſed ſtrictâ[8], et ſingulos artus exprimente. Gerunt et ferarum pelles, proximi ripæ negligenter[9], ulteriores exquiſitiùs, ut quibus nullus per commercia cultus. Eligunt feras, et detracta velamina ſpargunt maculis, pellibuſque belluarum, quas exterior oceanus atque ignotum mare gignit. Nec alius feminis quàm viris

6 *Sagum*] Pallium quoddam quadrum fuit ſagum, dictus quoque *rheno*. Iſidorus; 19, 23. *Rhenones ſunt velamina humerorum et pectoris uſque ad umbilicum, atque intortis villis adeò hiſpida, ut imbres reſpuant.* V. Cæſ. B. G. 6, 21.

7 *Spinâ c.*] Virg. Æn. 3, 593. *conſertum tegmen ſpinis.*

8 *Strictâ*] Sidon. Carm. 5, 244. *Strictiùs aſſutæ veſtes procera coercent Membra virûm: patet his artato tegmine poples.*

9 *Negligenter*] Quia cultum et meliores jam veſtes ab exteris acceperunt, commerciorum facilitate.

habitus,

habitus, nisi quòd feminæ sæpius lineis[1] amictibus velantur, eosque purpurâ variant, partemque vestitûs superioris in manicas non extendunt, nudæ brachia ac lacertos: sed et proxima[2] pars pectoris patet.

XVIII. Quamquam severa illic matrimonia: nec ullam morum partem magis laudaveris. Nam prope soli barbarorum singulis uxoribus contenti sunt, exceptis admodum paucis, qui non libidine, sed ob[3] nobilitatem plurimis nuptiis ambiuntur. Dotem non uxor marito, sed uxori maritus offert. Intersunt parentes et propinqui, ac munera probant: munera, non ad delicias muliebres quæsita, nec quibus nova nupta comatur; sed boves, et frenatum equum, et scutum cum frameâ gladioque. In hæc munera uxor accipitur: atque invicem ipsa armorum aliquid viro affert. Hoc maximum vinculum, hæc arcana sacra, hos conjugales deos arbitrantur. Ne se mulier extra virtutum cogitationes, extraque bellorum casus putet, ipsis incipientis matrimonii auspiciis admonetur, venire se laborum periculorumque sociam, idem in pace, idem in prœlio passuram ausuramque: (hoc juncti boves, hoc paratus equus, hoc data arma de-

1 *Lineis amictibus*] Plin. 19, 1. *Vela texunt et Transrhenani hostes: nec pulchriorem aliam vestem eorum feminæ novere.*

2 *Proxima pars*] Pars superior, humeris proxima.

3 *Ob nobilitatem*] Sic Ariovisto duæ fuere uxores. Cæs. B. G. 1, 53.

nunciant:)

nunciant:) ſic vivendum, ſic pereundum: accipere ſe, quæ liberis inviolata ac digna[4] reddat; quæ nurus accipiant, rurſuſque ad nepotes referant.

XIX. Ergo ſeptâ[5] pudicitiâ agunt, nullis ſpectaculorum inlecebris, nullis conviviorum inritationibus corruptæ. Litterarum[6] ſecreta viri pariter ac feminæ ignorant. Pauciſſima in tam numeroſâ gente adulteria, quorum pœna præſens, et maritis permiſſa. Acciſis crinibus, nudatam, coram propinquis expellit domo maritus, ac per omnem vicum verbere agit. Publicatæ enim[7] pudicitiæ nulla venia: non formâ, non ætate, non opibus maritum invenerit. Nemo enim illic vitia ridet: nec corrumpere et corrumpi, *ſeculum*[8] vocatur. Meliùs quidem adhuc eæ civitates, in quibus tantùm virgines nubunt, et cum ſpe votoque uxoris ſemel[9] tranſigitur. Sic unum accipiunt maritum, quo modo unum corpus, unamque vitam, ne ulla cogitatio ultrà, ne longior cupiditas, ne[1] tamquam maritum, ſed tam-

4 *Digna*] Pretioſa; quo ſenſu et ἄξιον ἀντὶ τῦ τίμιυ Græci uſurpant.

5 *Septâ pudicitiâ*] Cuſtoditâ et inexpugnabili.

6 *Litterarum ſecreta*] Furtivas amantium epiſtolas.

7 *Enim pudicitiæ*] *Enim* particula tranſeundi: nam quod ad pudicitiam publicatam attinet, nulla venia eſt.

8 *Seculum vocatur*] *Le ton*, ut Galli dicunt.

9 *Semel tranſigitur*] Semel ſumpta finiuntur. Infrà Agric. 34. *tranſigite cum expeditionibus*.

1 *Ne tamquam maritum*] Ut non libidinis, ſed prolis ergo, nubere videantur.

quam

quàm matrimonium ament. Numerum liberorum finire [2], aut quemquam ex [3] agnatis necare, flagitium habetur: plusque ibi boni mores valent, quàm alibi bonæ leges.

XX. In omni domo nudi ac sordidi, in hos artus, in hæc corpora, quæ miramur, excrescunt. Sua quemque mater uberibus alit, nec ancillis ac nutricibus delegantur. Dominum ac servum nullis educationis deliciis dignoscas: inter eadem pecora, in eâdem humo degunt, donec ætas separet ingenuos, virtus [4] agnoscat. Sera [5] juvenum venus, eóque inexhausta pubertas. Nec virgines festinantur: eadem juventa, similis proceritas, pares [6] validæque miscentur: ac robora parentum liberi referant. Sororum filiis idem apud avunculum, qui apud patrem honor. Quidam sanctiorem artioremque hunc nexum sanguinis arbitrantur, et in accipiendis obsidibus magis exigunt, tamquam ii et animum firmiùs, et

[2] *Finire*] Abigendo fetum, quod Romæ factitare divites feminas testatur Juven. Sat. 6, 593.

[3] *Ex agnatis*] Quemquam ex liberis qui adnascuntur, exponere.

[4] *Virtus agnoscat*] Cassiodorus, *Variarum*, Ep. 1, 38. *Gothis ætatem legitimam virtus facit: et qui valet hostem confodere, ab omni se jam debet vitio vindicare.*

[5] *Sera juvenum v.*] Cæs. B. G. 6, 21. *Qui diutissimè impuberes permanserunt, maximam inter suos ferunt laudem: hoc ali staturam, ali vires, nervosque confirmari putant.*

[6] *Pares*] Virgines pares ætate maritis. Verbum *miscentur* ad omnia promiscuè referendum, juventa, proceritas, p. v. que.

domum [7] latiùs teneant. Heredes tamen ſucceſſoreſque, ſui cuique liberi: et nullum teſtamentum. Si liberi non ſunt, proximus gradus in poſſeſſione, fratres, patrui [8], avunculi. Quantò plus propinquorum, quò major adfinium numerus, tantò gratioſior ſenectus: nec ulla orbitatis [9] pretia.

XXI. Suſcipere tam inimicitias ſeu patris ſeu propinqui, quàm amicitias, neceſſe eſt. Nec implacabiles durant: luitur enim etiam homicidium certo armentorum ac pecorum numero, recipitque ſatisfactionem univerſa domus; utiliter in publicum, quia periculoſiores ſunt inimicitiæ juxta [1] libertatem. Convictibus et hoſpitiis non alia gens effuſiùs indulget. Quemcumque mortalium arcere tecto, nefas habetur: pro fortunâ quiſque apparatis epulis excipit. Cum [2] defecere, qui modò hoſpes fuerat, monſtrator hoſpitii, et comes, proximam domum non invitati adeunt. Nec intereſt: pari humanitate accipiuntur. Notum ignotumque, quantum ad jus hoſpitii, nemo diſcernit. Abeunti, ſi quid popoſcerit, concedere moris: et poſcendi invicem eadem facilitas. Gaudent muneribus: ſed nec data imputant, nec acceptis obligantur. Victus inter hoſpites comis.

7 *Domum latiùs*] Familiam latiùs obligent, patri et avunculo cari.

8 *Patrui*] Patruus patris, avunculus matris frater.

9 *Orbitatis pretia*] Quæ Romæ maxima. An. 3, 25.

1 *Juxta lib.*] Quantò major eſt libertas.

2 *Cum defecere*] Epulæ.

XXII.

XXII. Statim e ſomno, quem plerumque in diem extrahunt, lavantur, ſæpius calidâ, ut apud quos plurimum hiems occupat. Lauti, cibum capiunt: ſeparatæ ſingulis ſedes, et ſua cuique menſa. Tum ad negotia, nec minùs ſæpe ad convivia procedunt armati. Diem noctemque continuare potando, nulli probrum. Crebræ, ut inter vinolentos, rixæ rarò conviciis, ſæpius cæde et vulneribus tranſiguntur. Sed et de reconciliandis invicem inimicis, et jungendis affinitatibus, et adſciſcendis principibus, de pace denique ac bello plerumque in conviviis conſultant; tanquam nullo magis tempore aut ad ſimplices cogitationes pateat animus, aut ad magnas incaleſcat. Gens non aſtuta nec callida, aperit[2] adhuc ſecreta pectoris licentiâ joci. Ergo detecta et nuda omnium mens, poſterâ die retractatur[3]: et ſalva[4] utriuſque temporis ratio eſt. Deliberant, dum fingere neſciunt: conſtituunt, dum errare non poſſunt.

2 *Aperit adhuc*] *Adhuc* notat ampliùs, inſuper. Aperta a ſe mens aperitur adhuc ampliùs, hilarata poculis. Mox *joci* dedimus pro Lipſianâ *loci*, quæ tamen lectio magis placeret, ſi codd. auctoritate niteretur: *loci* enim ad utrumque referri poteſt, et vinolentiam et feſtivitatem.

3 *Retractatur*] Iterum ac diligentiùs perpenditur.

4 *Salva*] Imperturbata: ita ut quod huic tempori conveniat, illi non tribuatur; nihil alieno tempore agatur.

XXIII. Potui [5] humor ex hordeo aut frumento, in quamdam similitudinem vini corruptus [6]. Proximi ripæ et vinum mercantur. Cibi simplices; agrestia poma, recens fera, aut lac [7] concretum. Sine apparatu, sine blandimentis expellunt famem: adversùs sitim, non eadem temperantia. Si indulseris ebrietati, suggerendo quantum concupiscunt, haud minùs facilè vitiis, quàm armis vincentur.

XXIV. Genus spectaculorum unum, atque in omni cœtu idem. Nudi juvenes, quibus id ludicrum est, inter gladios se atque infestas frameas saltu jaciunt. Exercitatio artem paravit, ars decorem: non in quæstum tamen aut mercedem: quamvis audacis lasciviæ pretium est, voluptas spectantium. Aleam [8] (quod mirere)

5 *Potui humor*] Cerevisia, quam in Hispaniâ *ceriam* appellari tradit Plin. 22. fin. et Cambro-Britannis hodie quoque dicitur *keruu*: nobis *beer*. Plin. 14, 22. *Est et occidentis populis sua ebrietas fruge madidâ, pluribus modis per Gallias Hispaniasque, nominibus aliis, sed ratione eâdem. Hispaniæ jam et ætatem ferre ea genera docuerunt. Ægyptus quoque e fruge sibi potus similes excogitavit: nullâque in parte mundi cessat ebrietas.* Potûs illius inventorem Osirin memorat Diod. Sic. hist. 1.

6 *Corruptus*] Fermentatus, ut Bip. exponunt: non *detortus*, quod Ernesto placet.

7 *Lac concretum*] Butyrum. Plin. 11, 41. *Mirum barbaras gentes, quæ lacte vivant, ignorare aut spernere tot seculis casei dotem, densantes id alioquin in acorem jucundum, et pingue butyrum.* Accuratior Plinius Cæsare, qui B. G. 6, 22. caseum recenset inter ea, quibus barbari vescuntur.

8 *Aleam*] Eumdem et feris Canadensibus inesse furorem testantur Charlevoix *Lett.* 17. et Lafitau de Morib. Americ. to. 2. p. 340.

mirere) ſobrii inter ſeria exercent, tantâ lucrandi perdendive temeritate, ut cum omnia defecerunt, extremo ac noviſſimo jactu de libertate et de corpore contendant. Victus voluntariam ſervitutem adit: quamvis junior, quamvis robuſtior, adligari ſe ac venire patitur. Ea eſt in re pravâ pervicacia: ipſi fidem[9] vocant. Servos conditionis hujus per commercia tradunt, ut ſe quoque pudore victoriæ exſolvant.

XXV. Ceteris ſervis non in noſtrum morem, deſcriptis per familiam miniſteriis, utuntur. Suam quiſque ſedem, ſuos penates regit. Frumenti modum dominus, aut pecoris, aut veſtis, ut[1] colono injungit: et ſervus hactenus[2] paret. Cetera domûs officia uxor ac liberi exſequuntur. Verberare ſervum, ac vinculis et opere coercere, rarum. Occidere ſolent, non diſciplinâ et ſeveritate, ſed impetu et irâ, ut inimicum, niſi quòd impunè. Liberti[3] non multùm ſupra ſervos ſunt, raro aliquod momentum in domo, numquam in civitate, exceptis dumtaxat iis gentibus, quæ regnantur: ibi enim et ſuper ingenuos et

9 *Fidem vocant*] *Debts of honour*, ut nos, haud multùm abſimili veſaniâ inſtincti, vocamus.

1 *Colono*] *A tenant.*

2 *Hactenus paret*] Hactenus tantùm ſervus eſt.

3 *Liberti*] Ita ſcribo cum vulg. non *libertini*: liberti enim erant qui auctoritate apud dominos pollebant, non libertorum filii. Nec obſtat quòd mox ſequitur *libertini*, quia ibi de ordine hominum loquitur Tac.

ſuper

ſuper nobiles adſcendunt: apud ceteros, impares libertini libertatis argumentum ſunt.

XXVI. Fenus agitare, et in uſuras extendere, ignotum: ideoque magis [4] ſervatur, quàm ſi vetitum eſſet. Agri, pro numero cultorum, ab univerſis per [5] vices occupantur, quos mox inter ſe ſecundùm dignationem partiuntur: facilitatem partiendi camporum [6] ſpatia præſtant. Arva per annos mutant, et ſupereſt ager. Nec enim cum ubertate et amplitudine ſoli labore contendunt, ut pomaria conſerant, et prata ſeparent, et hortos rigent: ſola terræ ſeges imperatur. Unde annum quoque ipſum non in totidem digerunt ſpecies: hiems, et ver, et æſtas intellectum ac vocabula habent:

4 *Magis ſervatur*] Id eſt, cavetur ne fiat: quo ſenſu occurrit verbum illud apud Plaut. Amphit. I. 1. 157. *Quid ſi ego illum tractim tangam, ut dormiat?* S. *Servaveris*: pro, Cave ne feceris.

5 *Per vices*] Explicat morem Cæſ. B. G. 6, 22. *Agriculturæ non ſtudent: neque quiſquam agri modum certum ac fines proprios habet; ſed magiſtratus in annos ſingulos gentibus cognationibuſque hominum, qui unà coierunt, quantum eis et quo loco viſum eſt, attribuunt agri, atque annò pòſt aliò tranſire cogunt.* Univerſis Germanis mos eſt agros viciſſim occupare: hos primò magiſtratus quotannis pro numero cultorum, ut eis viſum eſt; dein cultores ipſi inter ſe, ſecundùm cujuſque dignitatem, partiuntur.

6 *Camporum ſpatia*] Duæ cauſæ cur ſuperfuerit, vel abundè ſufficeret ager: quia immenſa camporum ſpatia; quia ſeges tantùm terræ mandabatur, nec pomaria aut prata aut hortos curabant.

autumni

autumni perinde[7] nomen ac bona ignorantur.

XXVII. Funerum nulla ambitio: id solùm observatur, ut corpora clarorum virorum certis lignis crementur. Struem rogi nec vestibus, nec odoribus cumulant: sua cuique arma, quorumdam igni et equus adjicitur. Sepulcrum cespes erigit. Monumentorum arduum et operosum honorem, ut gravem defunctis, adspernantur. Lamenta ac lacrimas citò, dolorem et tristitiam tardè ponunt. Feminis lugere honestum est; viris, meminisse. Hæc in commune de omnium Germanorum origine ac moribus accepimus. Nunc singularum gentium instituta ritusque, quatenus differant, quæ nationes e Germaniâ in Gallias commigraverint, expediam.

XXVIII. Validiores olim Gallorum res fuisse, summus auctorum divus Julius[8] tradit: eóque credibile est, etiam Gallos in Germaniam transgressos. Quantulum enim amnis obstabat, quominus, ut quæque gens evalu-

7 *Perinde nomen*] Manet ejus rei indicium in linguâ Germanicâ, et (ab eâ profectâ) Anglicanâ. Siquidem Germani communi vocabulo *herbst* et messem et autumnum appellant: nos autumni nomen a Latinis desumpsimus, cum reliquæ anni tempestates Saxonica habeant vocabula.

8 *Julius tradit*] B. G. 6, 24. *Fuit antea tempus, cum Germanos Galli virtute superarent, et ultro bella inferrent, ac propter hominum multitudinem, agrique inopiam, trans Rhenum colonias mitterent.*

erat, occuparet permutaretque ſedes promiſcuas adhuc, et nullâ regnorum potentiâ diverſas[8]? Igitur inter Hercyniam ſilvam, Rhenumque et Mœnum amnes, Helvetii, ulteriora Boii, Gallica utraque gens, tenuere. Manet adhuc Boiemi nomen, ſignificatque loci veterem memoriam, quamvis mutatis cultoribus. Sed utrùm Araviſci in Pannoniam ad Oſis, Germanorum natione, an Oſi ab Araviſcis in Germaniam commigraverint, cùm eodem adhuc ſermone, inſtitutis, moribus utantur, incertum eſt: quia pari olim inopiâ ac libertate, eadem utriuſque ripæ bona malaque erant. Treveri et Nervii circa affectationem Germanicæ originis ultro ambitioſi ſunt, tamquam per hanc gloriam ſanguinis a ſimilitudine et inertiâ Gallorum ſeparentur. Ipſam Rheni ripam haud dubiè Germanorum populi colunt, Vangiones, Triboci, Nemetes. Ne Ubii quidem, quamquam Romana colonia eſſe meruerint, ac libentiùs Agrippinenſes conditoris ſui nomine vocentur, origine erubeſcunt, tranſgreſſi olim, et experimento fidei ſuper ipſam Rheni ripam collocati, ut[9] arcerent, non ut cuſtodirentur.

XXIX. Omnium harum gentium virtute præcipui Batavi, non multùm ex ripâ, ſed inſulam Rheni amnis colunt: Cattorum quondam populus, et ſeditione domeſticâ in eas ſe-

8 *Diverſas*] Disjunctas. 9 *Ut arcerent*] Germanos.

des

des transgressus, in quibus pars Romani imperii fierent. Manet honos, et antiquæ societatis insigne. Nam nec tributis contemnuntur, nec publicanus atterit: exempti oneribus et collationibus, et tantùm in usum prœliorum sepositi, velut tela atque arma, bellis reservantur[1]. Est in eodem obsequio et Mattiacorum gens. Protulit enim magnitudo populi Romani ultra Rhenum, ultraque veteres terminos, imperii reverentiam. Ita sede finibusque in suâ ripâ, mente animoque nobiscum agunt, cetera similes Batavis, nisi quòd ipso adhuc terræ suæ solo[2] et cœlo acriùs animantur. Non numeraverim inter Germaniæ populos, quamquam trans Rhenum Danubiumque consederint, eos qui Decumates agros exercent. Levissimus quisque Gallorum, et inopiâ audax, dubiæ possessionis solum occupavere. Mox limite[3] acto, promotisque præsidiis, sinus[4] imperii et pars provinciæ habentur.

XXX. Ultra hos Catti initium sedis ab Hercynio saltu inchoant, non ita effusis[5] ac palustribus locis, ut ceteræ civitates, in quas Germania patescit: durant siquidem colles,

1 *Reservantur*] Hist. 4, 12.

2 *Solo et cælo*] Magis siccis.

3 *Limite acto*] Ultra Rhenum prolato.

4 *Sinus imperii*] Pars ultimâ, et extrema velut lacinia. Infrà Agric. 30. *recessus ipse ac sinus famæ defendit.*

5 *Effusis*] Patentibus.

paullatimque rarefcunt[6], et Cattos fuos faltus Hercynius profequitur fimul atque deponit. Duriora genti corpora, ftricti[7] artus, minax vultus, et major animi vigor. Multum, ut inter Germanos, rationis ac folertiæ: præponere electos, audire præpofitos, noffe ordines, intelligere occafiones, differre impetus, difponere[8] diem, vallare noctem, fortunam inter dubia, virtutem inter certa numerare: quodque rariffimum, nec nifi ratione[9] difciplinæ conceffum, plus reponere in duce quàm in exercitu. Omne robur in pedite, quem, fuper arma, ferramentis[1] quoque et copiis onerant. Alios ad prœlium ire videas, Cattos ad bellum. Rari excurfus et[2] fortuita pugna. Equeftrium fanè virium id proprium, citò parare victoriam, citò cedere. Velocitas juxta[3] formidinem, cunctatio propior conftantiæ eft.

XXXI. Et aliis Germanorum populis ufurpatum rarâ[4] et privatâ cujufque audentiâ,

6 *Rarefcunt*] Vanefcunt.

7 *Stricti artus*] Firmi: *non fuperfluâ carne diftenti, fed nervorum duritiâ collecti*, ut eft apud Veget. 1, 6.

8 *Difponere diem*] Ordinare diem ad munia fua, vallare noctem contra incurfus.

9 *Ratione difciplinæ*] Inftituto ac confuetudine difciplinæ comparatum.

1 *Ferramentis et copiis*] Inftrumentis et cibariis.

2 *Et fortuita p.*] Rara quoque fortuita pugna.

3 *Juxta formidinem*] Propinqua eft formidini. Fretus miles pernicitate equi, citò cedit victoriam.

4 *Rarâ et privatâ*] Sic privatâ audentiâ crinem barbamque fummifit Civilis, fuprà Hift. 4, 61.

apud

apud Cattos in consensum vertit [5], ut primùm adoleverint, crinem barbamque summittere, nec nisi hoste cæso exuere votivum obligatumque virtuti oris habitum. Super sanguinem et spolia revelant frontem, seque tum demum pretia nascendi retulisse, dignosque patriâ ac parentibus ferunt. Ignavis et imbellibus manet squalor. Fortissimus quisque ferreum insuper annulum (ignominiosum id genti) velut vinculum gestat, donec se cæde hostis absolvat. Plurimis Cattorum hic placet habitus. Jamque [6] canent insignes, et hostibus simul suisque monstrati. Omnium penes hos initia pugnarum: hæc prima [7] semper acies, visu nova: nam ne in pace quidem vultu mitiore mansuescunt. Nulli domus, aut ager, aut aliqua cura: prout ad quemque venêre, aluntur, prodigi alieni, contemptores suî; donec exsanguis senectus tam duræ virtuti impares faciat.

XXXII. Proximi Cattis, certum [8] jam alveo Rhenum, quique terminus esse sufficiat, Usipii ac Tencteri colunt. Tencteri, super solitum bellorum decus, equestris disciplinæ

5 *Vertit*] Pro *versum est*, ut sæpe aliàs.

6 *Jamque canent*] Eoque habitu insignes usque ad canitiem manent.

7 *Prima s. acies*] Fortè his consimilis *caterva illa majorum*, quos pro munimentis constitisse Noster ait, Ann. 12, 33.

8 *Certum jam alveo R.*] Satis multas volventem undas, ut impleat alveum, et jam certus amnis dici possit. Rhenus verus non censetur Germaniæ terminus, nisi ultra Usipios ac Tencteros.

arte præcellunt. Nec major apud Cattos peditum laus, quàm Tencteris equitum. Sic instituêre majores, posteri imitantur. Hi lusus infantium, hæc juvenum æmulatio, perseverant senes. Inter familiam, et penates, et jura successionum, equi traduntur: excipit filius, non (ut cetera) maximus natu, sed prout ferox bello et melior.

XXXIII. Juxta Tencteros Bructeri olim occurrebant: nunc Chamavos et Angrivarios immigrasse narratur, pulsis Bructeris ac penitus excisis, vicinarum consensu nationum, seu superbiæ odio, seu prædæ dulcedine, seu favore quodam erga nos deorum: nam ne spectaculo quidem prœlii invidêre[9]. Super LX millia, non armis telisque Romanis, sed quod magnificentius est, oblectationi oculisque ceciderunt. Maneat[1] quæso, duretque gentibus, si non amor nostrî, at certè odium suî: quando, urgentibus[2] imperii fatis, nihil jam

9 *Invidere*] Ne hoc quidem voluptatis dii legionibus nostris, in ripâ Rheni dispositis, denegarunt, ut pascerent oculos spectaculo prœlii, in quo 60 ampliùs millia hostium suis armis cecidere. Simili gaudio perfusum se testatus est Scipio Æmilianus, cum e colle pugnam spectaret Masinissam inter et Carthaginienses, ac centum millia Africanorum in mutuam stragem ruere videret, ut scribit Appian. Pun. p. 38.

1 *Maneat quæso*] Hoc saltem perfecit religio Christi, ut ejusmodi votum, si non concipere, at concepisse se fateri, Christianus homo erubescat.

2 *Urgentibus*] Instantibus, ut certè instabant: nec malus augur Tacitus, quamquam Trajano principe maximè videretur florere imperium Rom.

præstare

præſtare Fortuna majus poteſt, quàm hoſtium diſcordiam.

XXXIV. Angrivarios et Chamavos a tergo Dulgibini et Chaſuari cludunt, aliæque gentes haud perinde memoratæ. A fronte Friſii excipiunt. Majoribus minoribuſque Friſiis vocabulum eſt, ex modo virium. Utræque nationes uſque ad oceanum Rheno prætexuntur, ambiuntque immenſos inſuper lacus [3], et Romanis claſſibus navigatos. Ipſum quin etiam oceanum illà tentavimus: et ſupereſſe adhuc Herculis columnas fama vulgavit; ſive adiit Hercules, ſeu quidquid ubique magnificum eſt, in claritatem ejus referre conſenſimus. Nec defuit audentia Druſo [4] Germanico; ſed obſtitit oceanus in ſe ſimul atque in Herculem inquiri. Mox nemo tentavit: ſanctiuſque ac reverentius viſum, de actis deorum credere, quàm ſcire.

XXXV. Hactenus in occidentem Germaniam novimus. In ſeptemtrionem ingenti flexu redit. Ac primò ſtatim Chaucorum gens, quamquam incipiat a Friſiis, ac partem litoris occupet, omnium quas expoſui gentium lateribus obtenditur, donec in Cattos uſque ſinuetur. Tam immenſum terrarum ſpatium non tenent tantùm Chauci, ſed et implent: populus inter Germanos nobiliſſimus, quique

[3] *Lacus*] Inter quos Flevo, lacus Friſiorum, hodie *Zuyder-zee.*

[4] *Druſo G.*] Stemma Cæſarum, n. 79.

magnitudinem

magnitudinem suam malit justitiâ tueri. Sine cupiditate, sine [5] impotentiâ, quieti secretique, nulla provocant bella, nullis raptibus aut latrociniis populantur: idque præcipuum virtutis ac virium argumentum est, quòd, ut superiores agant, non per injurias adsequuntur. Prompta tamen omnibus arma, ac si res poscat, exercitus; plurimum virorum equorumque: et quiescentibus eadem fama.

XXXVI. In latere Chaucorum Cattorumque, Cherusci nimiam ac marcentem diu pacem inlacessiti nutrierunt. Idque jucundius quàm tutius fuit: quia inter impotentes et validos falsò quiescas; ubi [6] manu agitur, modestia ac probitas nomina superioris sunt. Ita qui olim boni æquique Cherusci, nunc inertes ac stulti vocantur: Cattis victoribus fortuna in sapientiam cessit [7]. Tracti ruinâ Cheruscorum et Fosi contermina gens, adversarum rerum ex æquo socii, cum in secundis minores fuissent.

XXXVII. Eumdem Germaniæ [8] sinum

[5] *Sine impotentiâ*] Sine indomitâ imperandi libidine: eodemque sensu mox accipies *inter impotentes* (ambitiosos) *et validos*.

[6] *Ubi manu*] Ubi res vi tractantur, modestia ac probitas nomina victoris sunt: bona fama sequitur fortunam; et quæ virtus erat modestia in imperitante populo, eadem in victo inertia vocabitur ac simplicitas.

[7] *Cessit*] Pro prudentiâ habetur.

[8] *Germaniæ sinum*] Hoc est, locum remotum, ut suprà c. 29. Malè alii *situm*: sic enim scripsisset Tac. *eumdem in Germaniâ situm*.

proximi

proximi oceano Cimbri tenent, parva nunc civitas, ſed gloriâ ingens. Veteriſque famæ latè veſtigia manent, utrâque[9] ripâ caſtra ac ſpatia, quorum ambitu nunc quoque metiaris molem manuſque gentis, et tam[1] magni exitûs fidem. Sexcenteſimum et quadrageſimum annum Urbs noſtra agebat, cum primùm Cimbrorum audita ſunt arma, Cæcilio Metello ac Papirio Carbone coss: ex quo ſi ad alterum imperatoris Trajani conſulatum computemus, ducenti ferme et decem anni colliguntur. Tamdiu Germania vincitur. Medio tam longi ævi ſpatio, multa invicem damna. Non Samnis, non Pœni, non Hiſpaniæ Galliæve, ne Parthi quidem ſæpius admonuere[2]: quippe regno[3] Arſacis acrior eſt Germanorum libertas. Quid enim aliud nobis quàm cædem Craſſi, amiſſo et ipſe Pacoro infra[4] Ventidi-

9 *Utrâque ripâ*] Cimbricæ Cherſoneſi.

1 *Tam magni exitûs*] Neque cum Lipſio corrigas *exercitûs*, neque exponas cum Bipontinis *caſûs*. Exitus hîc eruptionem ſignificat, quemadmodum Græcè ἔξοδος. Marii ævo ἔξοδον πανδημεὶ ἐποιήσαντο Cimbri Teutoneſque ad trecenta millia armatorum, cum puerorum ac feminarum longè majori agmine, ut eſt apud Plut. in Mario, et tantæ expeditionis (tam magni exitûs) fidem facit ipſe ambitus terrarum unde egreſſi ſunt.

2 *Admonuere*] Cladibus, tamquam flagello, admonuere, nos vinci poſſe.

3 *Regno Arſacis*] Parthis, qui regnantur, acriores ſunt libertatis compotes Germani.

4 *Infra Ventidium*] P. Ventidium, Antonii legatum, qui primus de Parthis triumphavit, interfecto Pacoro, Orodis regis filio. Suprà Hiſt. 5, 9. Flor. 4, 9. Juſtin. 42, 4.

um.

um dejectus, Oriens objecerit? At Germani Carbone[5], et Cassio, et Scauro Aurelio, et Servilio Cæpione, Cn. quoque Manlio fusis vel captis, quinque simul consulares exercitus populo Romano, Varum tresque cum eo legiones etiam Cæsari abstulerunt. Nec impunè C. Marius in[6] Italiâ, divus Julius in Galliâ, Drusus ac Nero et Germanicus in suis eos sedibus perculerunt. Mox ingentes C[7]. Cæsaris minæ in ludibrium versæ. Inde otium, donec occasione discordiæ nostræ et civilium armorum, expugnatis legionum hibernis, etiam Gallias adfectavere: ac rursus pulsi inde, proximis temporibus triumphati[8] magis quàm victi sunt.

XXXVIII. Nunc de Suevis dicendum est, quorum non una, ut Cattorum Tencterorum-

5 *Carbone*] Anno urbis 640, Papirius Carbo consul cum exercitu fusus est a Cimbris prope Aquileiam. Liv. Epit. 63. Anno 647, L. Cassius consul a Tigurinis in finibus Allobrogum cæsus est cum exercitu. Ibid. 65. Anno 646, M. Aur. Scaurus a Cimbris fuso exercitu captus est, & occisus. Ibid. 67. Ab iisdem hostibus Cn. Manlius consul, et Q. Servilius Cæpio proconsul, victi prœlio, castris quoque binis exuti sunt, anno 649. Ibid. Plut. in Lucullo.

6 *In Italiâ*] Cimbros in Italiâ, transgressos Athesim, vicit quintùm consul Marius, anno 653, cæsis aut captis ampliùs centum millibus hominum. Anno superiore, Teutonum in Galliâ occiderat ampliùs 150 millia. Vell. Pat. 2, 12.

7 *C. Cæsaris minæ*] De quibus Hist. 4, 15. et Suet. Calig. 43.

8 *Triumphati magis*] A Domitiano, ut dicetur infrà in Agric. 39.

ve,

ve, gens: majorem enim Germaniæ partem obtinent, propriis adhuc nationibus nominibusque discreti, quamquam in commune Suevi vocentur. Insigne gentis obliquare [9] crinem, nodoque substringere. Sic Suevi a ceteris Germanis, sic Suevorum ingenui a servis separantur. In aliis gentibus, seu cognatione aliquâ Suevorum, seu (quod sæpe accidit) imitatione, rarum, et intra juventæ spatium; apud Suevos usque ad canitiem horrentem capillum retro [1] sequuntur, ac sæpe in ipso solo vertice religant. Principes et ornatiorem habent: ea cura formæ, sed innoxia [2]. Neque enim ut ament amenturve; in altitudinem quamdam et terrorem adituri bella compti, ut [3] hostium oculis, ornantur.

XXXIX. Vetustissimos se nobilissimosque Suevorum, Semnones memorant. Fides antiquitatis religione firmatur. Stato tempore in silvam, auguriis [4] patrum et priscâ formidine sacram, omnes ejusdem sanguinis populi legationibus coeunt, cæsoque publicè homine, celebrant barbari ritûs horrenda primordia. Est

9 *Obliquare*] Retrorsum torquere.

1 *Retro sequuntur*] Retrahunt.

2 *Innoxia*] Vulg. *innoxiæ*, minùs aptè: nec enim tam forma nocet, quàm cura formæ.

3 *Ut hostium oculis*] Tanquam hostibus approbaturi terribilem speciem.

4 *Auguriis*] Versus heroicus, *Auguriis patrum et priscâ formidine sacram*, non fortè effusus (neque enim prosam sapit) sed vel ex imitatione Virg. Æn. 7, 172. 608. vel ex ignoto aliquo poetâ desumptus.

et alia luco reverentia. Nemo nisi vinculo ligatus ingreditur, ut minor [5], et potestatem numinis præ se ferens: si fortè prolapsus est, attolli et insurgere haud licitum: per humum evolvuntur. Eòque omnis superstitio respicit, tamquam inde initia gentis, ibi regnator omnium deus [6], cetera subjecta atque parentia. Adjicit auctoritatem fortuna Semnonum: centum pagis habitantur; magnoque corpore efficitur, ut se Suevorum caput credant.

XL. Contra Langobardos [7] paucitas nobilitat: plurimis ac valentissimis nationibus cincti, non per obsequium, sed prœliis et periclitando tuti sunt. Reudigni deinde, et Aviones, et Angli, et Varini, et Eudoses, et Suardones, et Nuithones, fluminibus aut silvis muniuntur. Nec quidquam notabile in singulis, nisi quod in commune Herthum [8], id est, Terram matrem colunt, eamque intervenire rebus hominum, invehi populis, arbitrantur.

5 *Minor*] Inferior.

6 *Deus*] Hæc est prima hominum fides, REGNATOR OMNIUM DEUS, cui cetera subjecta sunt atque parentia. Quò vetusta magis et sincera gentium monumenta, ut apud Scythas eorumque propaginem Germanos, eò illustrior effulget unici Dei veneratio.

7 *Langobardos*] Majores eorum, qui regnum postea in Italiâ condiderunt, excisum a Carolo Magno, A. D. 774.

8 *Hertham*] Nobis *earth*, Germanis *erdt*. Mss. habent Nerthum, tractâ literâ *n* ex syllabâ proximâ vocis *commune*: unde verior lectio sit, *Erthum*, vel *Ertham*.

Est

Est in insulâ oceani castum[9] nemus, dicatumque in eo vehiculum veste contectum, attingere uni sacerdoti concessum. Is adesse penetrali[1] deam intelligit, vectamque bubus feminis multâ cum veneratione prosequitur. Læti tunc dies, festa loca, quæcumque adventu hospitioque dignatur. Non bella ineunt, non arma sumunt, clausum omne ferrum: pax et quies tunc tantùm nota, tunc tantùm amata; donec idem sacerdos satiatam conversatione mortalium deam templo[2] reddat. Mox vehiculum et vestes, et (si credere velis) numen ipsum secreto lacu abluitur[3]. Servi ministrant, quos statim idem lacus[4] haurit. Arcanus hinc terror, sanctaque ignorantia, quid sit id quod tantùm perituri vident.

XLI. Et hæc quidem pars Suevorum in secretiora Germaniæ porrigitur. Propior (ut quomodo paullo antè Rhenum, sic nunc Danubium sequar) Hermundurorum civitas, fida Romanis, eóque solis Germanorum non in ripâ commercium, sed penitus, atque in splendidissimâ Rætiæ provinciæ coloniâ[5]. Passim et

9 *Castum nemus*] Castum de moribus tantùm dici contendit Ernestus: attamen castum, sanctum, inviolatum, integrum, synonyma sunt Ciceroni pro Rabirio, c. 4.

1 *Penetrali*] Contecto illi vehiculo.

2 *Templo reddat*] Sacro nemori.

3 *Abluitur*] Velut sordibus a mortalium convictu susceptis.

4 *Lacus haurit*] Detrusos, ne vana sacra revelarent.

5 *Coloniâ*] Putatur esse Augusta Vindelicorum, nunc *Augsburg*.

 sine

ſine[6] cuſtode tranſeunt: et cùm ceteris gentibus arma modò caſtraque noſtra oſtendamus, his domos villaſque patefecimus, non concupiſcentibus. In Hermunduris Albis oritur, flumen inclytum, et notum[7] olim; nunc tantùm[8] auditur.

XLII. Juxta Hermunduros Nariſci, ac deinde Marcomanni et Quadi agunt. Præcipua Marcomannorum gloria vireſque, atque ipſa etiam ſedes, pulſis olim Boiis, virtute parta. Nec Nariſci Quadive degenerant. Eaque Germaniæ velut frons eſt, quatenus Danubio pergitur[9]. Marcomannis Quadiſque uſque ad noſtram memoriam reges manſerunt ex gente ipſorum, nobile Marobodui et Tudri genus: jam et externos patiuntur. Sed vis et potentia regibus ex auctoritate Romanâ: rarò armis noſtris, ſæpius pecuniâ juvantur.

XLIII. Nec minùs valent retro Marſigni, Gothini, Oſi, Burii: terga Marcomannorum Quadorumque claudunt. E quibus Marſigni et Burii ſermone cultuque Suevos referunt. Gothinos Gallica, Oſos Pannonica lingua coarguit, non eſſe Germanos; et quòd tributa patiuntur: partem tributorum Sarmatæ, partem Quadi, ut alienigenis imponunt. Gothini,

6 *Sine cuſtode*] Hiſt. 4, 65. *incuſtoditi tranſitus.*

7 *Notum olim*] Auguſti ævo.

8 *Tantùm auditur*] Poſt Domitianum, præpollentibus Germanorum armis.

9 *Pergitur*] Fortè *porrigitur*. De *Maroboduo* Ann. 2. 46. 62.

ni, quò [1] magis pudeat, et ferrum effodiunt. Omnesque hi populi pauca campestrium, ceterum saltus et vertices montium jugumque insederunt. Dirimit enim scinditque Sueviam continuum montium [2] jugum, ultra quod plurimæ gentes agunt. Ex quibus latissimè patet Lygiorum nomen, in plures civitates diffusum. Valentissimas nominasse sufficiet, Arios, Helveconas, Manimos, Elysios, Naharvalos. Apud Naharvalos antiquæ religionis lucus ostenditur. Præsidet sacerdos muliebri ornatu: sed deos, interpretatione Romanâ, Castorem Pollucemque memorant. Ea [3] vis numini: nomen Alcis. Nulla simulacra, nullum peregrinæ superstitionis vestigium: ut fratres tamen, ut juvenes venerantur. Ceterum Arii, super vires quibus enumeratos paullo antè populos antecedunt, truces, insitæ feritati arte ac tempore lenocinantur. Nigra scuta, tincta corpora, atras ad prœlia noctes legunt; ipsâque formidine atque umbrâ feralis exercitûs terrorem inferunt, nullo hostium sustinente novum ac velut infernum adspectum: nam primi in omnibus prœliis oculi vincuntur. Trans Lygios Gothones regnan-

1 *Quò magis pudeat*] Patientiæ tributorum.

2 *Montium jugum*] Quod Moraviam, Hungariam, Silesiam, Bohemiam percurrit.

3 *Ea vis numini*] Ea vis illius numinis apud Naharvalos, quæ Castorum apud Romanos: sed ibi nominantur Alci. *Alcis* est dativus numeri pluralis.

tur,

tur, paullo jam adductiùs [4] quàm ceteræ Germanorum gentes, nondùm tamen ſupra [5] libertatem. Protinus deinde ab oceano, Rugii et Lemovii: omniumque harùm gentium inſigne, rotunda ſcuta, breves gladii, et erga reges obſequium.

XLIV. Suionum [6] hinc civitates, ipſo [7] in oceano, præter viros armaque claſſibus valent. Forma navium eò differt, quòd utrimque [8] prora paratam ſemper adpulſui frontem agit: nec velis [9] miniſtrantur, nec remos in ordinem lateribus adjungunt. Solutum, ut in quibuſdam fluminum, et mutabile, ut res poſcit, hinc vel illinc remigium. Eſt apud illos et opibus honos: eóque unus imperitat, nullis

4 *Adductiùs*] Strictiùs, adductioribus habenis. Hiſt. 3, 7.

5 *Supra libertatem*] Ut opprimatur libertas.

6 *Suionum*] Quos recentiori vocabulo *Nortmannos* appellari oſtendit Eginhardus in vitâ Caroli M.

7 *Ipſo in oceano*] Romani, quibus nondum ſatis comperta erat hæc terrarum pars, hîc finxere *inſularum immenſa ſpatia*, ut vidimus ſuprà c. 1. Unde et Plin. 4, 13. ait: *Codanus ſinus* (nunc mare Balticum) *refertus inſulis, quarum clariſſima Scandinavia eſt*, (Suecia et Norwegia) *incompertæ magnitudinis: portionem tantùm ejus, quod ſit notum, Hillevionum gente quingentis incolente pagis, quæ alterum orbem terrarum eam appellat*. Hillevionum nomen in Sueciâ manet, *Halland*.

8 *Utrimque prora*] Ut et Canadenſium navigiis, *canoes*. V. ſuprà Hiſt. 3, 47.

9 *Velis miniſtrantur*] Alii malunt *miniſtrant*, quia *veliſque miniſtrant*, dixit Virg. Æn. 6, 302. *ratibuſque miniſtrant*, Lucan. 3, 691. Sed non neceſſe, ut uſquequaque poetas ſectetur Cornelius: utrumque rectè dici potuit.

lis[1] jam exceptionibus, non precario jure parendi. Nec arma, ut apud ceteros Germanos, in promiſcuo, ſed clauſa ſub cuſtode, et quidem ſervo; quia ſubitos hoſtium incurſus prohibet oceanus: otioſæ porro armatorum manus facilè laſciviunt. Enimvero neque nobilem, neque ingenuum, ne libertinum quidem armis præponere, regia utilitas eſt.

XLV. Trans Suionas aliud[2] mare, pigrum, ac prope immotum, quo cingi cludique terrarum orbem hinc fides, quòd extremus cadentis jam ſolis fulgor in[3] ortus edurat, adeò clarus, ut ſidera hebetet. Sonum inſuper emergentis[4] audiri, formaſque[5] deorum, et radios capitis adſpici, perſuaſio adjicit. Illuc[6] uſque (et fama vera) tantùm natura. Ergo

1 *Nullis jam ex.*] Non ut ceteri Germani, qui regnantur in quantum volunt. Ann. 13, 54.

2 *Aliud mare*] Glaciale, quod ultra gradum 81, æſtate vel hieme, nullas naves admittit.

3 *In ortus*] Proximos: ad dierum inſequentium initia.

4 *Emergentis*] Rectè: vulgo enim non minor ſtrepitus videbitur emergentis ſolis, quàm occidentis; quod facilè intelliget, quiſquis e navi proſpexit ſolem motu citatiſſimo e ſinu oceani ſe prorumpentem.

5 *Formaſque deorum*] Deorum maris, ſolem comitantium. Juv. 14, 281. *Grande operæ pretium eſt, Oceani monſtra & juvenes vidiſſe marinos.*

6 *Illuc uſque*] Illuc uſque dicunt (et verè dicunt) procedere naturam: ultrà, gignendo eſt impar. Ita de oceano Indico Q. Curtius, 9, 9. ait, *ne naturam quidem longiùs poſſe procedere.* Sed falſus eſt Tacitus: nam ultra Suionum terras innotuere *Spitzbergen, Groenland,* &c.

jam

jam dextro Suevici maris litore Æſtiorum[7] gentes adluuntur: quibus ritus habituſque Suevorum, lingua Britannicæ[8] propior. Matrem[9] deûm venerantur. Inſigne ſuperſtitionis, formas aprorum[1] geſtant: id pro armis omnique tutelâ, ſecurum deæ cultorem etiam inter hoſtes præſtat. Rarus ferri, frequens fuſtium uſus. Frumenta ceteroſque fructus patientiùs, quàm pro ſolitâ Germanorum inertiâ, laborant. Sed et mare ſcrutantur, ac ſoli omnium Succinum[2], quod ipſi Gleſum vocant, inter vada atque in ipſo litore legunt. Nec quæ natura, quæve ratio gignat, ut barbaris, quæſitum compertumve: diu quinetiam inter cetera ejectamenta maris jacebat[3], donec

7 *Æſtiorum*] Manet nomen in palatinatu Livoniæ et *Eſtoniæ*.

8 *Britannicæ propior*] Quòd Æſtii, in extremis Germaniæ finibus poſiti, linguam Scythico-Celticam, quæ apud Britannos diu viguit, retinerent; ut rectè obſervat cl. Dithmarus.

9 *Matrem deûm*] Frea aut Fricco dicebatur. Mallet Introd. ad Hiſt. Dan. p. 56.

1 *Aprorum*] Ruſticos in Sueciâ, menſe Februario quo ſacrum Freæ olim peragebatur, panem formâ verris in multos ſuperſtitioſos uſus paratum etiamnum componere, tradit Eccard. r. Franc. Orient. to. 1. p. 409.

2 *Succinum*] Nobis *amber*. *Glas* Germanis et Anglis vitrum, Hibernis viridis color eſt: inde *gleſum*.

3 *Jacebat*] Adeò vile, ut Guttones, qui illud æſtuarium olim incolebant, *pro ligno ad ignem* uterentur ſuccino, proximiſque Teutonis venderent. Plin. 37, 2.

luxuria

luxuria[4] noſtra dedit nomen. Ipſis in nullo uſu; rude legitur, informe perfertur, pretiumque mirantes accipiunt. Succum tamen arborum eſſe intelligas, quia terrena quædam atque etiam volucria animalia plerumque interlucent, quæ implicata humore, mox durescente materiâ cluduntur. Fecundiora igitur nemora lucoſque, ſicut Orientis ſecretis, ubi thura balſamaque ſudantur, ita Occidentis inſulis terriſque ineſſe crediderim, quæ vicini ſolis radiis expreſſa atque liquentia in proximum mare labuntur, ac vi tempeſtatum in adverſa litora exundant. Si naturam ſuccini admoto igne tentes, in modum tedæ accenditur, alitque flammam pinguem et olentem; mox ut in picem reſinamve lenteſcit[5]. Suionibus Sitonum gentes continuantur. Cetera ſimiles, uno differunt, quòd femina dominatur: in tantum non modò a libertate, ſed etiam a ſervitute degenerant. Hic Sueviæ finis.

XLVI. Peucinorum, Venedorumque, et Fennorum nationes Germanis an Sarmatis adſcribam, dubito: quamquam Peucini, quos quidam Baſtarnas vocant, ſermone, cultu, ſe-

4 *Luxuria noſtra*] Quæ inde fabricata eſt monilia, annulos, nummos, pocula (Plin. loc. cit) etiam columnas, teſte Claud. de rapt. Proſerp. 1, 154.

5 *Lenteſcit*] Glutinoſum fit.

de, ac domiciliis[6], ut Germani agunt. Sordes omnium ac torpor: procerum[7] connubiis mixtis, nonnihil in Sarmatarum habitum fœdantur. Venedi[8] multum ex moribus traxerunt: nam quidquid inter Peucinos Fennosque silvarum ac montium erigitur, latrociniis pererrant. Hi tamen inter Germanos potiùs referuntur, quia et domos fingunt, et scuta gestant, et pedum usu ac pernicitate gaudent; quæ omnia diversa Sarmatis sunt, in plaustro equoque viventibus. Fennis mira feritas, fœda paupertas: non arma, non equi, non penates; victui herba, vestitui pelles, cubile humus; sola in sagittis spes, quas inopiâ ferri ossibus asperant. Idemque venatus viros pariter ac feminas alit: passim enim comitantur, partemque prædæ petunt. Nec aliud infantibus ferarum imbriumque suffugium, quàm ut in aliquo ramorum nexu contegantur: huc redeunt juvenes, hoc senum receptaculum. Sed beatius arbitrantur, quàm ingemere agris, illaborare domibus, suas alienasque fortunas spe metuque versare. Securi[9] adversùs homines,

6 *Domiciliis*] Cùm plaustro equoque viveret Sarmata, ut mox dicitur.

7 *Procerum connubiis*] Intellige proceres Peucinorum, mixtis cum Sarmatis connubiis, fœdiorem illorum habitum aliquantùm imitatos: vulgus enim *cultu* Germanos referre jam dixit.

8 *Venedi*] *Wenden* hodie pars est Livoniæ. Postea Danubium transgressi Venedi, et occupatâ Carniolâ, nomen portioni ejus dederunt *Windismarck*.

9 *Securi*] Sic Epist. 17. Seneca

mines, ſecuri adverſùs deos, rem difficillimam adſecuti ſunt, ut illis ne voto quidem opus ſit. Cetera jam fabuloſa: Helluſios et Oxionas ora hominum vultuſque, corpora atque artus ferarum gerere. Quod ego, ut incompertum, in medium relinquam.

Seneca commendat paupertatem, qua promittitur *perpetua libertas, nullius nec hominis, nec dei timor.*

Illud *adverſùs deos* Pichena de tempeſtatibus aliiſque cœli injuriis exponit.

Breviarium Vitæ Cn. Julii Agricolæ.

CAP. 1. *IN scribendâ clarorum virorum mos,*

2. *Pericula.*

3. *Tacito animos addit præsens temporum felicitas.*

4. *Cn. Julii Agricolæ stirps, pueritia, adolescentiæ studia.*

5. *Prima castrorum rudimenta in Britanniâ.*

6. *Ejus matrimonium, quæstura, tribunatus pl. prætura, sacra ædilitas.*

7. *Othoniano bello matrem partemque patrimonii amittit. In Vespasiani partes transgressus,* xx. *legioni in Britanniâ præest.*

8. *Ibi alienæ famæ curâ suam promovet.*

9. *Inter patricios adsciscitur. Aquitaniam regit. Inde consul, Tacito filiam suam uxorem dat. Britanniæ præponitur, adjecto pontificatûs sacerdotio.*

10. *Britanniæ descriptio.*

11. *Incolarum origo, habitus, sacra, sermo, mores,*

12. *Militia, regimen, conventus: cælum, solum, metalla, margarita.*

13.

29. *Calgacus bellum parat, montemque Grampium occupat.*

30. 31. 32. *Egregia ejus oratio.*

33. 34. *Romanos quoque adloquitur Agricola.*

35. 36. 37. *Atrox cruentumque prælium.*

38. *Penes Romanos victoria. Britanniam circumvehi præcipit Agricola.*

39. *Domitianus fronte lætus, pectore anxius, nuncium victoriæ excipit.*

40. *Triumphalia tamen ornamenta statuamque decerni jubet; condito odio, donec provinciâ decedat Agricola. Is e Britanniâ redux, modestè agit.*

41. *Ejus e principe, ex aulâ pericula.*

42. *Excusat se, ne proconsulatum sortiatur.*

43. *Moritur, Domitiani veneno, ut fama fuit, interceptus.*

44. *Ejus ætas, forma, honores, opes,*

45. *Mortis opportunitas, ante Domitiani atrocitates. Taciti in Agricolam pietas.*

46. *Ex virtute solatia, virtutisque documenta.*

Agricolæ vitam scripsit Tacitus

A. D. 97. U. C. 850.

C O S S.

{ M. Cocceio Nervâ Aug. III.
{ L. Verginio Rufo III.

JULII

JULII AGRICOLÆ

VITA,

SCRIPTORE

Cornelio Tacito.

I. CLarorum virorum facta moresque posteris tradere, antiquitus usitatum, ne nostris quidem temporibus, quamquam incuriosa suorum, ætas omisit, quotiens magna aliqua ac nobilis virtus vicit ac supergressa est vitium parvis magnisque civitatibus commune, ignorantiam recti et invidiam. Sed apud priores, ut agere memoratu digna pronum, magisque in aperto erat; ita celeberrimus quisque ingenio, ad prodendam virtutis memoriam, sine gratiâ aut ambitione, bonæ tantùm conscientiæ pretio ducebatur. Ac plerique suam ipsi vitam narrare, fiduciam potiùs morum, quàm arrogantiam arbitrati sunt: nec

id

id Rutilio[1] et Scauro[2] citra fidem, aut obtrectationi fuit: adeò virtutes iisdem temporibus optimè æstimantur, quibus facillimè gignuntur. At[3] mihi nunc narraturo vitam defuncti hominis, veniâ opus fuit: quam non petissem, ni cursaturus tam sæva, et infesta virtutibus tempora.

II. Legimus[4], cùm Aruleno[5] Rustico Pæ-

1 *Rutilio*] P. Rutilius, consul U. C. 749, scripsit historias, et orationes, et de vitâ suâ. In Tib. Gracchi amicos sæviit: sed postea *in iis ipsis, quæ pro senatu moliebatur, senatum habuit adversarium; et lege repetundarum, maximo cum gemitu civitatis,* damnatus est. Velleius 2, 7.

2 *Scauro*] M. Æmilius Scaurus, princeps senatûs, post consulatum, quem anno urbis 739 gessit. *Hujus et orationes sunt, et tres ad Fufidium libri scripti de vitâ ipsius actâ, sanè utiles, quos nemo legit. At Cyri vitam et disciplinam legunt, præclarum illam quidem, sed neque tam rebus nostris aptam, nec tamen Scauri laudibus anteponendam.* Cic. in Bruto, 29.

3 *At mihi*] Sensus est: priora illa et meliora secula claris viris, qui suam ipsi vitam narrarunt, nec fidem derogabant, nec invidebant: at mihi, etiam defuncti hominis vitam narraturo, venia ab lectoribus petenda erat; quam tamen non petissem, certus Agricolæ virtutes invidiam omnem supergressas, ni percursurus fuerim tam sæva et infesta virtutibus tempora, ut jam mihi præclara facinora soceri mei describenti fides fortasse desit, adempto per tempora illa et loquendi audiendique commercio, et inductâ, quantum in Domitiano erat, rerum omnium memoriâ dignarum ignorantiâ.

4 *Legimus*] Hoc dicit, quòd ipse, cum hæc gesta fuerint, Româ abesset. Infrà c. 46. Nam quod ait c. 45. *mox nostræ duxere Helvidium in carcerem manus,* id de senatoribus intelligo, quorum ex ordine Noster erat.

5 *Aruleno R.*] Eadem Dio 67.

tus Thrafea, Herennio Senecioni Prifcus Helvidius laudati effent, capitale fuiffe: neque in ipfos modò auctores, fed in libros quoque eorum fævitum, delegato triumviris [6] minifterio, ut monumenta clariffimorum ingeniorum in comitio ac foro urerentur. Scilicet illo igne vocem populi Romani, et libertatem fenatûs, et confcientiam generis humani aboleri arbitrabantur, expulfis [7] infuper fapientiæ profefforibus, atque omni bonâ arte in exfilium actâ, ne quid ufquam honeftum occurreret. Dedimus profectò grande patientiæ documentum: et ficut vetus ætas vidit, quid ultimum in libertate effet, ita nos quid in fervitute, adempto per inquifitiones et loquendi audiendique commercio. Memoriam quoque ipfam cum voce perdidiffemus, fi tam in noftrâ poteftate effet oblivifci, quàm tacere.

III. Nunc demum redit animus: et quanquam, primo ftatim beatiffimi feculi ortu, Nerva [8] Cæfar res olim diffociabiles mifcuerit, principatum ac libertatem, augeatque quotidie

6 *Triumviris*] Capitalibus, quibus talia mandari folita, ut et ædilibus.

7 *Expulfis infuper*] Suet. Domit. 10. *Junium Rufticum* interemit, *quòd Pæti Thrafeæ et Helvidii Prifci laudes ediditffet, appellaffetque eos fanctiffimos viros: cujus criminis occafione philofophos omnes urbe Italiâque fubmovit.*

8 *Nerva Cæfar*] Vivebat tum Nerva, quia non *divus* appellatur: et jam adoptatus fuerat Trajanus, quod contigit U. C. 850, Octobri exeunte, aut ineunte Novembri: Nerva autem mortuus eft anno infequente 851. Ergo finitur tempus, intra quod fcriptus hic libellus fuit.

felicitatem imperii Nerva[9] Trajanus, nec ſpem modò ac votum Securitas[1] publica, ſed ipſius voti fiduciam ac robur adſumpſerit; naturâ tamen infirmitatis humanæ, tardiora ſunt remedia quàm mala: et ut corpora lentè augeſcunt, citò exſtinguuntur, ſic ingenia ſtudiaque oppreſſeris faciliùs, quàm revocaveris. Subit quippe etiam ipſius inertiæ dulcedo: et inviſa primò deſidia, poſtremò amatur. Quid ſi per quindecim annos, grande mortalis ævi ſpatium, multi fortuitis caſibus, promptiſſimus quiſque ſævitiâ principis interciderunt? Pauci, et ut ita dixerim, non modò aliorum, ſed etiam noſtrî ſuperſtites ſumus, exemptis e mediâ vitâ tot annis, quibus juvenes ad ſenectutem, ſenes prope ad ipſos exactæ ætatis terminos, per ſilentium venimus. Non tamen pigebit vel inconditâ ac rudi voce memoriam prioris ſervitutis, ac teſtimonium præſentium bonorum compoſuiſſe. Hic interim[2] liber honori Agricolæ ſoceri mei deſtinatus, profeſſione pietatis aut laudatus erit, aut excuſatus.

IV. CNÆUS Julius Agricola, vetere et inluſtri Forojulienſium[3] coloniâ ortus, utrumque

9 *Nerva Trajanus*] Quod nomen accepit, poſtquam a Nervâ fuiſſet adoptatus, ut liquet ex nummis.

1 *Securitas publica*] Reſpicit ad inſcriptiones et nummos, in quibus et ſub Domitiano SECURITAS PUBLICA, et vota pro eâ fruſtra expreſſa.

2 *Interim*] Dum Annalium Hiſtoriarumque libros ſcribere meditatur Cornelius.

3 *Forojulienſium c.*] *Fréjus* in Galliâ Narbonenſi.

que avum procuratorem Cæſarum habuit: quæ equeſtris nobilitas eſt. Pater Julius [4] Græcinus, ſenatorii ordinis, ſtudio eloquentiæ ſapientiæque notus, iiſque virtutibus iram Caii Cæſaris meritus: namque Marcum [5] Silanum accuſare juſſus, et quia abnuerat, interfectus eſt. Mater Julia Procilla fuit, raræ caſtitatis. In hujus ſinu indulgentiâque educatus, per omnem honeſtarum artium cultum pueritiam adoleſcentiamque tranſegit. Arcebat eum ab inlecebris peccantium, præter ipſius bonam integramque naturam, quòd ſtatim parvulus ſedem ac magiſtram ſtudiorum Maſſiliam [6] habuerit, locum Græcâ comitate et provinciali parcimoniâ miſtum, ac bene compoſitum. Memoriâ teneo, ſolitum ipſum narrare, ſe in primâ juventâ ſtudium philoſophiæ acriùs, ultra quàm conceſſum Romano ac ſenatori, hauſiſſe, ni prudentia matris incenſum ac flagrantem animum coercuiſſet. Scilicet ſublime

[4] *J. Græcinus*] Senec. de Benef. 2, 21. *Si exemplo magni animi opus eſt, utamur Græcini Julii, viri egregii, quem Caius Cæſar occidit ob hoc unum, quòd melior vir erat, quàm eſſe quemquam tyranno expediret.* Ejus volumina *de vineis* laudant Columella 1, 1. et Plin. 14, 2. 16, 44.

[5] *M. Silanum*] Socerum Caligulæ, quem *ad necem ſecandaſque novaculâ fauces compulit, cauſatus quòd ingreſſum ſe turbatius mare non eſſet ſecutus, ac ſpe occupandi Urbem, ſi quid ſibi per tempeſtates accideret, remanſiſſet.* Suet. Cal. 23.

[6] *Maſſiliam*] Ad quam urbem Strabo ait, ſuo tempore, Romanam nobilitatem literarum ſtudioſam ſe conferre, antè ſolitam adire Athenas: l. 4.

et erectum ingenium pulchritudinem ac speciem excelsæ magnæque gloriæ vehementiùs, quàm cautè, appetebat. Mox mitigavit ratio et ætas: retinuitque, quod est difficillimum, ex [7] sapientiâ modum.

V. Prima castrorum rudimenta in Britanniâ Suetonio [8] Paullino, diligenti ac moderato duci, adprobavit, electus, quem contubernio [9] æstimaret. Nec Agricola licenter, more juvenum, qui militiam in lasciviam vertunt, neque segniter, ad voluptates et commeatus, titulum [1] tribunatûs et inscitiam retulit: sed noscere provinciam, nosci exercitui, discere a peritis, sequi optimos, nihil appetere jactatione [2], nihil ob formidinem recusare, simulque anxius et intentus agere. Non [3] sanè aliàs

7 *Ex sapientiâ modum*] E philosophiâ didicit etiam philosophiæ studio temperare. Et hercule, ut vir cordatus dixit, *magna pars humanæ sapientiæ est, æquo animo quædam ignorare velle.*

8 *Suetonio P.*] Ann. 14, 29. *Moderatus* hîc dicitur, qui Hist. 2, 13. *cautus* et *cunctator naturâ.*

9 *Contubernio æstimaret*] In contubernium assumptum exploraret. Juvenes honestiore loco nati in contubernium prætoris aut ducis assumebantur, eodem fere ritu quo apud nos *aides de camp.* Sic Plancium Cicero memorat adolescentulum cum A. Torquato profectum in Africam, ejusque sanctissimi viri contubernio usum; et Julium Cæsarem Suetonius ait *stipendia prima in Asiâ fecisse, M. Thermi prætoris contubernio.*

1 *Titulum tribunatûs*] Titulo tribunatûs et imperitiâ suâ abusus est, tamquam causis, cur voluptatibus se permitteret, & absentiæ veniam obtineret.

2 *Jactatione*] Per ostentationem.

3 *Non sanè aliàs*] Hæc narrantur Annal. 14, 31. et seqq.

exercitatior,

exercitatior, magisque in ambiguo Britannia fuit. Trucidati veterani, incensæ coloniæ, intersepti exercitus: tum de salute, mox de victoriâ certavere. Quæ cuncta, etsi consiliis ductuque alterius agebantur, ac summa rerum et reciperatæ provinciæ gloria in ducem cessit, artem et usum et stimulos addidere juveni: intravitque animum militaris gloriæ cupido, ingrata temporibus[4], quibus sinistra erga eminentes interpretatio, nec minus periculum ex magnâ famâ, quàm ex malâ.

VI. Hinc ad capessendos magistratus in Urbem digressus, Domitiam Decidianam, splendidis natalibus ortam, sibi junxit: idque matrimonium ad majora nitenti decus ac robur fuit: vixeruntque mirâ concordiâ, per mutuam caritatem, et invicem[5] se anteponendo, nisi[6] quòd in bonâ uxore tantò major laus, quantò

4 *Temporibus*] Neroneis.

5 *Invicem se anteponendo*] Græci dicunt, ἀνθυπείκειν. Apostolus ad Rom. 12, 10. τῇ τιμῇ ἀλλήλους προηγούμενοι.

6 *Nisi quòd*] Sententia est, ut rectè notat Ernestus, ex eo genere, quod facilè in varias partes trahi interpretando potest, ut difficile sit aliquid certi reperire. Quæritur, utri plus laudis assignet Tacitus, viro an uxori, ob perpetuam quacum vivebant concordiam? nam alterum ex duobus cumulatiùs eum laudare velle, patet ex exceptione, *nisi quòd*. Sunt qui contendunt, viri laudem potiorem esse, itaque interpretantur: nisi quòd in concordiâ conjugali cum bonâ uxore tantò major laus est viri, quantò in concordiâ ejusdem cum malâ uxore plus inest culpæ. Sunt contrà qui feminæ primas tribuere faciunt Tacitum, in hunc modum: nisi quòd bonam uxorem,

quantò in malâ plus culpæ est. Sors quæsturæ provinciam Asiam, proconsulem Salvium [7] Titianum dedit: quorum neutro corruptus est; quamquam et provincia dives ac parata peccantibus, et proconsul in omnem aviditatem pronus, quantâlibet facilitate redempturus esset mutuam dissimulationem mali. Auctus est ibi filiâ, in subsidium et solatium simul: nam filium, antè sublatum, brevì amisit. Mox inter quæsturam ac tribunatum plebis, atque etiam ipsum tribunatûs annum quiete et otio transiit, gnarus sub Nerone temporum, quibus inertia pro sapientiâ fuit. Idem præturæ tenor, et silentium: nec enim jurisdictio[8] obvenerat. Ludos, et inania honoris, modo,

uxorem, quæ concorditer vivit cum marito, tantò impensiùs laudare debemus quàm virum, quantò acriùs insectamur malam. Si vehementes in culpando simus, æquum est ut vehementer laudemus; præsertim cùm hoc nobis in mentem subeat, egregiæ conjugis laudem nomenque non posse feminam nisi perpetuo in virum obsequio mereri, atque adeò difficiliores esse uxoris partes quàm mariti: quod difficilius autem, pulchrius et laudabilius. Huic ego sententiæ manus dederim, non eò solùm quòd simplicitate sese commendet, verùm etiam quòd vivere sciam tum, cum scripserit ista Tacitus, et *socrum* ejus et *uxorem*.

7 *Salv.*] Othonis fratrem.

8 *Jurisdictio obvenerat*] Nec prætor erat urbanus nec peregrinus, verùm ex eorum numero qui quæstionibus publicis præerant.

9 *Modo rationis*] Ludos, aliaque inania honorum, quæ exegit ab eo munus suum, adhibito quodam rationis ac magnificentiæ temperamento celebravit. *Ducere ludos* est edere, celebrare ludos; uti et ducere pompam, triumphum, exequias, dicebant.

rationis

rationis atque abundantiæ duxit, uti longè a luxuriâ, ita famæ [9] propior. Tum electus a Galbâ ad dona templorum recognoscenda, diligentissimâ conquisitione fecit, ne cujus alterius sacrilegium respublica, quàm [1] Neronis, sensisset.

VII. Sequens annus gravi vulnere animum domumque ejus adflixit. Nam classis Othoniana licenter [2] vaga, dum Intemelios (Liguriæ pars est) hostiliter populatur, matrem Agricolæ in prædiis suis interfecit, prædiaque ipsa, et magnam patrimonii partem diripuit; quæ caussa cædis fuerat. Igitur ad solemnia pietatis profectus Agricola, nuncio affectati a Vespasiano imperii deprehensus, ac statim in partes transgressus est. Initia principatûs ac statum Urbis Mucianus regebat, admodum juvene Domitiano, et ex paternâ fortunâ tantùm licentiam [3] usurpante. Is missum ad delectus agendos Agricolam, integréque ac strenuè versatum, vicesimæ [4] legioni tardè ad sacramentum transgressæ præposuit, ubi

9 *Famæ propior*] Ita neque famæ illius auræque popularis expers, quam fugere videbatur. Extra luxuriam, nec extra gloriam erat, ut mox dicitur, c. 8.

1 *Quàm Neronis*] Qui prædam et spolia templorum luxu consumpserat.

2 *Licenter vaga*] Ut dictum est Hist. 2, 12. 13. ubi de Intemelio, cujus cives *Intemelii*.

3 *Licentiam usurpante*] Hist. 4, 2.

4 *Vicesimæ legioni*] Victrici nuncupatæ, quæ in Britanniâ commorabatur Devæ, nunc *Chester*. Itiner. Anton. Camden. Brit. 538.

ubi deceſſor [5] ſeditioſè agere narrabatur: quippe legatis [6] quoque conſularibus nimia ac formidoloſa erat. Nec legatus prætorius ad cohibendum potens, incertum ſuo an militum ingenio. Ita ſucceſſor ſimul et ultor electus, rariſſimâ moderatione maluit videri inveniſſe bonos, quàm feciſſe.

VIII. Præerat tunc Britanniæ Vettius Bolanus, placidiùs quàm feroci provinciâ dignum eſt. Temperavit Agricola vim ſuam, ardoremque compeſcuit, ne [7] increſceret; peritus obſequi, eruditusſque utilia honeſtis miſcere. Brevì deinde Britannia conſularem Petilium Cerialem accepit. Habuerunt virtutes ſpatium [8] exemplorum. Sed primò Cerialis modò labores et diſcrimina, mox et gloriam communicabat: ſæpe parti exercitûs in experimentum, aliquando majoribus copiis ex eventu præfecit. Nec Agricola umquam in ſuam famam geſtis exſultavit: ad auctorem et ducem, ut miniſter, fortunam referebat. Ita virtute in obſequendo, verecundiâ in prædicando, extra invidiam, nec extra gloriam erat.

5 *Deceſſor*] Prior legatus Roſcius Cælius, de quo Hiſt. 1, 60.

6 *Legatis q. c.*] Trebellio Maximo et Vettio Bolano. Ibid. et Hiſt. 2, 65. Legatus prætorius, Cælius, uni tantùm legioni imperabat, conſularis omnibus et provinciæ.

7 *Ne increſceret*] Ne major videretur legato ipſo.

8 *Spatium exemplorum*] Habuerunt virtutes Agricolæ, quas Bolano præſide compeſcuit, ſpatium prodendi exempla ſui.

IX.

IX. Revertentem ab legatione legionis divus Vespasianus inter patricios adscivit[9], ac deinde provinciæ Aquitaniæ præposuit, splendidæ in primis dignitatis, administratione[1], ac spe consulatûs, cui destinarat. Credunt plerique militaribus ingeniis subtilitatem deesse, quia castrensis jurisdictio secura[2] et obtusior, ac plura manu agens, calliditatem fori non exerceat. Agricola naturali prudentiâ, quamvis inter[3] togatos, facilè justéque agebat. Jam verò tempora curarum remissionumque divisa. Ubi conventus[4] ac judicia poscerent, gravis, intentus, severus, et sæpius misericors: ubi officio satisfactum, nulla ultrà potestatis persona[5]; tristitiam, et arrogantiam, et avaritiam exuerat: nec illi (quod est rarissimum) aut facilitas auctoritatem, aut severitas amorem deminuit. Integritatem atque abstinentiam in tanto viro referre, injuria[6] virtutum fuerit. Ne famam quidem, cui etiam sæpe boni indulgent, ostentandâ virtute, aut per artem quæsivit. Procul ab æmulatione adver-

9 *Adscivit*] Ut suprà Ann. 11, 25.

1 *Administratione*] Magnæ provinciæ, quæ a Pyrenæis montibus ad Ligerim usque protendebatur.

2 *Secura et o.*] Minùs anxia et arguta.

3 *Inter togatos*] Inter homines in foro et jurisperitiâ versatos.

4 *Conventus*] Juridici, quorum quatuor in Bæticâ fuisse Plinius auctor est, 3, 1.

5 *Persona*] Personam, quam sibi officium imposuerat, graviorem exuebat.

6 *Injuria virtutum*] Simile illud Velleii de Catone, *Cujus integritatem laudari, nefas est*: 2, 45.

 sùs

ſùs collegas[7], procul a contentione adverſùs procuratores, et vincere[8] inglorium, et atteri ſordidum arbitrabatur. Minùs triennium in eâ legatione detentus, ac ſtatim ad ſpem conſulatûs revocatus eſt, comitante opinione, Britanniam ei provinciam dari; nullis in hoc ſuis ſermonibus, ſed quia par videbatur. Haud ſemper errat fama, aliquando et elegit[9]. Conſul[1], egregiæ tum ſpei filiam juveni mihi deſpondit, ac poſt conſulatum collocavit: et ſtatim Britanniæ præpoſitus eſt, adjecto pontificatûs ſacerdotio.

X. Britanniæ ſitum populoſque, multis[2] ſcriptoribus memoratos, non in comparationem curæ ingeniive referam, ſed quia tum primùm perdomita eſt. Itaque quæ priores nondum comperta eloquentiâ percoluere, rerum fide tradentur. Britannia inſularum, quas Romana notitia complectitur, maxima[3] ſpatio ac ſolo,

7 *Collegas*] Finitimarum provinciarum legatos.

8 *Vincere*] Procuratores, de quibus ad Ann. 12, 60.

9 *Elegit*] Præivit, in eligendo, principi. Ita mss. Ceterum numeroſior erit ſententia, ſi cum Rhenano ſcribas, *eligit*.

1 *Conſul*] Suffectus cum Domitiano Kal. Jul. U. C. 830. Muratori Annal. Ital. 1, p. 291.

2 *Multis ſcriptoribus*] J. Cæſari, Livio, Straboni, Fab. Ruſtico, Pomp. Melæ, Plinio etc.

3 *Maxima ſpatio*] Vulgo, *maxima, ſpatio ac cælo in o. Germaniæ &c.* Quid autem ſit *ſpatio ac cælo Germaniæ obtendi*, fruſtra quærunt critici. Pichena exponit, ſpatio ac cœlo mediante, id eſt, per longum intervallum maris atque aeris: ſcilicet neceſſe fuit, Tacito præſertim,

ſolo, in orientem Germaniæ, in occidentem Hiſpaniæ obtenditur: Gallis in meridiem etiam inſpicitur [4]: ſeptemtrionalia ejus, nullis contrà terris, vaſto atque aperto mari pulſantur. Formam totius Britanniæ Livius [5] veterum, Fabius Ruſticus recentium eloquentiſſimi auctores, oblongæ [6] ſcutulæ vel bipenni adſimulavere: et eſt ea facies, citra Caledoniam; unde et in univerſum fama eſt tranſgreſſa: ſed immenſum et enorme ſpatium procurrentium extremo jam litore terrarum, velut in cuneum tenuatur. Hanc oram noviſſimi [7] maris tunc primùm Romana claſſis circumvecta, inſulam eſſe Britanniam adfirmavit, ac ſimul incognitas ad id tempus inſulas, quas Orcadas vocant, invenit,

ſertim, poſtquam ſpatium intervenire dixerat, et *aera* vel *cælum* addere. Nec magis feliciter Voſſius ex Melâ 2, 2. tuetur vulgatum. Leni admodum correctione opem tulimus legendo, *maxima ſpatio ac ſolo:* ut dicat Tacitus, Britanniam non tantùm magnitudine, ſed et ubere ſoli, ceteras omnes inſulas ſuperare. Anglicè foret, *the moſt conſiderable for extent and ſoil.* Solum hîc glebam denotat, et opponitur ſaxis, arenis, paludibus, quibus aliæ vaſtantur inſulæ. Suffragatur Noſter mox c. 12. cum Britanniæ ſolum *patiens frugum, fecundum* teſtetur.

4 *Inſpicitur*] Bene *inſpicitur*, ob vicinitatem.

5 *Livius*] Libro cv, qui periit. Vide Epitomen.

6 *Oblongæ ſcutulæ*] Trapezio, ut geometræ vocant. Et eſt ea forma, ſi Caledoniam excipias: unde fama et opinio tranſiit ad univerſam inſulam. Cæſ. B. G. 5, 12. *Inſula naturâ triquetra* eſt.

7 *Noviſſimi maris*] Ultra quod nulla terra eſt. Deucaledonium innuit mare, *the Northern ocean.*

domuitque. Dispecta[8] est et Thule[9], quam hactenus nix et hiems abdebat. Sed mare pigrum, & grave remigantibus perhibent; ne ventis quidem perinde[1] attolli: credo, quòd rariores terræ montesque, caussa ac materia tempestatum, et profunda moles continui maris tardiùs impellitur. Naturam oceani atque æstûs neque quærere hujus operis est, ac multi retulere. Unum addiderim: nusquam latiùs dominari mare, multùm fluminum huc atque illuc ferre, nec[2] litore tenus adcrescere aut resorberi, sed influere penitus atque ambire, et[3] jam jugis atque montibus inseri velut[4] in suo.

XI. Ceterum Britanniam qui mortales initio coluerint, indigenæ an advecti, ut inter barbaros, parum compertum. Habitus corporum varii: atque ex eo argumenta. Namque rutilæ Caledoniam habitantium comæ, magni artus, Germanicam originem adseverant. Silurum colorati vultus, et torti plerumque crines, et posita contrà Hispania, Iberos veteres trajecisse, easque sedes occupasse, fidem faciunt. Proximi Gallis, et simi-

8 *Dispecta est*] Dispicere dicuntur, qui a cæcitate, vel sublatis tenebris vident.

9 *Thule*] *Islande.* Orcades, *the Orkneys.*

1 *Perinde attolli*] Admodum elevari.

2 *Nec litore tenus*] Nec ad litus restringi reciprocationes ejus.

3 *Et jam jugis*] Ita correxi, sensu postulante, vulg. *etiam jugis.*

4 *Velut in suo*] Proprio alveo ac dominio.

les ſunt: ſeu durante originis vi, ſeu procurrentibus in diverſa[5] terris, poſitio cœli corporibus habitum[6] dedit. In univerſum tamen æſtimanti, Gallos vicinum ſolum occupaſſe, credibile eſt. Eorum ſacra deprehendas, ſuperſtitionum perſuaſione: ſermo haud multùm diverſus: in depoſcendis periculis eadem audacia; et ubi advenere, in detrectandis eadem formido. Plus tamen ferociæ Britanni præferunt, ut quos nondum longa pax emollierit. Nam Gallos quoque in bellis floruiſſe accepimus: mox ſegnitia cum otio intravit, amiſſâ virtute pariter ac libertate; quod Britannorum olim[7] victis evenit: ceteri manent, quales Galli fuerunt.

XII. In pedite robur: quædam nationes et curru prœliantur: honeſtior[8] auriga, clientes propugnant. Olim regibus parebant; nunc per principes factionibus et ſtudiis trahuntur: nec aliud adverſùs validiſſimas gentes pro nobis utilius, quàm quòd in commune non conſulunt. Rarus duabus tribuſve civitatibus ad propulſandum commune periculum conventus: ita, dum ſinguli pugnant, univerſi[9] vincuntur.

5 *In diverſa*] Utrimque in regionem oppoſitam.

6 *Habitum*] Sc. *eumdem*, quæ vox ſubintelligitur, ut mox in *ſuperſtitionum* earumdem *perſuaſione*.

7 *Olim victis*] A Claudio Cæſare.

8 *Honeſtior auriga*] Quod contrà fuit Homeri temporibus.

9 *Univerſi vincuntur*] Eâdemque de cauſâ ſuccubuere poſtea Britanniæ regibus Hiberni.

cuntur. Cœlum crebris imbribus ac nebulis fœdum: asperitas frigorum abest. Dierum spatia ultra nostri orbis mensuram: nox clara, et extremâ Britanniæ parte brevis, ut finem atque initium lucis exiguo discrimine internoscas. Quòd si nubes non officiant, adspici per noctem solis fulgorem, nec occidere et exsurgere, sed transire adfirmant: scilicet extrema [1] et plana terrarum humili umbrâ non erigunt tenebras, infraque cœlum et sidera nox [2] cadit. Solum, præter oleam vitemque, et cetera calidioribus terris oriri sueta, patiens frugum, fecundum: tardè mitescunt, citò proveniunt: eademque utriusque rei caussa, multus humor terrarum cœlique. Fert Britannia aurum, et argentum, et alia metalla, pretium victoriæ. Gignit et oceanus margarita, sed subfusca ac liventia. Quidam artem abesse legentibus arbitrantur: nam in Rubro mari viva ac spirantia saxis avelli; in Britanniâ, prout expulsa [3] sint, colligi. Ego faciliùs crediderim naturam margaritis deesse, quàm nobis avaritiam.

XIII. Ipsi Britanni delectum, ac tributa, et injuncta imperii munera impigre obeunt,

[1] *Extrema et plana*] Hoc est, ut Taciti mentem exprimit Eumenius, Panegyr. in Constantin. c. 6. *dum illa litorum extrema planities non attollit umbras*. Causa tamen futilis, et a solo petita, quæ revera est a sole, notante Lipsio.

[2] *Nox cadit*] Non pertingit ad cœlum.

[3] *Expulsa*] Ejecta fluctibus.

si

ſi injuriæ abſint: has ægre tolerant, jam domiti ut pareant, nondum ut ſerviant. Igitur primus omnium Romanorum divus Julius cum exercitu Britanniam ingreſſus, quamquam proſperâ pugnâ terruerit incolas, ac litore potitus ſit, poteſt videri oſtendiſſe poſteris, non tradidiſſe. Mox bella civilia, et in rempublicam verſa principum arma, ac longa oblivio Britanniæ etiam in pace. *Conſilium*[4] id divus Auguſtus vocabat, Tiberius *præceptum*. Agitaſſe C. Cæſarem de intrandâ Britanniâ ſatis conſtat, ni velox ingenio, mobilis pœnitentiâ, et ingentes adverſùs[5] Germaniam conatus fruſtra fuiſſent. Divus Claudius auctor operis, tranſvectis legionibus auxiliiſque, et adſumpto in partem rerum Veſpaſiano, quod initium venturæ mox fortunæ fuit: domitæ gentes, capti reges, et monſtratus[6] fatis Veſpaſianus.

XIV. Conſularium primus Aulus Plautius præpoſitus, ac ſubinde Oſtorius Scapula, uterque bello egregius. Redactaque paullatim in formam provinciæ proxima pars Britanniæ:

4 *Conſilium*] Prudentiæ. Tiberius *præceptum*: Auguſti ſcilicet.

5 *Adverſùs G.*] Suprà Mor. Germ. c. 37.

6 *Monſtratus fatis*] Hoc eſt, monſtratus a fatis, planè ut de Marcello juvene Virgilius: *Oſtendent terris hunc tantùm fata, neque ultrà Eſſe ſinent.* Malè cl. Erneſtus interpretatur, exhibitus et quaſi commendatus fatis ac fortunæ; quæ numina vel cæcutire, vel ineluctabili neceſſitate trahi, pueris quoque notiſſimum eſt.

addita

addita insuper veteranorum colonia: quædam civitates Cogiduno regi donatæ (is ad nostram usque memoriam fidissimus mansit) vetere ac jam pridem receptâ populi Romani consuetudine, ut haberet instrumenta servitutis et [7] reges. Mox Didius Gallus parta a prioribus continuit, paucis admodum castellis in ulteriora promotis, per quæ fama aucti [8] officii quæreretur. Didium Veranius excepit, isque intra annum exstinctus est. Suetonius hinc Paullinus biennio prosperas res habuit, subactis nationibus, firmatisque præsidiis: quorum fiduciâ Monam [9] insulam, ut vires rebellibus ministrantem, adgressus, terga occasioni patefecit.

XV. Namque absentiâ legati remoto metu, Britanni agitare inter se mala servitutis, conferre injurias, et interpretando accendere. 'Nihil profici patientiâ, nisi ut graviora, 'tamquam ex facili tolerantibus, imperentur. 'Singulos sibi olim reges fuisse, nunc binos 'imponi; e quibus legatus in sanguinem, procurator in bona [1] sæviret. Æquè discordiam præpositorum, æquè concordiam sub-

7 *Et reges*] Vide Ann. 14, 26. 15, 1. Hist. 2, 81.

8 *Aucti officii*] Aucti muneris sui et provinciæ.

9 *Monam insulam*] *Anglesey*.

1 *In bona*] Cati Deciani, procuratoris, avaritiâ Britannos in bellum actos fuisse vidimus suprà Ann. 14, 32.

'jectis

'jectis exitiosam: alterius[2] manus, centuriones alterius, vim et contumelias miscere. Nihil jam cupiditati, nihil libidini exceptum. In prœlio fortiorem esse, qui spoliet: nunc ab ignavis plerumque et imbellibus eripi domos, abstrahi liberos, injungi delectus, tamquam mori tantùm pro patriâ nescientibus. Quantulum enim transisse[3] militum, si sese Britanni numerent? sic Germanias excussisse jugum, et flumine, non oceano, defendi. Sibi patriam, conjuges, parentes; illis avaritiam et luxuriam, caussas belli esse. Recessuros, ut divus Julius recessisset, modò virtutes majorum suorum æmularentur. Neve prœlii unius aut alterius eventu pavescerent: plus impetûs, majorem constantiam penes miseros esse. Jam Britannorum etiam deos misereri, qui Romanum ducem absentem, qui relegatum in aliâ insulâ exercitum detinerent: jam ipsos, quod difficillimum[4] fuerit, deliberare. Porro in ejusmodi consiliis periculosius esse deprehendi, quàm audere.'

2 *Alterius manus*] *Manus* sunt procuratoris servi, et alia cohors ejus. Cic. in Verrem 2, 10. *Comites illi tui delecti manus erant tuæ; præfecti, scribæ, medici, accensi, haruspices, præcones, manus erant tuæ.* Centuriones, cum militibus suis, sunt *legati manus.*

3 *Transisse militum*] Romanorum in Britanniam.

4 *Difficillimum*] Ut omnino deliberent. In his enim, ut in seditionibus, πλέον ἥμισυ πάντος. Hist. 2, 80. *quodque in re tali difficillimum est, prima vox.*

XVI. His atque talibus invicem instincti, Boudiceâ[5], generis regii feminâ, duce (neque enim sexum in imperiis discernunt) sumpsere universi bellum: ac sparsos per castella milites consectati, expugnatis præsidiis, ipsam coloniam[6] invasere, ut sedem servitutis. Nec ullum in barbaris sævitiæ genus omisit ira et victoria. Quòd nisi Paullinus, cognito provinciæ motu, propere subvenisset, amissa Britannia foret: quam unius prœlii fortuna veteri patientiæ restituit, tenentibus arma plerisque, quos conscientia defectionis, et propiùs[7] ex legato timor agitabat. Hic cum egregius cetera, arroganter in deditos, et ut suæ quoque injuriæ ultor, duriùs consuleret, missus Petronius Turpilianus[8], tamquam exorabilior, et delictis hostium novus, eóque pœnitentiæ mitior, compositis prioribus, nihil ultrà ausus, Trebellio Maximo provinciam tradidit. Trebellius segnior, et nullis castrorum experimentis, comitate quadam curandi provinciam tenuit. Didicere jam barbari quoque ignoscere vitiis blandientibus: et interventus civilium armorum præbuit justam segnitiæ excusationem. Sed discordiâ laboratum, cum adsuetus expeditionibus miles otio lasciviret. Trebellius, fugâ[9] ac latebris vitatâ ex-

5 *Boudiceâ*] Ann. 14, 31.

6 *Coloniam*] Camulodunum.

7 *Propiùs*] Intimiùs, bene penitus.

8 *P. Turpilianus*] Ann. 14, 39.

9 *Fugâ ac latebris*] Hist. 2, 65.

ercitûs

ercitûs irâ, indecorus atque humilis, precariò mox præfuit: ac velut pacti, exercitus licentiam, dux salutem; hæc seditio sine sanguine stetit. Nec Vettius Bolanus, manentibus adhuc civilibus bellis, agitavit Britanniam disciplinâ. Eadem inertia erga hostes, similis petulantia castrorum: nisi quòd innocens Bolanus, et nullis delictis invisus, caritatem paraverat loco auctoritatis.

XVII. Sed ubi cum cetero orbe Vespasianus et Britanniam reciperavit, magni duces, egregii exercitus, minuta hostium spes. Et terrorem statim intulit Petilius Cerialis [1], Brigantum civitatem, quæ numerosissima provinciæ totius perhibetur, adgressus: multa prœlia, et aliquando non incruenta: magnamque Brigantum partem aut [2] victoriâ amplexus, aut bello. Et cum Cerialis quidem alterius successoris curam famamque obruisset [3], sustinuit quoque molem Julius Frontinus, vir magnus, quantum [4] licebat, validamque et pugnacem Silurum gentem armis subegit; super virtutem

1 *Cerialis*] Ann. 14. Hist. 3. et 4.

2 *Aut victoriâ*] Aut semel victoriâ, aut continuo bello subegit.

3 *Obruisset*] Prægravasset, obscurasset.

4 *Quantùm licebat*] Post magnum virum Cerialem venienti. Refer hæc, non ad tempora (quæ Vespasiani erant) sed ad *vir magnus*. Frontini, egregii scriptoris, de quo suprà Hist. 4, 39. magnanimitatem memorat Plin. Epist. 9, 19. cum vetuerit monumentum sibi fieri, his verbis: *Impensa monumenti supervacua est; memoria nostri durabit, si vitâ meruimus.*

hostium, locorum quoque difficultates eluctatus.

XVIII. Hunc Britanniæ statum, has bellorum vices, mediâ [5] jam æstate transgressus Agricola invenit, cum et milites velut omissâ expeditione ad securitatem, et hostes ad occasionem verterentur. Ordovicum [6] civitas, haud multò ante adventum ejus, alam in finibus suis agentem, prope universam obtriverat: eoque initio erecta provincia, et quibus bellum volentibus [7] erat, probare exemplum, aut recentis legati animum opperiri. Tum Agricola, quamquam transacta æstas, sparsi per provinciam numeri [8], præsumpta apud militem illius anni quies, tarda [9] et contraria bellum inchoaturo, et plerisque custodiri suspecta potius videbatur, ire obviam discrimini statuit: contractisque legionum vexillis, et modicâ auxiliorum manu, quia in æquum degredi Ordovices non audebant, ipse ante agmen, quò ceteris par animus simili periculo esset, erexit [1] aciem: cæsâque prope universâ gente, non ignarus instandum famæ, ac prout prima cessissent, fore universa, Monam insulam, cujus possessione [2] revocatum Paullinum rebellione to-

5 *Mediâ j. æstate*] U. C. 831. A. D. 78.

6 *Ordovicum*] Ann. 12, 33.

7 *Volentibus erat*] Gratum erat. Hist. 3, 43.

8 *Numeri*] Manus militares. Hist. 1, 6.

9 *Tarda et c.*] Essent. Mox *et plerisque* pro *et quamquam plerisque*.

1 *Erexit aciem*] In arduum duxit versus montem.

2 *Possessione*] Occupatione.

tius

tius Britanniæ ſuprà memoravi, redigere in poteſtatem animo intendit. Sed, ut[2] in dubiis conſiliis, naves deerant: ratio et conſtantia ducis tranſvexit. Depoſitis omnibus ſarcinis, lectiſſimos auxiliarium, quibus nota vada, et patrius nandi uſus, quo ſimul ſeque et arma et equos[3] regunt, ita repentè immiſit, ut obſtupefacti hoſtes, qui claſſem, qui naves, qui mare exſpectabant, nihil arduum aut invictum crediderint ſic ad bellum venientibus. Ita petitâ pace, ac deditâ inſulâ, clarus ac magnus haberi Agricola: quippe cui ingredienti provinciam, quod tempus alii per oſtentationem aut officiorum[4] ambitum tranſigunt, labor et periculum placuiſſet. Nec Agricola, proſperitate rerum in vanitatem uſus, expeditionem aut victoriam vocabat, victos[5] continuiſſe: ne laureatis[6] quidem geſta proſecutus eſt; ſed ipſâ diſſimulatione famæ famam auxit, æſtimantibus quantâ futuri ſpe tam magna tacuiſſet.

XIX. Ceterum animorum provinciæ prudens, ſimulque doctus per aliena experimen-

2 *Ut in dubiis*] Ut in ſubitis et incertis conſiliis fieri ſolet.

3 *Equos regunt*] Batavi fuerunt, quod colligas ex Hiſt. 4, 12.

4 *Officiorum*] Reſpondent noſtro vocabulo *compliments*.

5 *Victos continuiſſe*] Victos a Paullino continuiſſe, victoriam non vocabat; nec lauream proſpere geſtæ rei ad imperatorem miſit.

6 *Laureatis*] Litteris; ut Romanis ducibus ſolitum, poſt victoriam. Hiſt. 3, 77. Liv. 5, 29. 45, 1.

ta, parum profici armis si injuriæ sequerentur, caussas bellorum statuit excidere. A se suisque orsus, primam domum suam coercuit; quod plerisque haud minùs arduum est, quàm provinciam regere. Nihil per libertos servosque publicæ[7] rei: non studiis privatis, nec ex commendatione aut precibus centurionum milites adscire[8], sed optimum quemque fidelissimum putare: omnia scire, non omnia exsequi[9]: parvis peccatis veniam, magnis severitatem commodare: nec pœnâ semper, sed sæpius pœnitentiâ contentus esse: officiis et administrationibus potiùs non peccaturos præponere, quàm damnare cum peccassent. Frumenti et tributorum auctionem[1] æqualitate[2] munerum mollire, circumcisis quæ in quæstum reperta, ipso tributo graviùs tolerabantur. Namque per ludibrium adsidere[3] clausis horreis,

7 *Publicæ rei*] Potest ferri, ut suprà Germ. 13. sed fortè leg. *publicè agere*, unde facilis lapsus in *publicae rei*.

8 *Adscire*] Milites ad officia et administrationes adscivit, vel *accivit*, uti emendant Bip.

9 *Exsequi*] Id est, persequi, ulcisci. Suet. de Julio Cæs. 67. *Delicta neque observabat omnia, neque pro modo exsequebatur: sed desertorum ac seditiosorum inquisitor et punitor acerrimus, connivebat in ceteris.*

1 *Auctionem*] Novè dictum pro amplificatione: quam tamen lectionem tuentur viri docti ex Suet. Vesp. 16, ubi *auxisse tributa provinciis* dicitur Vespasianus. *Exactionem* Broterius reperit in Vatic. uno in textu, in altero in margine: Bip. receperunt.

2 *Æqualitate munerum*] Revocatis ad æqualitatem muneribus seu tributis, quæ præstare tenebantur Britanni.

3 *Adsidere horreis*] Omnibus

reis, et emere ultro frumenta, ac vendere pretio cogebantur: devortia itinerum et longinquitas regionum indicebatur, ut civitates a proximis hibernis in remota et avia deferrent, donec quod [4] omnibus in promptu erat, paucis lucrosum fieret.

XX. Hæc primo statim anno comprimendo, egregiam famam paci circumdedit; quæ, vel incuriâ vel tolerantiâ priorum, haud minùs quàm bellum timebatur. Sed ubi æstas advenit, contracto exercitu, militum [5] in agmine

nibus his procuratorum ac publicanorum versutiis facem prætendit Cic. in Verrem 3, 14. 82. Scilicet claudere solebant Romani horrea sua aratoribus, atque indicere, ne quis frumentum inde tolleret, antequam cum publicano pactus esset super decumis quas præstare debebat. Itaque redimere quam primùm decumas suas cupiebant provinciales, ut liceret reliquo frumento potiri, neque diutiùs clausis horreis per ludibrium adsiderent. Ea autem redemptio *æstimatio* dicta est: quam quò graviorem facerent publicani, jubebant frumentum stipendiarium, non ubi commodum esset aratori, verùm ad ultima ac difficillima loca comportari, ut vecturæ difficultate territi provinciales, ad quam vellent æstimationem pervenirent. Nec tantùm grandi pecuniâ *emere ultro* decumas miseri homines cogebantur, sed et *vendere* ejus, quod reliquum sibi erat frumenti, quasi in usum militum eorumque annonas, quantum vellent, et quo pretio vellent, modesti illi rectores. *Vendere pretio*, præstituto nempe.

4 *Quod omnibus*] Quod omnibus facile erat præbere, si ibidem mandatum esset frumentum ubi habuissent stipendiarii, in paucorum lucrum commodumque cessit.

5 *Militum in agmine*] Milites in agmine opponuntur h. l. *disjectis*. Codex Vat. habet *multus in agmine*: quod Broterio receptum.

mine laudare modeſtiam, disjectos coercere; loca caſtris ipſe capere, æſtuaria[6] ac ſilvas ipſe prætentare; et nihil interim apud hoſtes quietum pati, quominus ſubitis excurſibus popularetur; atque ubi ſatis terruerat, parcendo rurſus inritamenta pacis oſtentare. Quibus rebus multæ civitates, quæ in illum diem ex[7] æquo egerant, datis obſidibus iram poſuere, et præſidiis caſtelliſque circumdatæ, tantâ ratione curâque, ut nulla antè Britanniæ nova[8] pars inlaceſſita tranſierit.

XXI. Sequens hiems ſaluberrimis conſiliis abſumpta. Namque ut homines diſperſi ac rudes, eóque in[9] bella faciles, quieti et otio per voluptates adſueſcerent, hortari privatim, adjuvare publicè, ut templa, fora, domus exſtruerent, laudando promptos, et caſtigando ſegnes: ita honoris æmulatio pro[1] neceſſitate erat. Jam verò principum filios liberalibus artibus erudire, et ingenia Britannorum ſtudiis Gallorum anteferre; ut qui modò linguam Romanam abnuebant, eloquentiam concupiſcerent. Inde etiam habitûs no-

6 *Æſtuaria*] Ubi Britannorum lintres; ſilvas, ubi arma et receptacula.

7 *Ex æquo egerant*] Αὐτόνομοι fuerant. Suprà Hiſt. 4, 64.

8 *Nova pars*] Ut nulla antehac ignota Romanis Britanniæ pars extiterit, quæ non ex illis caſtellis, tanquam ὁρμητηρίοις, bello laceſſeretur.

9 *In bella*] Mss. *in bello faciles:* quod non rectè defendunt Bip. neque enim prompti *in bello* dicuntur Brit. ſed *ad bellum.* Alii legunt, *bello faciles.*

1 *Pro neceſſitate*] Loco imperii.

ſtri

stri honor, et frequens toga: paullatimque discessum ad delinimenta vitiorum, porticus, et balnea, et conviviorum elegantiam. Idque apud imperitos humanitas vocabatur, cum pars servitutis esset.

XXII. Tertius[2] expeditionum annus novas gentes aperuit, vastatis usque ad Taum[3] (æstuario nomen est) nationibus: qua formidine territi hostes, quamquam conflictatum sævis tempestatibus exercitum, lacessere non ausi: ponendisque insuper castellis spatium fuit. Adnotabant periti, non alium ducem opportunitates locorum sapientiùs legisse; nullum ab Agricolâ positum castellum aut vi hostium expugnatum, aut pactione ac fugâ desertum. Crebræ eruptiones: nam adversùs moras obsidionis, annuis[4] copiis firmabantur. Ita intrepida ibi hiems, et sibi quisque præsidio, irritis hostibus, eóque desperantibus, quia soliti plerumque damna æstatis hibernis eventibus pensare, tum æstate atque hieme juxtà pellebantur. Nec Agricola umquam per alios gesta avidus intercepit: seu centurio, seu præfectus, incorruptum facti testem habebat. Apud quosdam acerbior in conviciis narrabatur. Ut erat bonis comis, ita adversùs malos injucundus. Ceterum ex iracundiâ ni-

[2] *Tertius e. annus*] U. C. 833. A. D. 80.

[3] *Taum*] *Firth of Tay*: ultra Bodotriam, adeóque ultra castella quæ mox posuit Agricola.

[4] *Annuis copiis*] Cibariis in annum.

hil ſupererat. Secretum et ſilentium ejus non timeres: honeſtius putabat offendere, quàm odiſſe.

XXIII. Quarta æſtas obtinendis[5], quæ percurrerat, inſumpta. Ac ſi virtus exercituum et Romani nominis gloria pateretur, inventus in ipſâ Britanniâ terminus. Nam Clota[6] et Bodotria, diverſi maris æſtu per immenſum revectæ, anguſto[7] terrarum ſpatio dirimuntur: quod tum præſidiis firmabatur; atque omnis propior ſinus tenebatur, ſummotis velut in aliam inſulam hoſtibus.

XXIV. Quinto expeditionum anno, nave[8] primâ tranſgreſſus, ignotas ad id tempus gentes crebris ſimul ac proſperis prœliis domuit; eamque partem Britanniæ, quæ[9] Hiberniam adſpicit, copiis inſtruxit, in[1] ſpem magis, quàm ob formidinem: ſiquidem Hibernia, medio inter Britanniam atque Hiſpaniam ſita, et

5 *Obtinendis*] Providendo, ut quæ victoriæ curſu obierat, firmiter poſſiderentur.

6 *Clota*] *The Clyd*: Bodotria, *the Forth*, Illa Caledonii, hæc Germanici maris æſtu per immenſum revehitur in ſinum oceani.

7 *Anguſtô t. ſpatio*] Triginta circiter millibus paſſuum diſtant. Munitum cenſet Brot. a *Kirkpatrick* ad *Abercorn*, quod ſpatium êſt 37 mill.

8 *Nave primâ*] Quæ prima ad terram appulit. Antegreditur ſuos Agricola, J. Cæſaris exemplo, qui B. G. 4, 21. teſtatur, ſe *cum primis navibus Britanniam attigiſſe*.

9 *Quæ Hiberniam*] Scotiæ comitatus, *Galloway*, *Carrick*, *Kyle* &c.

1 *In ſpem*] Futuræ utilitatis.

Gallico quoque mari opportuna, valentiſſimam [2] imperii partem magnis invicem uſibus miſcuerit. Spatium ejus, ſi Britanniæ comparetur, anguſtius, noſtri [3] maris inſulas ſuperat. Solum cœlumque, et ingenia cultuſque hominum haud multùm a Britanniâ differunt: meliùs [4] aditus portuſque per commercia et negotiatores cogniti. Agricola expulſum ſeditione domeſticâ unum ex regulis gentis exceperat, ac ſpecie amicitiæ in occaſionem retinebat. Sæpe ex eo audivi, legione unâ et modicis auxiliis debellari obtinerique Hiberniam poſſe; idque etiam adverſùs Britanniam profuturum, ſi Romana ubique arma, et velut e conſpectu libertas tolleretur.

XXV. Ceterum æſtate qua ſextum officii annum inchoabat, amplexus [5] civitates trans Bodotriam ſitas, quia motus univerſarum ultrà gentium, et infeſta hoſtili exercitu itinera timebantur, portus claſſe exploravit: quæ ab Agricolâ primùm adſumpta in partem virium,

2 *Valentiſſimam*] Hiſpaniam, Britanniam, Galliam.

3 *Noſtri maris*] Mediterranei.

4 *Meliùs aditus*] Aditus portuſque Hiberniæ etiam meliùs quàm Britannici innotuerunt Romanis, eò quòd plures ſint, et e pacatis provinciis advenientibus promptiores. Inde major Agricolæ ſpes affulſit debellandi Hiberniam.

5 *Amplexus civitates*] Poſtquam copiis terrâ marique comprehendiſſet civitates: ut ſuprà c. 17. *aut victoriâ amplexus aut bello.* Ita veriſſimè ex Ms. Vatic. Broterius correxit vulg. *amplas civitates.*

ſequebatur egregiâ ſpecie, cùm ſimul terrâ, ſimul mari bellum impelleretur [6]; ac ſæpe iiſdem caſtris pedes equeſque et nauticus miles, mixti copiis et lætitiâ, ſua quiſque facta, ſuos caſus attollerent; ac modò ſilvarum et montium profunda, modò tempeſtatum ac fluctuum adverſa, hinc terra et hoſtis, hinc auctus [7] oceanus, militari jactantiâ compararentur. Britannos quoque, ut ex captivis audiebatur, viſa claſſis obſtupefaciebat, tamquam aperto maris ſui ſecreto, ultimum victis perfugium clauderetur. Ad manus et arma converſi Caledoniam incolentes populi, paratu magno, majore famâ, uti mos eſt de ignotis, oppugnaſſe ultro caſtella adorſi [8], metum, ut provocantes, addiderant: regrediendumque citra Bodotriam, et excedendum potiùs, quàm pellerentur, ſpecie prudentium ignavi admonebant: cum interim cognoſcit, hoſtes pluribus agminibus inrupturos. Ac ne ſuperante numero, et peritiâ locorum circumiretur, diviſo et ipſe in tres partes exercitu inceſſit.

6 *Impelleretur*] Urgeretur, promoveretur. Non hîc agitur de momentis belli, ut exponas cum Bip. *committeretur*.

7 *Auctus oceanus*] Alii aliter interpretantur, aut etiam mutant in *victus*. Nos capimus ſenſu proprio pro *inflatus*, in immenſum editus, æſtibus ſcilicet, quos horrebant Mediterranei maris accolæ. Vid. Cæſ. B. G. 4, 26.

8 *Adorſi*] Poſtquàm cœpiſſent. *Adorſi* pro orſi, ut apud Curtium 3, 1. 6. *arcem oppugnare adorſus*. Sequimur Bip. quibus præivit Urſinus.

XXVI.

XXVI. Quod ubi cognitum hoſti, mutato repentè conſilio, univerſi nonam legionem, ut maximè invalidam, nocte adgreſſi, inter ſomnum ac trepidationem cæſis vigilibus, inrupere. Jamque in ipſis caſtris pugnabant, cùm Agricola iter hoſtium ab exploratoribus edoctus, et veſtigiis inſecutus, velociſſimos equitum peditumque adſultare tergis pugnantium jubet, mox ab univerſis adjici clamorem: et propinquâ luce fulſere ſigna. Ita ancipiti malo territi Britanni: et Romanis redit animus, ac ſecuri pro ſalute, de gloriâ certabant: ultro quinetiam erupere [9]. Et fuit atrox in ipſis portarum [1] anguſtiis prœlium, donec pulſi hoſtes, utroque exercitu certante, his ut tuliſſe opem, illis ne eguiſſe auxilio viderentur. Quòd niſi paludes et ſilvæ fugientes texiſſent, debellatum illâ victoriâ foret.

XXVII. Cujus [2] conſtantiâ ac famâ ferox exercitus, 'nihil virtuti ſuæ invium: 'penetrandam Caledoniam, inveniendumque 'tandem Britanniæ terminum continuo prœ-'liorum curſu' fremebant: atque illi modò cauti ac ſapientes, prompti poſt eventum ac

9 *Erupere*] E caſtris nonani.

1 *Portarum*] Quarum quatuor erant in caſtris Romanis.

2 *Cujus conſtantiâ*] Ferox conſtantiâ qua parta eſt victoria, et famâ quæ ipſam ſecuta eſt. Nec defuiſſe mox Britannis *conſtantiam* videbimus infrà c. 36. Eandem virtutem Ceriali adſcribit Noſter, Hiſt. 4, 78.

magniloqui

magniloqui erant. Iniquiſſima hæc bellorum conditio eſt: proſpera omnes ſibi vindicant, adverſa uni imputantur. At Britanni non virtute, ſed occaſione et arte [3] ducis rati, nihil ex arrogantiâ remittere, quominus juventutem armarent, conjuges ac liberos in loca tuta transferrent, cœtibus ac ſacrificiis conſpirationem civitatum ſancirent [4]. Atque ita inritatis utrimque animis diſceſſum.

XXVIII. Eâdem æſtate, cohors Uſipiorum per Germanias conſcripta, et in Britanniam tranſmiſſa, magnum ac memorabile facinus auſa eſt. Occiſo centurione ac militibus, qui ad tradendam diſciplinam immixti manipulis, exemplum et rectores habebantur, tres liburnicas, adactis per vim gubernatoribus, adſcendêre: et uno remigrante [5], ſuſpectis duobus eóque interfectis, nondum vulgato rumore, ut [6] miraculum prævehebantur. Mox hàc atque illà rapti, et cum pleriſque Britannorum ſua defenſantium prœlio congreſſi, ac ſæpe victores, aliquando pulſi, eò

3 *Arte ducis rati*] Subintelligendum *id contigiſſe*, quæ eſt ellipſis ſanè dura: itaque haud malè Bip. pro *ducis* ſubſtituunt *uſos*. Nobis in mentem venit, *arte vinci ſe rati*.

4 *Sancirent*] Ut mos barbaris. Hiſt. 4, 14.

5 *Remigrante*] Cum unus clam ſe ſubduxerit, ſuſpecti alii duo ſunt. Bip. *remigante*, perperam: *remigare* eſt remis agere navem, non regere; et obſtant inſuper ei lectioni ſeqq. *amiſſis per inſcitiam regendi navibus*.

6 *Ut miraculum*] θαῦμα ἰδέσθαι, ut Græci loquuntur. *Prævehi* eſt idem quod prætervehi.

ad

ad extremum inopiæ venêre, ut infirmiffimos fuorum, mox [7] forte ductos vefcerentur. Atque ita circumvecti Britanniam, amiffis per infcitiam regendi navibus, pro prædonibus habiti, primùm a [8] Suevis, mox a Frifiis intercepti funt: ac fuere, quos per commercia venumdatos, et in noftram [9] ufque ripam mutatione ementium adductos, indicium [1] tanti cafûs inluftravit. Initio [2] æftatis Agricola domeftico vulnere ictus, anno antè natum filium amifit. Quem cafum neque, ut plerique fortium virorum, ambitiosè, neque per lamenta rurfus ac mœrorem muliebriter tulit: et in luctu bellum inter remedia erat.

XXIX. Igitur præmiffâ claffe, quæ pluribus locis prædata, magnum et incertum terrorem faceret, expedito exercitu, cui ex Britannis fortiffimos et longâ pace exploratos addiderat, ad montem Grampium [3] pervenit, quem jam hoftes infederant. Nam Britanni,

7 *Mox forte ductos*] Sanos validofque.

8 *A Suevis*] Meminit hujus facti et Dio 66. Ex occidentali Scotiæ orâ, quà Hiberniam afpicit (v. fuprà c. 24) profecti, extremum infulæ legentes, ad averfam partem et Romanorum ibi caftra devenerunt; unde iterum profugi, in mare Suevicum feu Balticum detruduntur; navibufque amiffis, ac pro prædonibus habiti, primùm a Suevis inter Albim et Viftulam, mox a Frifiis inter Amifiam et Rhenum intercepti funt.

9 *Noftram u. ripam*] Romanam Rheni ripam.

1 *Indicium*] Declaratio.

2 *Initio æftatis*] *Septimæ*, quæ vox excidiffe videtur, per notas fcripta. Vid. c. 34. initio.

3 *Grampium*] *Grantzbaine* in com. *Stathern.*

nihil

nihil fracti pugnæ prioris eventu, et ultionem aut servitium exspectantes, tandemque docti commune periculum concordiâ propulsandum, legationibus et fœderibus omnium civitatum vires exciverant. Jamque super triginta millia armatorum adspiciebantur, et adhuc adfluebat omnis juventus, et quibus cruda[4] ac viridis senectus, clari bello, ac sua quisque decora[5] gestantes: cum inter plures duces virtute et genere præstans, nomine Calgacus[6], apud contractam multitudinem prœlium poscentem, in hunc modum locutus fertur:

' XXX. Quotiens caussas belli et necessitatem nostram intueor, magnus mihi animus est, hodiernum diem, consensumque vestrum, initium libertatis totius Britanniæ fore. Nam et universi servitutis expertes, et nullæ ultrà terræ, ac ne mare quidem securum, imminente nobis classe Romanâ: ita prœlium atque arma, quæ fortibus honesta, eadem etiam ignavis tutissima sunt. Priores pugnæ, quibus adversùs Romanos variâ fortunâ certatum est, spem ac subsidium in nostris manibus habebant: quia

4 *Cruda ac viridis*] Ex Æneid. 6, 304. *cruda deo viridisque senectus.*

5 *Decora*] Dona militaria.

6 *Calgacus*] In veteri ac fabuloso Triadum, seu trium Britanniæ heroum, libro *Galauc ap Liennauc* appellatur, ut scribit Camdenus.

nobilissimi

'nobilissimi totius Britanniæ, eóque in[7] ipsis 'penetralibus siti, nec servientium litora ad'spicientes, oculos quoque a contactu do'minationis inviolatos habebamus. Nos ter'rarum ac libertatis extremos, recessus ipse 'ac sinus[8] famæ in hunc diem defendit. 'Nunc terminus[9] Britanniæ patet: atque 'omne ignotum pro magnifico est. Sed nulla 'jam ultrà gens, nihil nisi fluctus et saxa, 'et infestiores Romani, quorum superbiam 'frustra per obsequium et modestiam effuge'ris. Raptores orbis, postquam cuncta va'stantibus defuere terræ, et mare scrutantur: 'si locuplès hostis est, avari; si pauper, am'bitiosi; quos non Oriens, non Occidens 'satiaverit. Soli omnium, opes atque ino'piam pari affectu concupiscunt. Auferre, 'trucidare, rapere, falsis nominibus, *imperi*'*um*; atque ubi solitudinem faciunt, *pacem* 'appellant.

'XXXI. Liberos cuique ac propinquos 'suos natura carissimos esse voluit: hi per 'delectus, alibi servituri, auferuntur. Conju'ges sororesque, etsi hostilem libidinem ef'fugiant, nomine amicorum atque hospitum

7 *In ipsis penetralibus*] In montium recessibus, quomodo dii in penetralibus suis siti.

8 *Sinus famæ*] Pars ultima, et extrema velut lacinia famæ.

9 *Terminus B.*] Ad quem armis redigendum ambitione solâ ducuntur Romani, quia magnificum videtur quicquid ignotum est.

 polluuntur.

'polluuntur. Bona fortunasque in tributum 'egerunt[1]; in[2] annonam, frumentum. Cor- 'pora ipsa ac manus, silvis ac paludibus 'emuniendis[3], verbera inter ac contumelias, 'conterunt. Nata servituti mancipia semel 'veneunt, atque ultro a dominis aluntur: 'Britannia servitutem suam quotidie[4] emit, 'quotidie pascit. Ac sicut in familiâ recen- 'tissimus quisque servorum et conservis lu- 'dibrio est, sic in hoc orbis terrarum vetere 'famulatu, novi nos et viles in excidium 'petimur. Neque enim arva[5] nobis, aut 'metalla, aut portus sunt, quibus exercendis 'reservemur. Virtus porro ac ferocia sub- 'jectorum ingrata imperantibus: et longin- 'quitas ac secretum ipsum, quò tutius, eò 'suspectius. Ita sublatâ spe veniæ, tandem 'sumite animum, tam quibus salus, quàm 'quibus gloria carissima est. Trinobantes[6], 'feminâ duce, exurere coloniam, expugnare 'castra, ac nisi felicitas in socordiam vertis- 'set, exuere jugum potuere: nos integri et 'indomiti, et[7] in libertatem, non in pœniten- 'tiam

1 *Egerunt*] Impendunt: ab *egerere*.

2 *In annonam*] In annonam militibus frumentum nostrum imperant, pretio constituto.

3 *Emuniendis*] Viis struendis per silvas ac paludes.

4 *Quotidie emit*] Emit, tributis pendendis; pascit, frumento præbendo.

5 *Arva nobis*] Qui Caledoniæ montes incolimus.

6 *Trinobantes*] Annal. 14, 31.

7 *In libertatem*] Locus miserè depravatus, qui in plerisque editt. sic se habet:

'tiam certaturi, primo statim congressu nonne 'ostendamus, quos sibi Caledonia viros se-'posuerit?

'XXXII. An eamdem Romanis in bello 'virtutem, quam in pace lasciviam adesse 'creditis? Nostris illi discessionibus [8] ac dis-'cordiis clari, vitia hostium in gloriam ex-'ercitûs sui vertunt: quem contractum ex 'diversissimis gentibus, ut secundæ res te-'nent, ita adversæ dissolvent. Nisi si Gal-

bet: *et libertatem non in præsentiâ laturi, p. s. c. non ostendamus* &c. cum interrogatione. Mihi vera lectio latere videtur in Vaticano cod. a cl. Broterio producta, sed ab omnibus neglecta: *et in libertatem, non in pœnitentiam laturi.* Pro *laturi* legendum esse *certaturi,* Broterio assentior (factâ concisione in *ctaturi)* atque ita sensus exurget qui cum præcedentibus optimè conveniet, scil. Trinobantes, nisi felicitas in socordiam vertisset, exuere jugum potuere: sed illi (sicut et Batavi, de quibus Hist. 5, 25.) cum ventum esset ad extrema, resipiscere cœperunt, et pœnitentiam fassi dederunt se Romanis. Nos qui in libertatem, nullo pœnitentiæ respectu, certaturi sumus, nonne ostendamus &c. Pro *nonne* Mss. habent *unde,* quod Jos. Scaliger mutavit in *vivide,* sine interrogatione; ingeniosè, quamquam forma orationis desiderare videatur interrogationem. Ceterum vulgata defendi nullo modo potest (quod aggressus est vir erudit. Bleterius) cum omnes libri veteres exhibeant *in libertatem . . in præsentiam.* Certaturi *in libertatem,* Latinè dici, rectè monet Broterius, teste citato Senec. Thebaid. act. 1. vers. 298. *Certant in omne facinus.*

8 *Discessionibus*] Ita veteres editt. Notat populorum separationes, rebus infectis. Vulg. ταυτολογῶς *dissensionibus.*

 'nos,

'los, et Germanos, et (pudet[9] dictu) Britannorum plerosque, licet dominationi alienæ sanguinem[1] commodent, diutiùs tamen hostes quàm servos, fide et affectu teneri putatis. Metus et terror est, infirma vincula caritatis; quæ ubi removeris, qui timere desierint, odisse incipient. Omnia victoriæ incitamenta pro nobis sunt: nullæ Romanos conjuges accendunt: nulli parentes fugam exprobraturi sunt: aut nulla[2] plerisque patria, aut alia est: paucos numero, circumtrepidos[3] ignorantiâ, cœlum ipsum ac mare et silvas, ignota omnia circumspectantes, clausos quodammodo ac vinctos dii nobis tradiderunt. Ne terreat vanus adspectus, et auri fulgor atque argenti, quod neque tegit, neque vulnerat. In ipsâ hostium acie inveniemus nostras manus. Agnoscent Britanni suam caussam: recordabuntur Galli priorem libertatem: deserent illos ceteri Germani, tamquam nuper[4] Usipii reliquerunt. Nec quidquam ultrà formidinis: vacua castella, senum[5] coloniæ,

9 *Pudet dictu*] Pro *pudet dicere*, vel pudet dum dico. Nec dissimile illud Val. Max. 9, 13. 2. *dictu fastidienda sunt*.

1 *Sanguinem commodent*] Suppl. *nunc*.

2 *Nulla plerisque patria*] Qui obscuro loco, aut in castris nati sunt.

3 *Circumtrepidos*] Vox e Græco traducta: περίφοβος, valde trepidus.

4 *Nuper Usipii*] Cap. 28.

5 *Senum coloniæ*] Senes per contemptum vocat veteranos et emeritos, qui fere in coloniis collocati.

'inter

'inter malè parentes et injuſtè imperantes, 'ægra[6] municipia et diſcordantia. Hîc dux, 'hìc exercitus: ibi tributa et metalla, et ce-'teræ ſervientium pœnæ; quas in[7] æternum 'proferre, aut ſtatim ulciſci, in hoc campo 'eſt. Proinde ituri in aciem, et majores 'veſtros et poſteros cogitate.'

XXXIII. Excepere orationem alacres, et barbari moris cantu, et fremitu, clamoribuſque diſſonis. Jamque agmina, et armorum fulgores, audentiſſimi cujuſque procurſu[8]; ſimul inſtruebantur acies: cùm Agricola, quamquam lætum et vix munimentis cœercitum militem accendendum adhuc ratus, ita diſſeruit: 'Octavus annus eſt, commilitones, 'ex quo virtute et auſpiciis imperii Romani, 'fide atque operâ veſtrâ, Britanniam viciſtis. 'Tot expeditionibus, tot prœliis, ſeu forti-'tudine adverſùs hoſtes, ſeu patientiâ ac la-'bore penè adverſùs ipſam rerum naturam 'opus fuit, neque me militum, neque vos 'ducis pœnituit. Ergo egreſſi, ego veterum 'legatorum, vos priorum exercituum termi-'nos, finem Britanniæ, non famâ nec rumore, 'ſed caſtris et armis tenemus. Inventa Bri-

6 *Ægra municipia*] Sic Demoſt. pro Cteſiph. 14. αἱ δὲ πόλεις ἐνόσουν.

7 *In æternum proferre*] *Proferre* et *ulciſci*, utrumque de Britannis dictum eſt. Pœnas illas utrùm in omne ævum per ignaviam proferetis (protendetis) Britanni, an ſtatim virtute ulciſcemini, in hoc prælio ſitum eſt.

8 *Procurſu*] Fulgebant arma ex procurſu.

'tannia,

' tannia, et subacta. Equidem sæpe in agmine, ' cum vos paludes montesve et flumina fati- ' garent, fortissimi cujusque voces audiebam, ' Quando dabitur hostis, quando acies ? Ve- ' niunt e latebris suis extrusi: et vota vir- ' tusque in aperto, omniaque prona victori- ' bus, atque eadem victis adversa. Nam ut ' superasse tantum itineris, silvas evasisse, ' transisse æstuaria, pulchrum ac decorum in[9] ' frontem; ita fugientibus periculosissima, ' quæ hodie prosperrima sunt. Neque enim ' nobis aut locorum eadem notitia, aut com- ' meatuum eadem abundantia; sed[1] manus, ' et arma, et in his omnia. Quod ad me ' attinet, jam pridem mihi decretum est, ne- ' que exercitûs neque ducis terga tuta esse. ' Proinde et honesta mors turpi vitâ potior, ' et incolumitas ac decus eodem loco sita ' sunt: nec inglorium fuerit, in ipso terrarum ' ac naturæ fine cecidisse.

' XXXIV. Si novæ gentes atque ignota ' acies constitisset, aliorum exercituum ex- ' emplis vos hortarer. Nunc vestra decora ' recensete, vestros oculos interrogate. Ii ' sunt, quos proximo anno, unam legionem ' furto noctis adgressos, clamore debellastis:

9 *In frontem*] Id est, specie: pulchram ac decoram frontem præ se ferunt.

1 *Sed manus*] Sic ferme Liv. 5, 42. *Arma tantùm ferrumque in dextris, velut solas reliquias spei suæ, intuentes.*

" ii

'ii ceterorum Britannorum fugacissimi, ideoque tam diu superstites. Quomodo silvas saltusque penetrantibus, fortissimum quodque animal contrà ruere, pavida et inertia ipso agminis sono pelluntur; sic acerrimi Britannorum jam pridem ceciderunt: reliquus est numerus ignavorum et metuentium, quos quî[2] tandem invenistis? non restiterunt, sed deprehensi sunt novissimi: ideo[3] extremo metu corpora defixere in his vestigiis, in quibus pulchram et spectabilem victoriam ederetis. Transigite[4] cum expeditionibus, imponite quinquaginta annis magnum[5] diem; adprobate reipublicæ, numquam exercitui imputari potuisse aut moras[6] belli, aut caussas rebellandi.'

XXXV. Et adloquente adhuc Agricolâ militum ardor eminebat, et finem orationis ingens alacritas consecuta est, statimque ad arma discursum. Instinctos ruentesque ita disposuit, ut peditum auxilia, quæ octo millia

2 *Quî tandem*] Vulg. *quòd tandem*. Sed aptior sententiæ interrogatio: et *quoi*, antiquâ scripturâ, facilè transit in *quod*.

3 *Ideo*] Veteres libri *id et*. Brot. ex Vatic. dedit *res et*, sensu non satis commodo. Mox post *defixere* iidem libri habuerunt *aciem*, glossam τῶ *corpora*, in textum admissam.

4 *Transigite*] Absolvite expeditiones, et quasi controversiam cum iis finite. Metaphora e re pecuniariâ et forensi.

5 *Magnum diem*] Memorabilem, ut *magnum annum* Platonis dicebant.

6 *Moras belli*] Non inertiâ vestrâ aut moras bello injectas fuisse, aut spem hostibus factam, quò rebellarent.

erant,

erant, mediam aciem firmarent; equitum tria millia cornibus adfunderentur: legiones pro vallo ftetere, ingens victoriæ decus citra [7] Romanum fanguinem bellanti, et auxilium, fi pellerentur. Britannorum acies in fpeciem fimul ac terrorem editioribus locis conftiterat, ita ut primum agmen æquo, ceteri per acclive jugum connexi velut infurgerent: media campi covinarius [8] et eques ftrepitu ac difcurfu complebat. Tum Agricola, fuperante hoftium multitudine, veritus ne fimul in frontem, fimul et latera fuorum pugnaretur, diductis ordinibus, quamquam porrectior acies futura erat, et arceffendas plerique legiones admonebant, promptior in fpem, et firmus adverfis, dimiffo equo, pedes ante [9] vexilla conftitit.

XXXVI. Ac primo congreffu eminus certabatur. Simul conftantiâ, fimul arte Britanni, ingentibus gladiis et brevibus cetris [1], miffilia noftrorum vitare, vel excutere, atque ipfi

7 *Citra R. fanguinem*] Si bellaret Agr. non Romano, fed *externo fanguine* provincialium, ut dicitur Ann. 14, 23.

8 *Covinarius*] Auriga currûs falcati. Mela 3, 6. Britanni *dimicant non equitatu modò aut pedite, verùm et bigis et curribus, Gallicè armati: covinos vocant, quorum falcatis axibus utuntur*. Rationem pugnandi e covinis docet Cæf. B. G. 4, 33.

9 *Ante vexilla*] Poft auxilia, ante vexilla legionum.

1 *Cetris*] Cetra (*nobis target*) fcutum breve loreum, quo utuntur Afri et Hifpani, autore Servio. Hoc ipfo armorum genere etiamnum inftruuntur Scoti feptemtrionales.

magnam

magnam vim telorum superfundere: donec Agricola tres Batavorum cohortes ac Tungrorum duas cohortatus est, ut rem ad mucrones ac manus adducerent; quod et ipsis vetustate militiæ exercitatum, et hostibus inhabile, parva scuta et enormes gladios gerentibus: nam Britannorum gladii sine mucrone complexum [2] armorum, et in arto pugnam non tolerabant. Igitur ut Batavi miscere ictus, ferire umbonibus, ora fœdare, et stratis [3] qui in æquo obstiterant, erigere in colles aciem cœpere; ceteræ cohortes æmulatione et impetu commistæ, proximos quosque cædere: ac plerique semineces, aut integri, festinatione victoriæ, relinquebantur. Interim equitum [4] turmæ fugêre, covinarii peditum se prœlio miscuere; et quamquam recentem terrorem intulerant, densis tamen hostium agminibus et

2 *Complexum armorum*] Pugnam quæ fit cominus, conserendis manibus. *In arcto* pro vulg. *in aperto pugnam* (quam vel maximè optent ingentibus gladiis armati) legendum esse, ex felici principis Francisci Medicis conjecturâ, nemini non placeret præter Bip. qui sua tantùm mirantur. Livius ait, 28, 33. *in arcto pugna Romano aptior quàm Hispano militi futura videbatur.*

3 *Stratis*] Mss. *tratis*: unde hoc rectè conjecit Ernestus.

4 *Equitum turmæ*] Equitum Britannorum turmæ jam fugerant, non congredi ausæ cum cohortibus. Firmiores covinarii peditum se prœlio miscuere; densis tamen hostium (i. e. Britannorum) agminibus inserti, turbabantur. Hic sensus loci, siquidem sincerum istud *hostium* sit, quod suspicor fuisse *nostrûm*: alioqui dixisset Tac. *densis tamen suorum agminibus &c.*

inæqualibus locis hærebant: miniméque equestris ea pugnæ facies erat, cum ægre diu[5] ſtantes ſimul equorum corporibus impellerentur, ac ſæpe vagi currus, exterriti ſine rectoribus equi, ut quemque formido tulerat, tranſverſos[6] aut obvios incurſabant.

XXXVII. Et Britanni, qui adhuc pugnæ expertes ſumma collium inſederant, et paucitatem noſtrorum vacui[7] ſpernebant, degredi paullatim, et circumire terga vincentium cœperant; ni idipſum veritus Agricola quatuor equitum alas, ad ſubita belli retentas, venientibus oppoſuiſſet, quantóque ferociùs accurrerant, tantò acriùs pulſos in fugam disjeciſſet. Ita conſilium Britannorum in ipſos verſum: tranſvectæque præcepto ducis a fronte pugnantium alæ, averſam hoſtium aciem invaſere. Tum verò patentibus locis grande et atrox ſpectaculum: ſequi[8], vulnerare, capere, atque eoſdem oblatis aliis trucidare. Jam hoſtium, prout cuique ingenium erat, catervæ armatorum paucioribus terga præſtare; quidam inermes ultro ruere, ac ſe morti offerre. Paſſim arma, et corpora, et laceri artus, et cruenta humus; et aliquando etiam victis ira virtuſque: poſtquam ſilvis ap-

5 *Diu ſtantes*] Diû inſiſtentes curribus ſuis covinarii, unà cum equorum ſuorum corporibus, a pedite impellerentur.

6 *Tranſverſos aut obvios*] Britannos. Etenim Romanis in frontem aut in latus occurriſſe equos illos, non mirum foret.

7 *Vacui*] Otioſi.

8 *Sequi vulnerare*] Imitatur Salluſt. Jug. 101.

propin-

propinquarunt, collecti, primos ſequentium incautos, et locorum ignaros circumveniebant. Quod ni frequens ubique Agricola, validas et expeditas cohortes indaginis modo, et ſicubi artiora erant, partem equitum dimiſſis equis, ſimul rariores ſilvas equitem perſultare juſſiſſet, acceptum aliquod vulnus per nimiam fiduciam foret. Ceterum ubi compoſitos firmis ordinibus ſequi rurſus vidêre, in fugam verſi, non agminibus, ut priùs, nec alius alium reſpectantes, rari[9] et vitabundi invicem, longinqua atque avia petiere: finis ſequendi nox et ſatietas fuit. Cæſa[1] hoſtium ad decem millia. Noſtrorum trecenti quadraginta cecidere: in quîs Aulus Atticus præfectus cohortis, juvenili ardore et ferociâ equi hoſtibus inlatus.

XXXVIII. Et nox quidem gaudio prædâque læta victoribus. Britanni palantes, mixtoque virorum mulierumque ploratu, trahere vulneratos, vocare integros; deſerere domos, ac per iram ultro incendere; eligere latebras, et ſtatim relinquere; miſcere invicem conſilia aliqua, dein ſeparare; aliquando fran-

9 *Rari*] *Sed rari*; quod facilè intelligitur, nec eſt opus textui ingerere.

1 *Cæſa hoſtium*] Celebris pugnæ locum ſtatuit eruditus Gordon, Itinerar. Septemtrion. tab. 5. in comitatu *Strathern*, haud longè ab urbe *Abernethy*, ubi nunc *Kirk of Comerie*. Veſtigia ibi cernuntur duorum caſtrorum Romanorum.

gi adſpectu pignorum ſuorum, ſæpius concitari [2]: ſatiſque conſtabat ſæviſſe quoſdam in conjuges ac liberos, tamquam miſererentur. Proximus dies faciem victoriæ latiùs aperuit. Vaſtum ubique ſilentium, ſecreti colles, fumantia procul tecta, nemo exploratoribus obvius: quibus in omnem partem dimiſſis, ubi incerta fugæ veſtigia, neque uſquam conglobari hoſtes compertum, et exactâ jam æſtate ſpargi bellum nequibat, in fines Horeſtorum [3] exercitum deducit. Ibi acceptis obſidibus, præfecto claſſis circumvehi Britanniam præcepit. Datæ ad id vires, et præceſſerat terror. Ipſe peditem atque equites lento itinere, quò novarum gentium animi ipſâ tranſitûs morâ terrerentur, in hibernis locavit. Et ſimul claſſis ſecundâ tempeſtate ac famâ Trutulenſem [4] portum tenuit, unde [5] proximo latere Britanniæ lecto omni, redierat.

XXXIX. Hunc rerum curſum, quamquam nullâ verborum jactantiâ epiſtolis Agricolæ auctum, ut erat Domitianus, fronte lætus, pectore anxius excepit. Inerat con-

[2] *Concitari*] Homines *extremâ deſperatione ad iram ſæpius quàm in formidinem* ſtimulari, notat ipſe Tac. Hiſt. 2, 44.

[3] *Horeſtorum*] *Angus*.

[4] *Trutulenſem*] Putant eundem fuiſſe cum portu Rutupenſi, nunc *Sandwich* in Cantio, aut fortè ei conterminum *Richborough*.

[5] *Unde proximo*] Unde egreſſa legerat omne latus Brit. ſibi proximum (orientale nempe) atque ad eundem portum Trut. redierat. Mox *ut erat* Dom. i. e. qua indole erat.

ſcientia

ſcientia, deriſui fuiſſe nuper[6] falſum e Germaniâ triumphum, emptis per commercia, quorum habitus et crines in captivorum ſpeciem formarentur: at nunc veram magnamque victoriam, tot millibus hoſtium cæſis, ingenti famâ celebrari. Id ſibi maximè formidoloſum; privati hominis nomen ſupra principis attolli: fruſtra ſtudia fori et civilium artium decus in ſilentium acta, ſi militarem gloriam alius occuparet: et cetera utcumque faciliùs diſſimulari, ducis boni imperatoriam virtutem eſſe. Talibus curis exercitus, quodque ſævæ cogitationis indicium erat, ſecreto[8] ſuo ſatiatus, optimum in præſentiâ ſtatuit reponere odium, donec impetus famæ et favor exercitûs langueſceret: nam etiam tum Agricola Britanniam obtinebat.

XL. Igitur triumphalia ornamenta, et inluſtris[9] ſtatuæ honorem, et quidquid pro triumpho datur, multo verborum honore cumu-

6 *Nuper falſum*] Hoc anno, U. C. 837, Domitianus in Germaniam profectus, rediit, ne viſo quidem hoſte, et inſigni triumpho decoratus eſt. Dio 67.

7 *Imperatoriam v.*] Propriam principis virtutem eſſe, qua ut alius ſibi antiſtet, ferendum non erat. *Diſſimulari* eſt conniveri, ut Annal. 15, 71. *Atilia diſſimulata*.

8 *Secreto ſuo*] Inde Plinius Paneg. 48. Domitianum exhibet, *tenebras ſemper ſecretumque captantem, nec umquam ex ſolitudine ſuâ prodeuntem, niſi ut ſolitudinem faceret*. Notum eſt Vibii Criſpi de hoc ſecreto Domitiani dicterium, *Ne muſca quidem*. Suet. Domit. 3.

9 *Inluſtris ſtatuæ*] Laureatæ in foro.

lata,

lata, decerni in senatu jubet; addique[1] insuper opinionem, Syriam provinciam Agricolæ destinari, vacuam tum morte Atilii Rufi consularis, et majoribus[2] reservatam. Credidere plerique, libertum ex secretioribus ministeriis missum ad Agricolam, codicillos quibus ei Syria dabatur tulisse, cum præcepto, ut si in Britanniâ foret, traderentur; eumque libertum in ipso freto[3] oceani obvium Agricolæ, ne appellato quidem eo, ad Domitianum remeasse: sive verum istud, sive ex ingenio principis fictum ac compositum est. Tradiderat interim Agricola successori[4] suo provinciam quietam tutamque. Ac ne notabilis celebritate et frequentiâ occurrentium introitus esset, vitato amicorum officio, noctu in Urbem, noctu in palatium, ita ut præceptum erat, venit: exceptusque brevi osculo, et nullo sermone, turbæ servientium immixtus est. Ceterum ut militare nomen, grave inter otiosos, aliis virtutibus temperaret, tranquillitatem atque otium penitus auxit, cultu modicus, ser-

1 *Addique*] Spargere jubet senatorem aliquem, cum in senatu loqueretur, opinionem etc.

2 *Majoribus*] Insignioribus consulatu functis. Sic Ann. 12, 34. *catervaque majorum*, i. e. insigniorum.

3 *Freto oceani*] *Straits of Dover*.

4 *Successori suo*] Is videtur fuisse Sallustius Lucullus, quem interemit Domitianus, *quòd lanceas novæ formæ appellari Luculleas passus esset*. Suet. Domit. 10.

mone

mone facilis, uno aut altero amicorum comitatus: adeò ut plerique, quibus magnos viros per [5] ambitionem æstimare mos est, viso adspectoque Agricolâ, quærerent [6] famam, pauci interpretarentur.

XLI. Crebrò per eos dies apud Domitianum absens accusatus, absens absolutus est. Caussa periculi non crimen ullum, aut querela læsi cujusquam, sed infensus virtutibus princeps, et gloria viri, ac pessimum [7] inimicorum genus, laudantes. Et ea insecuta sunt reipublicæ tempora, quæ sileri Agricolam non sinerent: tot exercitus in Mœsiâ Daciâque, et Germaniâ Pannoniâque, temeritate aut per ignaviam ducum amissi [8]; tot militares [9] viri cum tot cohortibus expugnati et capti; nec jam de limite imperii et ripâ, sed de hibernis legionum et possessione dubitatum. Ita cum damna damnis continuarentur, atque omnis

5 *Per ambitionem*] E specie externâ, splendore vitæ, frequentiâ deducentium etc.

6 *Quærerent famam*] Non satis perspiciebant famam, quæ oculis hominum adeò se subduxerat. *Pauci interpretarentur*, intelligerent, cur tantilla fuerit celebritas Agricolæ, cur eam ipse omiserit.

7 *Pessimum inimicorum*] Mamertinus Panegyrico ad Julianum, *Voces*, inquit, *laudantium te fuerunt ad inflammanda odia* Constantii *probris omnibus potentiores. Si enim comminisci aliqua flagitia tentassent, facile ipso splendore laudis et gloriæ refutarentur.*

8 *Amissi*] De his plura Suet. Domit. 6.

9 *Militares viri*] Hoc loco duces sunt, uti et supra Hist. 3, 73. *pauci militarium virorum.*

annus

annus funeribus [1] et cladibus insigniretur, poscebatur ore vulgi dux Agricola: comparantibus cunctis vigorem, constantiam, et expertum bellis animum, cum inertiâ et formidine eorum. Quibus sermonibus satis constat Domitiani quoque aures verberatas, dum optimus quisque libertorum amore [2] et fide, pessimi malignitate et livore, pronum deterioribus principem exstimulabant. Sic Agricola simul suis virtutibus, simul vitiis aliorum, in ipsam gloriam præceps [3] agebatur.

XLII. Aderat jam annus, quo proconsulatum Asiæ [4] et Africæ sortiretur: et occiso Civicâ [5] nuper, nec Agricolæ consilium [6] deerat, nec Domitiano exemplum. Accessere quidam, cogitationum principis periti, qui, iturus ne esset in provinciam, ultro Agricolam interrogarent: ac primò occultiùs quietem et otium laudare, mox operam suam in adprobandâ excusatione offerre; postremò non jam obscuri, suadentes simul terrentesque, per-

1 *Funeribus*] Ducum, *cladibus* exercituum.

2 *Amore et fide*] In principem.

3 *Præceps agebatur*] Cum summo discrimine.

4 *Asiæ et Africæ*] Utraque provincia in sortem conjecta est: tum forte ducebant duo vetustissimi consularium, utram earum regerent.

5 *Civicâ*] Cereali, *in ipso Asiæ proconsulatu, quasi molitore rerum novarum.* Suet. Domit. 10.

6 *Consilium deerat*] Ut invidiam principis vitaret. *Nec Domitiano exemplum*, ut virtutem innocentis opprimeret.

traxere

traxere ad Domitianum. Qui paratus [7] ſimulatione, in arrogantiam compoſitus, et audiit preces excuſantis, et cum adnuiſſet, agi ſibi gratias paſſus eſt: nec erubuit beneficii [8] invidiâ. Salarium [9] tamen proconſulari ſolitum offerri, et quibuſdam a ſeipſo conceſſum, Agricolæ non dedit: ſive offenſus non petitum, ſive ex conſcientiâ, ne quod vetuerat, videretur emiſſe. Proprium humani ingenii eſt, odiſſe [1] quem læſeris: Domitiani verò natura præceps in iram, et quò obſcurior, eò irrevocabilior, moderatione tamen prudentiâque Agricolæ leniebatur; quia non contumaciâ, neque inani jactatione libertatis, famam fatumque provocabat. Sciant, quibus moris eſt inlicita [2] mirari, poſſe etiam ſub malis principibus magnos viros eſſe: obſequiumque ac modeſtiam, ſi induſtria ac vigor ad-

7 *Paratus ſimulatione*] Quaſi neſciret, quamobrem ſe excuſare vellet Agricola.

8 *Beneficii invidiâ*] Talis gratiæ odio. Seneca de Irâ, 2, 33. *Notiſſima vox eſt ejus, qui in cultu regum conſenuerat, cum illum quidam interrogaret, Quomodo rariſſimam rem in aulâ conſecutus eſſet, ſenectutem? Injurias, inquit, accipiendo, et gratias agendo.*

9 *Salarium*] Decies HS. 8072 l. 18 s. 4 d. ut colligitur ex Dione, qui l. 78. ait Macrinum imp. Aufidio Frontoni obtuliſſe τὰς πέντε καὶ εἴκοσι μυριάδας, cum eum Aſiæ Africæque ſorte depulerit.

1 *Odiſſe*] Seneca de Irâ, 2, 33. *Hoc habent peſſimum animi magnâ fortunâ inſolentes, quos læſerunt, et oderunt.*

2 *Inlicita*] Eos qui vetita audent.

ſint, eò [3] laudis excedere, quo plerique per abrupta, ſed in [4] nullum reipublicæ uſum, ambitioſâ morte inclaruerunt.

XLIII. Finis vitæ ejus nobis luctuoſus, amicis triſtis, extraneis etiam ignotiſque non ſine curâ fuit. Vulgus quoque, et hic aliud [5] agens populus, et ventitavere ad domum, et per fora et circulos locuti ſunt: nec quiſquam, auditâ morte Agricolæ, aut lætatus eſt, aut ſtatim oblitus eſt. Augebat miſerationem conſtans rumor, veneno interceptum. Nobis [6] nihil comperti adfirmare auſim: ceterum per omnem valetudinem ejus, crebriùs quàm ex more principatûs per nuncios viſentis, et libertorum primi, et medicorum intimi venêre: ſive cura illud, ſive inquiſitio erat. Supremo

3 *Eò laudis*] Ad idem gloriæ faſtigium pervenire.

4 *In nullum reip. uſum*] Noſter de Thraſeâ, Ann. 14, 12. *ac ſibi cauſam periculi fecit, ceteris libertatis initium non præbuit.* Idem Ann. 4, 20. *medium iter* deſignat *inter contumaciam et obſequium.*

5 *Aliud agens*] Incurioſus, ac ſuis tantùm rebus intentus. *Aliud agere* eſt animum non advertere, cui reſpondet ex adverſo *hoc agere.* Plin. 13, 3. *Summa commendatio unguentorum, ut tranſeunte feminâ, odor invitet etiam aliud agentes.* Cic. pro Cluent. 64. *Ut hunc Oppianicum, aliud agentem, ac nihil ejuſmodi cogitantem, ad hanc accuſationem detraherent.* Infrà Orator. c. 32. *Etiam aliud agentes nos ornat.*

6 *Nobis nihil comperti*] Conſtructio: nihil auſim affirmare ejus, quod ſit compertum nobis, nempe illius neceſſariis. Affirmat quidem Dio, 66. Tacito non diligentior, ſed præceps, et deterioribus pronior.

quidem

quidem die, momenta deficientis per dispositos cursores nunciata constabat, nullo credente sic adcelerari, quæ tristis audiret. Speciem tamen doloris animo [7] vultuque præ se tulit, securus [8] jam odii, et qui faciliùs dissimularet gaudium quàm metum. Satis constabat, lecto testamento Agricolæ, quo coheredem optimæ uxori et piissimæ filiæ Domitianum scripsit, lætatum eum, velut honore judicioque [9]. Tam cæca et corrupta mens assiduis adulationibus erat, ut nesciret, a bono patre non scribi heredem, nisi malum principem.

XLIV. Natus erat Agricola, Caio Cæsare tertiùm consule, Idibus [1] Juniis: excessit sex-

7 *Animo vultuque*] Hærent hîc, nec immeritò, interpretes. Etenim dolorem *vultu* præ se ferre, facillimum; sed *animo*, quonam modo? Num ad ipsius mentem fingentis pertingit sua simulatio?—Pertingit scilicet quadantenus—Is enim optimè mimum aget, qui non solùm vultum suum in doloris speciem conformabit, verùm etiam animum eò transferet, unde ipse mœroris affectus excitabitur; virtutes putà illius, cujus mortem deflere simulat, mente cogitationeque versando. Id præstitit in Agricolæ morte Domitianus, ut primò animum, mox vultum ad doloris speciem converteret: præstiterunt quoque Othoniano bello Romæ cives, *Ut quemque nuncium fama attulisset, animum vultumque conversi, ne diffidere dubiis, ac parum gaudere prosperis viderentur*: suprà Hist. 1, 85. Ita præivit nobis in his exponendis Cl. Bleterius.

8 *Securus jam odii*] Jam sine ullâ admistione metûs, indulgens odio suo in Agricolam.

9 *Judicioque*] Honorifico de suis virtutibus.

1 *Idibus Jun.*] Die 13 Junii, U. C. 793, A. D. 40.

to et quinquagesimo anno, decimo [2] Kal. Septembres, Collegâ Priscoque coss. Quòd si habitum quoque ejus posteri noscere velint, decentior [3] quàm sublimior fuit: nihil [4] impetûs in vultu: gratia oris supererat: bonum virum facilè crederes, magnum libenter. Et ipse quidem, quamquam medio in spatio integræ ætatis ereptus, quantum ad gloriam, longissimum ævum peregit. Quippe et vera bona, quæ in virtutibus sita sunt, impleverat, et consularibus ac triumphalibus ornamentis prædito, quid aliud adstruere fortuna poterat? Opibus nimiis non gaudebat: speciosæ [5] contigerant. Filiâ atque uxore superstitibus, potest videri etiam beatus, incolumi dignitate, florente famâ, salvis adfinitatibus et amicitiis, futura effugisse. Nam sicuti [magnæ [6] cujusdam

2 *Decimo K. Sept.*] Aug. 23, U. C. 846, A. D. 93. Erratum ergo h. l. a librario, et pro LVI rescribendum LIV; tot enim annos vixit Agricola.

3 *Decentior*] Decorus magis quàm procerus.

4 *Nihil impetûs*] Id est, violenti affectûs. Vulg. ineptè *nihil metûs*, quod locum habere non potest in delineatione vultûs *nativi*. Lectio, quam ex duobus codd. expressimus, commodè depingit tranquillitatem, ἀταραξίαν eam, quæ vultui Agricolæ perpetuò inhærebat: cui et *gratia supererat*, seu aderat affatim.

5 *Speciosæ contigerant*] Honestæ ac satis amplæ. Errat ergo Dio 66. qui Agricolam in ignominiâ & paupertate vitam finiisse tradit.

6 *Magnæ c. f. esset*] Ob suspectam codicis Ursiniani fidem, uncis comprehensa recepi in textum verba, sine quibus tamen omnino mancam puto sententiam, neque ullis criticorum

dam felicitatis esset] durare in hac beatissimâ seculi luce, ac principem Trajanum videre, quod augurio [7] votisque apud nostras aures ominabatur: ita festinatæ mortis grande solatium tulit, evasisse postremum illud tempus, quo Domitianus, non jam per intervalla ac spiramenta temporum, sed continuo et velut uno ictu, rempublicam exhausit.

XLV. Non vidit Agricola obsessam curiam, et clausum armis senatum, et eâdem strage tot [8] consularium cædes, tot nobilissimarum [9] feminarum exsilia et fugas. Unâ [1] adhuc victoriâ Carus Metius censebatur, et intra [2] Albanam arcem sententia Messalini strepebat,

ticorum remediis posse restitui. Id solum immutavi, ut pro *est* legerem *esset*. Pro *durare in hac luce*, Acidalius maluit *d. in hanc lucem*; bene: sed non est opus correctione, siquidem *durare* est per aliquod tempus vivere et luce frui.

7 *Augurio*] Mirum si tot annos ante præsagiit, Lipsius inquit. Non mirum cernere prudentissimum virum, res humanas velut orbe quodam circumagi, ac pessimis plerumque meliora succedere.

8 *Tot consularium*] Suet. Domit. 10.

9 *N. feminarum*] Ex hisce Arriam Thraseæ, Fanniam Helvidii, Gratillam Rustici, uxores nominat Plin. Epist. 3, 11.

1 *Unâ adhuc victoriâ*] De viro insigni reportatâ inclaruerat, multis postea innotuit Carus Metius, nequissimus delator, de quo Juvenal. 1, 3. Plin. Ep. 1, 5. 7, 27. Martial. 12, 23. *Censeantur* pro inclarescant, habes infrà Orat. 39. fin.

2 *Intra Albanam*] Nondum in Urbe, sed intra Albanam arcem sanguinariæ strepebant sententiæ Catulli Messalini, *qui luminibus orbatus, ingenio sævo mala*

ſtrepebat, et Maſſa[3] Bebius jam tum reus erat. Mox noſtræ duxere Helvidium[4] in carcerem manus: nos[5] Maurici Ruſticique

mala cæcitatis addiderat, Plin. ait, Epiſt. 4, 22. Meminit ejuſdem et Juvenal. 4, 113. Albana arx villa Domitiani erat, de qua Juven. 4, 143. *Quos Albanam dux magnus in arcem Traxerat attonitos, & feſtinare coactos.*

3 *Maſſa Bebius*] Juvenal, 1, 35. *Quem Maſſa timet, quem munere palpat Carus.* Jam tum autem, necdum vitâ functo Agricolâ, infamis delationibus Carus ipſe reus erat, accuſantibus Bæticis, quibus patroni a ſenatu dati ſunt Plinius Junior et Senecio. Plin. Ep. 7, 33. Senecionis in ea cauſâ ſtudium poſtea ultus eſt Maſſa, qui eum impietatis poſtulavit, quòd Helvidium Priſcum laudaſſet, ob quod crimen et morte fuit damnatus.

4 *Helvidium*] Juniorem, Priſci filium, damnatum a Domitiano, *quòd quaſi ſcenico exodio, ſub perſonâ Paridis et OEnones, divortium ſuum cum uxore taxaſſet.* Suet. Domit. 10. Huic cum Publicius Certus in ſenatu, *ſenator ſenatori, prætorius conſulari, reo judex manus intuliſſet* (ita facti atrocitatem depingit Plin. Ep. 9, 13.) eumque in carcerem duxiſſet, id *ſibi* Tacitus ſenatoribuſque omnibus crimini ducit; *noſtræ duxere manus.*

5 *Nos Maurici*] Si hæc ſana ſint, quod vehementer dubito, expones cum Cl. Erneſto, Nos adſpectus abeuntium in exilium (aut mortem) Maurici Ruſticique excruciavit, nos cruor innocenter occiſi Senecionis. Obſtat huic interpretationi, quòd ſic eidem verbo *perfudit* incongruè jungantur nomen commune *viſus* et proprium *Senecio*; ut ſiquis dicat, Me horror, me Cato perfudit innocenti ſanguine, abſonum videretur: idemque jure poſſis opponere probabili alioquin correctioni Bipontinorum, *nos M. Rque diviſus*, id eſt, diſtractio fratrum, tamquam corporis unius in duo membra. Reliquum eſt, ut cum Broterio amplectamur lectionem, quam nobis Urſini codex unuſque e Vatic. propoſuit, *nos Mauricum Ruſticumque*

que visus, nos innocenti sanguine Senecio perfudit. Nero tamen subtraxit oculos, jussitque scelera, non spectavit. Præcipua sub Domitiano miseriarum pars erat, videre et adspici: cum suspiria nostra subscriberentur[6]; cùm denotandis tot hominum palloribus sufficeret sævus ille vultus, et rubor[7], quo se contra pudorem muniebat. Tu verò felix, Agricola, non vitæ tantùm claritate, sed etiam opportunitate mortis. Ut perhibent qui interfuerunt novissimis sermonibus tuis, constans et libens fatum excepisti, tamquam pro virili portione innocentiam[8] principi donares. Sed mihi filiæque[9], præter acerbitatem parentis erepti, auget mœstitiam, quòd adsidere valetudini, fovere deficientem, satiari vultu, complexu, non contigit. Excepissemus certè

quæ divisimus, nimirum cum alterum exilio, alterum morte multavimus: etenim quicquid sceleris in fratres illos, sanguine, virtute, caussâ conjunctissimos admisit Domitianus, id eum non sine SCto fecisse credendum est. Aruleni Rustici crimen habes suprà cap. 2.

6 *Subscriberentur*] Notarentur a malè curiosis et speculantibus, quò crimina inde confingerent.

7 *Rubor*] Perpetuus ille rubor, quo se adversùm subitos pudoris ictus et indicia muniebat. Plin. in Panegyric. 48. *Ipse* Domitianus *occursu quoque visuque terribilis: superbia in fronte, ira in oculis, femineus pallor in corpore, in ore impudentia multo rubore suffusa.* Colorem vultûs notat et Suet. Domit. 18.

8 *Innocentiam*] Nempe cum libenter mori se ostenderet, apparebat, nullam ei vim adhibitam per venenum.

9 *Filiæque*] Tuæ, uxori meæ.

mandata

mandata vocesque, quas penitus animo figeremus. Noster hic dolor, nostrum vulnus: nobis, tam longæ absentiæ conditione, ante quadriennium [1] amissus es. Omnia sine dubio, optime parentum, adsidente amantissimâ uxore, superfuere [2] honori tuo: paucioribus tamen lacrimis compositus es, et novissimâ in luce desideravere aliquid oculi tui.

XLVI. Si quis piorum manibus locus; si, ut sapientibus placet, non cum corpore extinguuntur magnæ [3] animæ; placidè quiescas, nosque domum tuam ab infirmo desiderio, et muliebribus lamentis, ad contemplationem virtutum tuarum voces, quas neque lugeri, neque plangi fas est: admiratione te [4] potiùs, et si natura suppeditet, similitudine [5] decoremus.

1 *Quadriennium*] Quadriennio ante obitum tuum te amisimus, Româ cum abierimus.

2 *Superfuere*] Cumulatè adfuerunt.

3 *Magnæ animæ*] Stoicorum dogma, non omnes animas, sed magnas quasdam felicitatem et æterna sortituras; quas tamen et ipsas, *cùm Deo visum erit, in antiqua elementa* esse vertendas, Seneca pronunciat, Consol. ad Marciam, c. ult.

4 *Te potiùs*] Sequitur in vulg. *temporalibus laudibus*, quod ex orâ codicis traductum judico, longèque concinniùs abesse. Non te luctu et lamentis decoremus, sed admiratione potiùs, et si natura nostra sufficiat, similitudine. Enimvero laudes suas non *ad tempus* futuras, Tac. ipse in fine hujus libelli auguratur. Et claudicat sententia, cùm diversa ad eandem partem comparationis rejiciantur, *temporalibus laudibus—similitudine*.

5 *Similitudine*] Mss. *militum*, cujus scripturæ vestigiis pressiùs insistit Grotiana correctio *similitudine*, quàm Bip. *æmulatione*.

mus. Is verus honos, ea conjunctissimi cujusque pietas. Id filiæ quoque uxorique præceperim, sic patris, sic mariti memoriam venerari, ut omnia facta dictaque ejus secum revolvant, formamque [6] ac figuram animi magis, quàm corporis, complectantur. Non quia intercedendum putem imaginibus, quæ marmore aut ære finguntur: sed ut vultus hominum, ita simulacra vultûs imbecilla ac mortalia sunt; forma mentis æterna, quam tenere et exprimere non per alienam materiam et artem, sed tuis ipse moribus possis. Quidquid ex Agricolâ amavimus, quidquid mirati sumus, manet, mansurumque est in animis hominum, in æternitate temporum, famâ rerum. Nam multos veterum, velut inglorios et ignobiles, oblivio [7] obruet: Agricola, posteritati narratus et traditus, superstes erit.

6 *Formamque*] Pro *famamque*, monentibus Acidalio et Mureto, Bip. receperunt, et correctio necessaria videtur. Mox sequitur, *forma mentis æterna*.

7 *Oblivio obruet*] *Carent quia vate sacro:* ut verè Horatius.

DE

ORATORIBUS,

SIVE DE

CAUSSIS CORRUPTÆ ELOQUENTIÆ

DIALOGUS:

IN MSS. *CORNELIO TACITO* ADSCRIPTUS,

SED INCERTI AUCTORIS.

LIPSII PRÆFATIO.

SUperioribus libris lucem aliquam industria nostra attulit: huic, verè possum dicere, salutem. Nam cum depravatissimus vulgò circumferretur, nullâ paginâ sine vulnere et vibice, admirabile est, quantùm a Farnesiano codice (nam Vaticanis aberat) in eo sanando simus adjuti. Multi hiatus expleti, verba et lineæ integræ insertæ, centeni aliquot loci (Latinè, non oratoriè loquor) emendati: quorum omnium numerum inire aut longum, aut supervacuum. Moderabor, et in his Notis ea saltem tangam, quorum vel insignis correctio est, vel ambigua. Reliqua recepta in contextum, satis sit verbo jam nunc prædixisse, e Farnesiani libri fide esse. At de scripto, et scriptore ipso, pauca etiam hîc libanda sunt. Scriptum sanè optimum, stylo, inventione, judicio: et quod in hoc genere (integrum esset modò) conferre nihil verear cum iis, quæ optimi sæcli, et optimæ notæ. Scriptor tamen ipse incertus. Ita olim judicavi: neque etiam muto. Nam *Tacitum* fuisse, quî credam? Stylus validè abnuit, non fallax in hoc genere argumentum: qui in nostro constrictus ubique, teres, acutus, et severus magis quàm lepidus; hîc omnia contrà. At mutari is in ætate aut argumento potest,

test, inquiunt. Non nego: sed nunquam ita, ut abeat prorsus a sese [1]. Quidquid Cicero scripsit, senex, juvenis, philologum, philosophum, in iis tamen lineamenta quædam apparent ejusdem viri et vultûs: nec aliter fit in omnibus nobis. Ætatem etiam vide, si non pugnat. Hic scriptor sermonem hunc habitum inducit sexto Flaviani imperii anno; eique interfuisse se *admodum juvenem* [2]. Quomodo

[1]. Huc faceret quod verè quidem notavit Jul. Pichon, abundare dialogum hunc verbis synonymis et otiosis, qualem scribendi formam vel maximè aversatum Corn. Tacitum ex indubiis illius scriptis manifestum est. Putet aliquis, exempli causâ, gravissimum scriptorem hujuscemodi dictionis portenta admittere, *metum et terrorem*, *potentiâ ae potestate*, *plenam et frequentem domum*, *veteres et senes*, *juvenes et adolescentes*, *advenæ quoque et peregrini*, *imagines ac tituli et statuæ*, et similia passim omnibus lineis? Non talia proculdubio Tacitus ipse dixerit. Neque est tamen contrà dissimulandum, flosculos illos orationis, quibus in tantum delectari videtur Aper, in reliquorum colloquiis vix, ac ne vix quidem reperiri: ut suspicari liceat, secutum eâ in re διαλογίζων notum Apro consuetumque dicendi genus, quoniam et ipse initio operis profitetur, se, quæ ab illis excogitata et dicta exceperat, *iisdem numeris iisdemque rationibus* persecuturum.

[2] Hæc verba Dialogi omnes, quotquot in eum Notas conscripsere, certissimum esse indicium posuerunt ætatis, qua tum esset auctor operis egregii, quisquis ille fuerit: quod mihi quidem neutiquam est certum. Potuit quidem Noster, cum ita liberè corruptam sui temporis eloquentiam aperiret vexaretque, offensionem istam et invidiam quorumdam hominum pertimescere, quibus sese impetitum iri Messala auguratur infrà c. 32. Quidni igitur et librum ipsum ἀνώνυμον ab initio

modo verò tunc admodum juvenis Tacitus, si honores etiam cepit sub Vespasiano [3]. Id enim de se fatetur, et *dignitatem* suam *a Vespasiano inchoatam* ait Historiarum primo. Sed exemplaria omnia Tacito adserunt. Quæ illa? vix bina aut terna credo ea esse in omni Europâ: quæ tam facile et pronum est hîc mentiri, quàm in aliis libris sæpe. Sed etiam Pomponius Sabinus: ita enim politissimus doctissimusque Pithœus nos docuit, Notis ad hunc libellum. Is igitur Sabinus, mediæ ætatis grammaticus, in Carmen de obitu Mæcenatis, *Cornelius*, inquit, *Tacitus appellat scripta Mæcenatis calamistros*. Nec negare certè possumus, quin is locus hodieque in hoc libello exstet. Quid dicam?—seriò et ingenuè me nihil credere huic ignobili Sabino, qui (ex veteri verbo) somniavit fortasse quod voluit. Dico, me: nam aliis nihil præeo quid sequantur. Incommodi quid erit [4], sive Tacito

initio prodiisse in publicum credamus, et falsam insuper ætatis suæ notam scriptorem operi inseruisse, quò conquirentes quisnam fuerit ludificaretur?

3 Hoc nihili est, uti rectè monet Broterius. Honores, quos sub Vespasiano gessit Tacitus, juventutis proprii fuere: et ipse se *juvenem* fuisse testatur (in Agric. 9) cùm biennio post habitum hunc dialogum, uxorem duceret filiam Cn. Julii Agricolæ.

4 Id solum inde oritur incommodi, quòd dum alii Tacito, alii Quintiliano dialogum hunc abjudicant, periculum est, ne minuantur futuris seculis præstantissimi operis exemplaria, inertiâ vel avaritiâ eorum, qui novas Taciti et Quintiliani editiones vulgare in se susceperint.

tribuamus,

tribuamus, ſive M. Fabio Quinctiliano, ut mihi olim viſum? Nam et ſtylus ipſe planè geminus[5], et ille ſe *de cauſis corruptæ eloquentiæ* ſcripſiſſe plus uno loco fatetur[6]; quem titulum valde appoſitum ſcio huic argumento. Præcipuam enim materiem, et velut fundum ſcripti hoc fuiſſe, evincunt illa quæ ſuperant, et magis evincerent quæ a fine deſunt. Ipſe Maternus hîc ad Meſſalam: *Exprime nobis non laudationem antiquorum, ſed cauſas cur in tantum ab eloquentiâ eorum receſſerimus.* Ætas tamen Quinctiliani paullo grandior[7] fuiſſe videtur, quàm ut hic ſermo illo juvene. Itaque

5 Invicta ratio, quam congeſtis plurimis e Fabii Inſt. Orat. ſententiis, collatiſque cum planè geminis hujuſce dialogi locis, comprobat Julianus Pichon, Taciti in uſum Delphini editor. Eorum locorum præcipuos nos quoque ſubinde in his noſtris annotationibus proferemus.

6 Præf. l. 6. Inſt. Orat. item l. 8. fin. ubi ſe de tropis egiſſe in illo libro teſtatur Fabius, & ſingulatim de hyperbole. Id potuit quidem præſtare in eâ parte operis quæ periit, inter cap. 35 et 36. quamquam non facile ſit conjectare, quomodo talia huic argumento immiſcuerit.

7. Sexto Veſpaſiani Tacitum fuiſſe evincunt viri eruditi annorum fere XXIX, Quintilianum verò ſeptennio majorem. Sed de hoc argumento vide ſuprà Not. 2.

Haud fuerit injucundum h. l. criticorum nomina percenſere, qui de quæſtione curioſâ certè magis, quàm utili, diſputarunt in utramque partem. Auctorem hujus dialogi Corn. Tacitum pronunciant (præter codd. MSS.) Pomp. Sabinus, Pithœus, Salinerius, Broterius, editt. Bipontini. Quintiliano que ambigo: et cum multa dixerim, claudo tamen omnia, et ſigno hoc reſponſo, *Mihi non liquere.*

liano potius aſcribunt Lipſius, Jul. Pichon, Ryckius, Lallemand, Heumannus: quorum cœtui et noſmet adjungi volumus. Denique neutri horum, ſed ignoto prorſus auctori tribuunt Rhenanus ac Pichena.

Breviarium Dialogi de Oratoribus.

CAP. I. *PRÆFATIO, ſcribendique dialogi occaſio.*

2\. *Perſonæ, Curiatius Maternus, M. Aper, Julius Secundus.*

3\. *Maternum poetam a poeticis ſtudiis avocare ſtudet Secundus.*

4\. *Excuſat ſe Maternus.*

5\. 6. 7. *Inſtat Aper, et contendit utilitate, voluptate, dignitate, famâ oratoriam artem arti poeticæ anteponendam.*

8\. *Quod Marcelli Eprii et Criſpi Vibii exemplis & opibus confirmat.*

9\. *Contrà poeticæ inanem et infructuoſam laudem eſſe.*

10\. *Hortatur ergo Maternum, ut ab auditoriis et theatris ad forum cauſaſque ſe convertat.*

11\. *Maternus poetás defendit.*

12\. *Iis pura, innocentia, divina ſunt ſtudia: magna fama:*

13\. *Specioſæ opes: felix contubernium. Inquieta verò et anxia oratorum vita.*

14. *Hæc tractantibus intervenit Vipstanius Messala. Is antiquorum admirator, recentium contemptor, Aprum a novorum rhetorum more ad antiquorum oratorum formam trahere nititur.*

15. *Inde de antiquis et recentibus disputatio.*

16. *In antiquorum venerationem conspirant Messala, Secundus, et Maternus. Aper antiquos insectatur, et seculi sui partes tuetur.*

17. *Incertum enim esse et obscurum antiquorum nomen.*

18. *Plures quoque eloquentiæ species. Malignitate humanâ, vetera in laude, præsentia in fastidio esse.*

19. *Cassium Severum, quem antiquitatis terminum constituunt, non inscitiâ, sed judicio et intellectu, ad novum dicendi genus se transtulisse.*

20. *Multa veteris eloquentiæ vitia. Recentem esse lætiorem et pulchriorem.*

21. *De Calvo, Cœlio, C. Cæsare, Bruto, eorum Ciceronisque carminibus, de Asinio et Corvino judicia.*

22. *Ciceronis laudes et vitia.*

23. *Summam eloquentiæ artem esse, antiquorum egregia quæque imitari, et a recentibus feliciter reperta miscere.*

24. *Maternus Messalam hortatur, non ad laudationem antiquorum, quos fama sua satis laudat, sed ut causas, cur in tantum ab*

 eorum

eorum eloquentiâ præsens ætas recesserit, aperiat.

25. *Messala quædam tamen de antiquorum nomine, & judicia de Calvo, Asinio, Cæsare, Cœlio, Bruto, Cicerone, retractat.*

26. *C. Gracchum, L. Crassum laudat. Mæcenatem, Gallionem, Cassium Severum reprehendit.*

27. *Messalam, longiùs vagantem, ad propositum retrahit Maternus.*

28. 32. *Causas ergo, cur eloquentia ceteræque artes a vetere gloriâ desciverint, adfert Messala; desidiam juventutis, negligentiam parentum, inscientiam præcipientium, et oblivionem moris antiqui.*

33. *Hæc cum evolveret Messala, restitantem impellit Maternus ut prosequatur, et quomodo veteres ingenia alerent, doceat.*

34. *Messala veteris juvenum institutionis artes explicat.*

35. *Recentioris vitia retegit.* At in hac parte mutilus est Messalæ sermo. Periit integra Julii Secundi oratio. In Materno desunt quoque initia.

36. In iis quæ superant docet Maternus, *ipsâ temporum perturbatione et licentiâ, cum vigeret respublica, eloquentiam olim valuisse.*

37. *Iis temporibus neminem magnam potentiam sine eloquentiâ fuisse consecutum.*

38. *Cn. Pompeium eloquentiæ nocuisse, cum eam adstrinxit, frenosque ei imposuit.*

39. *Immo ipsis oratorum penulis fractam eam fuisse et dejectam, quòd pompâ plausuque indigeat.*

40. *Probitate quoque et modestiâ eam elanguisse, cùm naturâ sit contumax, temeraria, et arrogans.*

41. *Pro varietate ergo temporum variam fuisse eloquentiam, suasque esse quibusvis temporibus laudes et utilitates.*

42. *Dialogi conclusio.* Habitus est hic dialogus

U. C. 828. A. D. 75.

C O S S.

{ Flavio Vespasiano Aug. VI.
{ Tito Vespasiano Cæsare IV.

Quo anno literis consignatus fuerit, nescimus.

D E

DE

ORATORIBUS

DIALOGUS,

CORNELIO TACITO

VULGO INSCRIPTUS.

I. SÆPE ex me requiris, Juſte Fabi [1], cur, cum priora ſecula tot eminentium oratorum ingeniis gloriâque effloruerint, noſtra potiſſimùm ætas deſerta, et laude eloquentiæ [2] orbata, vix nomen ipſum oratoris retineat: neque enim ita appellamus, niſi antiquos: horum autem temporum diſerti, cauſſidici, et advoca-

[1] *Fabi*] L. Juſtus Fabius conſul fuit ſuffectus U. C. 864, A. D. 111. Duas epiſtolas ad illum ſcripſit Plin. Ep. 1, 11. 7, 2. inque earum poſtremâ deſideranti Fabio nova ſcripta Plinii, hic reſcribit, ſe ipſi aliquid ex nugis ſuis exhibiturum. Nec Plinius contentus fuit eloquentiâ ſeculi ſui, Ep. 1, 5. ſed mirabatur antiquos, Ep. 6, 21. Unde ad eum, tamquam ad operis hujus auctorem, retorquere oculos videntur Bip.

[2] *Eloquentiæ*] Hac voce, quæ in Vaticanis eſt, et ſenſum explere videtur, non contentus Brot. emendare cupit, *diſerta*, *at laude*.

ti,

ti, et patroni, et quidvis potiùs, quàm oratores vocantur. Cui percunctationi tuæ respondere, et tam magnæ quæstionis pondus excipere, ut aut de ingeniis nostris malè existimandum sit, si idem adsequi non possumus, aut de judiciis, si nolumus, vix hercule auderem, si mea sententia proferenda, ac non disertissimorum, ut nostris temporibus, hominum sermo repetendus esset, quos eamdem hanc quæstionem pertractantes, juvenis admodum audivi. Ita non ingenio, sed memoriâ ac recordatione opus est, ut quæ a præstantissimis viris et excogitata subtiliter, et dicta graviter accepi, cum singuli diversas, vel [3] easdem, sed probabiles caussas adferrent, dum formam sui quisque et animi et ingenii redderet, iisdem nunc numeris, iisdemque rationibus persequar, servato ordine disputationis. Neque enim defuit, qui diversam quoque partem susciperet, ac multùm vexatâ et irrisâ vetustate, nostrorum temporum eloquentiam antiquorum ingeniis anteferret.

II. Nam postero die quàm Curiatius [4] Maternus Catonem recitaverat, cum offendisse potentium

3 *Vel easdem*] Possit exponi, sive diversa sentirent, ut Aper et Maternus, sive idem, ut Maternus et Messala, omnes tamen eorum quæ excogitarent probabiles causas afferebant. Placet nihilominus Acidalii conjectura, *cum singuli diversas, sed easdem probabiles causas adferrent.* In margine scriptum *sed*, loco vitiosæ dictionis *vel* in textu, ansam præbuit errori.

4 *Cur. Maternus*] Incertum,

tentium animos diceretur, tamquam in eo tragœdiæ argumento ſuî oblitus, tantùm Catonem cogitaſſet, eâque de re per Urbem frequens ſermo haberetur, venerunt ad eum M. Aper et Julius[5] Secundus, celeberrima tum ingenia fori noſtri. Quos ego in judiciis non utroſque modò ſtudioſè audiebam, ſed domi quoque et in publico adſectabar, mirâ ſtudiorum cupiditate, et quodam ardore juvenili, ut fabulas quoque eorum, et diſputationes, et arcana ſemotæ[6] dictionis penitus exciperem: quamvis malignè plerique opinarentur, nec Secundo promptum eſſe ſermonem, et Aprum ingenio potiùs et vi naturæ, quàm inſtitutione et litteris, famam eloquentiæ conſecutum. Nam et Secundo purus, et preſſus, et, in quantum ſatis erat, profluens ſermo non defuit: et Aper communi eruditione imbutus, contemnebat potiùs litteras quàm neſciebat; tamquam majorem induſtriæ et laboris gloriam habiturus, ſi ingenium ejus nullis alienarum artium adminiculis inniti videretur. Igitur ut intravimus cubiculum Materni, ſedentem ipſum, et quem pridie recitaverat, librum intra manus habentem, deprehendimus.

tum an idem ſit cum Materno ſophiſtâ, quem Dio, 67, à Domitiano occiſum memorat, quòd exercendi ſuî causâ in tyrannos peroraret.

5 *Julius Secundus*] Cujus laudes e Quintiliano citantur infrà ad c. 23.

6 *Semotæ*] Non tritæ.

III. Tum Secundus, Nil ne te, inquit, Materne, fabulæ malignorum terrent, quominus offensas Catonis tui ames? An ideo librum istum apprehendisti, ut diligentiùs retractares, et sublatis, si quæ pravam interpretandi materiam dederunt, emitteres Catonem, non quidem meliorem, sed tamen securiorem? Tum ille: Leges tu quid[7] Maternus sibi debuerit, et agnosces quæ audisti. Quòd si qua omisit Cato, sequenti tractatione Thyestes dicet. Hanc enim tragœdiam dispofui jam, et intra me ipse formavi: atque ideo maturare libri hujus editionem festino, ut dimissâ priore curâ, novæ cogitationi toto pectore incumbam. Adeò te tragœdiæ istæ non satiant, inquit Aper, quominus, omissis orationum et caussarum studiis, omne tempus modò circa Medeam, ecce nunc circa Thyestem consumas; cum tot amicorum caussæ, tot coloniarum et municipiorum clientelæ in forum vocent, quibus vix sufficeres, etiam si non no-

7 *Quid Maternus s. d.*] Nimirum famæ ac dignitatis suæ, quàm salutis retinentior. Ita in Vaticanis scriptum reperit Broterius; neque aliter exaratum fuisse crediderim in codice; unde desumpta editio princeps, quæ habet, *leges tu quidem sibi debueris*: scilicet in autographo scriptum fuit contracte, *leges tu quid M. sibi debuerit*. Puteolani tamen conjecturam secuti deinceps editt. dederunt, *leges tu quidem, si volueris*.

vum tibi ipse negotium importasses, Domitium [8] et Catonem, id est, nostras quoque historias, et Romana nomina, Græcorum fabulis aggregares?

IV. Et Maternus, Perturbarer hac tuâ severitate, nisi frequens ac assidua nobis contentio jam prope in consuetudinem vertisset. Nam nec tu agitare et insequi poetas intermittis, et ego, cui desidiam advocationum objicis, quotidianum hoc patrocinium defendendæ adversùs te poeticæ exerceo. Quò lætor magis, oblatum nobis judicem, qui me vel in futurum vetet versus facere, vel (quod jam pridem opto) suâ quoque auctoritate compellat, ut omissis forensium caussarum angustiis, in quibus satis mihi superque sudatum est, sanctiorem istam et augustiorem eloquentiam colam.

V. Ego verò, inquit Secundus, antequam me judicem Aper recuset, faciam quod probi et modesti judices solent, ut in his cognitionibus se excusent, in quibus manifestum est, alteram apud eos partem gratiâ prævalere. Quis enim nescit, neminem mihi conjunctiorem esse et usu amicitiæ, et adsiduitate contubernii, quàm Saleium [9] Bassum, cum optimum

8 *Domitium*] Eum, qui Julio Cæsari infensissimus, Pharsalicâ acie occubuit. Suet. Ner. 2.

9 *Saleium Bassum*] De quo Quintil. 10, 1. *Vehemens ac poeticum ingenium Saleii Bassi fuit, nec ipsum senectute maturum.*

mum virum, tum absolutissimum poetam? porro, si poetica accusatur, non alium video reum locupletiorem. Securus sit, inquit Aper, et Saleius Bassus, et quisquis alius studium poeticæ et carminum gloriam fovet, cum caussas agere non possit. At [1] ego enim, quatenus [2] arbitrum litis hujus inveni, non patiar, Maternum societate plurium defendi: sed et ipsum solum apud vos arguam, quòd natus ad eloquentiam virilem et oratoriam, qua parare simul et tueri amicitias, adsciscere nationes, complecti provincias possit, amittit [3] studium, quo non aliud in civitate nostrâ vel ad utilitatem fructuosius, vel ad dignitatem amplius, vel ad Urbis famam pulchrius, vel ad totius imperii atque omnium gentium notitiam illustrius excogitari potest. Nam si ad [4] utilitatem vitæ omnia consilia factaque nostra dirigenda sunt, quid erit tutius, quàm eam exercere artem, qua semper armatus præsidium amicis, opem alienis, salutem periclitantibus, invidis verò et inimicis metum et terrorem ul-

[1] *At ego enim*] Pro *atenim ego*, cum Bip. recepi. Vulg. *et ego enim.*

[2] *Quatenus arbitrum*] Quando te, Secunde, arbitrum hujus litis inveni. *Quatenus* pro *quoniam*, ut suprà Annal. 3, 16.

[3] *Amittit*] *Amittere* pro *omittere* dicitur quoque Ann. 2, 71. 14, 26.

[4] *Ad utilitatem*] Quod Epicuro placuit, quem præcipuè sectabantur tum proceres Romani. Mox pro *tutius* mallem cum Acidalio *utilius*.

tro feras, ipſe ſecurus, et velut quadam perpetuâ potentiâ ac poteſtate munitus? cujus vis et utilitas, rebus proſpere fluentibus, aliorum præſidio et tutelâ intelligitur: ſin proprium periculum increpuit, non hercule lorica aut gladius in acie firmius munimentum, quàm reo et periclitanti eloquentia, præſidium ſimul et telum, quo propugnare pariter et inceſſere, vel in [5] judicio, ſive in ſenatu, ſive apud principem poſſis. Quid aliud infeſtis patribus nuper [6] Eprius Marcellus, quàm eloquentiam ſuam, oppoſuit? qui [7] accinctus et minax, diſertam quidem, ſed inexercitatam, et ejuſmodi certaminum rudem Helvidii ſapientiam eluſit. Plura de utilitate non dico, cui parti minimè contradicturum Maternum meum arbitrer.

VI. Ad voluptatem oratoriæ eloquentiæ tranſeo, cujus jucunditas non uno aliove momento, ſed omnibus prope diebus, et prope omnibus horis contingit. Quid enim dulcius libero et ingenuo animo, et ad voluptates honeſtas nato, quàm videre plenam ſemper et frequentem domum ſuam concurſu ſplendidiſſimorum hominum? idque ſcire, non pecuniæ, non orbitati [8], neque officii alicujus adminiſtrationi,

5 *In judicio*] Apud centumviros, de quibus mox c. 7.

6 *Nuper Eprius*] Hiſt. 4, 6.

7 *Qui accinctus*] Melius *qua accinctus*, ut conjiciunt Urſinus et Acidalius.

8 *Orbitati*] Ann. 3, 25. 13, 52. De hoc malo Amm.

oni, ſed ſibi ipſi dari: illos quinimmo orbos, et locupletes, et potentes venire plerumque ad juvenem et pauperem, ut aut ſua aut amicorum diſcrimina commendent? Ullane tanta ingentium opum ac magnæ potentiæ voluptas, quàm ſpectare homines veteres [9], et ſenes, et totius Urbis gratiâ ſubnixos, in ſummâ omnium rerum abundantiâ confitentes, id quod optimum ſit, ſe non habere? Jam verò, qui togatorum comitatus et egreſſus! quæ in publico ſpecies! quæ in judiciis veneratio! quod gaudium conſurgendi aſſiſtendique inter tacentes, in unum converſos: coire populum, et circumfundi coronam, et accipere affectum quemcumque orator induerit [1]! Vulgata dicentium gaudia, et imperitorum quoque oculis expoſita, percenſeo. Illa ſecretiora, et tantùm ipſis orantibus nota, majora ſunt. Sive accuratam meditatamque adfert orationem, eſt quoddam ſicut ipſius dictionis, ita gaudii pondus et conſtantia: ſive novam [2] et recentem curam non

Amm. Marcell. 14, 5. *Vile eſſe, quidquid extra Urbis pomœrium naſcitur, æſtimant, præter orbos et cœlibes; nec credi poteſt, qua obſequiorum diverſitate colantur homines ſine liberis Romæ.*

9 *Veteres et ſenes*] Homines alterius ſeculi, et exactâ ætate: ſic enim inter hæc vocabula diſtinguit Valla l. 4.

1 *Induerit*] Ipſis ſcil.

2 *Novam*] Diſtinguit tres orationis ſpecies: ubi et rem et verba parata habeas; ubi rem ſine verbis; ubi neutra afferas, ſed ex tempore loquaris, ſicut Cic. Catilinæ in curiam irrumpenti e veſtigio ſe oppoſuit. *Curam* pro opere ingenii habes ſuprà Ann. 3, 24. 4, 11.

ſine

ſine aliquâ trepidatione animi attulerit, ipſa ſollicitudo commendat eventum, et lenocinatur voluptati. Sed extemporalis audaciæ, atque ipſius temeritatis, vel præcipua jucunditas eſt. Nam in ingenio quoque, ſicut in agro, quamquam alia diu ſerantur atque elaborentur, gratiora tamen quæ ſuâ ſponte naſcuntur.

VII. Equidem ut de me ipſe fatear, non eum diem lætiorem egi, quo mihi latus clavus oblatus eſt, vel quo homo novus, et in civitate minimè favorabili [3] natus, quæſturam, aut tribunatum, aut præturam accepi; quàm eos, quibus mihi, pro mediocritate hujus quantulæcumque in dicendo facultatis, aut reum proſpere defendere, aut apud centumviros [4] cauſſam aliquam feliciter orare, aut apud principem ipſos illos libertos et procuratores principum tueri et defendere datur. Tum mihi ſupra tribunatus, et præturas, et conſulatus aſcendere videor; tum [5] habere, quod non

3 *Favorabili*] Id eſt, aptâ ad conciliandum favorem (Ann. 2, 37.) quia vile Romæ *quicquid extra pomærium naſcitur*, ut ait Amm. ſuprà not. 8. Gallos fuiſſe Secundum, Maternum, et Aprum, liquet ex c. 10.

4 *Centumviros*] Ex ſingulis XXXV tribubus Romæ tres viri delecti, quamquam CV conficerent, rotundè tamen centumviri dicebantur. Coibant in baſilicâ Juliâ, in quatuor tribunalia diviſi: nec de facto, ſed de æquitate et jure pronunciabant. De quibus controverſiis judicarint, docet Cic. de Orat. 1, 38.

5 *Tum habere*] Vulg. corruptè, *tum abire, quod ſi non in alio oritur &c.* Locum variè tentant interpretes. Bip. *tum habere, quod ſi non in ſuo oritur:* ſed nimium diſtat inter *ſuo* et *alio*. Brot. ex Huetio dedit, *habere quod*

in

non in albo oritur, nec codicillis datur, nec cum gratiâ venit. Quæ fama et laus cujusvis artis cum oratorum gloriâ comparanda est, qui non illustres in Urbe solùm apud negotiosos et rebus [6] intentos, sed etiam apud juvenes et adolescentes, quibus modò recta et indoles est, et bona spes suî? Quorum nomina priùs parentes liberis suis ingerunt? quos sæpius vulgus imperitum, et tunicatus [7] hic populus transeuntes nomine vocat, et digito [8] demonstrat? Advenæ [9] quoque et peregrini, jam in municipiis et coloniis suis auditos, cum primùm Urbem attigerunt, requirunt, ac vultus agnoscere concupiscunt.

in se, non in alio, oritur; satis aptè ad sensum, nisi quòd *in alio* ineleganter ponatur pro *aliunde*. Mihi placet conjectura Pithœi, *tum habere quod non in albo oritur, &c.* Stylo enim scriptoris convenit ejusmodi amplificatio: tum, inquit, mihi videor habere, quod non in albo senatorio oritur, non codicillis principum datur, quibus administrationes mandantur, non cum gratiâ potentiorum venit. Operarum vitio proba Pithœi lectio *albo* detorta est in *alvo*. Ceterum illud *si*, quod sensum h. l. adeò turbavit, factum arbitror ex *li*, notâ marginali ejus qui pro *albo*, parum a se intellecto, substituere voluit *alio*. De codicillis principum Suet. Tib. 42.

6 *Rebus intentos*] Opponuntur hi *aliud agentibus*. V. not. ad Agric. 43.

7 *Tunicatus*] Misella plebs tunicâ, non togâ induta.

8 *Digito*] Persius 1, 28. *digito monstrari, et dicier hic est*.

9 *Advenæ quoque*] De Tito Livio memoriâ traditum est, Gaditanum quemdam, ejus nomine famâque commotum, ad visendum eum ab ultimo terrarum orbe venisse, statimque ut viderat abiisse.

VIII.

VIII. Ausim contendere, Marcellum hunc Eprium, de quo modò locutus sum, et Crispum Vibium [1] (libentiùs enim novis et recentibus [2], quàm remotis et oblitteratis exemplis utor) non [3] minùs nosci in extremis partibus terrarum, quàm Capuæ aut Vercellis, ubi nati dicuntur: nec [4] hoc illis * * alterius [5] ter millies sestertiûm præstat, (quamquam ad has ipsas opes possunt videri eloquentiæ beneficio venisse) sed ipsa eloquentia, cujus numen et cœlestis vis multa quidem omnibus seculis exempla edidit, ad quantam usque fortunam homines ingenii viribus pervenerint.

1 *Vibium*] Suprà Ann. 14, 28. Quintil 10, 1. *Vibius Crispus compositus, et jucundus, et delectationi natus; privatis tamen caussis quàm publicis melior.* Plura de eo Hist. 2, 10. 4, 43.

2 *Recentibus*] Quæ nunc vigent: opponuntur *oblitteratis.*

3 *Non minùs nosci*] Schelii conjectura est *nosci* pro vulg. *esse*: magisque verisimile depravari vocem, quàm excidisse *notos* ante *esse.* Bipontinis placet *non minoris esse*: at *noti* quidem erant oratores illi, *in pretio* nusquam erant. V. Hist. 2, 10. et infrà mox c. 8.

4 *Nec hoc*] Neque hanc illis celebritatem opum magnitudo, sed eloquentia circumdedit. In scriptis deest *sed* ante *ipsa eloquentia*, a syllabâ finali τῦ *venisse* absorptum.

5 *Alterius* * *] Utriusque oratoris opes exprimere propositum habuisse, prorsus Lipsio assentior. Verùm excidit unus numerus ob repetitionem vocis *alterius*, qua chordâ millies oberrant librarii. Nec ausim tamen cum Lipsio et summam supplere quæ evanuit, rescribendó, *alterius ter millies, alterius bis millies H S.* Ter millies HS (2, 421, 875 l.) est h. l. neutrum singulare.

Sed

Sed hæc, ut suprà [6] dixi, proxima, et quæ non auditu cognoscenda, sed oculis spectanda haberemus. Nam quò sordidiùs et abjectiùs nati sunt, quóque notabilior paupertas et angustia rerum nascentes eos circumsteterunt, eò clariora, et ad demonstrandam oratoriæ eloquentiæ utilitatem illustriora exempla sunt; quòd sine commendatione natalium, sine [7] substantiâ facultatum, neuter moribus egregius, alter habitu quoque corporis contemptus, per multos jam annos potentissimi sunt civitatis; ac donec libuit, principes fori, nunc principes in Cæsaris [8] amicitiâ, agunt feruntque cuncta, atque ab ipso principe cum quadam reverentiâ diliguntur: quia Vespasianus, venerabilis senex, et patientissimus [9] veri, bene intelligit, ceteros quidem amicos suos niti iis, quæ ab ipso acceperint, quæque ipsi accumulare, et in alios congerere promptum est; Marcellum autem et Crispum adtulisse ad amicitiam suam, quod non a principe acceperint, nec accipi possit. Minimum inter tot ac tan-

6 *Suprà dixi*] Cap. 6.

7 *Sine substantiâ*] *Substantia* hic fundamentum designat, sensu proprio: nec facultatibus (opibus) fultus, sustentatus. Medii ævi scriptoribus sæpiùs usurpatur pro opibus, sive potiùs generatim pro eo, quo quis nutritur, sustentatur. Vid. Morel. Elementa Crit. p. 2. c. 1. §. 24.

8 *Cæsaris*] Vespasiani.

9 *Patientissimus veri*] Amicorum libertatem lenissimè tulisse scribit Suet. Vesp. 13.

ta locum obtinent imagines, ac tituli, et ſtatuæ, quæ neque ipſa tamen negliguntur: tam [1] hercule quàm divitiæ et opes, quas faciliùs invenies qui vituperet, quàm qui faſtidiat. His igitur et honoribus, et ornamentis, et facultatibus refertas domos eorum videmus, qui ſe ab ineunte adoleſcentiâ cauſſis forenſibus et oratorio ſtudio dederunt.

IX. Nam carmina et verſus, quibus totam vitam Maternus inſumere optat (inde enim omnis fluxit oratio) neque dignitatem ullam auctoribus ſuis conciliant, neque utilitates alunt: voluptatem autem brevem, laudem inanem et infructuoſam conſequuntur. Licèt hæc ipſa, et quæ deinde dicturus ſum, aures tuæ, ó Materne, reſpuant, cui bono eſt, ſi apud te Agamemnon aut Jaſon diſertè loquitur? quis ideo domum defenſus, et tibi obligatus redit? Quis Saleium noſtrum, egregium poetam, vel (ſi hoc honorificentius eſt) præclariſſimum vatem deducit, aut ſalutat, aut proſequitur? Nempè ſi amicus ejus, ſi propinquus, ſi denique ipſe in aliquod negotium inciderit, ad hunc Secundum recurret, aut ad te, Materne, non quia poeta es, neque ut pro eo verſus facias. Hi enim Baſſo domi naſcuntur, pulchri quidem et jucundi: quo-

[1] *Tam hercule*] Pari hercle modo, quo &c. Ita infrà c. 21. tam hercule quàm Brutum philoſophiæ ſuæ relinquamus. Plura complectitur vox *opes* quàm *divitiæ*: nam et *potentiam* denotat.

rum

rum tamen hic exitus eſt, ut cùm toto anno, per omnes dies, magnâ noctium parte, unum librum extudit et elucubravit, rogare [2] ultro et ambire cogatur, ut ſint, qui dignentur audire: et ne id quidem gratis: nam et domum mutuatur, et auditorium exſtruit, et ſubſellia conducit, et libellos diſpergit. Et ut beatiſſimus recitationem ejus eventus proſequatur, omnis illa laus intra unum aut alterum diem, velut in herbâ vel flore, præcepta [3], ad nullam certam et ſolidam pervenit frugem: nec aut amicitiam inde refert, aut clientelam, aut manſurum in animo cujuſquam beneficium, ſed clamorem vagum, et voces inanes, et gaudium volucre. Laudavimus nuper, ut miram et eximiam, Veſpaſiani liberalitatem, quòd quingenta [4] ſeſtertia Baſſo donaſſet. Pulchrum id quidem, indulgentiam principis ingenio mereri: quantò tamen pulchrius, ſi ita res familiaris exigat, ſe ipſum colere, ſuum genium propitiare, ſuam experiri liberalitatem? Adjice quòd poetis, ſi modò dignum aliquid elaborare et efficere velint, relinquenda converſatio amicorum, et jucunditas Urbis, deſerenda cetera officia, utque ipſi dicunt, *in nemora et lucos*, id eſt, in ſolitudinem recedendum eſt.

2 *Rogare ultro*] Plin. Ep. 1, 13.

3 *Præcepta*] Ante tempus collecta.

4 *Quingenta HS.*] 4036l. 9s. 2d. Suet. Veſp. 18. *Ingenia et artes vel maxime fovit: præſtantes poetas, nec non et artifices coemit.*

X. Ne opinio quidem et fama, cui soli serviunt, et quod unum esse pretium omnis sui laboris fatentur, æquè poetas quàm oratores sequitur: quoniam mediocres[5] poetas nemo novit, bonos pauci. Quando enim rarissimarum recitationum fama in totam Urbem penetrat? nedum ut per tot provincias innotescat. Quotus quisque, cum ex Hispaniâ vel Asiâ, ne quid de Gallis nostris loquamur, in Urbem venit, Saleium Bassum requirit? atque adeò si quis requirit, et semel vidit, transit et contentus est, ut si picturam aliquam vel statuam vidisset. Neque hunc meum sermonem sic accipi volo, tamquam eos, quibus natura sua oratorium ingenium denegavit, deterream a carminibus, si modò in hac studiorum parte oblectare otium, et nomen inserere possunt famæ. Ego verò omnem eloquentiam omnesque ejus partes sacras et venerabiles puto: nec solùm cothurnum[6] vestrum, aut heroici carminis sonum, sed lyricorum quoque jucunditatem, et elegorum lascivias, et iamborum amaritudinem, et epigrammatum lusus, et quamcumque aliam speciem eloquentia habeat, anteponendam ceteris aliarum artium studiis credo. Sed tecum mihi, Materne, res est, quòd, cùm natura tua in ipsam arcem

5 *Mediocres poetas*] Damnatos quoque Horatio, Art. poet. 372.

6 *Cothurnum*] Tragicum.

eloquentiæ

eloquentiæ ferat, errare mavis, et ſumma adeptus, in levioribus ſubſiſtis. Ut ſi in Græciâ natus eſſes, ubi ludicras quoque artes exercere honeſtum eſt, ac tibi Nicoſtrati [7] robur ac vires dii dediſſent, non paterer immanes illos et ad pugnam natos lacertos, levitate jaculi aut jactu diſci vaneſcere; ſic nunc te ab auditoriis et theatris, in forum, et ad cauſſas, et ad vera prœlia voco: cum præſertim ne ad id quidem confugere poſſis, quod pleriſque patrocinatur, tamquam minùs obnoxium [8] ſit offendere, poetarum quàm oratorum ſtudium. Effervefcit enim vis pulcherrimæ naturæ tuæ; nec pro amico aliquo, ſed quod periculoſius eſt, pro Catone offendis. Nec excuſatur offenſa neceſſitudine officii, aut fide advocationis, aut fortuitæ et ſubitæ dictionis impetu: meditatus videris elegiſſe perſonam notabilem, et cum auctoritate dictu-

7 *Nicoſtrati*] Quintil. 2, 9. *At ſi fuerit, qui docebitur, ille quem adoleſcentes ſenem vidimus, Nicoſtratus; omnibus in eo docendi partibus ſimiliter utetur, efficietque illum, qualis hic fuit, luctando pugnandoque (quo utroque certamine iiſdem diebus coronabatur) invictum.* Laudat eumdem Pauſanias 5, 21. et Ciliccem fuiſſe docet.

8 *Obnoxium ſ. offendere*] Hoc eſt, aptum, promptum ſit ad offendendum. Neque eſt, quòd cum Acidalio legas *offenſæ*, aut cum Bip. *offendini*. Diverſa planè ſonant *obnoxium offendere* et *offenſæ*: illud eſt, expoſitum ad movendas offenſiones; hoc, ad ſuſcipiendas. Utique obnoxium eſſe affectibus, caſibus &c. numquam non patientem ſignificat.

ram. Sentio, quid refponderi poffit: ingentes[9] ex his affenfus, hinc in ipfis auditoriis præcipuè laudari, et mox omnium fermonibus ferri. Tolle igitur quietis et fecuritatis excufationem, cum tibi fumas adverfarium fuperiorem[1]. Nobis fatis fit privatas et noftri feculi controverfias tueri, in quibus expreffis[2], fi quando neceffe fit pro periclitante amico potentiorum aures offendere, et probata fit fides, et libertas excufata.

XI. Quæ cum dixiffet Aper acriùs, ut folebat, et intento ore; remiffus et fubridens Maternus, Paravi, inquit, me non minùs diu accufare oratores, quàm Aper laudat. Fore enim arbitrabar, ut a laudatione eorum digreffus, detrectaret[3] poetas, atque carminum ftudium profterneret: arte quadam mitigavit, concedendo his qui cauffas agere non poffent, ut verfus facerent. Ego autem ficut in cauffis agendis efficere aliquid et eniti fortaffe poffum, ita recitatione tragœdiarum ingredi fa-

9 *Ingentes ex his*] Vulg. *hinc ingentes ex his*. Gloffatori melius vifum ingeminare particulam *hinc*: itaque fcripfit in margine, quod mox in textum venit.

1 *Superiorem*] Viribus fuperiorem. Cum principem offendas.

2 *Expreffis*] Delendam cenfeo importunam vocem, qua fublatâ, conftat fibi, rectéque procedit fententia.

3 *Detrectaret*] Detraheret feu obtrectaret laudi poetarum. Ita mox c. 12. *plures invenies, qui Ciceronis gloriam, quàm qui Virgilii detrectent.* Et c. 26. *detrectaffe nominatim antiquos.*

mam

mam auſpicatus ſum, tum quidem cum, in Nerone [4], improbam et ſtudiorum quoque ſacra profanantem Vatinii [5] potentiam fregi: et hodie ſi quid in nobis notitiæ ac nominis eſt, magis arbitror carminum quàm orationum gloriâ partum. Ac jam me ſejungere a forenſi labore conſtitui: nec comitatus iſtos et egreſſus, aut frequentiam ſalutationum concupiſco; non magis quàm æra et imagines, quæ, etiam me nolente, in domum meam inruperunt. Nam ſtatum hucuſque ac ſecuritatem meliùs innocentiâ tueor, quàm eloquentiâ [6]: nec vereor, ne mihi umquam verba in ſenatu, niſi pro alterius [7] diſcrimine, facienda ſint.

XII. Nemora verò, et luci, et ſecretum ipſum, quod Aper increpabat, tantam mihi afferunt voluptatem, ut inter præcipuos carminum fructus numerem, quòd nec in ſtre-

4 *In Nerone*] In primâ, quam recitavi, tragœdiâ, cujus argumentum Nero fuit. Itaque mortuo demum Nerone tragœdias auſpicatus eſt, U. C. 822. quemadmodum bene monet Pichon.

5 *Vatinii*] Pro vulg. *vaticinii* recepi correctionem Gronovianam *Vatinii*, Broterio et Bip. præeuntibus, quamquam neque hæc ſatis placeat: nam quid illi *ſutrinæ tabernæ alumno*, ut Tacito deſcribitur Ann. 15, 34. cum *ſtudiorum ſacris?*

6 *Eloquentiâ*] Reſpondet iis quæ Aper attulit c. 5. *ſi proprium periculum increpuit, reo firmiſſimum eſſe eloquentiæ præſidium ſimul et telum.*

7 *Alterius diſcrimine*] Cum contrà delatori Marcello, quem Aper laudaverat c. 5. pro ſuo ipſi diſcrimine verba in ſenatu erant facienda, ut vidimus Hiſt. 4, 43.

pitu,

pitu, nec sedente ante ostium litigatore, nec inter sordes ac lacrimas reorum componuntur; sed secedit animus in loca pura atque innocentia, fruiturque sedibus sacris. Hæc eloquentiæ primordia, hæc penetralia: hoc primùm habitu cultuque commoda[8] mortalibus, in illa casta et nullis contacta vitiis pectora influxit: sic oracula loquebantur. Nam lucrosæ hujus et sanguinantis eloquentiæ usus, recens, et malis moribus natus, atque, ut tu dicebas, Aper, in locum teli repertus. Ceterum felix illud, et, ut more nostro loquar, aureum seculum, et oratorum et criminum inops, poetis et vatibus abundabat, qui benefacta canerent, non qui malè admissa defenderent. Nec ullis aut gloria major, aut augustior honor: primùm apud deos, quorum proferre responsa, et interesse epulis ferebantur; deinde apud illos diis genitos sacrosque reges, inter quos neminem caussidicorum, sed Orphea[9] ac Linum, ac si introspicere altiùs velis, ipsum Apollinem accepimus. Vel si hæc fabulosa nimis et composita videntur,

8 *Commoda*] Habitus cultusque non efficit, ut utilis sit aut opportuna eloquentia, sed ut venusta. Itaque Mureto assentior legenti, *commendata mortalibus*.

9 *Orphea ac Linum*] Quintil. 1, 10. *Orpheus et Linus: quorum utrumque diis genitum, alterum verò, quòd rudes quoque atque agrestes animos admiratione mulceret, non feras modò, sed saxa etiam silvasque duxisse, posteritatis memoriæ traditum est.*

dentur,

dentur, illud certè mihi concedis, Aper, non minorem honorem Homero, quàm Demosthení apud posteros; nec angustioribus terminis famam Euripidis aut Sophoclis, quàm Lysiæ aut Hyperidis includi. Plures hodie reperies, qui Ciceronis gloriam, quàm qui Virgilii detrectent. Nec ullus Asinii [1] aut Messalæ liber tam illustris est, quàm Medea [2] Ovidii, aut Varii Thyestes.

XIII. Ac ne fortunam quidem vatum, et illud felix [3] contubernium, comparare timuerim cum inquietâ et anxiâ oratorum vitâ. Licèt illos certamina et pericula sua ad consulatus evexerint, malo securum et secretum VIRGILII secessum, in quo tamen neque apud divum Augustum gratiâ caruit, neque apud populum Romanum notitiâ. Testes Augusti epistolæ, testis ipse populus, qui auditis in theatro versibus Virgilii, surrexit universus, et fortè præsentem spectantemque Virgilium veneratus est, sic quasi Augustum [4]. Ne

1 *Asinii*] Asinius Pollio, Messala Corvinus, Augustei ævi oratores. Quintil. 12, 10. commendat *diligentiam Pollionis, dignitatem Messalæ.*

2 *Medea Ovidii*] Quintil. 10, 1. *Jam Varii Thyestes cuilibet Græcorum comparari potest. Ovidii Medea videtur mihi ostendere, quantum vir ille præstare potuerit, si ingenio suo temperare quàm indulgere maluisset.* Periit, ingenti literarum Romanarum damno, utraque tragœdia.

3 *Felix contubernium*] Secum et musis, inter nemora ac lucos, quod Aper increpabat suprà c. 12.

4 *Augustum*] Quomodo Augustum in theatro præsentem salutare moris fuit.

noſtris quidem temporibus, Secundus Pomponius [5] Afro Domitio [6], vel dignitate vitæ, vel perpetuitate famæ ceſſerit. Nam Criſpus et Marcellus, ad quorum exempla me vocas, quid habent in hac præſenti fortunâ concupiſcendum? quòd timent? an quòd timentur? quòd, cum quotidie aliquid rogentur, hi quibus [7] præſtant indignantur? quòd alligati cum adulatione, nec imperantibus umquam ſatis ſervi videntur, nec nobis ſatis liberi? Quæ hæc ſumma eorum potentia eſt? tantum poſſe liberti ſolent. *Me verò dulces*, ut Virgilius [8] ait, *Muſæ*, remotum a ſollicitudinibus, et curis, et neceſſitate quotidie aliquid contra animum faciendi, in illa ſacra illoſque [9] fontes ferant: nec inſanum ultrà et lubricum forum, famamque pallentem, trepidus experiar. Non me fremitus ſalutantium, nec anhelans liber-

5 *S. Pomponius*] Scriptor tragœdiarum: memoratur Annal 11, 13.

6 *Domitio*] Ingenio quàm moribus clariori. Ann. 4, 52. 14, 19. *Maturitatem Afri* prædicat Quintil. 12, 10.

7 *Quibus præſtant*] Etiam ii, quibus opem præſtant, indignantur, et erubeſcunt beneficii invidiâ, quod a talibus petendum ſit. Nec immeritò tamen ſuſpicatur Lipſius abeſſe alterum membrum periodo plenæ, quod hujuſcemodi fortaſſe fuit: *hi quibus præſtant, oblivione tranſmittunt; quibus negant, indignantur.*

8 *Virgilius ait*] Georgic. 2, 475. *Me verò primùm dulces ante omnia Muſæ Accipiant &c.*

9 *Illoſque fontes*] Ibid. 486. *Flumina amem, ſilvaſque inglorius.*

tus excitet: nec incertus futuri, testamentum[1] pro pignore scribam; nec plus habeam, quàm quod possim cui velim relinquere, quandocumque fatalis et[2] meus dies veniet: statuarque tumulo non mœstus et atrox, sed hilaris et coronatus[3]; et pro[4] memoriâ meî nec consulat quisquam, nec roget.

XIV. Vix dum finierat Maternus, concitatus et velut instinctus, cùm Vipstanius[5] Messala cubiculum ejus ingressus est, suspicatusque ex ipsâ intentione singulorum, altiorem inter eos esse sermonem, Num parum tempestivus, inquit, interveni, secretum consilium et caussæ alicujus meditationem tractantibus? Minimè, minimè, inquit Secundus, atque adeò vellem maturiùs intervenisses. Dele-

1 *Testamentum*] Testamento coheredem scribam, pro pignore securitatis, principem (aut libertum principis) nimiis meis opibus inhiantem. Id coactum fecisse etiam Agricolam vidimus in Agric. 43.

2 *Et meus*] Naturalis, injussus: ἴδιος θάνατος Græcis.

3 *Coronatus*] Lege 12 tabularum sanctum est, ut corona virtute parta, ei qui peperisset, et parenti ejus, post mortem imponeretur. Cic. de Leg. 2, 24. Plin. 21, 3.

4 *Pro memoriâ*] An damnabitur post mortem memoria meî; an verò imagines, tituli, honores retinebuntur, nec de iis referat quisquam ad senatum, nec roget principem. Vetus lapis a Gronovio citatus: M. ANNÆO. LUCANO. CORDUBENSI. BENEFICIO. NERONIS. FAMA. SERVATA. Senatum his rebus crebrò interponebant ipsi principes.

5 *V. Messala*] Militari laude et eloquentiâ clarus. Hist. 3, 9. 4, 42. Scripsit et historiam temporis sui. Hist. 3, 25. 28.

ctaſſet enim te et Apri noſtri accuratiſſimus ſermo, cum Maternum, ut omne ingenium ac ſtudium ſuum ad cauſſas agendas converteret, exhortatus eſt; et Materni pro carminibus ſuis læta, utque poetas defendi decebat, audentior, et poetarum quàm oratorum ſimilior oratio. Me verò, inquit, et ſermo ipſe infinitâ voluptate adfeciſſet, atque id ipſum delectat, quòd vos, viri [6] optimi et temporum noſtrorum oratores, non forenſibus tantùm negotiis, et declamatorio ſtudio ingenia veſtra exercetis, ſed ejuſmodi etiam diſputationes adjungitis, quæ et ingenium alunt, et eruditionis et litterarum jucundiſſimum oblectamentum, cùm vobis qui illa diſputatis, adferunt, tum etiam his ad quorum aures pervenerint. Itaque hercule non minùs probari video in te, Secunde, quòd Julii Aſiatici [7] vitam componendo, ſpem hominibus feciſti plurium ejuſmodi librorum, quàm [8] in Apro, quòd nondum a ſcholaſticis [9] controverſiis receſſit, et otium ſuum mavult novorum rhetorum more, quàm veterum oratorum, conſumere.

6 *Viri optimi*] Hoc eſt, optimi et viri et oratores. Sed repetitionem averſatur.

7 *Aſiatici*] Fortè Galliarum dux fuit, qui pro Vindice bellaverat. Hiſt. 2, 94.

8 *Quàm in Apro*] Per ironiam commendat novorum rhetorum ſectatorem.

9 *Scholaſticis controverſiis*] Declamationibus, quales ſunt Quintiliani ac Senecæ. Iis ſe, in ſcholis, rhetores exercebant.

XV. Tum Aper, Non desinis, Messala, vetera tantùm et antiqua mirari, nostrorum autem temporum studia inridere atque contemnere? Nam hunc tuum sermonem sæpe excepi, cum oblitus et tuæ et fratris [1] tui eloquentiæ, neminem hoc tempore oratorem esse contenderes: atque id eò (credo) audaciùs, quòd maligni in iis opinionem non verebaris, cum eam gloriam, quam tibi alii concedunt, ipse tibi denegares. Neque illius, inquit, sermonis mei pœnitentiam ago, neque aut Secundum, aut Maternum, aut teipsum, Aper, (quamquam interdum in contrarium disputes) aliter sentire credo. Ac velim impetratum ab aliquo vestrûm, ut caussas hujus infinitæ differentiæ scrutetur ac reddat, quas mecum ipse plerumque conquiro: et quod quibusdam solutio [2] est, mihi auget quæstionem, quia video etiam Graiis accidisse, ut longiùs absit Æschine et Demosthene sacerdos iste Nicetes [3], et si quis alius Ephesum vel Mitylenas contentis [4] scho-

1 *Fratris tui*] Aquilii Reguli, delationibus invisi. Hist. 4, 42.

2 *Solutio*] Ita scribi oportere, non *solatio*, ex oppositione constat. Quod alii ad *solvendum* afferunt, id mihi *auget* quæstionem, nempe et Graiis idem contigisse.

3 *Nicetes*] Smyrnæus fuit, rhetor nobilis, quem a vetere dicendi genere alienum, et quasi numine Bacchi actum, dithyrambos effutiisse Philostratus auctor est, Vit. Sophist. c. 19. Eum et Quintilianum se frequentasse Plinius tradit Ep. 6, 6.

4 *Contentis*] Bene Ern. et Brot. i. e. intentis, vehementibus. Vulg. *contentus*.

lasticorum

lasticorum clamoribus quatit, quàm Afer, aut Africanus[5], aut vos ipsi a Cicerone aut Asinio recessistis.

XVI. Magnam, inquit Secundus, et dignam tractatu quæstionem movisti: sed quis eam justiùs explicaverit quàm tu, ad cujus summam eruditionem et præstantissimum ingenium cura quoque et meditatio accessit? Et Messala, Aperiam, inquit, cogitationes meas, si illud a vobis antè impetravero, ut vos quoque sermonem hunc nostrum adjuvetis. Pro duobus, inquit Maternus, promitto: nam et ego et Secundus exsequemur partes, quas intellexerimus te non tam omisisse, quàm nobis reliquisse. Aprum enim solere dissentire, et tu paullo antè dixisti, et ipse satis manifestus est jamdudum in contrarium accingi, nec æquo animo perferre hanc nostram pro antiquorum laude concordiam. Non enim, inquit Aper, inauditum et indefensum seculum nostrum patiar hac vestrâ conspiratione damnari. Sed hoc primùm interrogabo, quos vocetis *antiquos*, quam oratorum ætatem signatione[6] istâ deter-

5 *Africanus*] Quintil. 10, 1. *Eorum, quos viderim, Domitius Afer et Julius Africanus longè præstantissimi. Verborum arte ille, et toto genere dicendi præferendus, quem in numero veterum locare non timeas: hic concitatior, sed in curâ verborum nimius, et compositione nonnunquam longior, et translationibus parum modicus.*

6 *Signatione*] In verbo *antiqui* non est significatio, sed

determinetis? Ego enim cum audio antiquos, quosdam veteres et olim natos intelligo; ac mihi versantur ante oculos Ulysses et Nestor, quorum ætas mille fere et trecentis [7] annis seculum nostrum antecedit: vos autem Demosthenem et Hyperidem profertis, quos satis constat Philippi et Alexandri temporibus floruisse; ita tamen, ut utrique superstites essent. Ex quo apparet, non multò plures quàm quadringentos [8] annos interesse inter nostram et Demosthenis ætatem. Quod spatium temporis, si ad infirmitatem corporum nostrorum referas, fortasse longum videatur: si ad naturam seculorum, et respectum hujus immensi ævi, perquam breve, et in proximo est. Nam si, ut Cicero in [9] Hortensio scribit, ' is est magnus et

sed designatio temporis. Itaque præstat hæc lectio Broterianâ *significatione*: Ern. rectè.

7 *Trecentis*] Ex Velleio 1, 8. Trojæ excidium præcessit natales Romæ annis 437: sextus autem Vespasiani est annus Romæ 828. Ex his conficiuntur anni 1265, quibus addendi ad minimum sunt anni 35 pro mediâ ætate temporis illius hominum.

8 *Quadringentos*] A morte Demosthenis ad sextum Vespasiani sunt anni 396, et ab ævo quo floruit ille oratorum summus, *non multò plures* quadringentis, ut hic dicitur.

9 *In Hortensio*] Servius ad Æneid. 3, 284. *Magnum annum esse voluerunt* antiqui, *omnibus planetis in eumdem recurrentibus locum: et hoc fit, ut diximus, secundùm Ciceronis Hortensium, post annos duodecim millia nongentos quinquaginta quatuor, solstitiales scilicet.* Vide etiam Cic. de Nat. D. 2, 20. ubi *quàm longa sit ea planetarum conversio*, magnam

'et verus annus, quo eadem positio cœli si-
'derumque, quæ cum maximè est, rursum ex-
'istet, isque annus horum quos nos vocamus
'annorum XII millia DCCCCLIV complectitur;'
incipit Demosthenes vester, quem vos veterem et antiquum fingitis, non solùm eodem anno quo nos, sed fere eodem mense exstitisse.

XVII. Sed transeo ad Latinos oratores, in quibus non Menenium [1], ut puto, Agrippam, qui potest videri antiquus, nostrorum temporum disertis anteponere soletis; sed Ciceronem, et Cæsarem, et Cœlium [2], et Calvum, et Brutum, et Asinium, et Messalam: quos quidem cur antiquis temporibus potiùs adscribatis, quàm nostris, non video. Nam, ut de Cicerone ipso loquar, Hirtio nempe et Pansâ consulibus, ut Tiro libertus ejus scripsit, VII Idus Decembris occisus [3] est, quo anno divus Augustus in locum Pansæ et Hirtii se et Q. Pedium coss. suffecit. Statue sex et quinquaginta annos, quibus mox divus Augustus rempublicam rexit: adjice Tiberii tres et viginti, et prope quadriennium Caii, ac

nam esse quæstionem fatetur: hodierni astronomi ad duplum fere annorum spatium extendunt, nempe ad annos 25920. Mox *cum maximè* pro *nunc maximè* dicitur, uti et infrà c. 37.

[1] *Menenium*] Qui apologo ventris et membrorum usus est ad sedandam plebem. Cos. U. C. 251, ante Christum 503.

[2] *Cœlium*] Rufum, cujus extant epistolæ inter Ciceronianas, l. 8. ad Familiares. De eo mox c. 21. 25.

[3] *Occisus est*] U. C. 711, die 7 Decembris.

bis

bis quaternosdenos Claudii et Neronis annos, atque ipsum Galbæ et Othonis et Vitellii unum annum, ac sextam jam felicis hujus principatûs[4] stationem, qua Vespasianus rempublicam fovet; centum[5] et viginti anni ab interitu Ciceronis in hunc diem colliguntur, unius hominis ætas. Nam ipse ego in Britanniâ vidi senem, qui se fateretur ei[6] pugnæ interfuisse, qua Cæsarem inferentem arma Britanniæ, arcere litoribus, et pellere adgressi sunt. Ita si eum, qui armatus C. Cæsari restitit, vel captivitas, vel voluntas, vel fatum aliquod in Urbem pertraxisset, idem Cæsarem ipsum et Ciceronem audire potuit, et nostris quoque actionibus interesse. Proximo[7] quidem congiario ipsi vidistis plerosque senes, qui se a divo quoque

4 *Principatûs*] Qui cœpit mense Julio, U. C. 822. *Statio* hîc pro uno imperii anno usurpatur, quæ aliàs aut totum tempus imperii, aut actum ipsum imperandi designat: ut Lucanus Neroni adulans, 1, 9. *Cùm statione peractâ, Astra petes serus*: et Suet. Claud. 38, *quòd aliter perventurus ad susceptam stationem non fuerit*. Significatione haud multùm a sensu nativo detortâ, denotàt h. l. gradum quemdam ac veluti pausam temporis: unde vero proximum sit devenisse postea Italis vocabulum suum *stagione*, quo anni tempestatem significant.

5 *Centum et XX.*] Rotundè: nam verus numerus est 117.

6 *Ei pugnæ*] Quæ fuit anno Urbis 699.

7 *Proximo congiario*] Biennio antè, anno Vespasiani quarto. Ejus memoria extat in nummo Domitiani, CONG. II. COS. II. id est, *Congiarium alterum*, Domitiano *consule secundùm*.

Augusto semel atque iterum accepisse congiarium narrabant: ex quo colligi potest, et Corvinum ab illis et Asinium audiri potuisse. Nam Corvinus in medium usque Augusti principatum, Asinius penè ad extremum duravit. Nec dividatis seculum, et antiquos ac veteres vocetis oratores, quos eorumdem hominum aures agnoscere, ac velut conjungere et copulare potuerunt.

XVIII. Hæc ideo prædixi, ut si qua ex horum oratorum famâ gloriâque laus temporibus adquiritur, eamdem docerem in medio sitam, et propiorem nobis, quàm Ser. [8] Galbæ, C. Carboni [9], quosque alios antiquos meritò vocaremus. Sunt enim horridi, et impoliti, et rudes, et informes; et quos utinam nullâ parte imitatus esset Calvus vester, aut Cœlius, aut ipse Cicero. Agere enim fortiùs jam et audentiùs volo, si illud antè prædixero, mutari cum temporibus formas quoque et genera dicendi. Sic Catoni seni comparatus C. Gracchus, plenior et uberior; sic Graccho politior et ornatior Crassus; sic utroque distinctior, et urbanior,

8 *Ser. Galbæ*] Serv. Sulp. Galba, consul U. C. 610, eloquentiâ præstitit. At ejus orationes *exiliores sunt, et redolentes magis antiquitatem, quàm aut Lælii, aut Scipionis, aut etiam ipsius Catonis. Itaque exaruerunt, vix jam ut appareant*, Cic. ait in Bruto, c. 21.

9 *Carboni*] C. Papirius Carbo, cos. U. C. 634. *Orationes ejus nondum satis splendidas verbis, sed acutas, prudentiæque plenissimas*, scribit Cic. ibid. 27.

banior, et altior Cicero; Cicerone mitior Corvinus, et dulcior, et in verbis magis elaboratus. Nec quæro, quis disertissimus: hoc interim probasse contentus sum, non [1] esse unum eloquentiæ vultum, sed in illis quoque, quos vocatis antiquos, plures species deprehendi; nec statim deterius esse, quod diversum est: vitio autem malignitatis humanæ, vetera semper in laude, præsentia in fastidio esse. Num dubitamus inventos, qui pro Catone Appium [2] Cæcum magis mirarentur? Satis constat, ne Ciceroni quidem obtrectatores [3] defuisse, quibus inflatus et tumens, nec satis pressus, sed supra modum exsultans et superfluens, et parum [4] Atticus

[1] *Non esse unum*] Quintil. 12. 10. *Non una omnibus forma placuit, partim conditione vel temporum vel locorum, partim judicio cujusque atque proposito.* Infrà ibid. *In oratione verò, si species intueri velis, totidem penè reperias ingeniorum quot corporum formas. Sed fuere quædam genera dicendi conditione temporum horridiora, alioqui magnam jam eloquentiæ vim præferentia.*

[2] *Appium Cæcum*] Censor fuit U. C. 442.

[3] *Obtrectatores*] Quint. 12, 10. Ciceronem *tamen et suorum homines temporum incessere audebant, ut tumidiorem, et Asianum, et redundantem, et in repetitionibus nimium, et in salibus aliquando frigidum, et in compositione fractum, exsultantem, ac penè (quod procul absit) viro molliorem . . . Præcipuè verò presserunt eum, qui videri Atticorum imitatores concupierant.*

[4] *Parum Atticus*] Quint. ibid. *Et antiqua quidem illa divisio inter Asianos atque Atticos fuit, cum hi pressi et integri, contrà inflati illi et inanes haberentur . . . Attici limati quidem et emuncti, nihil inane*

cus videretur. Legistis utique et Calvi et Bruti ad Ciceronem missas epistolas: ex quibus facile est deprehendere, Calvum quidem Ciceroni [5] visum exsanguem et attritum, Brutum autem otiosum [6] atque disjunctum: rursumque [7] Ciceronem a Calvo quidem malè audivisse, tamquam solutum et enervem; a Bruto autem, ut ipsius verbis utar, tamquam 'fractum atque elumbem.' Si me interroges, omnes mihi videntur verum dixisse. Sed mox

inane ac redundans ferebant. Asiana gens, tumidiori alioqui atque jactantior, vaniore etiam dicendi gloriâ inflata est.

5 *Ciceroni visum*] In Bruto, 82. Calvus *nimiùm inquirens in se, atque ipse sese observans, metuensque ne vitiosum colligeret, etiam verum sanguinem deperdebat. Itaque ejus oratio nimiâ religione attenuata &c.* Vides quid sit *exsanguem* esse et *attritum.*

6 *Otiosum atque disjunctum*] Disjunctus est, qui ἀσυνδέτοις delectatur, fugitque in sermone conjunctiones. Tale genus orationis sectabantur Tullii ætate ii, qui se Atticos videri cupiebant. Cic. in Oratore, 9. *Cùm mutila quædam et hiantia locuti sunt, quæ vel sine magistro facere potuerunt, germanos se putant esse Thucydidas.* Idem mox c. 23. *Verba enim verbis quasi coagmentare negligat* Atticus orator. *Habet enim ille tamquam hiatus concursu vocalium molle quiddam, et quod indicet non ingratam negligentiam, de re hominis, magis quàm de verbis, laborantis.* Negligentia ista in causâ fuit, quamobrem et *otiosus* vocaretur Brutus, lentus nimirum et languidus in quibusdam sententiis, ut Cicero ipse *otiosus circa excessus* dicitur infrà c. 22.

7 *Rursumque Cic.*] Quint. 12, 1. *Nec Cicero Bruto Calvoque* satis videtur perfectus, *qui certè compositionem illius, etiam apud ipsum, reprehendunt; nec Asinio utrique, qui vitia orationis ejus etiam inimicè pluribus in locis insequuntur.*

ad

ad ſingulos veniam: nunc mihi cum univerſis negotium eſt.

XIX. Nam quatenus [8] antiquorum admiratores hunc velut terminum antiquitatis conſtituere ſolent, quem uſque ad Caſſium Severum faciunt; quem primum adfirmant flexiſſe ab illâ vetere atque directâ dicendi viâ, non infirmitate ingenii, nec inſcitiâ litterarum, tranſtuliſſe ſe ad id dicendi genus contendo, ſed judicio et intellectu. Vidit namque, ut paullo antè dicebam, cum conditione temporum, ac diverſitate aurium, formam quoque ac ſpeciem orationis eſſe mutandam. Facilè perferebat prior iſte populus, ut imperitus et rudis, imperitiſſimarum orationum ſpatia: atque id ipſum laudi dabatur, ſi dicendo quis diem eximeret. Ita verò longa principiorum præparatio, et narrationis altè repetita ſeries, et multarum diviſionum oſtentatio, et mille argumentorum gradus, et quidquid aliud aridiſſimis Hermagoræ [9] et Apollodori libris præcipitur,

[8] *Quatenus*] Iterum pro *quandoquidem*, ſeu, quod ad hoc attinet. Quoniam hunc terminum antiquæ et veræ eloquentiæ ponunt, a Calvo et Cicerone ceteriſque ejus ætatis oratoribus ad Caſſium Severum producentes: *ipſum illum C. Severum* (ita ſupple) quem primum affirmant flexiſſe etc. id ſcientem et intelligentem feciſſe contendo. C. Severus, ingenio quàm moribus melior, exſulavit extremis Auguſti temporibus, ut dictum Ann. 1, 72. 4, 41.

[9] *Hermagoræ et Ap.*] Duo illi rhetores ſub Auguſto floruere. Apollodorus etiam Auguſti præceptor et familiaris fuit. Quintil. 3, 1. Strab. l. 13. Suid.

in

in honore erat: quòd ſi quis odoratus [1] philoſophiam, atque ex eâ locum aliquem orationi ſuæ inſereret, in cœlum laudibus ferebatur. Nec mirum: erant enim hæc nova et incognita; et ipſorum quoque oratorum pauciſſimi præcepta rhetorum, aut philoſophorum placita cognoverant. At hercule pervulgatis jam omnibus, cum vix in [2] cortinâ quiſquam aſſiſtat, quin [3] elementis ſtudiorum, etſi non inſtructus, at certè imbutus ſit, novis et exquiſitis eloquentiæ itineribus opus eſt, per quæ orator faſtidium aurium effugiat, utique apud eos judices, qui vi [4] aut poteſtate, non jure et le-

1 *Odoratus philoſophiam*] Uſque ad Ciceronem, *nemo erat, qui videretur exquiſitiùs, quàm vulgus hominum, ſtuduiſſe litteris, quibus fons perfectæ eloquentiæ continetur: nemo, qui philoſophiam complexus eſſet, matrem omnium bene factorum beneque dictorum*, teſte ipſo in Bruto, 93.

2 *In cortinâ*] Cortina propriè vas rotundum eſt, indeque per tranſlationem dicitur de coronâ ſubſelliorum qua circùmdatum eſt tribunal, vel, in amphitheatro, arena. Severus in Ætnâ, v. 295. *Magni cortina theatri Imparibus numeroſa modis canit arte regentis.* Itaque intelligε: cum vix quiſquam e vulgo aſſiſtentium ſit, qui non imbutus ſaltem ſtudiorum ſit elementis. Ad eumdem modum Quintil. in procemio Inſtitut. ſui temporis auditores depingit: *quis enim non de juſto æquo ac bono, modò non vir peſſimus, loquitur? quis non etiam ruſticorum aliqua de cauſis naturalibus quærit?*

3 *Quin elementis*] Vulg. *qui elementis*: unde, ſenſu poſtulante negationem, Lipſii conjecturam recepi, quæ et viris cl. Erneſto Broterioque comprobata eſt.

4 *Vi aut*] In uno Vatic. meliùs legitur *vi et poteſtate.*

gibus cognofcunt, et nec accipiunt tempora, fed conftituunt, nec exfpectandum habent oratorem, dum illi libeat de ipfo negotio dicere, fed fæpe ultro admonent, atque aliò tranfgredientem revocant, et feftinare fe teftantur.

XX. Quis nunc ferat oratorem de infirmitate valetudinis fuæ præfantem? qualia funt fere principia Corvini. Quis quinque in Verrem libros exfpectabit? Quis de exceptione [5] et fórmulâ perpetietur illa immenfa volumina, quæ pro M. Tullio aut A. Cæcinâ legimus? Præcurrit hoc tempore judex dicentem, et nifi aut curfu argumentorum, aut colore fententiarum, aut nitore et cultu defcriptionum invitatus et corruptus eft, averfatur dicentem. Vulgus quoque adfiftentium, et adfluens et vagus auditor, affuevit jam exigere lætitiam et pulchritudinem orationis; nec magis perfert in judiciis triftem et impexam antiquitatem, quàm fi quis in fcenâ Rofcii aut Turpionis [6] Ambivii exprimere geftus velit. Jam verò juvenes, et in ipfâ ftudiorum incude pofiti, qui profectûs fui cauffâ oratores fectantur, non folùm audire, fed etiam referre domum aliquid illuftre et dignum memoriâ volunt: tradunt-

5 *Exceptione*] Exceptiones opponebantur adverfùs perfonas, res ipfas, actiones, ipfa judicia. Digeft. 44, tit. 1. Formula pertinet ad certa et præfcripta verba, quibus in inftituendâ actione erat utendum. Cujac. Obferv. 23, 21.

6 *Turpionis*] Meminit hiftrionis illius Cicero de Senect. 14.

que

que invicem, ac sæpe in colonias ac provincias suas scribunt, sive sensus[7] aliquis argutà et brevi sententiâ effulsit, sive locus exquisitò et poetico cultu enituit. Exigitur enim jam ab oratore etiam poeticus decor, non Attii aut Pacuvii veterno inquinatus, sed ex Horatii, et Virgilii, et Lucani sacrario prolatus. Horum igitur auribus et judiciis obtemperans nostrorum oratorum ætas, pulchrior et ornatior exstitit. Neque ideo minùs efficaces sunt orationes nostræ, quia ad aures judicantium cum voluptate perveniunt. Quid enim si infirmiora horum temporum templa credas, quia non rudi cæmento et informibus tegulis exstruuntur, sed marmore nitent, et auro radiantur[8]?

XXI. Equidem fatebor vobis simpliciter, me in quibusdam antiquorum vix risum, in quibusdam autem vix somnum tenere: nec unum de populo, [Canutium[9] aut Attium, vel

7 *Sensus aliquis*] Ita optimè vulg. *in suis aliquis* corrigunt Muretus, Acidalius, Freinshemius. *Sensus* est quod nos appellamus *a thought*, isque quomodo a *sententiâ* distinguitur ostendit Quintil. 8, 5. *Consuetùdo tenuit, ut mente concepta sensus vocaremus; lumina autem, præcipuéque in clausulis posita, sententias.* Locutiò occurrit infrà c. 22. 23. 32.

8 *Radiantur*] Ab Ovidio desumpsit poeticum decorem, quem modò laudavit. Sic enim ille III de Ponto, 4, 103. *Scuta sed et galeæ gemmis radientur et auro.*

9 *Canutium*] Locus miserè corruptus, in Vaticanis ita exhibetur: *Canuti aut Atti, de Furnio et Coranio*

vel Furnium aut Turium nominabo, quique alii] in eodem valetudinario[1] hæc oſſa et hanc maciem probant. Ipſe mihi Calvus, cum unum et viginti, ut puto, libros reliquerit, vix in unâ aut alterâ oratiunculâ ſatisfacit. Nec diſſentire[2] ceteros ab hoc meo judicio video: quotus enim quiſque Calvi in Aſitium, aut in Druſum, legit? at hercule in hominum ſtudioſorum manibus verſantur accuſationes, quæ in Vatinium inſcribuntur, ac præcipuè ſecunda ex his oratio: eſt enim verbis ornata, et ſententiis auribus judicum accommodata: ut ſcias ipſum quoque Calvum intellexiſſe quid melius eſſet, nec voluntatem quin ſubli-

ranio, quique alios in eodem v. &c. Nec placet verba omni ſenſu deſtituta in textum admittere. Itaque ex diverſis eruditorum hominum conjecturis lectionem effinxi, quæ ad ſcriptionis veſtigia ſimul et mentem auctoris quàm proximè videatur accedere. Non aliquem, inquit, ex plebeculâ oratorum, non Canutium aut Attium . . . nominabo, aut ſi qui alii in eodem ægrotorum domicilio verſati, exili iſto ac macilento dicendi genere delectantur: ipſe mihi Calvus, inter antiquorum principes, non ſatis facit. Ex minutis illis oratoribus, Canutius memoratur Ciceroni in Bruto c. 56. T. Attius ibid. 7. 8. C. Furnius, nobilis patronus, ad quem ſcripſit Cic. Epiſt. Fam. 10, 26. L. Turius *parvo ingenio, ſed multo labore, quoquo modo poterat, ſæpe dicebat.* Cic. Brut. 67.

1 *Valetudinario*] Proverbium de pluribus, qui in eodem malo verſantur. Senec. Epiſt. 27. *Non ſum tam improbus, ut curationes æger obeam: ſed tamquam in eodem valetudinario jaceam, de communi malo tecum colloquor.*

2 *Diſſentire ceteros*] Alia de Calvo ſentit Quintil. 10, 1. verùm hoc Aper dicit, non Fabius.

miùs et cultiùs diceret, sed ingenium ac vires defuisse. Quid? ex Cœlianis [3] orationibus? nempe hæ placent, si [4] non universæ, at partes eárum, in quibus nitorem et altitudinem horum temporum agnoscimus. Sordes autem verborum, et hians compositio, et inconditi sensus redolent antiquitatem: nec quemquam adeò antiquarium puto, ut Cœlium ex eâ parte laudet, qua antiquus est. Concedamus sanè C. Cæsari [5], ut propter magnitudinem cogitationum et occupationes rerum, minùs in eloquentiâ effecerit, quàm divinum ejus ingenium postulabat: tam [6] hercule, quàm Brutum philosophiæ suæ relinquamus; nam in orationibus minorem esse famâ suâ, etiam admiratores ejus fatentur. Nisi fortè quisquam aut Cæsaris pro Decio Samnite, aut Bruti pro Dejotaro rege, ceterosque ejusdem lentitudinis ac

3 *Cœlianis*] Quint. 10, 1. *Multum ingenii in Cœlio, et præcipuè in accusando multa urbanitas, dignusque vir, cui et mens melior et vita longior contigisset.*

4 *Si non u.*] Mss. mendosè, *sive universa parte serum.* Emendationem Acidalio debemus.

5 *C. Cæsari*] Quint. 10, 1. *C. Cæsar si foro tantùm vacasset, non alius ex nostris contra Ciceronem nominaretur. Tanta in eo vis est, id acumen, ea concitatio, ut illum eodem animo dixisse quo bellavit, appareat.* Velleius 2, 41. *C. Cæsar animo super humanam et naturam et fidem evectus, magnitudine cogitationum, celeritate bellandi, patientiâ periculorum, Magno illi Alexandro, sed sobrio neque iracundo, simillimus.*

6 *Tam hercule*] Tam hercule Julium Cæsarem suis occupationibus, quàm Brutum philosophiæ suæ relin-

ac teporis libros legit, nisi[7] qui et carmina eorumdem miratur: fecerunt enim et carmina, et in bibliothecas retulerunt, non meliùs quàm Cicero, at feliciùs, quia illos fecisse pauciores sciunt. Asinius quoque, quamquam propioribus temporibus natus sit, videtur mihi inter Menenios[8] et Appios studuisse. Pacuvium certè et Attium, non solùm tragœdiis, sed etiam orationibus suis expressit: adeò durus et siccus est. Oratio autem, sicut corpus hominis, ea demum pulchra est, in qua non eminent venæ, nec[9] ossa numerantur; sed temperatus ac bonus sanguis implet mem-

relinquamus. Scripsit is multos de Stoicâ doctrinâ libros, de quo et Quintil. 10, 1. In philosophiâ *egregius, multóque quàm in orationibus præstantior Brutus, suffecit ponderi rerum: scias eum sentire, quæ dicit.*

7 *Nisi qui*] Præter eum qui. Particulam *nisi* ineleganter in sententiâ duplicavit auctoris potiùs quàm librarii incuria. Perierunt orationes, quarum hîc mentio. *Causam Dejotari, fidelissimi atque optimi regis, ornatissimè et copiosissimè a Bruto defensam* ait Cic. Brut. 5. Idemque Epist. ad Attic. 14, 1. tradit Cæsarem *animadvertisse, cum Brutus pro Dejotaro Nicææ dixerit, valde vehementer eum et liberè dicere.*

8 *Menenios & A.*] Veteres illos, de quibus c. 17. 18. Idem et Quintiliani judicium, 10, 1. *Multa in Asinio Pollione inventio; summa diligentia, adeò ut quibusdam etiam nimia videatur; et consilii et animi satis: a nitore et jucunditate Ciceronis ita longè abest, ut videri possit seculo prior.*

9 *Nec ossa*] Cic. Brut. 17. *Attico genere dicendi se gaudere dicunt. Sapienter id quidem, atque utinam imitarentur, nec ossa solùm, sed etiam sanguinem. Gratum est tamen, quòd volunt.*

bra, et exſurgit toris [1], ipſoſque nervos rubor tegit, et decor commendat. Nolo Corvinum [2] inſequi, quia non per ipſum ſtetit, quominus lætitiam nitoremque noſtrorum temporum exprimeret: * * viderimus [3], inquam, judicio ejus vis aut animi aut ingenii ſuffecerit.

XXII. Ad Ciceronem venio, cui eadem pugna cum æqualibus ſuis fuit, quæ mihi vobiſcum eſt. Illi enim antiquos mirabantur, ipſe ſuorum temporum eloquentiam anteponebat: nec ullâ re magis ejuſdem ætatis oratores præcurrit, quàm judicio. Primus enim

[1] *Toris*] Plin. Ep. 5, 8. de oratione et hiſtoriâ loquens: *hanc ſæpius. oſſa, muſculi, nervi; illam tori quidam, et quaſi jubæ decent.*

[2] *Corvinum*] De quo Quint. 10, 1. *At Meſſala nitidus, et candidus, et quodammodo præ ſe ferens in dicendo nobilitatem ſuam; viribus minor.*

[3] *Viderimus, inquam*] Integrum h. l. comma intercidiſſe manifeſtum eſt; cujus mentem quidem diſpicio, verba fruſtra quæro, niſi quòd in earumdem fere dictionum recurſu hujuſmodi defectus cauſam et initium plerumque habuiſſe animadverti. Igitur huc me conjectura duxit: *Non per ipſum ſtetit, quominus lætitiam nitoremque noſtrorum temporum exprimeret. Idque facile me perſuaſurum arbitror, ſi Meſſalæ orationem pro * * diligentiùs aliquis noſtrorum hominum expenderet: viderimus, inquam, judicio ejus vis aut animi aut ingenii ſuffecerit*: h. e. utrùm judicio illius aut acies animi aut inventio conveniret. Obſervet lector, quid interſit inter mentis facultates: *animus* cernit objecta ſua, *judicium* ſeparat, *ingenium* combinat et componit. *Rerum naturæ corpus penè ſolus Romanorum Cicero animo vidit, ingenio complexus eſt*, Velleius ait, 2, 66.

excoluit

excoluit orationem; primus et verbis delectum adhibuit, et compositioni artem: locos quoque lætiores attentavit, et quasdam sententias[4] invenit; utique in his orationibus, quas senior jam et juxta finem vitæ composuit, id est, postquam magis profecerat, usuque et experimentis didicerat, quod optimum discendi[5] genus est. Nam priores ejus orationes non carent vitiis antiquitatis. Lentus est in principiis, longus in narrationibus, otiosus circa excessus: tardè commovetur, raró incalescit: pauci sensus aptè, et cum quodam lumine terminantur. Nihil excerpere, nihil referre[7] possis: et velut in rudi ædificio, firmus sanè paries et duraturus, sed non satis expolitus et splendens. Ego autem oratorem, sicut locupletem ac lautum[8] patrem familiæ,

4 *Sententias*] Vid. suprà not. ad c. 20.

5 *Discendi*] Ita Muret. Vulg. *dicendi*, quod si verum esset, concinnitas sententiæ postulasset, *quod optimum dicendi genus esset*. Cic. pro Rab. Post. 4. *Usus magister est optimus*. Quint. 2, 17. *Exercitatio potentissimnm discendi genus est*.

6 *Egressus*] A propositâ oratione digressiones. In his *otiosus*, ac nimium sibi indulgens Cicero. Ipse jactat in Bruto 93. ante suum tempus neminem fuisse, *qui delectandi gratiâ digredi parumper a causâ posset*.

7 *Referre*] In oratione ejus, tamquam in firmo sed rudi ædificio, nihil erat quod in tuum usum excerpere velles, neque inde *referre domum aliquid illustre* poteras, ut suprà dicitur c. 20.

8 *Lautum*] Rectè Lipsius, et ex genio scriptoris, qui verbis ferme synonymis gaudet. Vulg. *laudatum*.

non

non eo tantùm volo tecto tegi, quod imbrem ac ventum arceat, ſed etiam quod viſum et oculos delectet: non eâ ſolùm inſtrui ſupellectile, quæ neceſſariis uſibus ſufficiat; ſed ſit in apparatu ejus et aurum, et gemmæ, ut ſumere in manus, et adſpicere ſæpius liceat: quædam verò procul arceantur, ut jam oblitterata[9] et olentia: nullum ſit verbum velut rubigine infectum; nulli ſenſus tardâ et inerti ſtructurâ, in morem Annalium, componantur; fugiat fœdam et inſulſam ſcurrilitatem; variet compoſitionem, nec omnes clauſulas uno et eodem modo terminet[1].

XXIII. Nolo inridere *rotam*[2] *fortunæ*, et *jus*[3] *Verrinum*, et illud tertio quoque ſenſu in om-

9 *Oblitterata*] Verba a vetuſtate repetita utiliter quandoque inſeri contendit Quintil. 1, 6. *ſed opus eſt modo, ut neque crebra ſint hæc neque manifeſta, quia nihil eſt odioſius affectatione, nec utique ab ultimis et obliteratis repetita temporibus.*

1 *Terminet*] Quint. 9, 4. *Verbo ſenſum cludere, multò (ſi compoſitio patiatur) optimum eſt: in verbis enim ſermonis vis ineſt. At ſi id aſperum erit, cedat ratio numeris, ut fit apud ſummos Græcos Latinoſque oratores frequentiſſimè.* Utque fit in hac ipſâ ſententiâ.

2 *Rotam fortunæ*] Locus notus ex oratione in Piſonem c. 10. *Cumque ipſe nudus in convivio ſaltaret, in quo ne tum quidem, cum illum ſaltatorium verſaret orbem, fortunæ rotam pertimeſcebat.* Quæ meritò antiquis viſa ſunt ineptiſſima et leviſſima.

3 *Jus verrinum*] Cic. in Verr. 1, 46. *Hinc illi homines erant, qui etiam ridiculi inveniebantur ex dolore: quorum alii, ut audiſtis, negabant mirandum eſſe, jus tam nequam eſſe Verrinum.* Alludit ad jus e verrinâ (porcinâ) carne expreſſum.

omnibus orationibus pro[4] ſententiâ poſitum, *eſſe videatur*. Nam et hoc invitus retuli, et plura omiſi, quæ tamen ſola mirantur atque exprimunt hi, qui ſe antiquos oratores vocant. Neminem nominabo, genus hominum ſignaſſe[5] contentus: ſed vobis utique verſantur ante oculos, qui Lucilium pro[6] Horatio, et Lucretium pro Virgilio legunt; quibus eloquentia tui Aufidii Baſſi, aut Servilii Noniani[7], ex comparatione Siſennæ[8] aut Varronis ſordet; qui rhetorum noſtrorum commentarios faſtidiunt, oderunt, Calvi mirantur: quos more priſco apud judicem fabulantes[9], non auditores ſequuntur, non populus audit, vix

4 *Pro ſententiâ*] Pro argutâ et luminoſâ concluſione.

5 *Signaſſe*] Hîc quoque Mss. Vatic. corrumpunt in *ſignificaſſe*, ut ſuprà in *ſignatione* fecerant c. 16.

6 *Pro Horatio*] Quint. 10, 1. *Lucilius quoſdam ita deditos ſibi adhuc habet amatores, ut eum non ejuſdem modò operis, ſed omnibus poetis præferre non dubitent . . . Multò eſt terſior ac purus magis Horatius, et ad notandos hominum mores præcipuus.*

7 *Noniani*] Quint. l. c. *Servilius Nonianus . . ipſe a nobis auditus eſt, clari vir ingenii, et ſententiis creber, ſed minùs preſſus, quàm hiſtoriæ auctoritas poſtulat. Quam, paullum ætate præcedens eum Baſſus Aufidius, egregiè, utique in libris belli Germanici, præſtitit, genere ipſo probabilis in omnibus, ſed in quibuſdam ſuis ipſe viribus minor.* Servilius coſ. U. C. 788. memoratur ſuprà Ann. 6, 31. 14, 19.

8 *Siſennæ*] Cic. Brut. 64. *L. Siſenna, doctus vir, et ſtudiis optimis deditus, bene Latinè loquens, gnarus reip. non ſine facetiis; ſed neque laboris multi, nec ſatis verſatus in cauſis.* Meminit ejus et Quint. 1, 5. 8, 3.

9 *Fabulantes*] Bene. Non orantes.

denique

denique litigator perpetitur: adeò mœſti et inculti, illam ipſam quam jactant ſanitatem, non firmitate, ſed jejunio conſequuntur. Porro ne in corpore quidem valetudinem medici probant, quæ animi anxietate contingit. Parum eſt, ægrum non eſſe; fortem et lætum et alacrem volo: prope abeſt ab infirmitate, in quo ſola ſanitas laudatur. Vos verò, diſertiſſimi, ut poteſtis, ut facitis, illuſtrate ſeculum noſtrum pulcherrimò genere dicendi. Nam et te, Meſſala, video lætiſſima quæque antiquorum imitantem: et vos, Materne ac Secunde [1], ita gravitati ſenſuum nitorem et cultum verborum miſcetis; ea electio inventionis, is ordo rerum, et quotiens cauſſa poſcit, ubertas; ea, quotiens permittitur, brevitas; is compoſitionis decor, ea ſententiarum planitas eſt; ſic exprimitis affectus, ſic libertatem temperatis; ut etiam ſi noſtra judicia malignitas et invidia tardaverit, verum de vobis dicturi ſint poſteri [2] noſtri.

[1] *Secunde*] De quo et ſimilia habet Quint. 10, 1. *Julio Secundo ſi longior contigiſſet ætas, clariſſimum profectò nomen oratoris apud poſteros foret. Adjeciſſet enim, atque adjiciebat ceteris virtutibus ſuis, quod deſiderari poteſt: id eſt autem, ut eſſet multò magis pugnax, et ſæpius ad curam rerum ab elocutione reſpiceret. Ceterum interceptus quoque, magnum ſibi vindicat locum. Ea eſt facundia, tanta in explicando, quod velit, gratia; tam candidum, et lene, et ſpecioſum dicendi genus; tanta verborum, etiam quæ aſſumpta ſunt, proprietas; tanta in quibuſdam, ex periculo petitis, ſignificantia.*

[2] *Poſteri*] Quint. 3, 1. *Ad poſteros enim virtus durabit, non perveniet invidia.*

XXIV. Quæ cum Aper dixiſſet, Agnoſcitisne, inquit Maternus, vim et ardorem Apri noſtri? quo torrente, quo impetu ſeculum noſtrum defendit! quàm copioſè ac variè vexavit antiquos! quanto non ſolùm ingenio ac ſpiritu, ſed etiam eruditione et arte, ab ipſis mutuatus eſt, per quæ mox ipſos inceſſeret! Tuum tamen, Meſſala, promiſſum immutaſſe non debes. Neque enim defenſores antiquorum exigimus, nec quemquam noſtrorum, quamquam modò laudati ſumus, his quos inſectatus eſt Aper, comparamus: ac ne ipſe quidem ita ſentit, ſed more veteri, et a veſtris [3] philoſophis ſæpe celebrato, ſumpſit ſibi contradicendi partes. Exprome nobis, non laudationem antiquorum (ſatis enim illos fama ſua laudat). ſed cauſſas, cur in tantum ab eloquentiâ eorum receſſerimus, cum præſertim centum et viginti annos ab interitu Ciceronis in hunc diem effici ratio [4] temporum collegerit.

XXV. Tum Meſſala: Sequar a te præſcriptam formam, Materne. Neque enim diu contradicendum eſt Apro, qui primùm, ut opinor, nominis controverſiam movit, tamquam parum propriè antiqui vocarentur, quos ſatis conſtat ante centum annos fuiſſe. Mihi autem de vocabulo pugna non eſt, ſive illos antiquos, ſive majores, ſive quo alio mavult nomine appellet: dummodo in confeſſo ſit, eminentiorem

[3] *Veſtris philoſophis*] Academicis.

[4] *Ratio t.*] Suprà iuita, c. 17.

illorum temporum eloquentiam fuiſſe. Ne illi quidem parti ſermonis ejus repugno, quominus [5] fatear, plures formas dicendi etiam iiſdem ſeculis, nedum diverſis extitiſſe. Sed quo modo inter Atticos oratores primæ Demoſtheni tribuuntur, proximum autem locum Æſchines, et Hyperides, et Lyſias, et Lycurgus obtinent; omnium autem cónſenſu hæc oratorum ætas maximè probatur: ſic apud nos Cicero quidem ceteros eorumdem temporum diſertos anteceſſit; Calvus autem, et Aſinius, et Cæſar, et Cœlius, et Brutus, ſuo jure et prioribus et ſequentibus anteponuntur. Nec refert, quòd inter ſe ſpecie differant, cùm genere conſentiant. Adſtrictior Calvus, numeroſior Aſinius, ſplendidior Cæſar, amarior Cœlius, gravior Brutus, vehementior et plenior et valentior Cicero; omnes tamen eamdem ſanitatem eloquentiæ ferunt: ut ſi omnium pariter libros in manum ſumpſeris, ſcias, quamvis in diverſis ingeniis, eſſe quamdam judicii ac voluntatis ſimilitudinem et cognationem. Nam quòd invicem ſe obtrectaverunt, et ſunt aliqua epiſtolis eorum inſerta, ex quibus mutua malignitas detegitur, non eſt oratorum vitium, ſed hominum. Nam et Calvum, et Aſinium,

5 *Quominus fatear*] Vulg. *ſi cominus fatetur*, vel *ſi quo minus fatetur*. Erratum puto fuiſſe in autographo in voce *fatetur*, quam deſcribens librarius ad oram libri adpoſuit *ſic*, idque mox in textum influxit: *repugno* [ſic] *quominus fatetur*.

et

et ipſum Ciceronem, credo ſolitos et invidere, et livere, et ceteris humanæ infirmitatis vitiis adfici. Solum inter hos arbitror Brutum, non malignitate, nec invidiâ, ſed ſimpliciter et ingenuè judicium animi ſui detexiſſe: an invideret Ciceroni, qui mihi videtur ne Cæſari quidem invidiſſe? Quod ad Ser. Galbam et C. Lælium attinet, et ſi quos alios antiquorum agitare non deſtitit, non [6] exigit defenſorem, cum fatear quædam eloquentiæ eorum, ut naſcenti adhuc, nec ſatis adultæ, defuiſſe.

XXVI. Ceterum ſi, omiſſo optimo illo et perfectiſſimo genere eloquentiæ, eligenda ſit forma dicendi, malim hercule C. Gracchi impetum, aut L. Craſſi [7] maturitatem, quàm calamiſtros [8] Mæcenatis, aut tinnitus [9] Gallionis:

6 *Non exigit*] Lege *id non exigit*. Abſorptum eſt *id* in finali ſyllabâ præcedente.

7 *Craſſi maturitatem*] Orationem, quæ redoleret magis antiquitatem. Cicero enim, in Brut. 44, ineſſe orationibus Craſſi teſtatur *quemdam, ſine ullo fuco, veritatis colorem: quinetiam ambitus ille verborum erat apud illum contractus et brevis, et in membra quædam, quæ κῶλα Græci vocant, diſpertiebat orationem lubentiùs*. Ea jam ſpecies orandi ſeneſcebat: unde mox *hirtæ togæ* comparatur.

8 *Calamiſtros*] *Calamiſtris inurere* Cicero dixit de iis, qui vellent Cæſaris commentarios nudos, venuſtos, meretriciis coloribus dedecorare, Brut. 75. Delicias eas ſermonis, quibus geſtiebat adeò Mæcenas, expoſuit pariter ac riſit Seneca, Ep. 114. Damnavit eaſdem et Quint. 9, 4. Pomponius Sabinus, mediæ ætatis grammaticus, in carmen de obitu Mæcenatis, *Cornelius, inquit, Tacitus appellat ſcripta Mæcenatis calamiſtros*.

9 *Tinnitus Gallionis*] Hujus tamen *gravitatem* laudat

lionis: adeò melius est oratorem vel hirtâ togâ induere, quàm fucatis et meretriciis vestibus insignire. Neque enim oratorius iste, immo hercule ne virilis quidem cultus est, quo plerique temporum nostrorum actores ita utuntur, ut lasciviâ [1] verborum, et levitate sententiarum, et licentiâ compositionis, histrionales modos exprimant: quodque vix auditu fas esse debeat, laudis et gloriæ et ingenii loco plerique jactant, cantari saltarique commentarios suos. Unde oritur illa fœda et præpostera, sed tamen frequens quibusdam exclamatio, ut oratores nostri *tenerè* [2] *dicere*, histriones *disertè saltare* dicantur. Equidem non negaverim, Cassium Severum, quem solum Aper noster nominare ausus est, si his comparetur qui postea fuerunt, posse oratorem vocari, quamquam in magnâ parte librorum suorum

laudat Sidonius Apollinaris, Ep. 5, 10. verùm id quidem sequiore seculo, ad cujus aures grata adveniebat antithetis tinniens oratio. Ipse Gallio an Senecæ frater fuerit, non satis compertum. Quint. 2, 3. *Tumidos, et corruptos, et tinnulos, et quocumque alio cacozeliæ genere peccantes, certum habeo non virium, sed infirmitatis vitio laborare; ut corpora non robore, sed valetudine inflantur.*

1 *Lasciviâ verborum*] Quint. 10, 1. *Alios recens hæc lascivia deliciæque, et omnia ad voluptatem imperitæ multitudinis composita delectant.*

2 *Tenerè dicere*] Plin. Ep. 2, 14. *Pudet referre, quæ, quàm fractâ pronunciatione dicantur; quibus, quàm teneris clamoribus excipiantur. Plausus tantùm, ac potiùs sola cymbala et tympana, illis canticis desunt.* Noti sunt hodieque Italorum teneri clamores,

orum plus[3] vis habeat quàm ſanguinis. Primus enim, contempto ordine rerum, omiſſâ modeſtiâ, ac pudore verborum, ipſis etiam quibus utitur armis incompoſitus, et ſtudio feriendi plerumque detectus[4], non pugnat, ſed rixatur. Ceterum, ut dixi, ſequentibus comparatus, et varietate eruditionis, et lepore urbanitatis, et ipſarum virium robore, multùm ceteros ſuperat; quorum neminem Aper nominare, et velut in aciem educere ſuſtinuit. Ego autem exſpectabam, ut incuſato Aſinio, et Cœlio, et Calvo, aliud nobis agmen produceret, pluresque, vel certè totidem nominaret, ex quibus alium Ciceroni, alium Cæſari, ſingulis demum ſingulos opponeremus. Nunc detrectaſſe nominatim antiquos oratores contentus, neminem ſequentium laudare auſus eſt, niſi in publicum et in commune; veritus, credo, ne multos offenderet, ſi paucos excerpſiſſet: quotus enim quiſque ſcholaſticorum non hac ſuâ perſuaſione fruitur, ut ſe ante Ciceronem numeret, ſed planè poſt[5] Gabinianum?

clamores, ubi cantori mirè placenti ſuum *bravo, ah bravo!* conniventibus oculis ingeminant.

[3] *Plus vis*] Plus roboris quàm coloris.

[4] *Detectus*] Nudatus ictibus adverſarii. Vulg. malè *dejectus*.

[5] *Poſt Gabinianum*] Facetè. Nemo eſt noſtrorum rhetorum, inquit, qui non Ciceronem quidem ſibi poſtponat, ſtupeat autem Gabinianum (qui tum in rhetoricæ ſcholis dominabatur) eique ſe inferiorem agnoſcat. Euſebius in Chronic. ad VIII. Veſpaſiani: *Gabinianus, celeberrimi nominis rhetor, in Galliâ docuit.*

XXVII.

XXVII. At ego non verebor nominare singulos, quò faciliùs propositis exemplis appareat, quibus gradibus fracta sit et deminuta eloquentia. Appropera[6], inquit Maternus, et potiùs exsolve promissum. Neque enim hoc colligi desideramus, disertiores esse antiquos, quod apud me equidem in confesso est; sed caussas exquirimus, quas te solitum tractare, paullo[7] antè, planè mitiore eloquentiâ, et temporum nostrorum, narrabas, antequam te Aper offenderet majores tuos lacessendo. Non sum, inquit, offensus Apri[8] nostri disputatione; nec vos offendi decebit, si quid fortè aures vestras perstringet, cum sciatis hanc esse ejusmodi sermonum legem, judicium animi

6 *Appropera*] Hoc modo eleganter supersedet auctor dialogi vexandis sui temporis rhetoribus, quos jamjam nominaturus videbatur.

7 *Paullo antè*] Suprà c. 15. dixerat Messala, *se causas hujus infinitæ differentiæ* veterum oratorum ab recentibus *secum ipsum plerumque conquirere*: id autem initio statim disputationis antè locutus erat, quàm eum Aper offenderat, majores ejus (heroas illos melioris ævi) lacessendo. Tunc igitur mitiore eloquentiâ usum eum fuisse, Maternus jocatur, atque eâ, quæ non rudis et impexæ vetustatis, verùm cultis sui seculi moribus conveniat. Hic cum sensus loci planissimè sit, omnino recipiendam duxi felicem Gronovii conjecturam *narrabas*, loco vulgatæ *miratus*. Confirmat scriptionis similitudo, quod utique cuivis literarum ductus sequenti apparebit.

8 *Apri nostri*] Iterum Gronov. rectè, pro *Aprinâ disputatione*. Contractè scriptum *Apri nri* degeneraverat in *aprimâ*, mox in *Aprinâ* correctum a Lipsio. Tempus admonebat, ut blandè compellaretur Aper.

citra

citra [9] damnum affectûs proferre. Perge, inquit Maternus, et cum de antiquis loquaris, utere antiquâ libertate, a qua vel magis degeneravimus, quàm ab eloquentiâ.

XXVIII. Et Messala, Non reconditas, Materne, caussas requiris, nec aut tibi ipsi, aut huic Secundo, vel huic Apro ignotas, etiamsi mihi partes adsignatis proferendi in medium, quæ omnes sentimus. Quis enim ignorat, et eloquentiam et ceteras artes descivisse ab istâ vetere gloriâ, non inopiâ hominum, sed desidiâ juventutis, et negligentiâ parentum, et inscientiâ præcipientium, et oblivione moris antiqui? quæ mala primùm in Urbe nata, mox per Italiam fusa, jam in provincias manant: quamquam nostra nobis notiora sunt. Ego de Urbe, et his propriis ac vernaculis vitiis loquar, quæ natos statim excipiunt, et per singulos ætatis gradus cumulantur, si priùs de severitate ac disciplinâ majorum circa educandos formandosque liberos pauca prædixero. Jam primùm suus cuique filius, ex castâ parente natus, non in cellâ emptæ nutricis, sed gremio ac sinu matris educabatur, cujus præcipua laus erat, tueri domum, et inservire liberis. Eligebatur autem aliqua major natu propinqua, cujus probatis spectatisque moribus omnis ejusdem familiæ

9 *Citra damnum affectûs*] Sine jacturâ benevolentiæ diversum sentientium.

miliæ ſuboles committeretur, coram quâ neque dicere fas erat quod turpe dictu, neque facere quod inhoneſtum factu videretur: ac non ſtudia modò curaſque, ſed remiſſiones etiam luſuſque puerorum, ſanctitate quadam ac verecundiâ temperabat. Sic Corneliam Gracchorum, ſic Aureliam Cæſaris, ſic Atiam Auguſti matrem præfuiſſe educationibus, ac produxiſſe principes liberos accepimus. Quæ diſciplina ac ſeveritas eò pertinebat, ut ſincera, et integra, et nullis pravitatibus detorta uniuſcujuſque natura toto ſtatim pectore arriperet artes honeſtas; et ſive ad rem militarem, ſive ad juris ſcientiam, ſive ad eloquentiæ ſtudium inclinaſſet, id ſolum ageret, id univerſum hauriret.

XXIX. At nunc natus infans delegatur Græculæ alicui ancillæ, cui adjungitur unus aut alter, ex omnibus ſervis plerumque viliſſimus, nec cuiquam ſerio miniſterio accommodatus. Horum fabulis et erroribus teneri ſtatim et rudes animi imbuuntur. Nec quiſquam in totâ domo penſi habet, quid coram infante domino aut dicat, aut faciat; quando etiam ipſi parentes nec probitati neque modeſtiæ parvulos adſueſaciunt, ſed laſciviæ[1] et liber-

[1] *Laſciviæ et libertati*] Hæc ad facta pertinet, laſcivia ad dicta. Quint. 1, 2. *Gaudemus, ſi quid licentiùs dixerint: verba, ne Alexandrinis quidem permittenda deliciis, riſu et oſculo excipimus.* Eſtque totus ille Quintiliani locus dignus, qui cum hoc noſtro conferatur.

tati:

tati: per quæ paullatim impudentia inrepit, et ſui alienique contemptus. Jam verò propria et peculiaria hujus Urbis vitia penè in utero matris concipi mihi videntur, hiſtrionalis favor, et gladiatorum equorumque ſtudia: quibus occupatus et obſeſſus animus, quantulum loci bonis artibus relinquit? Quotum quemque inveneris, qui domi quidquam aliud loquatur? quos alios adoleſcentulorum ſermones excipimus, ſi quando auditoria intravimus? Ne[2] præceptores quidem ullas crebriores cum auditoribus ſuis fabulas habent: colligunt enim diſcipulos non ſeveritate diſciplinæ, nec ingenii experimento, ſed ambitione[3] ſalutantium, et illecebris adulationis. Tranſeo prima diſcentium elementa, in quibus et ipſis parum elaboratur. Nec in auctoribus cognoſcendis, nec in evolvendâ antiquitate, nec in notitiâ vel rerum, vel hominum, vel temporum ſatis operæ inſumitur: ſed expetuntur quos Rhetoras vocant; quorum profeſſio quando primùm in hanc urbem introducta ſit, quámque nullam apud majores noſtros auctoritatem habuerit, ſtatim docuero.

[2] *Ne præceptores*] Vulg. *nec*. *Nec* et *ne* ſæpiſſime permutant librarii.

[3] *Ambitione ſalutantium*] Malè alii *ſalutationum* volunt: quorſum enim ſententiam oneremus ὁμοιοτελεύτοις, cum res eódem recidat, ſive *ſalutantium* legas, ſive *ſalutationum*? Dicit præceptores ambire ac ſibi comparare diſcipulos eodem obſequio, quo utuntur ſalutantes. Ceterum

XXX. Referam necesse est animum ad eam disciplinam, qua usos esse eos oratores accepimus, quorum infinitus labor, et quotidiana meditatio, et in omni genere studiorum exercitationes, ipsorum etiam continentur libris. Notus est vobis utique Ciceronis liber qui Brutus inscribitur, in cujus extremâ parte (nam prior commemorationem veterum oratorum habet) sua initia, suos gradus, suæ eloquentiæ velut quamdam educationem refert: se apud Q.[4] Mucium jus civile didicisse; apud Philonem Academicum, apud Diodorum Stoicum, omnes philosophiæ partes penitus hausisse; neque his doctoribus contentum, quorum ei copia in Urbe contigerat, Achaiam quoque et Asiam peragrasse, ut omnem omnium artium varietatem complecteretur. Itaque hercule in[5] libris Ciceronis deprehendere licet, non geometriæ, non musicæ, non grammaticæ, non denique ullius ingenuæ artis

terum eum, qui in sui temporis pædagogos adeò animosè invehitur, possit aliquis suspicari præceptorem et ipsum fuisse, notâ æmulatione inter ὁμότεχνυς, nisi etiam singularem M. Fabio candorem animi adfuisse scripta ejus manifestò evicerint.

4 *Q. Mucium*] Cic. Brut. 89.

5 *In libris Ciceronis*] Quint. 12, 2. *M. Tullium non tantum se debere scholis rhetorum, quantum Academiæ spatiis, frequenter ipse testatus est. Neque se tanta in eo umquam fudisset ubertas, si ingenium suum consepto fori, non ipsius rerum naturæ finibus terminasset.*

sci-

ſcientiam ei defuiſſe. Ille dialecticæ[6] ſubtilitatem, ille moralis partis utilitatem; ille rerum motus cauſſaſque cognovit. Ita enim eſt, optimi viri, ita ex multâ eruditione, ex pluribus artibus, et omnium rerum ſcientiâ exundat et exuberat illa admirabilis eloquentia. Neque oratoris vis et facultas, ſicut ceterarum rerum, anguſtis et brevibus terminis cluditur: ſed is eſt orator, qui de omni quæſtione pulchre, et ornatè, et ad perſuadendum aptè dicere, pro dignitate rerum, ad utilitatem temporum, cum voluptate audientium poſſit.

XXXI. Hæc ſibi illi veteres perſuadebant: ad hæc efficienda intelligebant opus eſſe, non ut rhetorum ſcholis declamarent, nec ut fictis, nec ullo modo ad veritatem accedentibus, controverſiis linguam modò et vocem exercerent; ſed ut his artibus pectus implerent, in quibus de bonis ac malis, de honeſto ac turpi, de juſto et injuſto diſputatur. Hæc enim eſt oratori ſubjecta ad dicendum materia. Nam in judiciis fere de æquitate, in deliberationibus de honeſtate dicimus, ita ut plerumque hæc ipſa invicem miſceantur: de quibus copiosè et variè et ornatè nemo dicere poteſt, niſi qui cognovit naturam humanam, et vim

6 *Dialecticæ*] Quam utilitatem afferant oratori dialectica et ethice, pluribus monſtrat Quint. 12, 2.

virtutum, pravitatemque vitiorum, et intellectum eorum, quæ nec in virtutibus neque in vitiis numerantur. Ex his fontibus etiam illa profluunt, ut faciliùs iram judicis vel instiget vel leniat, qui ſcit quid ira; promptiùs ad miſerationem impellat, qui ſcit quid ſit miſericordia, et quibus animi motibus concitetur. In his artibus exercitationibuſque verſatus orator, ſive apud infeſtos, ſive apud cupidos, ſive apud invidentes, ſive apud triſtes, ſive apud timentes dicendum habuerit, tenebit habenas [7] animorum; et prout cujuſque natura poſtulabit, adhibebit manum, et temperabit orationem, parato omni inſtrumento, et ad omnem uſum repoſito. Sunt apud quos adſtrictum, et collectum, et ſingula ſtatim argumenta concludens dicendi genus, plus fidei meretur: apud hos dediſſe operam dialecticæ proficiet. Alios fuſa, et æqualis, et ex communibus ducta ſenſibus, oratio magis delectat: ad hos permovendos mutuabimur a Peripateticis aptos, et in omnem diſputationem paratos jam locos. Dabunt [8] Academici pugnacitatem,

7 *Habenas*] Petron. Satyr. c. 5. *Mox et Socratico plenus grege, mittat habenas Liber, et ingentis quatiat Demoſthenis arma.*

8 *Dabunt Academici*] Ita Quint. loc. cit. diſputans, quæ ſecta conferre plurimum eloquentiæ poſſit: *Academiam quidem utiliſſimam credunt, quòd mos in utramque partem diſſerendi, ad exercitationem forenſium cauſarum proximè accedat: adjiciunt*

tem, Plato altitudinem, Xenophon jucunditatem. Ne Epicuri quidem et Metrodori honeſtas quaſdam exclamationes [9] adſumere, hiſque, prout res poſcit, uti, alienum erit oratori: neque enim Sapientem informamus, neque Stoicorum civitatem, ſed eum, qui non quaſdam artes audire [1], ſed omnes liberaliter debet. Ideoque et juris civilis ſcientiam veteres oratores comprehendebant, et grammaticâ, muſicâ, et geometriâ imbuebantur. Incidunt enim cauſſæ plurimæ quidem, ac penè omnes, quibus juris notitia deſideratur: pleræque autem, in quibus hæ quoque ſcientiæ requiruntur.

XXXII. Nec quiſquam reſpondeat, ſufficere, ut ad [2] tempus ſimplex quiddam et uniforme doceamur. Primùm enim aliter utimur propriis, aliter commodatis: longéque

unt loco probationis, quòd ea præſtantiſſimos in eloquentiâ viros ediderit. Peripatetici ſtudio quoque ſe quodam oratorio jactant: nam theſes dicere exercitationis gratiâ, fere eſt ab his inſtitutum. Stoici, ſicut copiam nitoremque eloquentiæ fere præceptoribus ſuis concedant neceſſe eſt, ita nullos aut probare acriùs, aut concludere ſubtiliùs contendunt. Idem Epicurum, Ariſtippum, Pyrrhonem ab his ſtudiis dimittit. *Carneades negabat poſſe quemquam facultatem aſſequi dicendi, niſi qui philoſophorum inventa didiciſſet.* Cic. de Orat. 1, 18.

9 *Exclamationes*] Quas ἀνακραυγάσματα ἱερὰ appellabat Epicurus, iiſque ſæpiſſime utebatur. Exempla ſuppeditat in ejus vitâ Laertius, l. 10.

1 *Audire*] Meliùs *adire*, ſi per libros liceret.

2 *Ad tempus*] Prout res et tempus poſtulant, ſufficere, ſi ſimplicia quædam et uniformia artis principia a peritis petamus.

interesse

intereſſe manifeſtum eſt, poſſideat quis quæ profert, an mutuetur. Deinde ipſa multarum artium ſcientia etiam aliud[3] agentes nos ornat, atque ubi minimè credas, eminet et excellit. Idque non doctus modò et prudens auditor, ſed etiam populus intelligit, ac ſtatim ita laude proſequitur, ut legitimè ſtuduiſſe, ut per omnes eloquentiæ numeros iſſe, ut denique oratorem etiam fateatur: quem non poſſe aliter exſiſtere, nec exſtitiſſe umquam confirmo, niſi eum, qui tamquam in aciem omnibus armis inſtructus, ſic in forum omnibus artibus armatus exierit. Quod adeò negligitur ab horum temporum diſertis, ut in actionibus eorum fex quoque quotidiani ſermonis, fœda ac pudenda vitia deprehendantur; ut ignorent leges, non teneant ſenatuſconſulta, jus civitatis ultro derideant; ſapientiæ verò ſtudium et præcepta prudentium penitus reformident; in pauciſſimos ſenſus et anguſtas ſententias detrudant eloquentiam, velut expulſam regno ſuo: ut quæ olim omnium artium domina pulcherrimo comitatu pectora implebat, nunc circumciſa et amputata, ſine apparatu, ſine honore, penè dixerim ſine ingenuitate[4], quaſi una ex ſordidiſſimis artifi-

[3] *Aliud agentes*] Quintil. *Quæ etiam cùm ſe non oſtendunt in dicendo, nec proferunt, vim tamen occultam ſuggerunt, et tacitè quoque ſentiuntur.* Idem: *Unde nos, non id agentes, furtim decor ille diſcentibus traditus proſequatur.*

[4] *Ingenuitate*] Quæ ſervituti opponitur.

ciis

ciis discatur. Ego hanc primam et præcipuam caussam arbitror, cur tantùm ab eloquentiâ antiquorum oratorum recesserimus. Si testes desiderantur, quos potiores nominabo, quàm apud Græcos Demosthenem [5]? quem studiosissimum Platonis auditorem fuisse, memoriæ proditum est. Et Cicero his, ut opinor, refert [6] verbis, ‘ quidquid in eloquentiâ effe- ‘ cerit, id se non rhetorum, sed Academiæ ‘ spatiis consecutum’. Sunt aliæ caussæ magnæ et graves, quas a vobis aperiri æquum est, quoniam quidem ego jam meum munus explevi, et quod mihi in consuetudine est, satis multos offendi: qui si fortè hoc audirent, certum habeo dicturos, me, dum juris et philosophiæ scientiam tamquam oratori necessariam laudo, ineptiis meis plausisse.

XXXIII. Et Maternus, Mihi quidem, inquit, susceptum a te munus adeò peregisse nondum videris, ut inchoasse tantùm, et velut vestigia ac lineamenta quædam ostendisse videaris. Nam quibus instrui veteres oratores soliti sint, dixisti, differentiamque nostræ desidiæ et inscientiæ adversùs acerrima et fecundissima eorum studia demonstrasti. Cetera ex-

5 *Demosthenem*] Quint. 12, 2. Constat *Demosthenem, principem omnium Græciæ oratorum, dedisse operam Platoni.*

6 *Refert verbis*] *Refert* est in Vatic. nec commodè potest abesse. Verba Ciceronis sunt in Orat. c. 3. *Fateor me oratorem, si modò sim, aut etiam quicumque sim, non ex rhetorum officinis, sed ex Academiæ spatiis extitisse.*

specto,

ſpecto, ut quemadmodum ex te didici, quid aut illi ſcirent, aut nos neſciamus, ita hoc quoque cognoſcam, quibus exercitationibus juvenes, jam et forum ingreſſi, confirmare et alere ingenia ſua ſoliti ſint: neque enim arte et ſcientiâ, ſed longè magis facultate[7] eloquentiam contineri, nec tu puto abnues, et hi ſignificare vultu videntur. Deinde cum Aper et Secundus idem annuiſſent, Meſſala, quaſi rurſus incipiens: Quoniam initia et ſemina veteris eloquentiæ ſatis demonſtraſſe videor, docendo quibus artibus antiqui oratores inſtitui erudirique ſoliti ſint, perſequar nunc exercitationem eorum: quamquam ipſis artibus ineſt exercitatio, nec quiſquam percipere tot reconditas aut tam varias res poteſt, niſi ut ſcientiæ meditatio, meditationi facultas, facultati vis eloquentiæ accedat. Per quæ colligitur, eamdem eſſe rationem et percipiendi quæ proferas, et proferendi quæ perceperis. Sed ſi cui obſcuriora hæc videntur, iſque ſcientiam ab exercitatione ſeparat, id certè concedet, inſtructum et plenum his artibus animum, longè paratiorem ad eas exercitationes venturum, quæ[8] propriæ circa oratoriam videntur.

[7] *Facultate*] Facultas h. l. eſt potentia proferendi quæ ſentias, uſu comparata.

[8] *Quæ propriæ*] Lege, *quæ propriè circa oratoriam verſantur*; artem nempe, quæ vox ſæpius intelligitur.

XXXIV.

XXXIV. Ergo apud majores noſtros juvenis ille, qui foro et eloquentiæ parabatur, imbutus jam domeſticâ diſciplinâ, refertus honeſtis ſtudiis, deducebatur a patre, vel a propinquis, ad eum [9] oratorem, qui principem locum in civitate obtinebat. Hunc ſectari, hunc proſequi, hujus omnibus dictionibus intereſſe, ſive in judiciis, ſive in concionibus adſueſcebat, ita ut altercationes quoque excipere, et jurgiis intereſſe, utque ſic dixerim, pugnare in prœlio diſceret. Magnus ex hoc uſus, multum conſtantiæ, plurimum judicii juvenibus ſtatim contingebat, in mediâ luce ſtudentibus, atque inter ipſa diſcrimina, ubi nemo impunè ſtultè aliquid aut contrariè dicit, quominus et judex reſpuat, et adverſarius exprobret, ipſi denique advocati aſpernentur. Igitur verâ ſtatim et incorruptâ eloquentiâ imbuebantur: et quamquam unum ſequerentur, tamen omnes ejuſdem ætatis patronos in plurimis et cauſſis et judiciis cognoſcebant; habebantque ipſius populi diverſiſſimarum aurium copiam, ex qua facilè deprehenderent, quid in quoque vel probaretur vel diſpliceret. Ita nec præceptor deerat, optimus quidem et electiſſi-

9 *Eum oratorem*] Quint. *Juvenis, qui rationem inveniendi eloquendique diligenter exceperit, et exercitationem quoque modicam fuerit conſecutus, oratorem ſibi aliquem (quod apud majores fieri ſolebat) deligat quem ſequatur, judiciis interſit quamplurimis, ſit certaminis, cui deſtinatur, frequens ſpectator.*

mus, qui faciem eloquentiæ, non imaginem præſtaret; nec adverſarii et æmuli, ferro, non [1] rudibus dimicantes: ſed auditorium ſemper plenum, ſemper novum, ex invidis et faventibus, ut nec [2] malè nec bene dicta diſſimularentur. Scitis enim magnam illam et duraturam eloquentiæ famam non minùs in diverſis ſubſelliis parari, quàm ſuis: quin immo conſtantiùs ſurgere ibi, fideliùs corroborari. Atque hercule ſub ejuſmodi præceptoribus juvenis ille de quo loquimur, oratorum diſcipulus, fori auditor, ſectator judiciorum, eruditus et adſuefactus alienis experimentis, cui quotidie audienti notæ leges, non novi judicum vultus, frequens in oculis conſuetudo concionum, ſæpe cognitæ populi aures, ſive accuſationem ſuſceperat, ſive defenſionem, ſolus [3] ſtatim et unus cuicumque cauſſæ par erat. Nonodecimo [4] ætatis anno L. Craſſus

C.

[1] *Non rudibus*] Quibus gladiatorum exercebantur tirones.

[2] *Nec malè*] Inſerui, Agricolâ et Bip. præeuntibus, has voces, quas poſcit duplex auditorum genus, invidorum et faventium. Confirmat emendationem id quod ſequitur: *eloquentiæ famam non minùs in diverſis ſubſelliis parari quàm ſuis*, h. e. non minùs apud adverſariorum ſubſellia quàm apud ſuos fautores parari; *immo conſtantiùs ſurgere ibi*, inter obſtantes, *fideliùs corroborari*, quia abeſt adulatio.

[3] *Solus ſ. & unus*] Intenditur ſententia ſynonymis, ut apud Horat. *Prope res eſt una, Numici, Solaque*—

[4] *Nonodecimo*] Errarunt hîc codd. in ratione annorum, ut ſæpe aliàs. Pro

XIX

C. Carbonem, uno et vicesimo Cæsar Dolabellam, altero et vicesimo Asinius Pollio C. Catonem, non multò ætate antecedens Calvus Vatinium, iis orationibus insecuti sunt, quas hodieque cum admiratione legimus.

XXXV. At nunc adolescentuli nostri deducuntur in scenas [5] scholasticorum, qui Rhetores vocantur: quos paullo ante [6] Ciceronis tempora exstitisse, nec placuisse majoribus nostris, ex eo manifestum est, quòd Lucio Crasso [7] et Domitio censoribus, cludere, ut ait

XIX scribendum XXI; pro I et XX, III et XX, quemadmodum colligere licet ex Cic. de Orat. 3, 74. Suet. Jul. 4. et Plutarcho in Jul. Paucis Quintil. 12, 6. *Calvus, Cæsar, Pollio, multùm ante quæstoriam omnes ætatem gravissima judicia* susceperunt.

5 *Scenas*] Apposite *scenas* appellat loca, in quibus fucata illa et personata eloquentia exercetur velut per lusum.

6 *Ante C. tempora*] Annis ante natum Ciceronem LV, Messalâ et Strabone coss. pulsos fuisse Româ rhetoras, auctor est Gellius 15, 11.

7 *Crasso et Domitio*] Censores fuere U. C. 662. Eorum decretum de rhetoribus refert Sueton. de clar. rhet. c. 1. *Renunciatum est nobis esse homines, qui novum genus disciplinæ instituerunt, ad quos juventus in ludos conveniat: eos sibi nomen imposuisse* Latinos Rhetoras: *ibi homines adolescentulos totos dies desidere. Majores nostri, quæ liberos suos discere, et quos in ludos itare vellent, instituerunt. Hæc nova, quæ præter consuetudinem ac morem majorum fiunt, neque placent, neque recta videntur. Quapropter et iis qui eos ludos habent, et iis qui eò venire consueverunt, videtur faciendum ut ostendamus nostram sententiam,* NOBIS NON PLACERE. Vid. et Gell. loc. cit.

Cicero, *ludum*[8] *impudentiæ* juſſi ſunt. Sed ut dicere inſtitueram, deducuntur in ſcholas, quibus non facilè dixerim utrumne locus ipſe, an condiſcipuli, an genus ſtudiorum plus mali ingeniis adferant. Nam in loco nihil reverentiæ, ſed in quem nemo niſi æquè imperitus intrat. In condiſcipulis nihil profectûs, cum pueri inter pueros, et adoleſcentuli inter adoleſcentulos, pari ſecuritate et dicant et audiantur. Ipſæ verò exercitationes magnâ ex parte contrariæ. Nempe enim duo genera materiarum apud rhetores tractantur, ſuaſoriæ[9], et controverſiæ. Ex iis ſuaſoriæ quidem, tamquam planè leviores et minus prudentiæ exigentes, pueris delegantur; controverſiæ robuſtioribus adſignantur, quales per[1] Fidem, et quàm incredibiliter compoſitæ! Sequitur autem, ut materiæ abhorrenti a veritate declamatio quoque adhibeatur. Sic

8 *Ludum impudentiæ*] Cic. de Orat. 3, 24. L. Craſſum hac de re ita loquentem inducit. *Hos verò novos magiſtros nihil intelligebam poſſe docere, niſi ut auderent: quod etiam cum bonis rebus conjunctum, per ſe ipſum eſt magnopere fugiendum. Hoc cum unum traderetur, et cum impudentiæ ludus eſſet, putavi eſſe cenſoris, ne longiùs id ſerperet, providere.*

9 *Suaſoriæ*] Extant M. Annæi Senecæ, rhetoris, ſuaſoriarum liber unus, controverſiarum libri decem. Mox, *etſi* ante *tamquam planè leviores*, delevi, quòd evidenter redundet. Fortè ſcriptum olim fuit *quaſi*, varia lectio pro *tamquam*.

1 *Per Fidem*] Exclamantis eſt, *per deam Fidem!*

fit,

fit, ut tyrannicidarum[2] præmia, aut vitiatarum electiones, aut pestilentiæ remedia, aut incesta matrum, aut quidquid in scholâ quotidie agitur, in foro vel raró vel numquam, ingentibus verbis persequantur: cum ad veros judices ventum[3] est * *
* * rem cogitare, nihil humile, nihil abjectum eloqui poterat.

2 *Tyrannicidarum*] Hujusmodi argumentorum, quæ minimè oportuit adolescentibus proponi, manent exempla satis multa in Senecæ, Quintiliani, et Calpurnii Flacci declamationibus. *Vitiatarum electiones* respiciunt ad legem in scholis decantatam, ***Rapta raptoris mortem vel nuptias optet***; eligat utrùm raptori mortem indicat, an nubat. Absurda hæc argumenta Petronius in Satyrico exagitat, c. 1. *Ideo ego adolescentulos existimo in scholis stultissimos fieri, quia nihil ex iis quæ in usu habemus aut audiunt aut vident, sed piratas cum catenis in litore stantes, et tyrannos edicta scribentes, quibus imperent filiis ut patrum suorum capita præcidant; sed responsa in pestilentiam data, ut virgines tres aut plures immolentur; sed mellitos verborum globulos, et omnia dicta factaque quasi papavere et sesamo sparsa. Qui inter hæc nutriuntur, non magis sapere possunt, quàm bene olere qui in culinâ habitant.* Nec diversa habet Quintil. 2, 10. *Sint ergo et ipsæ materiæ, quæ fingentur, quàm simillimæ veritati. Nam magos, et pestilentiam, et responsa, et sæviores tragicis novercas, aliaque magis adhuc fabulosa, frustra inter sponsiones et interdicta quæremus.*

3 *Ventum est*] MS. Farnes. teste Lipsio, magnam hoc loco habet lacunam, adjicitque, *hîc multum deficit*. Et in Vat. uno, magnum spatium interpositum est; alterque notat, sex pagellas deesse. Itaque desunt et finis disputationis a Messalâ habitæ, et forsan alia Secundi, et initium illius quam adstruxit Maternus, cujus sunt sequentia. *Bip.*

XXXVI.

XXXVI. Magna eloquentia, ſicut flamma, materiâ alitur, et motibus excitatur, et urendo clareſcit. Eadem ratio in [4] noſtrâ quoque civitate antiquorum eloquentiam provexit. Nam etſi horum quoque temporum oratores ea conſecuti [5] ſunt, quæ compoſitâ et quietâ et beatâ republicâ tribui fas erat; tamen iſtâ perturbatione ac licentiâ plura ſibi adſequi videbantur, cùm mixtis omnibus, et moderatore uno carentibus, tantum quiſque orator ſaperet, quantum erranti populo perſuaderi poterat. Hinc leges aſſiduæ, et populare nomen; hinc conciones magiſtratuum penè pernoctantium in roſtris; hinc accuſationes potentium reorum, et adſignatæ etiam domibus inimicitiæ [6]; hinc procerum factiones, et aſſidua ſenatûs adverſùs plebem certamina. Quæ ſingula, etſi diſtrahebant rempublicam, exercebant tamen illorum temporum eloquentiam, et magnis cumulare præmiis videbantur: quia quantò quiſque plus dicendo poterat, tantò faciliùs honores adſequebatur; tantò magis in ipſis honoribus collegas ſuos anteibat; tantò

[4] *In noſtrâ quoque*] De oratore quodam Græco loqui Maternum, apparet ex oppoſitione, *in noſtrâ quoque civitate eadem ratio* obtinuit.

[5] *Conſecuti ſunt*] Vide quæ in eam rem dicuntur Annal. 11, 7. *Beatâ rep.* ad principis, qui tum erat, laudes ſpectat. *Tribui fas erat*, h. e. licuit, poſſibile erat.

[6] *Inimicitiæ*] Quales fuere apud Germanos avitæ illæ inimicitiæ, de quibus Noſter in Germ. c. 21.

plus apud [7] principes gratiæ, plus auctoritatis apud patres, plus notitiæ ac nominis apud plebem parabat. Hi clientelis etiam exterarum nationum redundabant [8]: hos ituri in provincias magistratus reverebantur, hos reversi colebant: hos et præturæ et consulatus vocare ultro videbantur: hi ne privati quidem sine potestate erant, cum et populum et senatum consilio et auctoritate regerent. Quinimmo sibi ipsi persuaserant, neminem sine eloquentiâ aut adsequi posse in civitate, aut tueri conspicuum et eminentem locum. Nec mirum, cum etiam inviti ad [9] populum producerentur; cum parum esset in senatu breviter censere, nisi qui ingenio et eloquentiâ sententiam suam tueretur; cum in aliquam invidiam aut crimen vocati, suâ voce respondendum haberent; cum testimonia quoque in [1] publicis, non absentes, nec per tabellam dare, sed coràm et præsentes dicere cogerentur. Ita ad summa eloquentiæ præmia, magna etiam necessitas accedebat: et [2] non modò disertum haberi, pulchrum et gloriosum;

7 *Apud principes*] Civitatis nempe; ut Scipio, Sylla, Pompeius, quos infrà c. 40. *principes viros* appellat.

8 *Redundabant*] Ad horum patrocinium confluebant nationes exteræ.

9 *Ad populum p.*] Velut a tribunis, ut dicerent de re, quæ ageretur, ad populum. Sic Apuleius produxit Ciceronem, consule Antonio, quo tempore Philippicam sextam dixit.

1 *In publicis*] Rebus ad remp. pertinentibus. *Publica* dixit absolutè Horat. Art. Poet. 80. *publica privatis secernere.*

2 *Et non modò*] Vulg. *et commoda.* Schelii emen-

gloriosum; sed contrà mutum et elinguem videri, deforme habebatur. Ergo non minùs rubore, quàm præmiis stimulabantur: ne clientelarum loco potiùs, quàm patronorum numerarentur; ne traditæ a majoribus necessitudines ad alios transirent; ne tamquam inertes, et non suffecturi honoribus, aut non impetrarent, aut impetratos malè tuerentur.

XXXVII. Nescio an venerint in manus vestras hæc vetera, quæ et in antiquorum bibliothecis adhuc manent, et cum maximè a Muciano contrahuntur; ac jam undecim, ut opinor, Actorum [3] libris, et tribus Epistolarum, composita et edita sunt. Ex his intelligi potest, Cn. Pompeium et Marcum [4] Crassum non viribus modò et armis, sed ingenio quoque et oratione valuisse: Lentulos, et Metellos, et Lucullos, et Curiones, et ceteram procerum manum, multum in his studiis

mendationem prætuli Bipontinæ *et quomodo . . . sic contra*, quæ duplicis erroris crimen librariis impingit. *Modò, sed contra*, ut Cic. in Bruto, initio: *cum præsertim non modò numquam sit aut illius a me cursus impeditus, aut ab illo meus, sed contrà semper alter ab altero adjutus.*

3 *Actorum*] Acta eorum qui in rep. versati sunt, undecim libris, Epistolæ tribus *cum maximè* (i. e. hoc ipso tempore) *contrahuntur* a Muciano ter consule nec minùs a principe Vespasiano, ut innuit in ejus vitâ Suet. c. 8. De Actis senatûs Annal. 3, 3. *Antiquorum* bibliothecæ sunt, quas olim publicarunt Asinius Pollio, Julius, Augustus, ceteri.

4 *M. Crassum*] Triumvirum.

5 *Multùm interest*] Quint. 4, 2. *Nam quid in plerisque judiciis privatis de re certâ creditâ, locato et conducto, interdictis, habere loci potest supra modum extollens oratio?*

operæ

operæ curæque poſuiſſe: nec quemquam illis temporibus magnam potentiam ſine eloquentiâ[6] conſecutum. His accedebat ſplendor rerum, et magnitudo cauſſarum, quæ et ipſa plurimum eloquentiæ præſtant. Nam multum[5] intereſt, utrumne de furto, aut formulâ et interdicto, dicendum habeas, an de ambitu comitiorum, expilatis ſociis, et civibus trucidatis: quæ mala ſicut non accidere melius eſt, iſque optimus civitatis ſtatus habendus eſt, quo nihil tale patimur; ita cum acciderent, ingentem eloquentiæ[6] materiam ſubminiſtrabant. Creſcit enim cum amplitudine rerum vis ingenii, nec quiſquam claram et illuſtrem orationem efficere poteſt, niſi qui cauſſam parem invenit. Non, opinor, Demoſthenem orationes illuſtrant, quas adverſùs[7] tutores ſuos compoſuit: nec Ciceronem magnum oratorem P. Quinctius defenſus, aut Licinius Archias faciunt: Catilina, et Milò, et Verres, et Antonius hanc illi famam[8] circumdederunt. Non quia tanti fuit reipublicæ malos ferre cives, ut uberem ad dicendum materiam oratores haberent: ſed, ut ſubinde admoneo, quæſtionis me-

6 *Eloquentiæ materiam*] Pari modo et Longinus diſputat, ſub finem aurei libelli περὶ ὕψους.

7 *Adverſùs tutores*] Aphobum et ceteros, quos reos peregit annos natus ſeptemdecim.

8 *Famam circumdederunt*] Phraſis Tacito ſueta, ex qua tamen de auctore dialogi hujus nil evincitur, cum et Græcis perquam familiare ſit in hunc ſenſum ſuo verbo περιβάλλειν abuti.

minerimus, ſciamuſque nos de eâ re loqui, quæ faciliùs turbidis et inquietis temporibus exſtitit [9]. Quis ignorat, utilius ac melius eſſe frui pace, quàm bello vexari? plures tamen bonos prœliatores bella quàm pax ferunt. Similis eloquentiæ conditio. Nam quò ſæpius ſteterit tamquam in acie, quóque plures et intulerit ictus et exceperit [*quò*[1] *major adverſarius et acrior*] qui pugnas ſibi aſperas deſumpſerit, tantò altior, et excelſior, et illis nobilitatus diſcriminibus [2], in ore hominum agit, quorum ea natura eſt, ut ſecura [3] velint.

9 *Exſtitit*] Lego cum Lipſio *exſiſtit*: loquitur enim de re, quæ non fuit ſolùm, ſed et erit ſemper, iiſdem poſitis.

1 *Quo major a. & acrior*] Turbat ſententiam clauſula importuna, quam ſi ejicias, optimè omnia ſecum concordant. Fallor ni migraverit e margine, et annotatio fuerit in ea quæ proximè præcedunt, *quóque plures et intulerit ictus et exceperit*, hoc eſt (gloſſator infit) *quò major* ei *et acrior adverſarius* oblatus fuerit. Itaque miſſis inſititiis, quæ uncis incluſimus, cetera ſic conjunge. Quò ſæpius ſteterit tamquam in acie, quò periculoſiùs depugnaverit, is qui, cùm ſe eloquentiæ addixerit, pugnas ſibi aſperas ſpe præſumere debuerit, tantò altior &c.

2 *Diſcriminibus*] Vulg. *criminibus*, abſorpta primâ ſyllabâ in fine præcedentis, *nobilitatus*, quod factum annotarunt viri docti etiam in Suet. Cal. 45. *Populumque graviſſimo objurgavit edicto, quòd Cæſare prœliante, et tantis criminibus objecto, intempeſtiva convivia celebrarent*: ubi pro tantis criminibus nunc jure merito legunt, *tantis diſcriminibus*.

3 *Secura velint*] Iis delectentur, qui non reformidant pericula. *Tutus* eſt, qui extra periculum jacet; *ſecurus*, qui extra metum periculi. Id qui non obſervarunt, adverſùs Mss. et edit. priores, *velint* mutarunt in *nolint*.

XXXVIII.

XXXVIII. Tranſeo ad formam et conſuetudinem judiciorum [4]: quæ etſi nunc aptior eſt veritati, eloquentiam tamen illud forum magis exercebat, in quo nemo intra [5] pauciſſimas horas perorare cogebatur, et liberæ comperendinationes [6] erant, et modum dicendi ſibi quiſque ſumebat, et numerus neque dierum neque patronorum finiebatur. Primus hujus rei ſpatia tertio [7] conſulatu Cn. Pompeius adſtrinxit,

4 *Judiciorum*] In vulgatis eſt *veterum judiciorum*. Sed enim omnino tollenda eſt nota marginalis *veterum*: quia pugnant apertè inter ſe *conſuetudo veterum judiciorum* et *nunc aptior*. In reliquis amplexus ſum acutam Rodolphi Agricolæ emendationem; cum codd. habeant mendoſè: *quæ etſi nunc aptior eſt: ita erit eloquentia: tamen illud forum.*

5 *Intra pauciſſimas horas*] Sic cum Julium Baſſum, repetundarum reum, defenderet Plinius, *e lege accuſator ſex horas, novem reus* accepit. Plin. Ep. 4, 9. Tempora dicendi adeò coarctari, queritur idem Ep. 6, 2. *Increbuit paſſim et invaluit conſuetudo, binas vel ſingulas clepſydras, interdum et dimidias, et dandi et petendi . . . An nos ſapientiores majoribus noſtris? nos legibus ipſis juſtiores, quæ tot horas, tot dies, tot comperendinationes largiuntur? Hebetes illi, et ſupra modum tardi! nos apertiùs dicimus, celeriùs intelligimus, religioſiùs judicamus, qui paucioribus clepſydris præcipitamus cauſas, quàm diebus explicari ſolebant!*

6 *Comperendinationes*] Sunt, definiente Aſconio in Verr. p. 75. *ab utriſque litigatoribus invicem ſibi denunciationes in perendinum* (tertium) *diem.*

7 *Tertio conſulatu*] U. C. 702. *Hujus rei ſpatia* auctoritate Agricolæ receptum eſt, cum veteres editiones præferrent, cum lacunâ, *primus hujus . . . conſulatu Pompeius.* Lex ea Pompeii uno die perorari jubebat, ita ut duæ horæ accuſatori, tres reo darentur, auctore Aſconio. Cic. in Brut. 94. De Fin 4. init.

ſtrinxit, impoſuitque veluti frenos eloquentiæ, ita tamen ut omnia in foro, omnia legibus, omnia apud prætores gererentur: apud quos quantò majora negotia ólim exerceri ſolita ſint, quod [8] majus argumentum eſt, quàm quòd cauſſæ centumvirales, quæ nunc primum obtinent locum, adeò ſplendore aliorum judiciorum obruebantur, ut neque Ciceronis, neque Cæſaris, neque Bruti, neque Cœlii, neque Calvi, non denique ullius magni oratoris liber apud centumviros dictus legatur, exceptis orationibus Aſinii, quæ pro heredibus Urbiniæ [9] inſcribuntur, ab ipſo tamen Pollione mediis divi Auguſti temporibus habitæ, poſtquam longa temporum quies, et continuum populi otium, et aſſidua ſenatûs tranquillitas, et maximi principis diſciplina, ipſam quoque eloquentiam, ſicut omnia alia, pacaverat?

XXXIX. Parvum et ridiculum fortaſſe videbitur, quod dicturus ſum: dicam tamen vel ideo, ut rideatur. Quantum humilitatis putamus eloquentiæ adtuliſſe penulas [1] iſtas, qui-

[8] *Quod majus argumentum*] Quo argumento magis evincitur? De cauſis centumviralibus dictum ſuprà c. 7.

[9] *Urbiniæ*] De hac lite Quint. 4, 1. *Aſinius pro Urbiniæ heredibus Labienum, adverſarii patronum, inter argumenta malæ cauſæ poſuit.* Vid. et Quint. 7, 2.

[1] *Penulas*] Fortè viatorum penulis non abſimiles fuerunt, de quarum anguſtiis Cicero pro Milon. c. 20. *Quid minùs promptum pugnæ? cùm penulâ irretitus, rhedâ impeditus, uxore penè conſtrictus eſſet.*

bus

bus adstricti, et velut inclusi, cum judicibus fabulamur? quantum virium detraxisse orationi auditoria et tabularia [2] credimus, in quibus jam fere plurimæ caussæ explicantur? Nam quomodo nobiles equos cursus et spatia probant; sic est aliquis oratorum campus, per quem nisi liberi et soluti ferantur, debilitatur ac frangitur eloquentia. Ipsam quinimmo curam et diligentis styli anxietatem contrariam experimur: quia sæpe interrogat judex, quando incipias? et ex interrogatione ejus incipiendum est. Frequenter probationibus et testibus silentium patronus indicit. Unus, inter hæc, dicenti ac alter adsistit [3], et res velut in solitudine agitur. Oratori autem clamore plausuque opus est, et velut quodam theatro: qualia quotidie antiquis oratoribus contingebant, cùm tot pariter ac tam nobiles forum coarctarent; cum clientelæ quoque et tribus, municipiorum etiam legationes, ac pars Italiæ periclitantibus adsisteret; cum in plerisque judiciis crederet populus Romanus, suâ interesse quid judicaretur. Satis constat C. Cornelium, et M. Scaurum, et T. Milonem, et L. [4] Bes-

[2] *Tabularia*] Loca erant, ubi tabulæ æraque publica adservabantur, quibus leges, forma agrorum, aliaque id genus inerant, ut in controversiis inspicerentur. Digest. 48. tit. 13. Porro in his auditoriis et tabulariis explicare causas, non orare mos fuit: adeòque nullus ibi eloquentiæ locus.

[3] *Adsistit*] Cum contrà auditorium olim semper plenum, semper novum, ut dicitur c. 34.

[4] *L. Bestiam*] Hæc oratio periit. Reliquæ extant inter Ciceronianas.

tiam,

tiam, et P. Vatinium, concursu totius civitatis et accusatos et defensos: ut frigidissimos quoque oratores ipsa certantis populi studia excitare et incendere potuerint. Itaque hercule ejusmodi libri exstant, ut ipsi quoque qui egerunt, non aliis magis orationibus censeantur [5].

XL. Jam verò conciones assiduæ, et datum jus potentissimum quemque vexandi, atque ipsa inimicitiarum gloria, cùm se plurimi disertorum ne a P. quidem Scipione, aut Sullâ, aut Cn. Pompeio abstinerent, et ad incessendos principes viros, ut est natura invidiæ, populi etiam [6] histriones auribus uterentur, quantum ardorem ingeniis, quas oratoribus faces admovebant! Non de otiosâ et quietâ re loquimur, et quæ probitate et modestiâ gaudeat: sed est magna illa et notabilis eloquentia, alumna licentiæ, quam stulti libertatem vocabant, comes seditionum, effrenati populi incitamentum, sine obsequio, sine servitute, contumax, temeraria, arrogans, quæ in bene constitutis civitatibus non oritur. Quem [7] enim oratorem Lacedæmonium, quem Cretensem ac-

5 *Censeantur*] Celebrentur, ut in Agric. 45.

6 *Etiam histriones*] Cic. Ep. ad Attic. 2, 19. *Ludis Apollinaribus, Diphilus tragœdus in nostrum Pompeium petulanter invectus est*: Nostrâ miseriâ tu es Magnus, *millies coactus est dicere.*

7 *Quem enim oratorem*] Miratur hoc idem Velleius 1, 18. nec causam dat, quam veram hîc habes. Confer. Cic. Brut. 13. Quint. 3, 8.

cepimus?

cepimus? quarum civitatum ſeveriſſima diſciplina, et ſeveriſſimæ leges traduntur. Ne Macedonum quidem, ac Perſarum, aut ullius gentis, quæ certo imperio contenta[8] fuerit, eloquentiam novimus. Rhodii quidam, plurimi Athenienſes oratores exſtiterunt, apud quos omnia populus, omnia imperiti, omnia, ut ſic dixerim, omnes poterant. Noſtra quoque civitas, donec erravit, donec ſe partibus et diſſenſionibus et diſcordiis confecit, donec nulla fuit in foro pax, nulla in ſenatu concordia, nulla in judiciis moderatio, nulla ſuperiorum reverentia, nullus magiſtratuum modus, tulit ſine dubio valentiorem eloquentiam, ſicuti indomitus ager habet quaſdam herbas lætiores. Sed nec[9] tanti reipublicæ Gracchorum eloquentia fuit, ut pateretur et leges: nec bonæ formam eloquentiæ Cicero tali exitu penſavit.

XLI. Sic[1] quoque quod ſupereſt antiqui oratoribus, forum, non emendatæ, nec uſquam ad votum compoſitæ, civitatis argumentum eſt. Quis

[8] *Contenta fuerit*] Conſtricta fuerit, contineretur.

[9] *Nec tanti*] Nec tanti momenti fuit reip. eloquentia Gracchorum, ut ideo vellet et ſeditioſas eorum leges perpeti: nec Ciceroni tanti fuit egregia eloquentia, ut ob eam talem exitum faceret.

[1] *Sic quoque*] Vel nunc etiam, ut ſe res habent in hac quietâ rep. *quod ſupereſt antiqui oratoribus*, quod eſt reliquum oratoribus noſtris ex vetere illo eloquentiæ campo, *forum* videlicet (nam *conciones* ſublatæ ſunt) indicium eſt, non planè emendatam nos, qualemque votis exoptaremus, civitatem habere. Ecquæ

Quis enim nos advocat, nisi aut nocens aut miser? quod municipium in clientelam nostram venit, nisi quod aut vicinus populus, aut domestica discordia agitat? quam provinciam tuemur, nisi spoliatam vexatamque? Atqui melius fuisset non queri, quàm vindicari. Quòd si inveniretur aliqua civitas, in qua nemo peccaret, supervacuus esset inter innocentes orator, sicut inter sanos medicus. Quomodo tamen minimum usûs minimumque profectûs ars medentis habet in his gentibus, quæ firmissimâ valetudine ac saluberrimis corporibus utuntur: sic minor oratorum obscuriorque gloria est inter bonos mores, et in obsequium regentis paratos. Quid enim opus est longis in senatu sententiis, cum optimi citò consentiant? quid multis apud populum concionibus, cum de republicâ non imperiti et multi deliberent, sed sapientissimus[2] et unus? quid voluntariis accusationibus, cum tam raro et

Ecquæ etenim causæ nos in forum advocant, nisi quæ simul quibusdam civibus nostris deesse vel innocentiam, vel opes, vel pacem denique et quietem commónstrent?—Cum optimè hujus sententiæ nodos expedierat doctiss. Gronovius, non contenti solutione recentiores, turbas iterum moverunt, pro *antiqui* reposito *antiquis*, vel etiam de suo largiti *ex antiquis*.

[2] *Sapientissimus et unus*] Sic Quint. 6, 1. *Quod genus nostris temporibus totum penè sublatum est, cum omnia curæ tutelæque unius innixa periclitari nullo judicii exitu possint.* Jam si quem tot e Fabianis scriptis excerpta, quæ iis quæ suprà dicuntur similia prorsus sint, non moveant, quin

et tam parcè peccetur? quid invidiosis et excedentibus modum defensionibus, cùm clementia cognoscentis obviam periclitantibus eat? Credite, optimi, et in quantum opus est, disertissimi viri, si aut vos prioribus seculis, aut isti quos miramur, his nati essent, ac deus aliquis vitas vestras, vestra tempora repentè mutasset; nec vobis summa illa laus et gloria in eloquentiâ, neque illis modus et temperamentum defuisset. Nunc quoniam nemo eodem tempore adsequi potest magnam famam et magnam quietem, bono seculi sui quisque, citra obtrectationem alterius, utatur.

XLII. Finierat Maternus. Tum Messala: Erant quibus contradicerem, erant de quibus plura dici vellem, nisi jam dies esset exactus. Fiet, inquit Maternus, postea arbitratu tuo; et si qua tibi obscura in hoc meo sermone visa sunt, de his rursus conferemus. Ac simul adsurgens, et Aprum complexus, Ego, inquit, te poetis, Messala antiquariis, criminabimur. At ego vos rhetoribus et scholasticis, inquit. Cum adrisissent, discessimus.

quin se verum praeclari hujus libelli auctorem agnoscere negabit, is miram saltem inter duos diversos scriptores animique et judicii consensionem extitisse fatebitur.

AD

ANNAL. LIB. XI. c. 24.

Tabulæ æneæ duæ Lugduni erutæ in colle Sancti Sebastiani, A. 1528, quæ Claudii Imp. Orationem continent, super civitate Gallis dandâ.

Pagina Prima.

mæ rerum nostr. . . . . sii . . . . equidem primam omnium illam cogitationem hominum quam maxime primam occursuram mihi provideo: deprecor, ne quasi novam istam rem introduci exhorrescatis; sed illa potius cogitetis, quam multa in hac civitate novata sint, et quidem statim ab origine urbis nostræ, in quot formas statusque resp. nostra diducta sit. quondam reges hanc tenuere urbem: nec tamen domesticis successoribus eam tradere contigit, supervenere alieni et quidam externi; ut numa romulo successerit ex sabinis veniens, vicinus quidem sed tunc externus; ut anco marcio priscus tarquinius propter temeratum sanguinem, quod patre demaratho corinthio natus erat et tarquiniensi matre generosa sed inopi, ut quæ tali marito necesse habuerit succumbere, cum domi repelleretur a gerendis honoribus, postquam romam migravit, regnum adeptus est. huic quoque et filio nepotive eius, nam et hoc inter auctores discrepat, insertus servius tullius, si nostros sequimur, captiva na-

tus ocresia, si tuscos, cæli quondam vivennæ sodalis fidelissimus omnisque ejus casus comes, postquam varia fortuna exactus cum omnibus reliquiis cæliani exercitus etruria excessit, montem cælium occupavit et a duce suo cælio ita appellitatus mutatoque nomine, nam tusce mastarna ei nomen erat, ita appellatus est ut dixi, et regnum summa cum reip. utilitate obtinuit. deinde postquam tarquinI superbi mores invisi civitati nostræ esse cœperunt, qua ipsius qua filiorum ejus, nempe pertæsum est mentes regni, et ad consules annuos magistratus administratio reip. translata est.

quid nunc commemorem dictaturæ hoc ipso consulari imperium valentius repertum apud majores nostros, quo in asperioribus bellis aut in civili motu difficiliore uterentur, aut in auxilium plebis creatos tribunos plebei? quid a consulibus ad decemviros translatum imperium, solutoque postea decemvirali regno, ad consules rursus reditum? quid in decurIs distributum consulare imperium, tribunosque militum consulari imperio appellatos, qui seni et sæpe octoni crearentur? quid communicatos postremo cum plebe honores non imperI solum sed sacerdotiorum quoque? jam si narrem bella a quibus cœperint majores nostri et quo processerimus, vereor ne nimio insolentior esse videar, et quæsisse jactationem gloriæ prolati imperii ultra oceanum. sed illoc potius revertar, civitatem. . . . .

Pagina

Pagina Secunda.

. . . . *ſane.* . . . .
novo. . . . . *divus aug.* . . . . .
no. . . . . *lus et patruus ti. cæſar omnem florem ubique coloniarum ac municipiorum, bonorum ſcilicet virorum et locupletium, in hac curia eſſe voluit. quid ergo non italicus ſenator provinciali potior eſt? jam vobis cum hanc partem cenſuræ meæ adprobare cœpero, quid de ea re ſentiam, rebus oſtendam. ſed ne provinciales quidem, ſi modo ornare curiam poterint, reiciendos puto. ornatiſſima ecce colonia valentiſſimaque viennenſium quam longo jam tempore ſenatores huic curiæ confert? ex qua colonia inter paucos equeſtris ordinis ornamentum l. veſtinum familiariſſime diligo et hodieque in rebus meis detineo; cujus liberi fruantur quæſo primo ſacerdotiorum gradu, poſt modo cum annis promoturi dignitatis ſuæ incrementa. ut dirum nomen latronis taceam, et odi illud palæſtricum prodigium, quod ante in domum conſulatum intulit quam colonia ſua ſolidum civitatis Romanæ beneficium conſecuta eſt. idem de fratre ejus poſſum dicere miſerabili quidem indigniſſimoque hoc caſu, ut vobis utilis ſenator eſſe non poſſit.*

tempus eſt jam, ti. cæſar germanice, detegere te patribus conſcriptis, quo tendat oratio tua. jam enim ad extremos fines Galliæ narbonenſis veniſti.

tot ecce inſignes juvenes quot intueor, non magis ſunt pœnitendi ſenatores, quam pœnitet perſicum,

nobiliſſimum

nobilissimum virum amicum meum, inter imagines majorum suorum allobrogici nomen legere. quod si hæc ita esse consentitis, quid ultra desideratis quam ut vobis digito demonstrem, solum ipsum ultra fines provinciæ narbonensis jam vobis senatores mittere, quando ex Lugduno habere nos nostri ordinis viros non pænitet. timide quidem p. c. egressus adsuetos familiaresque vobis provinciarum terminos sum, sed destricte jam comatæ galliæ caussa agenda est, in qua si quis hoc intuetur quod bello per decem annos exercuerunt divom julium, idem opponat centum annorum immobilem fidem obsequiumque multis trepidis rebus nostris plusquam expertum. illi patri meo druso, germaniam subigenti, tutam quiete sua securamque a tergo pacem præstiterunt; et quidem cum ad census novo tum opere et inadsueto gallis ad bellum avocatus esset. quod opus quam arduum sit, nobis nunc cum maxime, quamvis nihil ultra, quam ut publice notæ sint facultates nostræ, exquiratur, nimis magno experimento cognoscimus.*

* Lege, *ab census.* Extat ap. Gruter. p. DII.

AD HIST. LIB. IV. c. 6.

SENATUSCONSULTUM

DE

VESPASIANI IMPERIO.

INſigne eſt monumentum *de Imperio Veſpaſiani*, repertum in æneâ tabulâ, extatque Romæ in ædibus Capitolinis, editum ap. Gruter. p. CCXLII. denuo collatum cum edito exemplo a Broterio, quod huc ſubjicere haud abs re fuerit :

fœduſve cum quibus volet facere liceat, ita uti licuit divo aug. ti. julio cæſari aug. tiberioque claudio cæſari aug. germanico.

utique ei ſenatum habere, relationem facere, remittere, ſenatus conſulta per relationem diſceſſionemque facere liceat, ita uti licuit divo aug. ti. julio cæſari aug. ti. claudio cæſari aug. germanico.

utique cum ex voluntate auctoritateve juſſu mandatuve eius præſenteve eo ſenatus habebitur, omnium rerum jus perinde habeatur, ſervetur, ac ſi e lege ſenatus edictus eſſet habereturque.

utique

utique quos magistratum potestatem imperium curationemve cujus rei petentes senatui populoque romano commendaverit, quibusque suffragationem suam dederit, promiserit, eorum comitiis quibusque extra ordinem ratio habeatur.

utique ei fines pomerii proferre, promovere, cum ex republica censebit esse, liceat, ita uti licuit ti. claudio cæsari aug. germanico.

utique quæcunque ex usu reipublicæ, majestate divinarum humanarum publicarum privatarumque rerum esse censebit, ei agere, facere jus potestasque sit, ita uti divo aug. tiberioque julio cæsari aug. tiberioque claudio cæsari aug. germanico fuit.

utique quibus legibus plebeive scitis scriptum fuit, ne divus aug. tiberiusve jul. cæsar aug. tiberiusque claudius cæsar aug. germanicus tenerentur, iis legibus plebisque scitis imp. cæsar vespasianus solutus sit: quæque ex quaque lege rogatione divum aug. tiberiumve julium cæsarem aug. tiberiumve claudium cæsarem aug. germanicum facere oportuit, ea omnia imp. cæsari vespasiano aug. facere liceat.

utique quæcunque ante hanc legem rogatam acta gesta decreta imperata ab imperatore cæsare vespasiano aug. jussu mandatuve ejus a quoque sunt, ea perinde justa rataque sint ac si populi plebisve jussu acta essent.

SAN-

SANCTIO.

ſi quis hujuſce legis ergo adverſus leges rogationes plebiſve ſcita ſenatuſve conſulta fecit, fecerit, ſive, quod eum ex lege rogatione plebiſve ſcito ſ .ve c.· facere oportebit, non fecerit hujus legis ergo, id ei ne fraudi eſto, neve quid ob eam rem populo dare debeto, neve cui ea de re actio neve judicatio eſto, neve quis ea de re apud ſe agi ſinito.

INDEX HISTORICUS.

Numeri i. ii. iii. *&c. ad* Annales *referuntur*: 1 H, 2 H, *&c. ad* Historiarum *libros*: G *libellum de* Germaniâ, A *vitam* Agricolæ, O *dialogum de* Oratoribus *indicat*.

Ve-

Bingium

C.

C. Cæsar

Carinas

Claud.

Cluvidi-

auctores

E.

Nero

amicum

Fron-

Gallio,

Hibernia

Vindo-

apud

N.

Natalis,

Novaria

O.

cum

Pompeius

Nero

Seleucus

Sextilius

Spartaci

T.

Q. Tedii

Thala,

Tur-

X.

VARIÆ LECTIONES,

QUAS noſtris potiores ducimus, in textum etiam, ſicubi ad alteram editionem cura noſtra pervenerit, admiſſuri. Iisdem et Errata, ſtellulis diſtincta, interſeruntur, quæ noſtra ſcilicet opere in longo fudit incuria.

To. I. p.	*	4. l. 12.	*Tolle comma poſt* plerique, *quod reſtitue l.* 20. *poſt* ſenectus.
		34. l. 2.	oſculandi—exoſculandi.
		45. l. 9.	donaria—dona.
	*	73. l. 6.	exuerat—exueret.
		113. l. 8.	dilaberetur—delaberetur. *Ern.*
		118. penult.	et tum—tum et. *Heinſ.*
		119. l. 15.	adverſùs—adverſùm.
		125. l. 17.	memoravimus——memoramus.
		147. l. 4.	oppugnare—adpugnare.
		149. l. 10.	adſeruit—adſeveravit.
		159. l. 11.	ut quiſque—ut quique.
		160. ult.	M. Aurelius—C. Aurelius.
		163. l. 18.	Megalenſium — Megalêſium.
		174. l. 20.	Julii—Juli.
		181. l. 19.	ſubverterentur — ſubverteretur.
		183. l. 6.	ei rei—ejus rei.
		203. l. 13.	obtineretur—obtineret.

To. I. p. 231. l. 13. venum dediſſe—veno dediſſe.

* 243. l. 24. *Sic diſtingue:* ſuperbam fecunditate, ſubnixam popularibus ſtudiis, inhiare dominationi.

* 250. l. 5. Silio, et quòd—Silio et, quòd. *Id eſt, Silio inſuper.*

255. l. 28. legatis ac—legatis aut.

257. penult. tum maximè—cum maximè. *Id adv. valet apud Noſtrum, ipſo illo tempore.*

261. l. 10. judicatam—judicandam.

265. l. 18. nec victor—ne victor.

* 274. l. 22. Dentheliatum—Dentheliatem.

276. l. 7. delectus—electus.

* 278. l. 24. multa—inulta. *Error iſte ex Lipſianis editt. natus eſt.*

285. l. 3. inter ſe diſtantia—diſtantia inter ſe.

287. l. 17. quoque corporis—corporis quoque.

296. l. 11. Petilius—Petitius.

297. l. 8. ſuſpicionis erat—ſuſpiciones erant.

* 305. l. 8. adoptatione—adoptione.

315. l. 17. lapſum cuſtodiæ—elapſum cuſtodiam. *V. Ann.* 1, 61. 3 *H.* 59.

344. l. 12. ſuper negotio—ſuper tali negotio. *Pichena ex MS. qui habet,* ſuper ta negotio.

346. l. 14. deſcriptum—præſcriptum.

To. II. p. 13. l. 4. reſtitere—reſiſtere.

——— l. 23. reciperare Arm. parabat—reciperabat Armeniam. Parabat *margini adſcriptum fuit, correctio τῦ* reciperare.

21. ult. auxiliaris, et diu meritus—auxiliare

To. II. p. auxiliare ſtipendium meritus. *Bip. ex contractè ſcripto* ſtpdiū.

22. l. 17.	jacta—aucta. *Bip.*
28. l. 7.	ſenator foret—ſenator fore? *Acidal.*
33. l. 3.	adulterorum——adulteriorum.
* 39. l. 16.	prolucutum—prolocutum.
ib. l. 23.	obſtreperet —— obſtrepere. *Bip.*
40. l. 11.	habitum—avitum. *Solennis librariorum error, qui Ann.* 13, 34. *omnibus jam impreſſis eſt ſublatus.*
50. l. 25.	dignum—dignam. *Agrippinam ſcilicet.*
78. l. 15.	gratibuſque—gratiiſque.
ib. penult.	citò vicis——citò e vicis. *MS. citò nunciis.*
87. l. 1.	proviſum illic. ſ. imperatum. *Dele ultimam vocem, variam lectionem* τȢ proviſum, *e margine illatam.*
89. l. 20.	perpellunt—percellunt.
97. l. 12.	verùm facundè——vetera facundè.
115. ult.	temporis illius — temporis ejus.
118. l. 18.	multarum rerum——multâ rerum. *Ann.* 14, 36. *multâ præliorum experientiâ.*
131. l. 15.	luſus—luxus.
135. l. 19.	acciperet—exciperet.
ib. antepen.	quidam—quidem.
151. antepen.	æquata—adæquata.
154. l. 7.	ſuburbana—urbana. Sub
154	*ex ſyllabâ præcedente irrepſit. Itaque dele Not.* 3.
167. l. 13.	terra in qua vivamus——

terra

To. II. p.			terra in vitam. *Gron. et Bip. in MS.* terram vivam.
	196.	ult.	corpore toto—corpore loto. *Muto mentem, et deleo Not.* 4.
	208.	l. 17.	certo jactu—incerto jactu. *Id est, irrito. Error ex compendio* ı̄certo.
	212.	l. 6.	venditasset—vendidisset.
	225.	l. 16.	præsenti curâ—præsentiâ.
	242.	antepen.	ac magnifica—magnificè.
	253.	ult.	ostentaret—sustentaret.
	257.	ult.	Actiacæ——Antianæ. *Et dele Not.* 3.
	299.	l. 6.	insonti—insontibus. *H. e. expertibus crimine necati Neronis.* Bip. *Dele Not.* 2.
	325.	l. 8.	imitationem — imitatione. *Nempe, propter imitationem.*
	* 337.	l. 5.	intimicis—intimis.
To. III. p.	32.	ult.	formidinem——formidine. *Metu augentes verum, quod alii adulatione minuebant.* Bip.
	33.	l. 1.	pertentari—prætentari. *Id est, prius tentari.*
	39.	l. 12.	*Tolle colon post* Otho, *et* deerat *conjunge cum infinitivis seqq.* adorare, jacere &c. *Error ex Bip. fluxit.* *V.* 3 *H* 58. 4 *H* 1. 11. 80. *Itaque dele Not.* 8.
	88.	l. 5.	pertimuere—republicâ pertinuere. *Hoc est, per remp. permanarunt. Jungit hoc verbum cum sexto casu Cic. de Nat. D. II.* Huic adde nervos a quibus artus concontinentur, eorumque implicationem corpore toto perti-

To. III.		pertinentem: *i e. se diffundentem. Ita optimè pristinam lectionem revocant ac tuentur Bip.*
*	157. ult.	portritis—protritis.
	210. penult.	militiæ gloria . . . æquabat — militiæ . . . æquabant. Gloria *abest a melioribus libris: unde* militiæ *plurali numero pro* militibus *accipit Ern. duriusculè. Ego cum Rhenano adverbialiter intelligo, ut* domi militiæque.
	239. antepen.	Cartismanduma — Cartismanduam.
	243. l. 18.	vim sibi—viam sibi. *Lips. et Bip. rectè.*
*	247. l. 14.	implacibilius——implacabilius.
*	259. l. 1.	foret—aperto foret.
	307. l. 9.	concurrentis—concurrentis: *accusandi casu*
	308. l. 11.	adsurgens—exsurgens.
To. IV. *	xvi. l. 8.	et—est.

CORRI-

CORRIGENDA

IN NOTIS.

To. I. p. 9. not. 7. Consul, duodecimùm——Consul duodecimùm,
114. not. 6. distrabat—distabat.
165. not. 1. tructus—structus.
180. not. 4. quæ—quod.
182. not. 7. ævi—æqui.
204. not. 3. omne—omnes.
210. not. 4. solito sæpius. *Corrige*, hoc ipso tempore.
235. not. 2. filiam suscepit——filium suscepit.
238. not. 3. *Post* adversa *subjice*, aspera maris dicit.
261. not. 2. and—et.
263. not. 8. *Rescribe*, Rectè h. l. Freinshemius *causas* pro *judiciis* accipit.
271. not. 5. Mecænatem——Mæcenatem.
299. not. 9. nullum—nullam.
300. not. 3. elephantes—elephantos.
302. not. 8. *Rescribe*, qui olim stipendia in exercitu Romano meruerat. *Ann.* 2, 52.

To. I. p. 311. col. 1. l. 7. *ab imo*, tumultuaretur—turbaretur.
340. col. 1. antepen. inde—exhinc.
348. not. 9. cibo—cibi.
350. not. 7. Julianorum —— Ægyptiorum.

356.

To. II. p.	356. not. 6.	NE.. SW—NW.. SE.
	376. l. 20.	dimisisse—dimisisset.
	49. col. 2. l. 11.	incestæ—incesta.
	69. col. 1. l. 22.	*Post* vertebatur *adde* (ut Ann. 6, 46.)
	75. not. 2.	*Post* bellatorum *adde:* vide infrà Germ. c. 32.
	153. not. 8.	675—875..
	217. not. 2.	*Dele* 39.
	321. not. 5.	40—48.
	326. not. 3.	*Post* gratam *adde: parum* conjunge cum verbo *præbuerat.*
To. III.	7. not. 7.	67—71.
	37. not. 4.	*Rescribe,* Faciliùs credunt homines, si quem odio haberi, quàm si amari eumdem dicas.
	156. not. 9.	Epist. 1, 2.—Epist. 2, 1.
	162. not. 1.	32—52.
	212. not. 2.	Refer hanc notam ad *Postumiæ aggere,* p. seq. l. 14.
	290. not. 3.	poeta noster——Miltonus noster in Lycida. Plato quoque dixit: ἔσχατον τὸν τῆς δόξης χιτῶνα ἐν τῷ θανάτῳ αὐτῷ ἀποδυόμεθα· *ultimam gloriæ veluti tunicam in morte ipsâ deponimus*: ap. Athenæum l. 11. p. 507. Casaub.
To. IV. p.	28. not. 6.	*Corruptus*] *Detortus,* ut Ern. exponit: non *fermentatus,* quod Bip. placet. Ita Ann. 4, 11. *veris, neque in miraculum corruptis*: et 2 H 101. *corruptas in adulationem causas.*
	133. not. 2.	Post *opposuit* adde: vid. Cic. Orat. I. 33. §. 150.

FINIS.

CPSIA information can be obtained
at www.ICGtesting.com
Printed in the USA
BVHW010207250422
635243BV00002B/19

9 781340 550462